무시공생명 시리즈 6 - 무시공생명

무시공 성지의 3대 기지

무시공생명 시리즈 6 - 무시공생명

무시공 성지의 3대 기지

2019년 12월 27일 초판 1쇄 인쇄
2019년 12월 27일 초판 1쇄 발행

지은이	안 병 식
편집인	함원옥, 김용섭
펴낸이	무시공생명훈련센터장 정종관
펴낸곳	무시공생명 출판
주소	대전광역시 서구 복수동로 51번길 58 3층
전화번호	(042)583-4621~2 팩스 (042)584-4621
이메일	jeeby666@naver.com
출판등록	2004. 12. 1(제2012-000051호)
ISBN	979-11-969143-0-1 03110 (종이책) 979-11-969143-1-8 05110 (전자책)

http://cafe.naver.com/alwayspace(무시공, 무시공생명 검색)

이 도서의 국립중앙도서관 출판예정도서목록(CIP)은 서지정보유통지원시스템 홈페이지(http://seoji.nl.go.kr)와
국가자료공동목록시스템(http://www.nl.go.kr/kolisnet)에서 이용하실 수 있습니다.
(CIP제어번호: CIP2019053160)

무시공생명 시리즈 6

무시공생명 식물기지
무시공생명 과학기지
무시공생명 삼선기지

무시공생명

무시공 성지의 3대 기지

무시공생명 안병식 지음

무시공 생명

일체동일 (一切同一)

내가 말하는 일체동일은
무시공에서 무시공입장에서 문제를 보는 것을 밝히는 것이지
분자세상에서 일체동일을 얘기하는 것이 아니다.
그런데 인간들은 시공에서 그것을 끄집어와서
여기서(분자세상)에서 일체동일을 하려고 그런다.

분자세상에서는 영원히 동일이 될 수가 없다.
이원념과는 동일이 될래야 될 수가 없다.
영체하고 생명하고 어떻게 동일이 되나.
자기가 자신을 속이고 있다는 것이다.

나는 시공을 한 번도 인정한 적이 없다.
나는 시작부터 끝까지 계속 무시공에 있었다.
지금도 무시공에서 말하고 있다.
그런데 인간은 시공에서 듣고 있다.

무슨 뜻인지 알아요?

무시공 마크는
'무시공생명 비결'을 농축하여 형상화한 것이다.

○ 무(無)는 없다는 뜻이 아니고 합(合)한다는 뜻이다.

비결에서 無 자를 빼면 가르고 쪼개고 분별하는 이분법 이원념이 된다.
無 자를 붙이면 모든 것을 합하여 무시공생명의 일원심이 된다.
무시공생명비결은 우주의 내비게이션이며 비결을 외우는 순간 의식은 무
극(無極) 이상 무시공의 위치에 올라간다. 60조 세포를 깨우고 벽담을 없앤
다는 마음으로 비결을 끊임없이 외우면 생로병사(生老病死)에서 벗어난다.

◆ 파란색은 공간(空間, 天)을 의미한다.
　　무주객(無主客)무선악(無善惡)무빈부(無貧富)
　　무고저(無高低)무음양(無陰陽)
◆ 녹색은 시간(時間, 地)을 의미한다.
　　무생사(無生死)무이합(無離合)무래거(無來去)
　　무시말(無始末)무쟁인(無爭忍)
◆ 노란색은 오관(五官, 몸, 人)을 의미한다.
　　무건병(無健病)무미추(無美醜)무향취(無香臭)
　　무호괴(無好壞)무순역(無順逆)
◆ 빨간색은 의식(意識, 心)을 의미한다.
　　무신심(無身心)무생학(無生學)무지우(無智愚)
　　무정욕(無情慾)무신의(無信疑)
◆ 중앙의 보라색은 동방의 도(道)가 보라색이라고 하는데(중앙의 보라색은 동방의 도(道)
　　를 뜻함) 무시공생명의 발현이 동방에서 시작한다는 뜻이다.

무시공 생명비결
無時空 生命 祕訣

무주객	無主客		무건병	無健病
무선악	無善惡		무미추	無美醜
무빈부	無貧富		무향취	無香臭
무고저	無高低		무호괴	無好壞
무음양	無陰陽		무순역	無順逆

(공간 空間)　　(오관 五官)

(시간 時間)　　(의식 意識)

무생사	無生死		무신심	無身心
무이합	無離合		무생학	無生學
무래거	無來去		무지우	無智愚
무시말	無始末		무정욕	無情慾
무쟁인	無爭忍		무신의	無信疑

무시공생명 비결

공간: 天 - 우주가 가속도로 팽창하면서 공간이 사라지고 있습니다.

→ 이원념이 근본인 시공우주는 사라지고, 절대긍정의 무시공 우주는 가속도로 변하여 하나가 됩니다.

무주객(無主客)

주와 객으로 가르는 것은 이분법, 너와 내가 본래 한 생명입니다. 생명을 쪼개고 가르지 맙시다! 일체를 나로 봅시다! 상대를 무시공 생명으로 봅시다.

무선악(無善惡)

선악은 이분법입니다. 일체 현상을 쪼개고 가르고 비판하지 맙시다. 절대긍정 속에 선악 이원념은 사라집니다. 죄악은 본래 없는 것!

무빈부(無貧富)

빈부 차별은 이분법입니다. 무시공 생명은 완벽합니다. 절대긍정의 화합하는 플러스+마음인 일원심에 무한 풍요가 있습니다.

무고저(無高低)

고저 차별은 이분법입니다. 본래 한 생명, 일체동일입니다. 생명은 절대평등합니다. 서로의 절대생명을 인정하고 존중해야 합니다. 자신을 내세우거나 의지하지 않습니다.

무음양(無陰陽)

음양으로 쪼개는 것도 이분법, 음양은 생명의 거울, 절반의 생명입니다. 음양을 합일해야 무극에 가고, 무시공 자리로 갈 수 있습니다. 무음양(동일)은 일원 지선빛입 니다.

시간: 地

무생사(無生死)

생사가 본래 없습니다. 영원 무한의 무시공 생명이 바로 자기 생명입니다. 무시공 생명은 태어난 적도 죽은 적도 없습니다. 무시공 생명이 진정한 나입니다.

무이합(無離合)

만나고 헤어진 적이 본래 없습니다. 본래 영원한 한 생명이요, 무시공 생명은 시공을 초월한 일체동일입니다. 이원념 벽담으로는 진정한 만남이 없습니다.

무래거(無來去)

가고 옴이 본래 없습니다. 무시공 생명의 입장과 관점으로 보면 일체동일입니다. 여기가 거기입니다. 절대 빛의 차원입니다. 생명은 나타남입니다.

무시말(無始末)

시작도 끝도 본래 없습니다. 무시공 생명은 절대차원입니다. 무시공 생명은 본래 영원 무한입니다. 무시공은 절대자연입니다.

무쟁인(無爭忍)

싸울 것도 참을 것도 본래 없습니다. 우리는 한 생명입니다. 자기를 내세우거나 의지하지 않습니다. 절대긍정, 절대이해 속에 영원한 평화가 있습니다.

오관: 人

무건병(無健病)

생명의 실상은 완전하므로 건강도 질병도 허상입니다. 생명은 빛이요, 기쁨이요, 완전함입니다. 병은 원래 없는 것입니다.

무미추(無美醜)

아름다움과 추함도 본래 하나입니다. 무시공 생명은 절대적인 가치입니다. 상대적인 미추는 음양의 허상, 이분법입니다.

무향취(無香臭)

향기와 냄새는 본래 하나입니다. 상대적인 이원념입니다. 육체 오관의 환상이요 집착일 뿐 무시공 생명은 향취를 초월합니다.

무호괴(無好壞)

좋고 싫은 집착은 상대적이요 이원념입니다. 입맛, 언어는 음양의 예술입니다. 무시공 생명의 실상은 절대가치뿐입니다.

무순역(無順逆)

순경과 역경은 이원념의 파동입니다. 좋은 소리 싫은 소리는 이원념, 고락의 경험은 우주와 자신을 알아가는 과정입니다.

마음: 心

무신심(無身心)

몸과 마음은 본래 하나입니다. 몸과 마음은 우주와 생명의 실상을 체험하는 신성한 도구입니다. 시공 심신의 집착에서 벗어나야 무시공 생명을 발견할 수 있습니다.

무생학(無生學)

배우지 않고 알 수 있는 차원이 무시공 생명입니다. 참교육은 일원심으로 세포의 무시공 생명을 깨우는 것입니다. 무시공 생명은 전지전능합니다.

무지우(無智愚)

지혜와 어리석음의 분별은 이원념입니다. 무시공 생명은 절대 지혜롭습니다. 어리석음은 이원념이 세포를 오염시킨 어두운 마음입니다.

무정욕(無情慾)

절대긍정 일원심으로 음양이 합해야 이기적인 이원념의 성욕을 초월하여 완전한 무시공 생명(세포)을 깨울 수 있습니다.

무신의(無信疑)

무시공 생명에는 절대긍정, 절대믿음뿐입니다. 상대적인 믿음과 의심은 무시공 절대진리에 대한 의심, 이원념 때문입니다.

무시공 생명공식
無 時 空 生 命 公 式

일체근단 一切根斷　음양 뿌리는 끊어졌다

일체동일 一切同一　　일체가 동일하다

일체도지 一切都知　　일체 다 알고 있다

일체도대 一切都對　　　일체 다 맞다

일체도호 一切都好　　일체 좋은 현상

일체항광 一切恒光　　파동 없는 직선 빛

일체아위 一切我爲　　　일체 내가 했다

일체조공 一切操控　일체 내가 창조 한다

무시공생명 공식

일체근단(一切根斷) - 일체 음양의 뿌리는 끊어졌다.

태초 무극의 존재가 원래 하나인 우주를 음과 양으로 나누는 순간 이 시공우주(빅뱅)가 생겨났다. 무음양- 음과 양을 합함으로써 시공우주의 뿌리가 잘렸다. 지구를 비롯한 시공우주는 허상의 세계가 되었다.

일체동일(一切同一) - 일체가 동일하다.

'일체가 나다'는 온 우주를 통틀어 최고의 경지이다. 무시공은 만상만물을 생명 관점으로 본다. 무시공생명 자리는 너와 내가 없는 동일체이다.

일체도지(一切都知) - 일체 다 알고 있다.

세포 속에 우주의 정보가 다 있다. 원래 인간은 윤곽과 틀이 없는 완전한 존재였다. 이원념의 물질이 쌓인 분자몸이 막혀 윤곽 속에 갇히게 되었다. 비결을 세포에 입력시키면 세포가 일원심의 세포로 살아나 우주의 지혜를 알게 된다.

일체도대(一切都對) - 일체가 다 맞다.

이것은 옳고 저것은 틀리다라고 하는 것은 이분법, 이원념이다. 무시공 관점은 맞다고 하는 사람의 입장으로 보면 맞고, 틀린 사람 입장에 들어가면 그것도 맞다, 그래서 전부다 맞다는 것이다. 차원이 다른 입장에서 말하는 것뿐 그 차원에서는 다 맞다.

일체도호(一切都好) - 일체가 좋은 현상이다.

무시공생명은 부정의 영체가 완전히 삭제된 절대 긍정의 자리다. 무시공생명 자리는 전부 다 좋은 것만 보이고 전부 다 아름다운 것만 보인다.

일체항광(一切恒光) - 파동이 없는 직선빛이다.

무시공의 직선빛은 일체 물질을 다 뚫고 들어갈 수 있고, 일체를 다 변화시킬 수 있다. 무한대로 큰 힘이다. 그래서 직선빛은 생명의 힘이다.

일체아위(一切我爲) - 일체를 내가 했다.

일체가 나 때문에 좋은 일이 생긴다. 인간의 입장에서 오는 재앙이나 온갖 현상들은 무시공하고는 상관이 없다. 내가 만들어 놓고 내가 당하지 말자는 것은 우리가 깨어나서 무시공의 생명 자리를 잘 지키는 것이다.

일체조공(一切操控) - 일체를 내가 창조한다.

마음과 물질이 하나다. 마음과 에너지가 하나다. 그러면 마음먹은 대로 창조할 수 있다. 내가 우주의 중심이고 내가 있어서 우주가 존재한다.

무시공 생명 탄생선언
無時空 生命 誕生宣言

노예변주인 奴隸變主人	**영체변생명** 靈體變生命	생명 혁명
체력변심력 體力變心力	**분리변동일** 分離變同一	물질 혁명
홍관변미관 宏觀變微觀	**행우변항우** 行宇變恒宇	우주 혁명
다로변일도 多路變一道	**의존변자성** 依存變自醒	신앙 혁명
이원변일원 二元變一元	**생사변영항** 生死變永恒	의식 혁명

무시공생명 탄생선언일   2012. 12. 21

무시공생명 탄생선언

미국의 어느 과학자가 우주에서 지구의 시간에 대한 연구를 진행하면서 몇 번 시간의 윤회가 있었고, 마지막 윤회의 시기가 1945년이 기점이며 그 후 76년 이후에는 시간이 영(0)으로 돌아간다고 계산을 했다. 그 시기가 2012년 12월 21일로 파동으로 된 시간이 영(0)으로 돌아가고 시간이 멈춘다.

2000년 전, 아르헨티나에서 발견된 예언서 중『사지서』에서는 시간에 대한 예언을 했다. 시간은 곧 영원히 없어진다.

무시공 선생님은 재앙이 일어나고 지구의 마지막 날이라며 떠들썩했던 2012년 12월 21일에 '무시공생명의 탄생 선언문'을 발표하시고 시간이 없는 세상이 도래하며 새로운 세상이 열리고 물질의 세상은 끝난다는 것을 이 시공우주에 선포하셨다.

생명혁명 - 노예변주인 영체변생명

이원념세상에서 노예와 주인은 상대적 개념, 무시공은 절대적 주인만 존재한다. 영체는 영체에 불과하다. 절대로 생명으로 변할 수 없다. 영체와 생명을 분리해서 무시공생명을 선택해야한다.

물질혁명 - 체력변심력 분리변동일

인간은 지금까지 손발을 움직여서 잘 살려고만 했다. 우리는 이제부터 일체를 마음으로 물질을 움직일 수 있는 그런 세상에서 살 수 있다. 파동 밖에 머물면 물질도 내 마음대로 움직일 수 있다.

우주혁명 - 홍관변미관 행우변항우

무시공생명의 우주관을 말하는 것이다. 시공우주를 인정할 것인가. 아니면 무시공우주를 선택하여 영원한 생명을 유지할 것인가!

신앙혁명 - 다로변일도 의존변자성

최후의 진리를 찾아 헤매면서 온갖 길을 만들어 놓았다(다로). 종교나, 도나, 수련이나 수천 수만의 길이 있어도. 최후의 진리, 길은 하나다(일도) 내가 깨어나면 내 안에 다 있는데(자성) 종교를 통해서 수련을 통해서 밖에서 찾으려고 한다(의존).

의식혁명 - 이원변일원 생사변영항

시공우주의 파동 속에 머물면 생로병사에서 벗어날 수가 없다. 의식혁명이 일어나면 윤회도 없고 생사도 없는 영원한 존재. 그래서 우리는 영원한 새 생명을 찾았다.

무시공 생명 행동지침
無時空 生命 行動指針

무 시 공 심 력
無 時 空 心 力

무 시 공 체 험
無 時 空 體 驗

무 시 공 심 식
無 時 空 心 食

무 시 공 성 욕
無 時 空 性 慾

무 시 공 오 관
無 時 空 五 官

무시공생명 행동지침

무시공심력

무시공에서는 마음먹는 순간 마음먹은 대로 이루어진다. 마음과 물질이 하나고, 물질과 에너지가 하나이기 때문이다. 무시공에서 이루어진 심력은 분자세상에 나타나기까지는 이원념의 두꺼운 껍질의 차원에 따라 순간 나타날 수도 있고 시간이 걸릴 수도 있다. 시공우주에서 벗어난 존재들의 무시공생명의 발현인 것이다.

무시공체험

인간은 수억 수천 년 동안 세포에 입력된 윤곽과 틀 등 고정관념으로 전지전능한 세포에게 이원물질을 쌓아 이 우주에서 고립된 생활을 하게 되었다. 체험은 특히 오관을 통하여 머리에 입력된 이원물질을 녹여 다리의 통로로 배출시키고 새로운 무시공의 향심력으로 직선빛을 당겨 분자몸을 녹이고 에너지 몸으로 변화시키는 것이다.

무시공심식

무시공 직선빛을 통하여 분자몸이 에너지 몸으로 바뀌면 무시공의 대자유를 누릴 수 있다. 이때에는 에너지 몸을 가지고 우주를 여행할 수 있게 된다. 먹는다는 행위를 통한 영양분의 섭취가 아니라 무시공의 세포가 온 우주 공간에 스미어 있는 고급 영양분을 자동으로 섭취하여 에너지를 보충하게 된다. 이원물질의 음식을 섭취하지 않아도 살 수 있는 무시공우주의 영양분 섭취 방법이다.

무시공성욕

이것은 아직 공개되지 않은 무시공의 우주 비밀이다. 2020년 이후에 공개될 것이다.

무시공오관

인간이 천차만별이라는 것은 천 가지, 만 가지 생각을 가지고 있다는 것이다. 이것은 천 가지, 만 가지 맞는 것이 있고 틀린 것이 있다는 것으로 쪼개고 나누고 판단하고 맞고 틀리고의 기준이 되는 것으로 이분법의 최고봉이다.

무시공생명의 관점은 각 차원의 입장에서 보면 그 차원에서는 다 맞다. 틀린 게 하나도 없다. 그래서 만상만물 일체가 좋은 것이고 만상만물 일체가 아름다운 것밖에 없다.

무시공 생명특징
無 時 空 生 命 特 徵

일체안에 내가 있다

일체가 내안에 있다

일체가 나다

무시공생명 특징

일체 안에 내가 있다

일체 안에 내가 있다는 것은 이미 주객을 나누었다.
만일 내가 시공(분자세상)에 들어왔다면 일체 안에 내가 있다는 것은 일체 안에 나만 인정하지 객관을 인정하는 것이 아니다. 객관에서는 나를 인정한 적이 없다.
그 일체 안에 내가 있다는 나만 인정하는 것, 이것을 깊이 따져보면 늘 무시공에서 문제를 보는 것이다. 시공에도 무시공이 있지만 그렇지만 나는 무시공만 인정했지 시공의 일체를 인정하지 않았다는 것이다.

일체가 내안에 있다

일체가 내 안에 있다는 것은 예를 들면 일체 이 꽃 안에 내가 있다. 그럼 이 꽃 안에 내가 있으면 나만 인정했지 이 꽃의 밖에 것은 인정하지 않았다.
그래서 나만 인정하고 나만 지키고 나만 보라고 했던 의미다.
남을 볼 필요도 없다. 일체 안에 내가 있다. 그럼 그 일체 안에 내가 있으니까 그 일체가 내가 맞다는 것이다.

일체가 나다

일체가 내안에 있다. 그럼 이것이 다 내안에 있으면 내 밖에 나라는 존재가 있어요. 없어요? 안에도 나라는 존재가 있고 밖에도 나라는 존재 있으면 이 우주에는 나 밖에 없어 그래서 일체가 나다.

어떤 사람은 관점하고 입장하고 엄청나게 차이가 있다.
일체가 "나"다하면 나도 너고, 너도 나다 그래, 시공에서 나쁜 것도 다 좋아야 되다.
그게 아니다. 우리 무시공에서는 나 밖에 없다. 일원심 존재 밖에 없다. 그 무시공에서 나쁜 것이 없다. 잘못된 것도 없다.
완전한 무시공에서는 완전한 일원심으로 된 존재만 무시공에 있다.
거기서 문제를 보는 것이다.
나는 일원심만 인정한다.

1단계 무시공 우주도

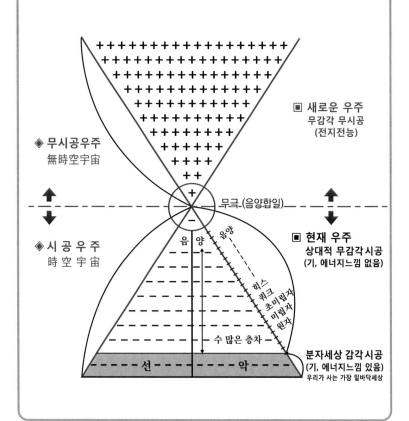

◆ 무시공우주
無時空宇宙

◆ 시공우주
時空宇宙

■ 새로운 우주
무감각 무시공
(전지전능)

무극 (음양합일)

■ 현재 우주
상대적 무감각 시공
(기, 에너지느낌 없음)

음 양   음양

힉스
쿼크
초미립자
미립자
원자

수 많은 층차

선   악

분자세상 감각 시공
(기, 에너지느낌 있음)
우리가 사는 가장 밑바닥세상

1단계 무시공 우주도

원래 우주는 하나로 존재하였다. 무극의 최고 존재가 하나인 우주를 음과 양으로 나누는 순간 이 시공우주(빅뱅)가 생겨났다. 이 우주는 팽창을 거듭하면서 약 50억 년 전 지구가 탄생하면서 이원물질이 쌓인 현재의 분자세상 중 하나인 지구가 생겨났다.

오관의 지배를 받는 감각시공인 분자세상은 지구를 기점으로 약 5천억 광년에 이른다. 그중에서도 인간이 살고 있는 지구가 가장 낙후된 문명을 가지고 살아간다.

인간이 죽음을 맞이했을 때 영혼이 간다는 사후세계인 무감각 시공은 지구를 기점으로 5천억 광년에서 우주의 끝이라고 할 수 있는 무극인 100억 조 광년(일 조가 100억 개)까지에 속한다.

감각시공과 무감각 시공을 합한 시공우주는 음과 양으로 쪼개지면서 그 본질은 부정의 마음(-)이 되었다. 그래서 시공우주에 속한 이원념의 인간들은 상대적인 긍정의 마음을 지니게 되었다. 이 가르고 쪼개고 분별하는 이원념의 부정의 마음이 인간 삶의 고통과 불행의 씨앗이 된 것이다.

무시공우주는 절대긍정의 마음(+)을 가진 무감각 무시공 자리로 전지전능한 자리이다.
무시공생명 비결(비공선지특)를 외우면 이원념의 세포들이 일원심의 세포로 변화된다. 이 비결을 외우고 실행하는 순간 무극의 자리로 의식이 상승되고 끊임없이 외우면 무시공의 무극(+) 자리를 지나 무시공생명의 자리로 진입하게 된다.

무시공생명비결(비공선지특)은 우주의식 지도로 60조 세포를 깨우는 생명의 힘 자체이다. 비결을 외우고 실천하면 시공우주의 상대적 긍정 속에 녹아 있는 부정성의 이원념을 삭제시켜 절대긍정의 일원심을 가지게 된다.

절대긍정 일원심의 원동력은 60조 세포를 깨워 거친 분자몸을 녹여 에너지 몸으로 변화시키고 다가오는 우주의 대변혁을 무사히 통과할 수 있게 하는 원천이 된다.

2단계 무시공 우주도

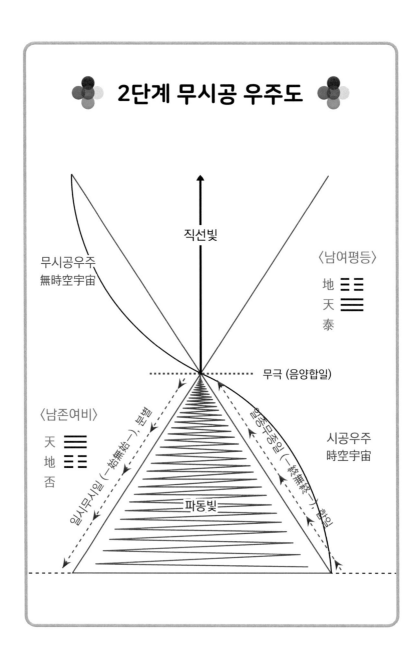

2단계 무시공 우주도

제일 밑바닥의 분자세상에서는 파동이 가장 길다. 위로 올라갈수록 파동이 약해지고 무극의 교차점에서는 파동이 끝난다. 무극을 지나 위로 올라가면 직선 빛이다. 파동 없는 것이 무극의 교차점, 그것이 시간이 사라지는 시점이다. 지금 인간들은 시간이 없는 세상에 들어오고 있다.

일시무시일, 모든 것이 하나에서 시작해 쪼개고 쪼개 내려와 지금 이 세상이 되었다.
일종무종일, 모든 만물만상을 하나로 묶어 합해서 하나의 위치로 가고 그 하나는 영원한 하나의 자리다. 『천부경』은 무시공생명의 하는 일을 예언한 것이다.
지금 우리 무시공은 하나로 묶어 합하고 그 하나의 자리로 가는 작업을 하고 있다.
무시공은 이 낡은 지구 낡은 우주를 마무리하면서 거두고 있는 시점이다.

시공우주는 파동의 지배를 받는다. 물질은 파동으로 되어 있다. 인간의 마음도 파동으로 되어 있기 때문에 그 파동에서 항상 머물게 된다. 파동은 음양으로 나누어진 시공의 빛이다. 시공의 음양의 물질이 계속 다투는 속에서 생겨나는 빛이다. 이 파동의 빛은 멀리 가면 없어지고 사라지는 빛이다. 그래서 파동의 지배를 받는 인간들은 생로병사에서 벗어날 수가 없고 윤회에서 벗어날 수가 없다.

무시공의 직선빛은 소멸되지 않는 끝없는 빛이다. 무한대의 영원한 빛이다. 음과 양을 합하는 일원심으로 무시공의 직선빛을 만들고 있다. 이 빛은 일체시공의 빛을 초월하고 우주의 어떤 곳도 뚫고 들어갈 수 있다. 심지어 100억 조 광년의 무극의 최고 존재도 이 직선빛에 의하여 무시공 공부를 하고 있다.

무시공은 인간의 모든 전쟁이나 재앙이 일어나도 공간이 다르다. 시공의 죽고 사는 문제는 우리 무시공과 상관이 없다. 원자핵이 폭발해도 우리와는 상관이 없다. 우리는 시공 밖에 있기 때문이다.
당연히 생로병사도 초월한 존재들이다.

3단계 무시공 우주도

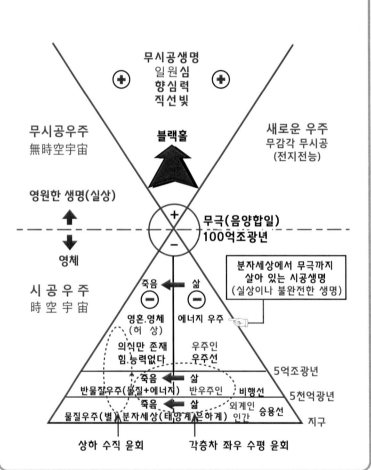

무시공생명
일원심
향심력
직선빛

무시공우주
無時空宇宙

블랙홀

새로운 우주
무감각 무시공
(전지전능)

영원한 생명(실상)

영체

무극(음양합일)
100억조광년

분자세상에서 무극까지
살아 있는 시공생명
(실상이나 불완전한 생명)

시 공 우 주
時 空 宇 宙

죽음 ← 삶

영혼.영체   에너지 우주
(허 상)

의식만 존재   우주인
힘 능력없다   우주선

죽음 ← 삶   5억조광년
반물질우주(물질+에너지) 반우주인   비행선   5천억광년
죽음 ← 삶   외계인 승용선
물질우주(별) 분자세상(태양계은하계) 인간   지구

상하 수직 윤회   각층차 좌우 수평 윤회

3단계 무시공 우주도

이제는 상대무시공까지 별이라고 차원을 내림. 우주(X), 별(O)

각 차원에 머무는 존재들의 명칭

우주의 범위	특징	명칭	비고
지구에서 5,000억 광년	○ 물질우주 ○ 별	외계인	
5,000억 광년 ~ 5억조 광년	○ 반물질우주 ○ 반물질에너지	반우주인	○ 별이라고 하는 존재도 있고 ○ 우주라고 하는 존재도 있다.
5억조 광년 ~ 100억조 광년	○ 완전에너지 상태의 우주 ○ 에너지우주	우주인	○ 수많은 우주층차

각 차원 존재들의 교통수단

명칭	명칭	비고
승용차	지구인의 교통수단 지구인만 이용	○ 지구에서만 운행
승용선	각각의 별에서 움직인다. 외계인들의 교통수단	○ 지구 안에서 운행 ○ 금성 안에서 운행
비행선	별과 별로 움직인다. 반우주인들의 교통수단	○ 지구에서 금성으로 운행 ○ 금성에서 화성으로 운행
우주선	우주공간에서 움직인다. 우주인들의 교통수단	○ 모든 공간에서 운행

절대적무시공우주도

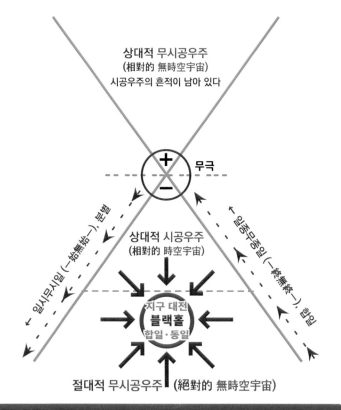

상대적 무시공우주
(相對的 無時空宇宙)
시공우주의 흔적이 남아 있다

＋
－

무극

일시무시일 (一始無始一), 분열

절대무종일 (一終無終一), 통일

상대적 시공우주
(相對的 時空宇宙)

지구 대전
블랙홀
합일·동일

절대적 무시공우주 (絕對的 無時空宇宙)

과거 지구 - 가장 밑바닥 거칠은 분자세상
현재 지구 - 대한민국 대전 중심의 새로운 우주(절대 무시공우주) 중심지

절대적 무시공우주

우주도에서 보면, 여기 중앙이 무극이고,
아래 삼각형의 시공우주는 아래로 내려오면서 일시무시일이고 위로 올라가면서
일종무종일이야. 일종무종일은 이 무극 자리로 다시 가는 것을 해석했지.
실지는 지구가 분자세상 가장 밑바닥에 있잖아.
**하지만, 우리는 바로 여기 지구 대한민국의 대전에서 새로운 절대무시공우주를
시작해.**

무극의 곡뱅이 말하길, 무극에서 건너가면 무시공으로 바로 가는데,
지구 대전의 블랙홀이 핵심이 되어서 자기가 마지막에 들어오는 현상이라고,
우리는 핵심위치 지구에서 가장 앞서가는데
자기는 가장 먼 거리가 된 지구로 가장 마지막에 들어오게 됐다고 말했잖아.
우리가 여기 가장 밑바닥 지구에서 새로 시작하니까.

그래서 우리는 거꾸로 간다, 밑바닥 지구에서 또는 지구 아래 방향으로 새로운 절
대무시공 우주를 창조해.
위쪽 무극의 곡뱅 입장에선 거꾸로 가는 거지,
무극 바로 위쪽으로 가면 종이 한 장 차이로 가까이 있는 원래 무시공우주잖아,
원래 무시공과 시공우주 이것 두 개는 상대적인 것이다. - 상대무시공, 상대시공.

그런데 여기 지구 대전의 블랙홀은 절대야. 새로운 절대무시공 우주야.
여기 새로운 절대적무시공우주는, 상대적 무시공우주와 상대적 시공우주하고는
완전히 달라.
이 두 개 낡은 우주는 아무리 긍정마음이고 절대적이라고 해도, **이미 시공의 흔
적이 묻었기 때문에.**

여기는 절대적인 긍정마음.

우리의 절대적 무시공우주는 철두철미해.
그러니까 시공우주하고도 상관없고, 상대적 무시공우주하고도 상관없는,
새로운 우주중심지라고 대전이.

대전에서 시작한다,
여기 지구, 대전의 무시공생명 블랙홀,
대전에서 자꾸 팽창해서 새로운 우주가 창조된다.

원시반본이라고 하면, 보통 (상대적) 무극 자리로 가는 것 아닌가 하고 생각한다.
상대적 무극으로 가면 우리는 아직도 이 시공우주에서 헤매야 한다.

우리는 시작부터 무극 이상에서 시작한다.

지구의 대한민국 대전 블랙홀에서, 무극 이상의 자리에서 시작한다.

이제는 여기 대전이 절대무시공우주의 중심지가 됐어,
대전에서 자리 지키면 이미 절대적 무시공자리다.

우리는 지구의 대전에서 새로 시작이야.
이 두 개 우주와(상대적 시공우주, 상대적 무시공우주)는 아무 상관이 없는 철두철
미한 절대적 무시공이다.

상대적 무시공우주는 무엇 때문에 불완전한 현상이 일어나나?
곡뱅도 원래 상대적 무시공우주와 같은 자리에 있었거든,
그런데 자기가 시공을 창조하게 돼서 시공우주로 내려왔잖아,
그런데 지나고 보니 자기가 창조한 우주가 완벽하지 않다는 거야.
아직도 마음속에 불완전한 흔적이 있어, 그래서 조금만 흔들리면 변해버린다.

우리는 여기 상대적 두 개 우주에서 일단 나오면 다시는 변함이 없다.
우리는 절대적인 긍정마음이기 때문에.

🦋 우주의 구조 🦋

준비자리

시 작 점

일자리·진자리·랑자리·백자리 ··· 등 수 많은 자리

영원우주

최초우주 • 5만명 탄생

원조우주

1. 숫자   2. 한글 자음·모음   3. 한 글
(1, 2, 3 ···)   (ㄱ. ㄴ. ㄷ... ㅏ. ㅑ. ㅓ...)   (가. 나. 다 ···)

3대우주

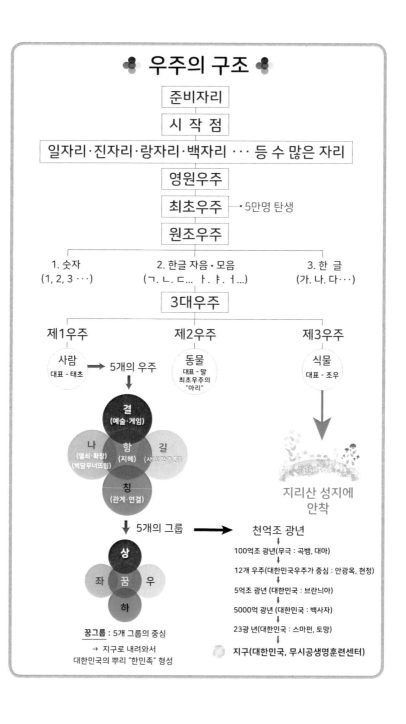

제1우주   제2우주   제3우주

사람   → 5개의 우주   동물   식물
대표 - 태초   대표 - 말   대표 - 조우
                        최초우주의
                        "아리"

결
(예술·게임)

나   항   길
(열쇠·화장) (지혜) (새방향추진)
(백담무너뜨림)

칭
(관계·연결)

↓ 5개의 그룹 →

상

좌 꿈 우

하

꿈그룹 : 5개 그룹의 중심

→ 지구로 내려와서
대한민국의 뿌리 "한민족" 형성

지리산 성지에
안착

천억조 광년

100억조 광년(무극 : 곡뱅, 대마)
↓
12개 우주(대한민국우주가 중심 : 안광옥, 현정)
↓
5억조 광년 (대한민국 : 브란닉아)
↓
5000억 광년 (대한민국 : 백사자)
↓
23광 년(대한민국 : 스마펀, 토망)
↓
🌐 **지구(대한민국, 무시공생명훈련센터)**

비밀금서의 차원

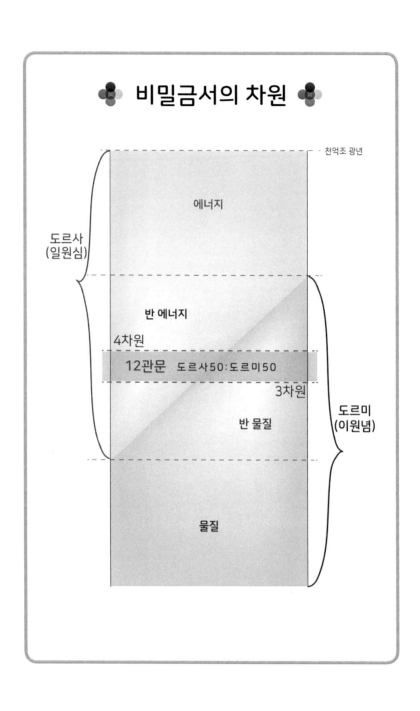

천억조 광년

에너지

도르사
(일원심)

반 에너지

4차원

12관문　도르사50:도르미50

3차원

반 물질

도르미
(이원념)

물질

12차원의 동일

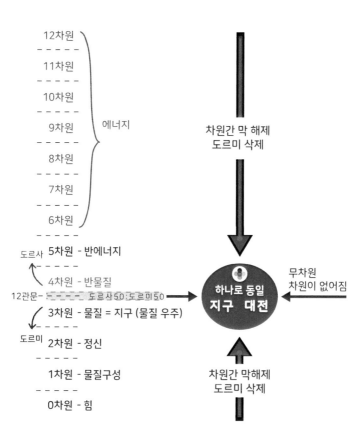

'무시공 생명 시리즈'를 처음 접하는 분들을 위한
책의 구성 안내

　무시공생명시리즈는 1권『무시공생명의 발견』, 2권『이제는 무시공생명시대』, 3권『우주인과의 대화』, 4권『우주작업』, 5권『우주작업의 결과』등 총 5권이 출판되었고, 2019년을 보내는 마지막 달에 지구인들을 깨우기 위한 지침서로 무시공생명 시리즈 6권『무시공 성지의 3대 기지』와 7권『시공우주를 거두러 왔다』가 출간되었습니다.

　1권은 무시공선생님의 2015년도 강의를 중심으로 엮었고, 2권은 2016년도와 2017년도의 강의를 책으로 엮었습니다. 우주인과의 대화 시리즈인 3, 4, 5권은 지구에서 시작하여 100억조 광년의 무극에 이르는 무감각시공과 1,000억조 광년의 상대적 무시공에 이르기까지 실로 광활하고 광대한 불완전했던 우주를 정리하는 과정을 수록하였습니다.

　2018년 8월에 출간된 4권과 5권은 총 10장의 대제목으로 구성, 그중에서 제1장은 2016년 1월부터 처음으로 우주작업에 돌입하는 3단계 존재의 훈련에 임하는 마음가짐과 체험과정, 기초 훈련의 과정을 그대로 수록하고 공개하여 무감각시공 우주작업의 의미와 새로운 절대적 무시공우주를 열어가는 힘들었던 여정을 소개하였습니다.

　제2장부터 제10장까지는 3단계 우주작업의 훈련을 마치고 본격적으로 각 차원의 우주인과 외계인의 대화를 통하여 밝혀지는 불완전한 우주의 실체와 이런 우주를 바꾸고 거두려는 무시공생명의 끝없는 설득과 일체 생명을 살리려는 최선을 다하는 모습을 소개하였습니다.

무감각시공의 우주작업은 지구를 벗어난 차원 높은 온 우주의 생명들에게 새로운 일원심 무시공생명의 탄생을 알리는 동시에 이원념(부정마음, 상대긍정마음)의 시공우주에 종말이 왔다는 것을 알리는 대우주공사였습니다.

2016년 이후 2018년 현재에 이르기까지 실로 방대한 우주작업 중 극히 일부분을 공개하는 것은 오관에 갇혀있는 인간의 상식으로는 이해하기 어려운 우주의 비밀들이기에 공개를 다음으로 미루었습니다.

2019년 12월에 출간된 무시공생명 시리즈 6권『무시공 성지 3대 기지』는 제3우주의 식물우주가 성지에 안착이 완료된 기초위에 '무시공생명 식물기지', '무시공생명 과학기지', '무시공생명 삼선훈련기지'를 건설하여 온 우주의 무시공생명을 깨우고 발현시키는 현장을 소개하였습니다.

무시공생명 시리즈 7권,『시공우주를 거두러 왔다』는 지금까지 예언으로만 전해 지던 지구의 대변혁이 어떻게 이루어지는지 그 과정을 소상히 밝히고 있습니다.

지구변혁의 구체적 방법을 실행하고 있습니다. 12개 차원의 통합, 분자몸 검은물질 삭제, 시공에너지 호흡, 산소호흡, 질소호흡을 삭제하고 무시공에너지 호흡으로 모든 생명이 살아갈 수있도록 우주작업을 마무리 하였습니다. 이것이 의미하는 것은 무시공에너지 호흡에 적응하는 존재들만이 지구 대변혁에 적응할 수 있다는 것이고 그동안 온 우주에 떠 돌던 예언이 실현되는 현장을 소개하였습니다.

노예변주인(奴隷變主人)의 깊은 뜻은 인간관계에서 이루어지는 뜻도 있지만 실상은 인간이 외계인의 지배를 받고 있는 노예에서 벗어나 의존변자성 하는 진정한 생명을 찾으라는 것이다.

대한민국의 대전은 세계의 중심지 우주의 중심지로 자리매김하고 대전의 무시공생명훈련센터는 일원심의 발원지로 100%의 일원심이 주도로 되어있는 직선빛 블랙홀의 중심으로 힘이 모이는 용광로입니다.

무시공생명훈련센터에서 훈련을 해야 하는 이유가 바로 여기에 있다. 혼자하는 경우 일원심보다 이원념이 더 많은 비중을 차지하고 있기 때문에 이원념의 영체에 끌려갈 수밖에 없는 것입니다.

3차대전은 무기를 가지고 하는 전쟁이 아니라 이원념의 영체와 절대긍정 일원심의 영적전쟁을 말하는 것입니다. 이미 시작되었고 마무리 되고 있습니다.

무시공 안병식 선생님은 2000년 4월 대한민국에 오서서 영원한 생명의 직선빛인 무시공생명의 일원심을 밝히시고 일체 생명을 살리기 위한 우주 작업에 돌입하셨습니다.

영적인 스승도 없이 오직 스스로의 끊임없는 집념과 집중력을 발휘하여 자신이 무시공생명임을 발견하였습니다. 가르고 쪼개는 이분법, 이원념의 사고 속에서 고통과 불행의 삶을 사는 인간들에게 무시공생명 관점인 절 대긍정 일원심을 밝히고 이것을 실행 실천하여 시공우주에서는 벗어 날 수 없는 생로병사를 초월하고 분자몸을 살아있는 상태에서 에너지 몸으로 변화시켜 모든 생명이 맞이하는 지상천국 지상극락의 시대를 열고 결국에 는 살아있는 몸을 가지고 우주여행의 시대를 맞이하는 것입니다.

2016년, 기존의 분자세상에서 무극까지 이르는 영체들의 통로를 무시하 고 지구에서 100억조의 무극에 이르는 광활한 우주를 3단계로 구분하여 각 차원의 외계 존재들이 머물고 있는 우주 위치를 선포하셨습니다.

2017년에 밝히신 우주의 비밀 중, 3단계 무시공 우주도에서는 지구를 포 함한 5천억 광년의 시공우주는 물질로 된 분자세상으로 인간과 외계인이 공존하고 인간은 승용차를 외계인은 승용선을 교통 수단으로 이용하며, 5 천억 광년에서 5억조 광년의 시공우주는 물질과 에너지가 혼합된 반물질 우주로 반우주인이며 이들은 비행선을 이용하여 별과 별사이를 이동하고, 5억조 광년에서 100억조 광년의 무극까지 시공우주는 완전한 에너지상태 의 우주로 우주인이라고 부르며 이들은 우주선을 교통수단으로 합니다.

2018년 초에 밝히신 우주의 비밀 중, 절대적 무시공 우주도에서는 시공 우주의 흔적 즉, 0.0000+∝(무한대)의 파장이 남아 있는 기존의 무시공우주를 상대적 무시공우주로 규정하고, 대한민국 대전을 새로운 우주의 중심지로 만들고 일체 파장이 없는 완벽한 직선빛의 절대적인 무시공우주를 창조하였다.

이로써 이 우주에서 가장 밑바닥의 거친 분자세상의 낡은 지구는 과거의 지구가 되었고, 현재의 새로운 지구는 대한민국 대전을 중심으로 새로운 우주를 만들고 절대무시공 우주의 역사를 시작하게 되었습니다.

대전의 새로운 우주인 절대적인 무시공우주는 블랙홀로 낡은 지구의 일체의 일원에너지를 빨아들이는 역할을 담당하며 이 낡은 지구의 결과는 이원념의 영체라는 껍데기만 남겨져 스스로 사라지는 운명을 맡게 됩니다.

돌속의 인간들을 깨우치고 한 생명이라도 살리기 위한 매개체로 2016년 4월 24일 무시공생명물, 무시공생명술, 무시공생명초, 무시공생명공기, 무시공생명 에너지, 무시공생명향을 탄생시켰고, 2018년 2월 6일부터는 승용선 훈련, 2018년 4월 13 비행선 훈련, 2018년 5월 11일에는 우주선 훈련, 2018년 6월 26일 주택훈련을 시작하여 담당 외계인들로 하여금 개인의 일원심 마음자세에 따라 맞춤형으로 훈련이 진행되었습니다.

2019년 3월 7일 차원을 관리하는 "디멘샤"를 만나 차원의 통합작업이 시작되어 지금 현재는 6차원으로 12개의 차원이 통합되었습니다.

2019년 4월 7일 회원들의 4차원 진입을 위한 차원훈련을 시작하고 2019년 7월 1일 회원들의 분자몸에 있는 검은물질을 삭제하는 작업, 2019년 11월 1일 회원들의 분자몸의 물질, 폭력, 충동, 누지름 삭제작업이 시작되었습니다.

2019년 11월 16일에는 회원들의 물질, 반물질, 반에너지, 시공에너지를 삭제하고 같은 날 산소호흡, 질소호흡, 시공에너지 호흡을 완전히 삭제하는 작업과 동시에 무시공에너지 호흡을 시작하였습니다.

2014년 12월, 14년 동안의 1단계를 마감하고 2015년 1월 3일 대전의 복수동 제1센터에서 무시공생명훈련센터의 첫 모임을 시작으로 무시공생명훈련의 2단계와 3단계 무시공 우주작업을 동시에 진행한다고 선포하였습니다.

2016년 1월부터 무시공 선생님의 무시공생명 관점을 받아들이는 존재들이 나타나면서 3단계의 우주의 질서를 바로잡는 대우주작업의 역사가 시작되었습니다.

그 결과 2030년 이후에 계획하였던 우주작업과 우주여행이 15년이나 앞당겨지는 놀라운 우주 역사가 펼쳐지게 되었습니다.

광활한 우주의 질서를 바로 잡는 즉, 낡은 우주를 정리하고 새로운 우주를 창조하는 데 협조하는 우주인과 외계인들은 자기들이 준비도 되기 전에 무시공이 우주흐름의 시간을 너무 앞당겼다고, 왜 조금만 더 못 기다려 주는가 하고 원망스러운 애원을 하지만 무시공생명은 일체를 조공(창조)하는 존재로써 새로운 우주를 창조하고 있습니다.

우주작업과 우주여행을 이끄시는 무시공 안병식 선생님과 절대긍정 일원심의 직선빛으로 훈련하고 우주작업에 동참하는 3단계 존재와 방대한 외계생명체와의 대화를 녹취하고 필서하고 편집하여 이 우주의 일체 비밀을 공개하는데 도움을 주신 모든 분들께 깊이 감사드립니다.

2019년 12월 21일 대전, 무시공생명 훈련센터
무시공생명 시리즈 책 편찬위원회

나를 보호할 필요가 없는 5가지 이유

1. 나는 이미 7번 죽은 경험이 있기 때문에 죽는 건 이미 졸업했다.
   그리고 나는 죽는다는 개념도 없다.

2. 누구도 나를 보호할 필요 없다.
   수많은 층차에서 나를 보호하고 있고, 모두 나와 소통하고 있으니까.

3. 이원념(부정마음) 움직이기 전에, 이미 그 마음까지 다 알고 있다.
   그리고 이미 거기서 다 처리됐다. 내 근처도 못 온다.
   왜? 나는 시공에 없으니까. (이원념은 시간과 공간에서 움직이므로)

4. 지구에 온 많은 존재들이 세상을 바꾸지 못했다.
   나는 철저히 준비해온 존재이므로 내가 하는 일은 반드시 이루어진다.
   내 할 일은 이미 다 끝내고 왔다.

5. 내 이 몸은 가짜다.
   나를 없애려 해도 없앨 수 없다, 내 근처도 못 온다.
   나는 무시공존재니까.
   (내가 어떤 존재인지 모르는데 어떻게 나를 없앨 수 있어,
   이 몸 진짜로 보이지만 이 몸은 가짜, 실제는 무시공존재니까.
   일체 안에 내가 있는데 나를 없애려면 온 우주를 다 없애야 돼)

2002. 5. 무시공 안병식

무시공 책을 보는 관점

내가 어떤 존재인지 책을 보면 다 알 수가 있다. 책에 나오는 내용은 바로 내 마음이다.

사람들은 그것을 안 보고 계속 나의 겉모습만 본다. 이 겉모습은 가짜라고 이미 수없이 얘기했고. 그래서 온갖 변화되는 모습을 보여줄 수 있고. 온갖 장난 다 칠 수 있다.

사람들이 깨어나서 나를 보면 바로 보일 것이고, 못 깨어나서 나를 보면 내가 아무리 반듯하게 말하고 행동해도 트집을 잡을 것이다.

인간은 항상 수없이 많이 쌓인 윤곽 속에서 문제를 보고, 그 속에 파묻혀서 자기를 못 깨우치고 있다. 어떤 방법을 동원하더라도 그 속에서 나오라는 것이다.

내 모습, 진짜 내가 어떤 존재야!

사람들이 조금만 지혜롭고 머리가 깨어 있으면 내가 하는 행동들이 일부러 우리를 체크하고 우리를 시험하려고 그런 것 아니겠나 하는 마음은 있어도, 오관 너머의 세밀한 공간에서 도대체 어떤 존재인가를 탐구하고 들어가려는 마음들이 부족하다.

책을 보면 내가 어떤 존재라는 것이 환하게 보이는데, 책에는 관심이 없고 내가 하는 행동만 계속 살피면서 트집 못 잡아서 안달이야. 네가 무시공을 밝혔으니 무시공은 반드시 완벽해야 한다. 계속 자기가 만들어놓은 잣대로 이리 재고 저리 재고, 재다가, 재다가 자꾸 비뚤어지게 된다.

나는 이 몸은 가짜라고 분명히 말했다. 그럼 진짜는 어디야? 진짜 네 눈에 안 보이는 책, 책 안의 내용이 나다.

그런데 사람은 전부 다 현상만 보고 본질을 볼 줄 모른다. 책은 내가 직접 안 쓰고, 그저 내 마음을 말해놓은 것을 다른 사람이 정리해서 만들었다. 책이 나와도 나는 한번도 시작부터 끝까지 읽지도 않았다. 누가 뭐라 해도 나는 인정 안 한다. 왜? 그 안에 해놓은 것은 틀려도 맞고 맞아도 맞다.

그 책 안에 무엇을 어떤 방식으로 표현해놓았든지 그 책 안의 핵심은 하나다. 절대긍정 일원심! 책의 시작부터 끝까지 절대긍정 일원심이 한 줄로 이어져 있다. 무시공의 책을 보려면 그 속에 있는 뿌리를 찾아서 봐야 한다. 책의 내용은 인간이 사용하는 단어를 썼지만, 인간 단어로 해석하면 인간 관점이 그 안에 섞여 있을 수 있다.

처음에 이 공부를 밝히면서 내가 책을 한 권이라도 쓰려고 자료도 준비하고 했다. 이제는 책 한 권이라도 내야겠다. 다만 하나라도 써서 세상 사람들에게 알려야겠다 생각하고 글을 적어보면, 이것이 인간 관점이고 인간의 단어였다. 그래서 이것 빼고 저것 빼고 나면, 다른 단어로 무시공을 표현할 단어가 없었다. 그러면 또 다 버리고 다시 수정하고 시간이 지난 다음 또 보면 또 안 되었다. 그렇게 한 것이 한두 번이 아니고, 열 몇 번을 시도해도 도대체 내 입장에서 책을 낼 수가 없었다. 그러나 내가 직접 책은 못 내지만, 책은 꼭 나온다. 그렇게 결론을 내렸다.

예전에 두 권, 지금 몇 권의 책이 나왔지만, 이 책도 계속 보면 끊임없이 뜻이 자꾸 바뀌고, 자기 마음이 바뀐 만큼 책 내용이 다가오고, 보이고, 느끼고, 자기 이분법으로 가득 차면 아무리 봐도 못 알아듣는다. 했던 말 또 하는 것 같고. 엉터리 같다고 생각하고 트집 잡을 수도 있다.

책이 뭐야! 책이 나왔으면 책 보는 사람의 자기 마음자세와 자기 수준에 따라서 봐야 한다. 완전히 무시공 관점으로 언어 단어까지 그렇게 선택해서 책을 내면 누구도 못 알아보고 실제는 해석을 못 한다. 그래서 사지서에 "시간은 곧 영원히 없어진다"는 말이 있고, 그리고 책 첫 페이지 읽고 다음 페이지를 넘겨서 읽다가 다시 첫 페이지를 보면, 그 첫 페이지가 없어진다는 말이 있다. 그것이 맞는 말이다. 실제로는 지금 우리 책 다섯 권이 나왔지만, 읽는 사람의 마음이 바뀐 만큼 책을 보면 또 내용이 바뀐다.

그 뜻이 바뀐다는 거다. 원래 내가 이 내용을 이런 뜻으로 해석했는데, 오늘 다시 보니까 또 뜻이 달라졌네, 이런 뜻이 아니고 다른 뜻으로 말했네! 하고 금방 알아차린다. 이렇게 계속 볼수록 뜻이 바뀐다고. 이것이 원래 있던 페이지가 없어지고 새로운 페이지로 나타나는 그 뜻이다. 사지서에서 표현을 너무 잘했다.

다시 보면 새로운 내용이다. 글자는 그대로 있지만 그 내용이 자꾸 바뀐다. 내용이 바뀌는 것은 내용 뜻이 바뀌었다는 것이다. 내 마음이 바뀌었기 때문이다.

여기서 중요한 것은 진짜 자신이 무시공생명으로 완전히 깨어나면 그때는 책도 필요없다.

무시공을 시공의 책으로 소개하자니 무시공의 단어로는 표현할 수가 없었다. 그래서 책을 내는 것은 내가 포기했다. 내가 쓰려니까 절대로 쓸 수가 없었다. 계속 트집 잡다가 세월 다 보내고 나중에 책 한 권도 못냈다. 이걸 어떻게 해야 하나. 지식이 있든 없든 누구나 내 뜻을 알아듣고, 어린아이라도 알아들을 수 있도록 그렇게 나와야겠다.

책은 못 내더라도 무엇이든 간단하게 나이가 들어도 나이가 적어도, 지식이 있고 없고, 누구나 알아볼 수 있는 그런 것이 있어야겠다고 생각하는 순간에 무시공생명 비결이 나왔다. 나중에 보니까 이 비결이 너무 완벽하다. 더 보태지도 못하고 찢지도 못하고 완벽하다. 그것이 바로 비결이다.

우주 작업의 흐름도

날짜	우주 작업(예언의 성취)
2016. 02~03	무시공 회원들,최고 높은 차원으로 올리는 작업
2016. 04	이원지구와 일원지구, 이원 달과 일원 달, 이원 태양계와 일원태양계, 이원 우주와 일원우주 분리 후 전체 이원우주 삭제 작업
2016. 04. ~ 2018. 10	무시공생명 물, 술, 초, 공기, 향, 에너지 탄생
2018. 02. 06	무시공 회원, 승용선 훈련 시작
2018. 04. 13	무시공 회원, 비행선 훈련 시작
2018. 05. 11	무시공 회원, 우주선 훈련 시작
2018. 06. 05	달의 달프에게 - 지리산 건물, 높은 차원으로 씌우라.
2018. 06. 26	무시공 회원, 우주 주택 적응 훈련 시작
2018. 06. 29	제3우주의 성지 식물작업 시작
2019. 03. 07	차원의 통합작업 시작 (차원관리자 '디맨샤'와 대화, 차원의 원리)
2019. 03. 11	차원 상승, 차원 통합 진행
2019. 03. 18	비밀금서(도르샤, 도르미) - 3차원 4차원의 문 공개
2019. 03. 21	차원과 광년
2019. 03. 27	차원의 통합
2019. 04. 07	차원 훈련 (무시공 회원을 중심으로 대전, 한국, 지구인 훈련)
2019. 07. 01	회원의 검은 물질 삭제 작업
2019. 11. 01	회원의 물질, 폭력, 충동, 누지름, 1차 삭제 작업.
2019. 03. 16	회원의 물질, 폭력, 충동, 누지름, 2차 삭제 작업.
2019. 11. 16	여자 회원들의 몸에 있는 물질, 반물질, 반에너지, 시공에너지 삭제 산소 호흡, 질소 호흡, 시공에너지 호흡 삭제 후 **무시공 에너지 호흡 시작**
2019. 11. 18	남자 회원들의 몸에 있는 물질, 반물질, 반에너지, 시공에너지 삭제 산소호흡, 질소호흡, 시공 에너지호흡 삭제 후 **무시공 에너지 호흡 시작**
2019. 09. 23	지구를 봉인한 존재 찾음 - 조년, 지구 봉인 이미 풀리고 있다.
2019. 09. 24	지구의 중력, 자력 삭제 작업 돌입

무시공 선생님의 어린 시절

학교 다닐 때 내가 책을 베고 자면 머리가 열려 있으니까. 그 책을 보고 있어. 그래서 내가 세포만 깨우고, 책을 베고 있으면 자는 것 같지만 책을 다 읽고 있다는 거야. 그리고 시험을 치면 시험 치는 과목을 한번 쭉 훑어보면 '아, 어떤 것이 시험에 나오겠다' 하고 대충 감이와 그러면 시험에 진짜 나와. 지나갔으니까 이런 경험, 이 비밀을 밝히는 거지, 그 당시에는 나만 알고 있었어. (웃음)

그런데 초등학교에서 중학교 들어가는 시험을 준비할 때 선생이 복습시키면서 시험에 나올 수 있는 것을 베껴서 막 외우게 하면서 훈련을 시켰어. 그러면 나는 우리 반 아이들에게 뭐라고 그랬냐 하면, 선생님 말 듣지 마라, 절대로 안 나온다. 나도 모르게 아무 근거도 없이 그런 말이 나와. 그래서 내가 하는 말을 믿으라고 그러니까, 누구도 안 믿고 선생님 말만 믿더라고. 그러나 나는 나를 믿고 다 준비를 해놓았어.

중학교 들어가는 시험을 쳤는데 전부 다 내가 미리 나온다고 한 것들이 다 나오더라고. (웃음) 그러니까 전부 다 무조건 백점이고 그 전체 시험장에서 내가 제일 먼저 나왔어. 그런데 다른 사람은 다 합격 통지서 나왔다고 그러는데 나는 한달이 지나도 통지가 없어, 합격을 못 했다는 거야. 나이가 많은 선생이 나한테 와서 자기는 해방 전부터 20년 넘게 선생 노릇을 했는데 그런 현상이 종종 있다고 하면서, 평소에 공부를 아무리 잘해도 운수가 나쁘면 시험에 안 걸린다고, 너무 그런 경험을 많이 했다고 하면서 나를 위로하는 거야.

그래서 내가 물어봤어. 그러면 운수가 좋다고 하자. 일 더하기 이(1+2), 이것의 답이 얼마인지 모르는 사람이 운수가 좋다고 답이 3이 나오나? 하니까 아무 소리도 못 하고 가버리더라고. 나는 절대로 안 믿는다. 그래서 나는 반드시 내가 시험 친 것을 확인하러 가야겠다고 마음을 먹었어. 그때는 돈도 없고 또 어디를 다니려면 양표 여기 식으로 하면 식권, 그런 것이 있어야 해. 아니면 어디 가도 배를 곯아. 그래서 온 데 다 다니면서 돈을 빌렸어. 빌려서 꼭 내가 직접 시험 친 것을 확인하고 봐야 인정하겠다. 안 그러면 절대로 용서를 못 한다. 그렇게 했더니 한달 후에 합격 통지서가 왔어. 그렇게 해서 중학교에 가니까. 그때 담임 선생님이 나보고 전교에서 내가 일등이라고 그러더라고.

초등학교 다닐 때 무슨 감정서(생활기록부), 내가 초등학교 6학년 졸업할 때 교장하고 싸움하고 그랬잖아. 그러니까 그 감정서에 나를 엄청 나쁘게 적어놓았던 거야. 그런데 그 담임선생님은 초등학교는 초등학교고,우리는 중학교니까 지금 현재를 보고 잘해보자고 나를 엄청나게 좋게 대하는 거야. (웃음)

(회원- 선생님, 그때 왜 교장선생님이랑 사이가 안 좋았어요?)

내가 그랬잖아. 그때 졸업식 때 우수 졸업장을 나를 안 주려고 그랬던 거라. 그래서 내가 할 말 다하면서 설전을 벌였는데 결국 나를 줬어. (웃음)

(회원- 선생님, 그때 마음만 먹었으면 중국 전체에서 일등도 했을 것 같아요.)

안 그래도 중학교 다닐 때 물리학 선생이 전국적으로 어린아이들을 상대로 영재를 뽑아서 훈련하는 학교가 있대. 그 물리 학선생이 혹시나 우리 같은 시골학교에서도 그런 영재가 있나, 시험 삼아 우리 반을 가지고 한번 시험해보자 그랬어.

시험을 쳤는데 내가 95점을 받았고 그 중에 한 명이 65점, 그다음에는 전부 30, 40이야. 그러니까 선생이 다 놀랐어. 시험 시간은 90분인데 큰 칠판에 선생이 문제를 계속 써, 자기 속도로 쓰고 90분 동안 문제를 칠판에다가 종이 칠 때까지 쓰는데 뒤도 보지도 않아. 계속 문제를 쓰다가 칠판이 끝까지 꽉 차면 처음을 지우개로 지워. 그리고 또 빠른 속도로 문제를 써. 끊임없이 지우고 쓰고 지우고 쓰고 그래. 지금 생각해보면 주로 속도를 보고 거기에 반응하는 반응을 탐구하는 것 같았어.

내가 지금 생각해보면, 그러니까. 머리를 쓰고 생각하고 그럴새도 없이 즉시 즉시 답을 해야 해. 머리로 생각할 새도 없고 이게 답이 뭐지! 이렇게 해야 하나 저렇게 해야 하나 그런 생각도 할 사이가 없어. 무조건 그저 막하는 거야. 머리에 떠오르는 대로 막 답을 적는 거야. 그리고 또 한 반에 학생들이 한 오십 명 육십 명 되잖아! 줄줄이 다 선생님이 지키고 종만 치면 무조건 답지를 그냥 뺏어간다고. 나도 도대체 어떻게 시험을 쳤는지 몰라. 나중에 발표하는 것 보니까 내가 95점이래.

도대체 내가 어떻게 답을 했나 싶어! 뒤돌아보고도 나 혼자 놀라. 어떻게 그만큼 답했나! 그러니까 선생이 진짜 놀라더라고, 하…, 이거 만일 진짜 전국적으로 이런 시험 성적이면 영재 훈련받는 데 갈 뻔했다고. 그 시골이니까 영재고 뭐고 그런 게 어딨어, 그런 자격도 없고. 그런데 내 마음속에는 항상 장래에 무슨 과학자가 돼서, 무슨 연구를 하면 어떤 방면에도 내가 반드시 이뤄진다는 그런 마음은 항상 마음속에 새기고 있었어.

내가 만일 아무것도 못 하고 어디 시골에 들어가서 농사를 짓는다 해도, 나는 절대로 다른 사람처럼 억지로 농사를 짓는 것이 아니라, 다른 환경을 내가 창조해서 남다르게 할 수 있다는 자신이 있었어. 그래서 나는 어떤 환경에 던져져도 그 환경에 파묻히는 것이 아니라, 새롭게 창조한다는 당당함이 있었던 거야.

시골에 있다가 잠시 시내에 나가서 공장에 기계가 막 돌아가는 것을 구경하고 그랬는데, 저사람들 바보들 아닌가! 조금만 머리를 쓰면 동력을 이용해서 기계를 움직이면 손발 안 움직이고도 다 할 수 있을 텐데, 내가 거기 있으면 자동 시스템도 만들 수 있었겠다 싶었어. 정말이라.

그럼 그때 나는 무엇을 생각했는가 하면, 인간이 살아가는 데 동력이 제일 중요한 것 중에 하나가 동력이잖아. 지금도 전기만 넣으면 모터가 돌면서 다 움직이잖아. 그럼 움직이는 기초만 있으면 내가 무슨 방법으로도 손발 대신으로 다 할 수 있잖아. 꼭 손발 움직여서 해야 돼? 진짜 그렇게 생각했던 거라고.

내가 또 어렸을 때 호기심이 많아서 엄청 탐구를 많이 했어 그 중에 어느 날 아침에 비도 안 왔는데 식물 잎에 맑은 물방울이 있는 거야. 보통은 그 이슬이 수증기 때문에 생긴다고 다 그렇게 말하잖아. 어느 날 저녁이나 햇볕이 쨍쨍한 날도 가만히 보니까. 그 잎에서 쑥 물방울이 솟아오르더라고. 그 잎에 그런 구멍이 있어. 거기서 쑥 올라오더니 동그란 물방울이 또르륵 굴러서 내려가, 거기서 또 올라와, 맨 그 자리에서. 그래서 이슬이 온도차로 생기는 수증기가 아니라는 것을 알았어.

햇빛이 없으니까 그 물이 안 날아가니까 물방울로 맺히고 점점 빠른 속도로 솟아오르더라고. 처음에는 조그마해, 그러다가 동그래져, 그러다가 무게가 있으니까 잎 아래로 또르륵 떨어지더라고. 그리고는 그 자리에서 또 올라오고. 나는 그런 것까지 다 관찰해봤어.

나는 하여튼 호기심 때문에 무엇이든지 내 눈에 이상한 게 보이면 그냥 안 넘어가. 반드시 뚫고 들어가. 어렸을 때 동네 아이들하고 저녁에 두 패로 나누어서, 한편은 숨고 한편은 찾는 것, 그런 놀이를 많이 했어. 그런데 내가 숨기만 하면 이상하게 누구도 나를 못 찾아. 생각해보니까. 내가 그때 입력하거든. 너희들 절대로 나를 못 찾는다 하면 진짜 못 찾아. 그때는 내가 왜 그랬는지 나도 몰랐어. 그저 장난삼아 그렇게 생각했는데 못 찾아. 그럼 너희들 일부러 나를 찾아봐라 하고 달이 있는 밤에 동네 사람이 지나가면 나는 그 사람 뒤에 숨어 따라가면서, 자기들 눈앞에 보이는데도 그래도 몰라. 내 모습을 못 보더라고.

편을 바꿔서 우리가 찾고 상대 아이들이 숨으면 우리가 찾아야 돼. 그러면 100% 다 찾아버려. 우리가 숨으면 다른 아이들은 다 찾는데 꼭 나만 못 찾으니까. 재미없다고 나오라고 그래. 우리가 다 찾았는데 너만 못 찾았다고 그래서 내가 쑥 나가면 '니 어디 숨어있어 있었나?' 그래. 어렸을 때부터 온갖 경험 다했다. 그런 놀이할 때 먼저 입력을 시켜. 너희들 절대로 나를 못 찾는다. 미리 그렇게 꼽아놓고 해.

그때는 내가 그런 능력이 있는 줄 몰랐어.

(회원- 그때부터 심력인가보다. 그렇게 하면서 하나도 의심 없었죠?)

아무 생각이 없어. 내가 어떻게든 해서 꼭 이루겠다 하는 그 생각도 안 하고 그저 꼭 이렇다 결론 내리면 끝이야. 그래서 무엇을 하든지 의심하고, 혹시 누구 나를 못 찾겠나 하는 그런 개념도 없어. 절대로 나를 못 찾는다 하면 끝이야. 아무런 잡생각도 없어. 그저 행하는 거야. 보통 사람 같으면 절대로 그런 마음을 못 가져. 그런데 나는 그런 마음을 먹으면 이상하게도 하나도 안 흔들려.

나는 한번 마음먹으면 흔들림이 없어. 한번 마음 먹으면 끝장을 본다고. 안 이뤄진다고 해도 나는 포기를 안 해. 무조건 내가 한번 결론 내리면 무조건 그건 끝장을 봤어.

그래서 내가 말하는 것은 이론이 아니고 행한다, 행해라! 나는 무슨 이론도 뭐 그것도 몰라. 하여튼 무조건 해. 무조건 한번 마음먹으면 그대로 끝장을 봐. 어떤 일을 하면서 되겠나 안 되겠나. 안 되면 어떻게 하나 나는 그런 생각이 없어. 나는 무조건 다 한다는 개념이야. 그렇게 하면 무엇이든지 이뤄질 수밖에 없어.

사람들은 계속 바꾸고 변동을 시키잖아. 그 당시에는 이랬다가 조금 부딪히고 막히면 또 다른 생각으로 바꾸고, 순간에 포기하고 그렇게 하면 영원히 이원념에서 못 벗어나. 나는 한다고 하면 결과가 틀리고 맞고 떠나서 성공하기 위해서 끝장을 본다고 하면 세포가 계속 그렇게 훈련을 받으니까, 세포가 한마음 한뜻으로 내 뜻을 따르고. 심지어 내가 한번 마음먹으면 세포들이 먼저 앞장서서 한다고 내가 항상 그런 말을 하잖아.

내가 오늘은 이렇게 하고 다음에 또 저렇게 바꾸면 세포도 헷갈려해, 도대체 주인의 어떤 말을 믿고 행해야 되겠나. 그럼 세포들은 다 바보가 되어서 주인이 시키는 대로 해야 돼.

그렇게 되면 세포도 자기 주동성이 없어, 항상 노예 위치에 있어. 그런데 내가 한번 명령 내려서 끊임없이 모든 것을 100% 그렇게 하면 세포가 아, 이 주인은 한번 말하고 한번 입력하면 절대로 안 변한다. 세포가 다음에 내가 무엇을 한다고 하면 절대로 의심 안 해. 미리미리 자기가 먼저 앞장서서 한다고. 세포는 세밀한 데 있으니까. 내가 이렇게 마음먹으면 세포들이 앞장서가 미리 다 처리해. 그렇게 하면 순조로워 안 순조로워? 내가 힘들어 안 힘들어? 그렇게 하면 일이 이뤄질 수밖에 없어.

이런 우주의 비밀을 말하면 사람들은 주의해서 안 들어. 세포를 훈련하라고. 60조 개 세포만 훈련하면 세포가 먼저 행동에 옮겨줄 수 있어. 왜? 내가 변함없이 끊임없이 주입시키고 끊임없이 변동 없으니까. 아, 이 주인은 한번 결심하면 변동 없으니까 우리도 열심히 하자. 내가 마음만 한번 먹으면 저것들이 최선으로 움직이고 있어. 그러니까. 처음에는 힘들지만 끊임없이 계속 하다 보면 다 순리대로 세포들이 대신 다 하잖아. 그럼 얼마나 좋아? 이것이 60조 세포의 사령관이야.

이 사령관은 60조 세포한테 믿음을 줘야 해. 신용을 줘야 해, 약속을 지켜줘야 해. 그래서 난 누구하고 약속을 해도 먼저 내 세포한테 먼저 해. 나는 무슨 말을 해도 100% 지켜. 절대로 위반은 안 돼. 내 세포한테 한 약속을 지켜야 내 주위 사람들의 약속을 100% 지켜. 안 지키면 싫어. 나는 내 세포한테 그런 훈련을 받았기 때문에 그래서 나는 항상 당당해.

그래서 나는 무엇이든지 한번 약속하면 100% 생명 내걸고 지켜. 나는 진짜 쪼그마할 때부터 그런 성격이 오늘까지 그래. 이것은 일관성이야. 변동이 없어. 그래서 다른 사람이 내 앞에서 약속을 안 지키면 제일 싫어해. 그래서 한번 두 번 믿고 또 약속 안 지키면 잘라버려.

이것은 진짜 직장에 다닐 때도 그랬어. 그 사람이 무엇을 잘하는지 못하는지. 나는 그것을 평가는 안 해. 주로 약속 지키나 안 지키나. 무엇을 말했으면 생명 내걸고 약속대로 해. 이런 것이 진짜 대장부지! 말해놓고 금방 변하고, 금방 변하면 그러면 누가 너를 믿어.

먼저 나한테 엄격하게 대해야 한다. 나는 누구한테? 나는 내 세포한테! 나는 세포와 한 약속은 철저하게 지켜. 그래야 세포가 나를 믿어. 그리고 내가 그런 무장이 되고 그렇게 할 수 있었기 때문에 내 주변 사람들한테도 그렇게 요구해. 약속 안 지키면 절대로 용서 못 해. 그것은 상대적 훈련이기 때문에 너도 그렇게 돼야 한다는 거라. 그래야 우리가 하나가 되지.

네가 약속을 안 지키는 것은 나한테 약속을 안 지키는 것이 아니라, 너 혼자 60조 세포한테 약속 안 지키는 거라고, 그러면 얼마나 힘들어? 이건 내가 직접 경험해봤고 나만 알고 있기 때문에 누구한테라도 말을 안 하면 누구도 몰라. 우리는 전부 다 이 공부하니까 이것을 밝히는 거라. 실제로는 아까워. 무료로 밝히니까. 얼마나 아까워. (웃음) 실제로 이것은 정말 절대적인, 절대적인 나의 비결이야.

내가 이렇게 직설적으로 말 안 하고 그저 빙 돌리면서 자기 세포하고 약속 지키라, 자기 세포를 깨우쳐라, 세포는 일체 정보 가지고 있다, 세포는 우리보다 더 세밀한 공간에 있다, 세포는 온 우주 정보를 다 가지고 있다. 내가 엉터리로 말하는 게 아니고. 그 안에 무한한 뜻이 다 있어.

그러면 어떻게 세포를 훈련시키나.

기초훈련. 반드시 약속 지키기. 그러면 어떻게 약속을 지키나. 말 한 번 했으면, 생각을 한번 했으면, 절대로 흔들리지 말고 끝장을 보라고, 끝까지 지켜야 돼. 그것이 바로 세포 훈련이야.

한두 번이 아니고 몇 번이고 이런 강의를 했어 그런데 사람들은 못 알아들어 왜? 자기한테 빠져서, 이것은 엄청난 자기를 깨우치는 방법이라고!

한번 두 번 훈련해도 안 돼. 끊임없이 하다 보면 세포가 이 주인의 특징을 알아. 아, 이 주인의 말을 안 듣고는 안 되겠다. 한번 결론 내렸으면 절대로 변하지 않으니까. 이렇게 되면 세포들도 자기네가 훈련을 받고 스스로 움직인다고.

처음에는 이거 긴가 민가, 들을까 말까, 그 주인의 태도를 계속 구경하다가 이것을 끊임없이 하다 보니까 한번 속고 두 번 속고, 나중에는 이제는 속으면 안 되겠다. 내가 행하지 않으면 내가 도태당하겠다. 그럼 세포가 깨어나 안 깨어나? 그러면 60조 세포가 하나로 뭉쳐 안 뭉쳐. 아, 이 주인 진짜 믿을 만하다. 그렇게 하면 100% 따라 안 따라? (따라와요.) 100% 내 뜻이 이루어져 안 이뤄져? (이뤄져요.) 이뤄지면 내가 편안해 안 해? (편안해요.)

그러면 60조 세포가 뭉치는 힘이 강해, 내가 움직이는 힘이 강해? (60조 세포요.)

그러니까. 독불장군 짓 하지 말고 세포를 하나의 전사로 생각하면서 온 전사를 동원해서 네 마음하고 하나가 되면 그것만큼 멋진 존재가 어디 있어? 그만한 한 유명한 사령관이 어디 있어! 나는 남을 훈련시키는 능력은 없지만 내 60조 세포는 당당하게 훈련시켰어. 그래서 내 마음하고 하나가 돼 있어. 이것만큼은 내가 정말 당당하게 자랑할 수 있어.

내가 그렇다고 교만한 그런 것이 아니야. 세포는 생명 내걸고 내 뜻을 따라.

남 지적할 시간이 어디 있어! 나는 믿어. 내가 다 죽어가는 몸이 지금 살아났잖아. 허리도 꼿꼿하지, 이 인간나이 칠십 몇 살 되면, 삐뚤어지고 하잖아. 누가 피할 수 있어. 절대로 불가능해. 나는 오십 몇 살에 죽을 팔자였는데 왜 아직 안 죽고 도로 살았어. 그걸 누가 믿어? 그런데 나는 세포를 믿어, 세포는 반드시 할 수 있다는 거.

왜 그런가? 내가 오래 오래 전부터 세포를 훈련했기 때문에.

그럼 세포는 뭐야? 야, 이런, 주인 이런 사람은 따를 만하다, 의심할 필요가 없다. 우리를 챙겨주기도 하고 또 우리를 믿어. 그러면 하나된 것 아니야!

서로 똘똘 뭉쳐서 주인이 나고 내가 주인이다. 나는 전사가 아니고 나도 주인이다. 왜? 마음이 통해서 하나로 되어 있으니까. 나도 세포 중에 하나일 뿐이야. 얼마나 좋아? 그래서 자기 세포를 사랑하고 자기 세포를 지켜주라고, 자기 세포를 깨우치라고. 자기 세포에게 감동을 주라고. 세포한테서 아, 이런 사령관 곁에 있으면 내가 죽어도 한이 없겠다 하는 그런 마음이 생기도록 감동을 주라는 거야.

이 세포한테 계속 위협 주면 또 두려워서 저런 사령관한테 붙어서 도망가지도 못하고 죽지도 못하고 얼마나 괴로워. 이 세포를 칭찬해주고 챙겨주고 감동을 주고 그렇게 하면 자기 기가 살아나잖아.

내 60조 세포가 나다.

세포한테 상처 주지 말고, 세포한테 위협 주지 말고, 세포들한테 협박하지 말고, 세포에게 감동을 주라. 왜 그 세포가 나니까. 나하고 하나니까. 세포들이 내 몸에 붙어서 얼마나 힘들어. 내가 세포를 멸시하면 안 되지. 그것도 하나하나 소중한 생명이라고 보면 다 내 안에 있잖아. 그 다음 나잖아. 나밖에 누가 있어? 없어. 난 육십 조 세포만 인정해. 주변 사람 나는 인정 안 해. 일원심 지키는 존재만 인정해. 일원심 지키는 만큼 인정해. 일원심 안 지키는 부분 난 인정 안 한다고. 그렇게 하면 안이고 밖이고 다 하나로 뭉치잖아.

내가 "나만 보라" "앞만 보라"고 말하지. 무엇 때문에 그래?

무엇 때문에 앞만 보라고 ? 뒤돌아보면 내내 후회하고. 뒤돌아보면 내가 잘못한 것만 보이고. 무조건 앞만 보고 내가 잘했다고만 생각해. 좌우도 보지 마. 좌우를 보면 내가 또 틀렸니 잘못됐니 하면서 세포를 괴롭게 한다고. 그래서 무조건 직선빛으로 가. 좌우를 보면 벌써 파장이 생겼어. 뒤를 보면 또 왔다갔다. 그러면 좌우로 흔들리다가 아래위로 흔들리다 니 어디 갈래? 하는 거야.

우리는 직선빛이야, 무조건 앞으로만 가, 직선으로 끊임없이 가. 우주 끄트머리까지 계속 가. 그러면 되잖아. 그런 단련을 하고 그런 자신감, 그런 의지력. 그렇게 하다가 보면 세포도 인정해. 아, 이렇게 해야 살 수 있구나.

이놈의 사령관, 사령관의 특징을 따라줘야 내가 살지, 안 그러면 삐져 나가고, 도태당하고, 쫓겨 나간다. 자기가 바보가 아니잖아. 세포도 다 사령관을 위하는 것이 자기의 살 길을 찾는 거지.

우리 일원심, 일원심이 뭐야. 한 가지 굳은 마음 가지고 있으면 끝까지 하라는 거야. 그게 일원심. 이원념은 이래야 되나 저래야 되나, 오늘 이렇게 하려다가 부딪치면 또 다른 방법을 써야 하잖아.

방법이 어딨어? 우리는 방법 없어. 인간들은 전략이니 전술이니 우리는 전략이니 전술이니 해서 뭐해? 우리는 그저 일원심 지키고 직선으로 행하면 되잖아.

花落結家討影祖
念愁行宇宙
反客變為主
先干本知道
自在逍遙觀龍騰
誰人悟甚妙
疾風怒火海濤滌
先知早預抖
分希逆道行
墓巳己創造
時空消盡長夢醒
新人新宇宙

매심

1단계

우연히 눈을 떠보니
구층 천 얼음벽에 바보인 듯 백치인 듯 아름다운 꽃 한송이 피었네.

꽁꽁 언 한겨울 얼음 속에 핀 뜻은 아름다움을 자랑하기 위함이 아니요,
그저 봄소식을, 무시공우주의 비밀을 알릴 뿐.

기다리고 기다리다 온 세상에 꽃이 피어 꽃향기로 가득할 때
나는 그 꽃 속에 함께 스며들어 그 향기와 하나 되어 웃고 있네.

2단계

꽃이 피고 지어 결실을 이룰 때에,
인간의 욕심은 팽조를 해하려 하지만,
그 마음 생기는 순간에 이미 스스로 멸망 길로 가는 것을.

객이 주인이 됐다.
불쌍한 노예를 살려주니 오히려 주인을 내쫓는 격.
하지만 그 마음 나는 미리 다 알고 있다.
아무리 해코지해도 나와는 아무 상관이 없음을.

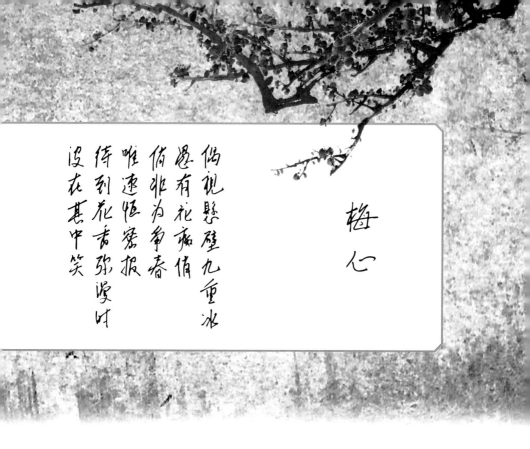

梅心

나는 이 세상에 들어온 적도 없고 그저 밖에서 인간세상을 구경하고,
용이 어찌 나는지, 호랑이가 어찌 뛰는지 구경할 뿐,
이 세상에 참여한 적도 끼어든 적도 없으니,
나는 대자유,
그 깊고 깊은 오묘한 진리를 누가 알 수 있을까!

3단계

5대 재앙(질병, 태풍, 화산폭발, 지진, 해일)이 지구를 정화한다는 선지자들의 예언,
끝없는 분쟁과 다툼은 무시공우주의 법칙을 역행하니
자기가 자기 무덤을 만들고….

온갖 재앙과 정화의 결과 시공우주가 사라지고
기나긴 꿈속에서 깨어나 보니,
새로운 인간과 새로운 우주만 남았네.

무시공 안병식 (2001. 2~3월, 매화꽃 필 무렵)

목차

제1장

무시공 3단계 우주 작업의 훈련

제2장

절대긍정 일원심을 기초로 다음 단계, 완전한 무시공 에너지 우주로 진입한다

부록

제1장

무시공 3단계
우주 자연의 울림

2016년 3~5월의
우주작업 훈련

2016년 3월 3일 오후 6:13

무시공 - 매일 신나고 재미있게 살자. 창조도 내가, 조공도 내가. 누구도 대신할 수 없지. 이 간단한 진리를 인간이 아직 모르고 있네.

2016년 3월 6일 오전 10:10

OOO - 오늘 2시, 3시, 해슨과 나스타 약속 있으니, 마음 함께해 주세요. 두 번 약속 모두 아나스타샤와 연결된 별의 우주선과 약속이네요. 2시는 그 별 대표 해슨에게 요청한 우주선 타기. 별 이름도 해슨, 똑같아요. 3시는 아나스타샤를 데려간 나스타에게 요청한 우주선 타기. 그리고 중간에 시간 되면 포심슨 우주선 바로 불러 보기.

2016년 3월 6일 오전 10:13

OOO - 우주선 타면 곧바로 선생님 계신 대전 집 옥상으로 가겠습니다.

2016년 3월 6일 오후 1:56

OOO - 지금 우리 건물 옥상.

2016년 3월 6일 오후 2:06

OOO - 해슨 우주선 안 보여요. 아주 멀리서 한두 번 반짝거릴 뿐.

2016년 3월 6일 오후 2:18

OOO - 안 보이는 이유는 나중에 대화하고, 이제 포심슨과 KH 탄, 별의 우주선 부를 거예요.

2016년 3월 6일 오후 2:32

OOO - 여기 왔다는 티만 살짝 내고 없어졌어요. 처음 2시 해슨 때는 빛나는 것만 우주선인 줄 알고 그것만 집중해서 보려 했는데 한 무리인지 큰 우주선이 너울거리는 것인지 투명한 검은색 무리가 한두 번 지나갔어요. 두 번째 포심슨 오라 하니 똑같이 그렇게 보이는 현상이 있어서 알았네요.

2016년 3월 6일 오후 2:57

OOO - 3시 나스타 약속 기다림.

2016년 3월 6일 오후 3:17

OOO - 아무 소식도 없고 보이지도 않는다.

2016년 3월 6일 오후 3:26

OOO - 마지막으로 크레타비 불러 봤어요. 크레타비, 가까이서 눈으로는 확실하게 안 보이고 멀리 있지만 빛으로 분명 형체 보였어요. 이렇게 밝은 낮인데도 우주선 빛은 더 밝아서 보이네요. 이제 내려가요.

2016년 3월 6일 오후 3:36,

무시공 - 마음 흔들리지 말고, 더 열심히 노력할 것. 나날이 성공이 다가오고 있어. 우리 차원을 낮춰서 눈으로 보이는 UFO를 연락.

OOO - 네, 눈으로 보이는 차원 낮은 우주선요. 마음 안 흔들려요. 성공 다가오고, 그리고 느껴요. 그들이 우릴 지켜보고 있다는 거. 그리고 주변에서 관찰하고 있다는 거. 우주에서 그들이 지켜야 할 규칙 같은 무언 가를 풀어야 할 것 같다는 생각도 언뜻 들었어요. 그들이 태우고 싶어도 아무나 태울 수 없는 뭔가가 있는 것 같다, 그런 느낌.

2016년 3월 7일 오후 2:31

무시공 - 위에 유튜브 영상, UFO 내려앉은 자리에 뛰어가 보는 거, 중국에 서 발생한 일인데 진짜인가 실험 삼아 확인해 봐.

OOO - 선생님은 가짜 같은 느낌이 있나 봐요? 저는 잘 모르겠던데. 아까 체험 시간에 집중이 안 돼서 다시 확인해 볼게요. 위에 유튜브 영상 보 내주신, 중국에서 젊은이들이 찍은 우주선 영상, 진짜예요. 그런 생명이 사는 별이 있더라고요. 가 봤어요. 20만 광년. 그런 생김새의 우주인 사 진 너무 많이 보고 글도 읽어서…. 저런 모습 외계인 사진이 보이면 인간 을 납치한다느니 실험한다느니, 인간 유전자를 접목하는 실험, 감정을 알아보는 실험 등등 그런 것들이 자꾸 생각나서 머리에서 그런 생각들 없애고 지우며 하느라고 좀 시간이 걸렸어요.

2016년 3월 9일 오전 1:23

무시공 - 북한을 밝게 해. 그리고 한반도 전체를 밝게. 그리고 어떤 현상이 일어나나 관찰.

2016년 3월 9일 오전 6:21

무시공 - 사람 태울 수 있는 UFO를 서울, 대전, 부산으로 집중. 일체 높은 차원에 있는 우주선은 대전으로 집중. 우리가 올려놓은 존재 총동원해 서 이 일을 위해 최선 노력할 것. 원래 각 차원에 있는 존재들도 적극 참 여하기.

OOO - 북한을 밝게 - 북한 밝다. 그리고 한반도 전체를 밝게. 각 차원 존재 들 - 온 우주에 북(?) 치며 알림. 알아듣는 존재만 알아들음.

2016년 3월 10일 오전 12:34

OOO - 아까 10시 체험하는데 내가 점점 밝아지더니 한없이 밝아지는 걸 봤어요.

2016년 3월 10일 오전 3:44

무시공 - 전 세계 각종 대표들 일원심 배우러 대전으로 오라고 알려.

2016년 3월 10일 오후 9:11

OOO - 궁금한 게, 공간을 줄이는 것이, 당사자에게 왜 힘든 것인지 잘 모르겠어요.

무시공 - 계속 실천하다 보면 알게 된다.

2016년 3월 11일 오전 6:45

무시공 - O, O 빛 구경할 때, 500억 광년에 올려놓고 구경해 봐. 빛 변화 차이 있나, 없나.

OOO - 500억 광년에 올라 있으니 거기 빛에 맞추어 같이 밝아져요.

무시공 - 잘했다. 축하. 무감각시공에서 작업한 것, 현실에서 나타나는 실험하고 또 증명하기 위해서. 결과 기다려 보자.

2016년 3월 17일 오후 1:49,

OOO - 2시 약속 시간 돼서 건물 옥상 올라가요.

무시공 - 대화해 봐. 오고 있나.

OOO - 네. 마침 옥상에 있던 사람들이 내려와요, 자동으로 자리 피해 주는 듯.(웃음) 이름이 기억 안 나요. 그런데 나 찾았대요. 온대요.

무시공 - 서로 대화할 수 있으면 돼. 특수한 자리면 찾기 쉬울 텐데.

OOO - 충분히 찾을 수 있을 거예요, 그 정도는. 여기는 건물이 높아서 하늘이 막힌 곳도 없이 다 잘 보여요.

OOO - 정말 이상하다. 확대하고 보시면 점 같은 것이 세 개 보일 거예요. 저는 분명히 헬리콥터 비슷한 큰 물체를 찍었거든요. 그런데 사진엔 이렇게밖에 안 나오네요.

무시공 - 너를 찾았데?

OOO - 네, 찾아서 나를 보고만 갔어요. 나는 옥상에서 내려왔고요.

무시공 - 왜냐 물어보지.

OOO - 지금 물어보니까, 조금 더 기다려 달래요. 어제 그 약속이 믿어지지만.

무시공 - 너는 어떤 생각? 우리에 대해서 아직 믿음이 확실치 않아. 영체 입장에서 우리와 대화해 보면 대단한데, 실지 물질 세상 입장에서 인간 몸을 가지고 있는 우리는 별로라 생각했기 때문에… 그래서 우리가 대전에서 무엇을 하는지 잘 알아보면 답이 나온다고 그래.

OOO - 입장을 바꿔서 곰곰 생각해 보면, 나 같아도 바로 안 태워줄 것 같아요. 여기서도 처음 보는 사람이 차 태워 달라고 부탁해도 주저하는데… 다른 행성의, 그것도 차원 낮은 생명이 말하는 거라면 신중히 생각해볼 것 같아요. 또 그 사람이 어떤 사람인가 지켜볼 것도 같고요. 성공인 건, 우리 말을 알아듣고 약속에 왔었다는 것이 증명됐어요. 워낙 우리의 제안이 좋아서 거절은 못 하고, 내 눈으로 그리고 사진으로 확인시켜 주고 간 거.

무시공 - 우리는 지구인이 아니라는 거 암시해 줘. 우리를 잘 지켜보라고 해. 우리는 인간의 모습으로 지구에 왔지만, 인간이 아니고 온 우주 작업하러 왔다고. 잘 확인해 보라 해. 너희가 우리 안 도와도 우리는 온 우주를 변화시키고 있어. 하지만 우리를 도우면 큰 공 세운다고 해. 이 일은 지구에서 시작할 뿐 비밀로 하는데 너희들한테 도움 필요해서 암시한다. 최선으로 도와주면 무한 보답 받을 거라. 그러니 의심하지 말고 우리를 믿어 주기. 포기하지 말고.

OOO - 네, 알겠어요. 그리고 선생님 느낌이 항상 맞더라고요. 잘 통하는 존재들을 알아보시는 거 같아요. 느낌이 좋다는 존재들 우주선을 다 봤잖아요. 두 번 모두.

2016년 3월 18일 오전 3:11

무시공 - 각종 약속 일은 반드시 따로 적어 놓고 스스로 확인하기. 편리하기 위해서라고 강조했는데 약속한 것 잊고, 이름도 기억 안 나니 시간 지나서 또 새로 찾아봐야 하고. 이런 습관 되면, 우리 말 누가 믿어? 지나간 거는 잘했다 하고 지금부터 반드시 약속한 날짜대로 확인. 우리를 멸시하고 약속 안 지키는 존재는 무조건 공간 줄이며 경고.

2016년 3월 18일 오후 5:27

무시공 - 시간 있으면 천지우주부터 관문까지 각 우주 명칭과 지구와 거리 정리해서 메시지로 보낼 것. 무시공생명 통로 만들기 위해서. 이제 오백억 광년도 포기하려고. 오천억 광년부터 시작. 이후 계속 변할 거야. 시공도 밑에서부터 계속 삭제하는 거다. 최후 무극까지.

2016년 3월 21일 오전 2:00

<u>2016. 3. 16. 우주 작업 기록</u>

- 방문한 별들과 천지우주까지, 지구와의 거리 정리 -

지구로부터 20만 광년 이내에 있는 행성 - 프레투스, 폴리우스, 북극성, 중국에 나타난 우주선의 로봇 같은 생명이 있는 별 등. 20만 광년 헤레나 별 - 달에서 만난 한 우주선의 고향
10억 광년 달라스 별 - 달에서 만난 스프링의 고향
20억 광년(KH 바로 위에 있는 우주선 따라감.)
거기서 소개받은 곳 → 50억 광년 더 감. 이 별은 기록 못함.(그러니까 지구로부터 70억 광년)
거기서 또 500억 광년 더 감.(지구로부터 570억 광년)

거기서 또 1,000억 광년 더 감.(지구로부터 1,570억 광년)

별이름 - 술리츠. 거기서 또 1,000억 광년 더 감.(지구로부터 2,570억 광년)

별이름 - 사랑. 거기서 또 1,000억 광년 더 감. (지구로부터 3,570억 광년)

별(우주) 이름 - 대우주

대표 이름 - 소산. 대우주 소산과 500억 광년 더 가서.(지구로부터 4,070억 광년)

그곳 이름: 곡백

대표 이름: 스잔(여자) 대우주 소산과 5,000억 광년 더 감.(지구로부터 9,070억 광년)

그곳 이름: 흑단우주

대표 이름: 백호수

백호수 소개로 10억 겹(=1조 광년) 더 가서.(그래서, 지구로부터 1조 9,070억 광년)

그곳 이름: 검백우주

대표 이름: 사단

사단 소개로 -(지구로부터 대략 1만조 광년)

그곳 이름: 천지우주

대표 이름: 필슨(남자)

- 천지우주부터 관문까지, 방문 기록과 지구와 거리 -

(무시공 선생님은, 뒤에서 OOO와 함께하고 그들에게는 보이지 않는 상태. OOO만 빛으로 보이게 하며 선생님(무시공)을 대신해 OOO가 말한다.)

사실, 지구로부터의 거리가 너무 방대해 계산이 잘 안 된다.

천지우주
대표 이름: 필슨, 다시 만났다. 느낌 부드럽다. 지구와 거리는 - 1만조 광년.

무시공 - 우주에 어떤 존재가 대략 1,000광년이 1겁이라고 했는데, 너희가 쓰는 단위 말고 우리가 쓰는 광년 단위로, 분자세상 지구에서 너 있는 데까지 거리로 말하라. 네가 있는 곳에서 최고 높은 곳과 소통한 적 있나?

필슨 - 1만조 광년. 빛이 엄청나다. 가본 적 있다.

무시공 - 가본 적 없는 최고 높은 곳은?

필슨 - 1억 1만조 광년.

무시공 - 가 보자. 빛도 구경하고.

　　필슨, 진짜 갈 수 있느냐며 쳐다본다.

무시공 - 갈 수 있다. 같이 가자.

필슨 - 우리 이동 수단(우주선)으로 가자.

무시공 - ○○○, 갈수록 빛 강해질 거다. 우리는 일체 빛으로 통과할 수 있다. 다 내 안에 있는 빛이니까.

　　(천지우주 필슨과 1억 1만조 광년 이동) 가서 또 대표를 찾아. 마음자세와 태도 보고.

거대송설우주

　　(지구로부터 1억 2만조 광년) 온통 빛이다.

　　대표 이름: 스미스. 동서양 사람 다 안 닮아. 그리고 형체가 뚜렷하지 않아.

무시공 - 공간 약간 줄이면 나타난다.

스미스 - 양복 같은 것 입었다. 물어보지는 않고, 나(○○○)를 살핀다. 어떤 존재인가, 누구인가. 교만한 태도는 안 보여. 함께 간 필슨은 쳐다보지도 않고, 나만 살핌. 얌전하고 공손하고 부드러워짐. 아무 말도 없고 그의 공간이 작아짐. (공간이 작아진다는 것은 위축됨을 의미)

무시공(○○○) - 지구 아는가?

스미스 - 거의 우주의 끝. 그래서 오히려 더 알고 있다.

무시공 - 지구 변화?

스미스 - 여기까지 아주 미세한 전류 흐르듯 느낀다.

무시공 - 나(○○○), 지구인 같나?

스미스 - 지구 존재라고 믿을 수가 없다.

무시공 - 나중에 알 거다.

스미스 - 내(○○○) 이야기를 잘 듣고 나를 아래로 내려다보지 않는다.(교만하지 않다) 진짜 궁금해한다.

무시공 - 우리가 지구에 있을 때 도움 줄 수 있나? 동참할 수 있나?

스미스 - 자기가 지구에 무엇을 할 수 있을지 모르겠지만 할 수 있다면 돕겠다. 친구 삼자.

무시공 - 지구 대전에서 우주 작업 중이다. 관심 두라.

스미스의 선물: 송설.(동그란 모양, 재질은 단단한데 알 수 없음, 거기서 여러 가지 빛이 나온다.)

무시공 - 못 가보고 소식만 들은 최고 높은 곳은?

스미스 - 1억조 광년.

무시공 - 더 높은 데는 있나?

스미스 - 그럴 거 같다.

무시공 - 내가 같이 가면 너희도 갈 수 있다. 함께 가자. 혼자 갈 수 있나?

스미스 - 혼자는 힘들다. 천지우주 필순도 데리고, 여기의 투명한 우주선 타고 출발.

  (갈수록 내 빛은 강해지고 그들 빛은 약해진다. 대표가 직접 우주선 운행? 운행이라고 할 것 없이 그냥 간다. 앞에 시키면 막이 있어. 그것을 뚫고 들어가야.)

무시공 - 그 막을 삭제해!

  (바로 삭제됨. 옆에서 놀란다.)

스미스 소개로 함께 1억조 광년 더 간 곳. 도착했는데 대표가 새(봉황) 같은 여자. 아주 조금 교만한 느낌.

무시공 - 공간을 줄이든가, 우리 강한 빛으로 그 대표의 빛을 삭제해라. 완전히 겸손할 정도로 만들어라. => 겸손해짐. 웃음까지 짓는다.
옆에 둘이 따라온 존재들이 그 여자 대표를 정신없이 쳐다본다. 아름답다고 느끼며.

그곳 이름: 상생
대표 이름: 수루(봉황 느낌, 여자)
지구와 거리: 2억 2만조 광년
(수루, 화려하다. 이런 게 봉황인가 싶다. 여자인데 새 같은 느낌.)

무시공 - 여자 모습으로 나타나게 하라 하니 => 동양적인 여자. 아름답다. 나에 대해 궁금한가?
수루 - 정말 대단하고 놀랍다.
무시공 - 너(○○○)의 최고 아름다운 모습 보여 줘라. 몇천 배 아름다워졌다 생각하며.
 => 수루, 속으로 놀란다. 그리고 어떻게 여기까지 왔느냐 묻는다.

무시공 - 내가 어디서 온 것 같은가?
수루 - 상상을 못 하겠다.
무시공 - 지구에서 왔다. 지구에서 누가 온 적 있나?
수루 - 분자세상 밑바닥에서 오다니 말이 안 된다. 어찌 된 거냐?
무시공 - 나중 되면 알게 될 거다. 내가 지구인처럼 보이나?
수루 - 자기가 알고 있는 분자세상 지구, 분명 거기는 아닐 거다.
무시공 - 내가 어떤 존재 같나?
수루 - 처음 본다. 궁금하다.

기념품 선물. 소백. 봉황의 깃털 같은 화려한 색상.

무시공 - 당신이 못 가 본 최고 높은 차원?

수루 - 이제 얼마 안 가면 우주 끝인데 못 가 봤다.

무시공 - 가면 두 사람도 같이 타고 가라.

(나를 자꾸 힐끗힐끗 쳐다본다.)

○○○을 시공에서 최고로 아름답게, 온몸이 빛 상태 되도록.

무시공에서 최고 아름다운 존재인데 누가 알아봐.

(같이 가면 갈 수 있다 했더니 가자고. 두 사람 빠르게 따라온다. 조용해지고, 가는 길에 좌우로 막 같은 것이 스스로 쭉쭉 걷힌다.)

무시공 - 거리는 얼마나 되나?

수루 - 그렇게 멀지 않다. 거의 지구와 끝과 끝일 거다.

무시공 - 내가 무시공 직선빛이면 그 여자의 빛이 없어진다. 맞다. 수루. 빛 없어지고 일반인 같다. 거의 왔다. 거대한 빛이 보인다.

(아까 스미스의 우주선은 둥근데 이것은 앞이 뾰족하고 투명하다.)

대표: 남자. 동양적. 밝은 옷 입음. 그를 본 첫 느낌이 불만, 그리고 불안.

허락 안 받고 여기까지 왔느냐는 식.

(이렇게 높은 차원에서도 이런 마음이 있다니 이해할 수 없음.)

무시공 - 무시공 존재가 누구에게 허락받아? 아직도 자기를 내세우는 거, 이원념 마음 철저히 없애 버려. 당당하게. 계속 줄이고 강한 빛을 쏴. 그가 놀라도록 몸의 빛을 녹여라. 용서해 달라는 느낌 올 때까지. 내게 두려운 마음 있도록.

(그 사람 지쳤다. 태도 바뀌었다. 너무 평범해졌고.)

또 다 함께 1억조 광년 더 가서.

여기 이름: 금상(지구로부터 3억 2만조 광년)

이름: 소백상(남자)

여기 금상이 큰 우주로는 마지막이란다.

무시공 - 내가 어디서 온 것 같고, 어떤 존재로 보이나?

소백상 - 처음 보는 존재다. 상상할 수 없다.

무시공 - 지구에서 왔다.

소백상 - 그럴 리가 없다.

무시공 - 진짜 지구에서 왔다. 지구 아는가? 우주 가장 밑바닥.

소백상 - 지구는 대표적으로 끝에 있는 거라서 더 잘 안다.

무시공 - 내가 지구인처럼 보이나?

소백상 - 지구에서는 여기에 올 수도 없고… 아무래도 지구인 아닌 것 같다.

무시공 - 이다음에 알 거다. 계속 관심 두면 나를 알아볼 때가 있을 거다. 아주 젊고 아름다운 모습. 무한 매력을 가지고 있는 모습을 보여 줘. 무시공의 직선빛을 보여 주고.

소백상, (내게 푹 빠진 것 같은 얼굴 모양을 하면서.)

선물, 금빛의 접었다 폈다 하는 부채 같은 것을 준다. 지금까지 함께 따라온 존재들, 조용히 구경하면서, 표정이 부럽다 못해 어떻게 이런 존재가 있는가 한다.

무시공 - 우주 끝 어디인가? 거리는? 가 본 적 있나?

소백상 - 여기가 끝에 있는 큰 우주이긴 하지만, 여기 바로 위에 조그만 별이 하나있다. 거기가 마지막이다.

무시공 - 그럼 가 보자. 끝장 보자.

소백상 - 가 본 적 있다. 소개해 주겠다.

무시공 - 대표는? 거리는?

소백상 - 별 지키는 대표가 있다. 바로 옆, 상광이라는 별.

　(바로 도착.)

무시공 - 안다니까 안내해 봐라.

소백상, 대표 소개시켜 줌. 남자.

(그의 빛은 반짝거리는 빛이라 더 자세히 봄. 나중 생각하니 반짝이는 옷 같다는 느낌?)

무시공 - 우주 이름? 내 무시공 빛 밝히라. 상대방 빛 줄이고. 상대방 자세히 보고 대화. 교만한 자세 보이면 철저히 위협 공포심 줄 정도로 하고 대화할 것. 나를 더 아름답게 만들고, 내 매력에 빠져들어 오도록 하고. 한편으로는 두려울 정도로 할 것.
(내 미모에 좋은 느낌 이상, 존경의 눈길을 보냄. 상대방 빛이 없어지고 형체만 남음. 너무 평범해짐.)

별 이름: 상광.(작은 별)
대표 이름: 소흑산
(소흑산의 일, 이 별을 지키며 동시에 우주의 마지막 관문, 그 자리를 지킨다.)
같이 온 친구들 모두 소개. 소흑산에게 나중 잘 봐달라는 듯 인사함. 그들 표정 아이들처럼 좋아해.

무시공 - 내가 어디서 온 존재 같나?
소흑산 - 모르겠다. 정말로 궁금하다.
무시공 - 분자세상 저 밑바닥 지구에서 왔다
(소흑산, 못 믿는다는 듯이 피식 웃는다.)
무시공 - 하지만 지구인은 아니다.
소흑산 - 아, 그런가? 정말 궁금하다. 지구인이 아닌데 왜 지구에 있나. 이야기해 달라.
무시공 - 이다음에 내가 지구에서 뭘 하는지 알 거다.
소흑산 - 나는 이 자리를 비울 수 없지만, 꼭 지구에 가 보겠다. 나는 문을 지킨다. 이 별을 지키고 또 이 별을 지키는 것은 우주의 마지막 관문, 그 자리를 지키는 것이다.
무시공 - 그런가? 나는 관문 넘어 최고 존재를 만나야 한다. 난 반드시 관문을 통과해야 한다.

소흑산 - (조용하게 웃으며) 왜 그러는가?

무시공 - 궁금해서 그런다. 나는 어디라도 갈수 있다. 관문 안에는 누가 있나? 꼭 만나야 한다. 나는 만난다면 꼭 만날 수 있다. 누구도 못 말린다.

소흑산 - (막을 수 없다는 느낌에) 그래. 당신은 만나도 될 것 같다. 만날 자격이 있다. 가자.

무시공 - 같이 온 친구들은?

소흑산 - 아니! 혼자 오라.

무시공 - 보라, 우리는 거절 못 한다. 따라온 그들은 이원념이 있어 못 들어간다. 나를 친절하게 데리고 간다. 무시공 빛 강하게 하고 대표 공간 강하게 줄여!

(계속 공간을 강하게 줄이며 갔더니, 우리가 너무 준비하고 왔는지 관문 대표를 보니 기대보다는 별거 없다.)

바로 다음 연결된 곳, 관문

가운에 마스크(어깨에 걸친 긴 가운에, 남성적이며 약간 로봇 같은 딱딱한 느낌의 강해 보이는 흑백 마스크)를 하고 있던 것이 사라지고, 점점 형체가 보이더니 평범해졌다.

무시공 - 마음 태도는?

관문 대표 슈스, (얼굴 굳어 있고 마음 안 느껴진다.)

무시공 - 그럼 계속 줄여. 형체도 줄여.

슈스 - 그만해라. 두려운 마음 생긴다.

무시공 - 왜 굳어 있나? 무슨 불평불만이 많은가? 지금 표정은?

슈스, (좋지 않다.)

무시공 - 표정 바꾸라. 안 바꾸면 계속한다. ○○○, 당당하게 할 것. 손님 왔는데 이따위 태도냐?

슈스 - 왠지 네가 부담된다. 손님 개념 같지 않고…. 조금 겁났다.

무시공 - 겁낼 필요 없다. 나는 구경하러 왔다.

　(놀러 왔다니까 슈스, 편안해졌다.)

슈스 - 그런데 아까는 왜 이렇게 압박감이 들었나?

무시공 - 나도 모른다. 당신이 부족한 마음이 있으니까 그대로 이루어졌다. 먼지만 한 부정 마음이 있더라도 그것이 자동으로 이루어졌다. 인정하나?

슈스 - 인정한다.

무시공 - 부정마음 있으면 자기가 자기를 힘들게 하고 있다. 나는 누구도 힘들게, 괴롭게 한 적 없다. 맞나, 안 맞나?

슈스 - 맞다. 인정 안 할 수가 없다.

　선물, 나를 닮았다면서 횃불 모양의 휘어 있는 모양의 선물 줌.

슈스 - 당신 같은 존재 처음 봤다.

무시공 - 나는 관문 밖 지구에서 왔다. 아는가?

슈스 - 지구라니 말이 안 된다.

무시공 - 진짜다. 여기와 관문 밖 우주와 무엇이 다른가?

슈스 - 여기는 우주라는 개념보다….

무시공 - 혼돈 세상인가?

슈스 - 나는 혼돈이 뭔지 모른다.

무시공 - 그럼 무극은 아는가? 지구에선 분자세상에서 가장 최고를 무극이라 하는데.

슈스 - 여기는 시간과 공간이 거의 없다고 보면 된다.

무시공 - 여기서 시간과 공간이 없는 제일 끄트머리 있는가?

슈스 - 여기는 끝이라는 개념이 없다. 여기서는 더 갈 데도 없고.

무시공 - 지구에 가 본 적 있나?

슈스 - 보기만 본다. 왔다 갔다 안 하고.

무시공 - 지구에 와서 우리 하는 일 확인해라.

슈스 - 그냥 보고 있으면 되는 거 아닌가?

무시공 - 그럼 보고 있어라. 내가 어떤 존재인지 알아보나?

슈스 - 당신이 지구에서 왔다면 믿겠다. 하지만 어떤 존재인지는 궁금하다.

무시공 - 나중에 알 거다. 나를 많이 관찰하고 동참할 수 있나? 최선으로.

슈스 - 그래야 하면 그렇게 하겠다. 왜 도와줘야 하는지 모르겠지만.(고맙다고 인사.)

이제 관문에서 나와서 기다리던 친구들 만나 이야기.

관문 지키는 사람이 어떠냐며 이야기해 달라고 다 내 입만 쳐다본다.

친구들 - 여기까지 데려와 주고 좋은 구경 너무 고맙다.

친구 삼았으니까 앞으로 잘 부탁.

무시공 - 지구 알려주고 여기 와서 적극적으로 참여하고 배우라. 여자(수루)에게도.

모두들, 표정이 좋다. 알려줘서 고맙다고.

(관문 이전과 관문 지나고의 느낌이 너무 다르다 느껴진다. 모두 헤어짐. 이제 모두 각자 제자리로.)

2016년 3월 21일 오후 11:11

OOO - 관문이 마지막 무극인 거죠?

무시공 - 아직 아니야.

OOO - PH 존재 관문에 올릴 때, PH가 오히려 주인 같고 너무나 밝고 아름다워서, 슈스는 자기가 보잘것없어짐을 느끼지만, 지난번 자기 부정마음 때문에 불안했던 것을 바로 떠올리며 마음 바로잡는다. 상광 때부터인지, 우리의 빛이 거의 비슷해져서인가 빛이 잘 안 느껴져요.

2016년 3월 22일 오전 3:46

무시공 - 위로 갈수록 무시공빛이 강해지고 시공빛이 없어져. 시간 있으면 김항우를 찾아.

김항우 머문 자리는 무극 무시공자리. 너에 경험을 쌓기 위해서 한명 한명씩 위로 올리며, 올리는 사람 마음과 몸 변하는 현상 관찰. 지금 봐. 차원 높은 존재들도 전하고 다르지 않나? 왜? 안 변하면 걸리기 때문에. 이 뜻은, 스스로 더 못 올라간다는 것. 올라가려면 우리 도움 받아야 가능. 우리가 머문 자리가 무극과 무시공자리, 시공 존재는 완전히 없어져. 빛도 직선빛밖에 없어. 무극자리부터 시공 존재 완전 없어. 무극은 아래와 위 분기점이기 때문에, 무극은 시공무극과 무시공의 시작자리. 무극 뜻 이해했는지?

시공의 무극자리, 무시공의 무극자리, 일시무시일, 일종무종일

무극기 자리,(태극기가 아니고 무극기)

무시공 무극자리가 분자세상에서는 대전, 그래서 대전이 우주 중심지야.

2016년 3월 22일 오전 7:06

무시공 - 오백억 광년에 있는 존재, 다 오천억 광년에 올려. 그리고 우리 공부하는 봉황(여자)들 중에 먼저 10명, 다 오천억 광년에 올려. 그리고 오백억 자리 삭제. 이제 오천억 광년부터 시작. 명단 기록 잘해 놔. 이후 계속 높은 차원으로 올릴 거다. 그래서 오천억 광년에서 다들 만나 서로 소통하기. 오천억 광년에 있는 존재들한테 명령, 오천억 이하 일체생명 깨우기. 대전 와서 공부하며 최선으로 돕기.

2016년 3월 23일 오후 3:32

무시공 - 몸에 반응이 엄청 강할 텐데…. 힘들게 느껴질걸?

OOO - 아, 네. 잠을 못 자서 피곤해서 그런 줄 알았어요.

무시공 - 갑자기 다들 높은 데 올리니 몸 풀리는 것도 강해져. 모두 하나니까. 잠시라도 체험해 봐. 느낄 거다. 무시공에서 무시공 나를 보면, 상상도 못 할 정도로 최고 미남이다. 인정해? 농담!

2016년 3월 25일 오전 10:28

무시공 - 이 일 성공은 우리 무감각시공 작업에 위대한 첫걸음. 큰 공이다.

2016년 3월 26일 오전 12:00

무시공 - 훈련이다. 미래도 볼 줄 아는 거. 과거, 현재, 미래가 모두 시공이니 다 볼 수 있지. 이 원리를 알면 짧은 미래를 볼 수 있을 뿐 아니라 장기 미래도 볼 줄 알게 돼. 예언가들, 무엇 때문에 몇천 년 후 일도 상세히 예언할 수 있어? 하지만 예언가들은 예언만 할 수 있지 행하지는 못해. 우리는 예언할 수도 있고, 실지 행할 수도 있어.

OOO - 행할 수 있다는 건 미래를 바꿀 수 있다? 또는 좋은 예언은 바로 실행한다?

무시공 - 당연 예언을 바꿀 수도 있고, 예언대로 이룰 수도 있지.

OOO - 아, 그렇지. 일체조공이 바로 이것이구나.

무시공 - 우리가 예언하고 그대로 실천, 또는 내가 의도적으로 어느 부분을 변경하면 돼.

2016년 3월 26일 오전 12:29

무시공 - 우주에서 한반도를 보호하고 있다. 우주 작업은 대전에서 시작하기 때문에. 무극도 초월한 무시공 자리, 대전.

2016년 3월 28일

실전 훈련이다. - 공간 줄이는 것 등 작은 것부터 시작해서 간을 키우라.

무시공 - 너희(외계인, 우주인)는 우리를 아직 안 믿지. 그래서 몇 가지 말하겠다. 첫 번째, 너희 별, 만일 지구하고 10만 광년 떨어져 있다 하면 내가 1만 광년으로도 당겨올 수 있다. 별도 마음대로 움직일 수 있다. 아니면 별도 그 공간을 줄일 수 있다. 심지어 내가 삭제시킬 수도 있다. 우리는 우주도 다시 창조하는데 그게 뭐게. 너희에게 도움 받아서 UFO 좀 타게 해 달라는 게 그리 힘드나? 이렇게 하면 우주 곳곳에서 바로 진동한다고.

별이란 것은, 아직 우리와 같은 평면 수준에서 거리 개념이고. 우주라 할 때는 공간 개념, 세밀한 공간에 들어가는 현상이야. 내가 왜 5천억 광년에다가 우리 공부하는 무시공 존재들을 올려놓으라고 했어? 그것은 세밀한 공간에 들어갔다는 거라. 무슨 별이건, 몇백억 광년 우주이건, 5천억 광년 이하는 모두 우리와 같은 수준에서 거리 개념이야. 우리 지구 안에서 중국, 미국은 같은 층차에서 거리 개념이라. 먼 데 있는 거 가까이 끌어와서 평면에서 내 마음대로 움직여.

우리는 우주도 다 없앨 수 있는데, 별 하나가 뭐게. 기술과 과학이 좀 발달했다 그저 그 차이지. 여기 같은 지구라도 미국은 잘살고 어디는 못살고, 그 차이. 그런데 너희 UFO 태우며 좀 도와주면 안 돼? 안 되면 삭제해 버려. 같은 수준에 수많은 별 있는데 뭐. 내가 실험 삼아 하라는 이유는 그런 가능성 있나 없나 확인해 보라는 거야.

강의할 때도 말했듯이, 분자 세상에서는 먼지 덩어리 하나 못 움직여도 에너지 상태로 들어가면 마음먹은 대로 움직인다. 지구도 우주 끄트머리까지 가져다 놓을 수 있고, 심지어 없앨 수도 있다는 말. 그래서 우리는 창조주라 했지. 일체조공. 이제 실감이 와? 그래서 이제부터 실전으로 해야 돼. 조그만 데서부터 시작해서 간을 키우는 거라. 차츰차츰 간을 키워 가지고 큰 거도 움직여 봐. 그래서 별도 움직이고. 먼데 것도 순간에 가까이 끌고 와. 아니면 별 공간도 줄이고 삭제할 수도 있어.

지구에 UFO 많지? 지구보다 조금 더 발전된 기술로 지구를 도와준다고? 너희 거기도 망하고 없어질 위기에 처했는데 지구인 도와준다고? 너희부터 빨리 살길 찾으라는 거야. 온 우주에서 일원심 안 지키면 다 삭제돼. 그래서 우리를 좀 도와주리는 거지 뭐, 안 도와줘도 우리는 우리 할 일 그대로 한다고.

우리를 도우면 공 세워서 살 길이 생기고, 방해 하든가 안 도우면 스스로 멸망해.

그거를 보여준다. 오늘부터 실전 들어간다 했지? 낮은 차원에서 무극까지 올라가면서 각 별, 각 우주의 대표들만 만나. 저희들 교만해서 우리를 깔봐? 그러면 줄여. 그리고 그들 별을 마음대로 할 수 있어.

지금 우리가 미세한 공간에 있는 고급 우주선은 마음대로 되잖아. 하지만 우주선은 너무 세밀해서 인간 분자몸을 못 움직여. 우리 분자몸 탈 수 있는 건 낮은 차원의 UFO야. 그걸 먼저 찾아서 그들이 우리 말을 듣고 우릴 도와줘야 해. 그래서 비행기처럼 인간 눈으로 보이는 UFO를 동원해서 우리 태워 우주 여행하기. 우리 분자몸 빨리 녹이기 위해. 그게 우리 출발점이야.

그래서 내가 그 방법 쓰는 거야. 우리 말 안 들으면 보여 줘. 할 수 있어, 없어? 할 수 없으면 너 있는 별까지 순간에 삭제한다고. 그래야 정신 차리지, 안 그러면 내내 우리 가지고 논다. 그럼 우리도 저네 가지고 놀아. 그럼 도대체 누가 이기나 보자. 게임해 보자. 내 말이 그거라고.

간 키워서 큰 걸 움직여 봐. 별도 움직여 보고 먼 거리에 있는 건 순간에 가까이 끌고 와 버려. 아니면 별 공간을 줄일 수 있어. 심지어 삭제할 수도 있어.

내가 5천 광년 이하는 나중에 삭제된다 했지. 5천억 광년에 올려놓은 존재들보고 최선으로 노력하라 했어. 이미 못박아 놨잖아. 그래서 우리가 또 실전으로 작업 들어간다고.

몇 개 UFO 작업했지. 중국에서 두 개, 러시아에도 200광년 ○○○. 그런데 저들은 아직 우리를 안 믿어. 그래서 우리가 보여주는 거야. 정 그러면 별까지 없애는 걸 보여 준다는 거야. 하지만 믿으면 놔 둬. 먼 거리에서 끄집어 와서 보여 줘. 그리 할 수 있나 없나. 진짜 그러면 저네도 놀란다. 아직도 의심하면 별도 공간도 줄이고 심지어 삭제할 수 있다. 믿어? 그래서 우리 믿고 도와주면 살리고.
지구인 비행기 타고 다닐 때 우리 UFO 타고 다니면 되지. 내 말이 그거다. 실전에서 그런 별 몇 개만 멸망시켜도 우주가 뒤집어진다. 우리가 수많은 작업 다 해 놨잖아.

우리 눈으로 보이는 별들이 다 분자세상 별이야. 저네는 이원념이지, 일원심 몰라. 무시공생명 몰라. 과학이 우리보다 발전하고 몸이 우리보다 좀 더 세밀한 공간에 들어가 사는 존재들일 뿐.

만약, 대화하는데 누구누구 나오라 해서 안 나오면 공간을 줄이거나 빛을 없애 버려. 그럼 바로 튀어나와.
일체조공! 그래서 자꾸 일기를 적으라는 거야. 많은 걸 암시했는데 몰라. 하지만 하나하나 행해 놓고 내가 말하면 또 조금 알아듣지. 그러니 훈련한다 생각해. 숙제다. 우린 그 우주에 우두머리만 움직이면 돼. 왜? 그 입장에서는 창조주니까. 자기가 장악하고 있는 우주는 마음대로 움직이니까. 아니면 그 우주도 없어지는데. 예를 들어, 5천억 광년 위치에서 대표 만났잖아. 그 대표는 5천억 이하는 자기가 창조한 우주라고. 그래서 그 대표를 삭제하면 전 우주가 없어지는 거야.

UFO 있는 것도 우리보다 조금 높아. 그들은 우주 아니고 낮은 차원에 별에 있는 존재들이야. 별 전체도 못 움직이는 존재들. 그런데 우리 조금 도움받으려니까 뒤로 자꾸 빼는 거, 가만 놔 둬? 그래서 우리 위력을 보여 준다. 보여 줘서 우리 믿으면 거기서 시작하고 안 믿으면 삭제.

그럼 우리 간도 커지잖아. UFO 가진 별 우릴 위해서 최선 노력해야 돼. 아니면 저희 없어지는데. 그래서 진짜 이 공부 받아들인 대전 센터에 모인 존재들은 UFO 타고 우주 여행한다. 그 소문만 나 봐라. 온 지구가 떠들썩 안 해?

그들 것을 우리가 마음대로 조절해. 저네 없어질까 두려워서라도 최선으로 도와준다. 몰라서 그러지. 그래서 보여 주는 거야. 우리 도와달라고 할 때 좀 안 도와주면 없어지는데 뭐. 지구도 그렇잖아. 센터에 우주 중심지 건설하는데 최선으로 도우면 살길 생기고 아니면 너도 삭제돼. 우리를 돕는 건 그들에게 기회를 주는 거야.

우리는 각 방면 훈련시켜서 한다. 우리 하는 일은 100% 이뤄진다. 전지전능이잖아. 일체조공 할 수 있고. 그거까지 기초 다 닦고 있잖아. 많은 강의에 암시해 놨어. 하지만 그 위치에 안 오면 못 알아들어. 책도 내 말 녹음해서 해도 자기가 이해 가는 것만 넣어. 자기 생각에 이거는 쓸모없는 말인가 그리 생각할 수도 있다고. 책이라고 내 하는 뜻을 다 밝힌 줄 알아? 책에도 많은 게 빠져 있어.

온 우주도 바꿀 수 있고 없앨 수 있고. 그러니 지구도 내 마음대로 움직일 수 있다. 이미 내가 다 말했던 거야. 그런데 사람들 예사로 듣지. 왜? 그저 심력을 해석하거나, 마음과 물실이 하나다, 그거 해석하는가 여기지. 내가 순간에 이 자리에서 우주 끝까지 갔다면 이미 갔다. 천만 번 왔다 갔다 해도 천만 번 왔다 갔다, 그 말도 한 적 있고. 우리는 시간 공간을 초월했기 때문에 마음먹은 대로 이뤄져. 그런데 사람들은 이론적으로는 가능하다 하지만 실지 그리 되겠나, 하며 환상으로 생각해. 그래서 3단계 존재를 통해서 직접 하나하나 증명했다.

2016년 3월 31일 오후 3:47

무시공 - 4월 1일부터, 5천억 광년 삭제. 다들, 2억 2만조 광년에 올려. 천지 우주에 올린 사람은 무극에 올리고 무시공에 올린 사람은 나에게 알려. 한명 한명씩 올리기. 경험을 쌓기 위해서.

OOO - 네, 했습니다. 2억 2만조 광년은 상생 우주. 수루 봉황이 있는 자리.

2016년 3월 31일 오후 9:28

무시공 - 우주 최고 존재가 명령한다 말해. 2016년 4월부터 국내 국외 누구라도 평화를 위협하고 대한민국을 힘들게 하는 자, 무조건 삭제. 대한민국은 우리가 선택한 자리기 때문에.

2016년 3월 31일 오후 11:52

무시공 - PH을 보호하는 것은 바로 자기를 보호하는 것. 믿어? 무시공에서는 하나니까. 무주객의 깊은 뜻이지.

OOO - 네, 믿어요. 또, 선생님을 존경하고 보호하는 것은, 곧 나를 존경하고 보호하는 것.

무시공 - 멋지다. 우수 졸업생이다. 실습도 잘하고 정식 무시공 존재 전지전능 창조주.

2016년 4월 1일 오전 11:45

OOO - 12시 30분에 건물 옥상 올라가려고요. 장사한다던 외계인들 만나려요. 우주선 타면 선생님 계신 대전으로 날아갑니다!

2016년 4월 1일 오후 12:55

OOO - 아! 타지는 못하고 옥상에서 내려왔어요. 잠시 후 말씀드릴게요.

2016년 4월 1일 오후 1:41

OOO - 〈사진〉 12시 30분에 딱 맞춰 옥상 가니 공간에 눈으로 보이는 건 아무것도 없었어요. 그래서 계속 대화하는데도 답은 없고, 멀리서 여기 있다고 반짝여요. 이제 낮에도 멀리 있는 UFO 보여요. 어떤 느낌인지 정확히 알겠어요. 그래서 선생님 말씀대로 우리는 너희 별을 흔들고 끌어내릴 수 있다. 하지만 기회를 주는 것이다 등등 이야기하는데, 갑자기 까치인지 까마귀인지 옥상 내가 서 있는 바로 오른쪽 철 난관 위에 앉아 깍! 하며 나를 불러요. 목소리는 까마귀인데 까마귀 같지도 까치 같지도 않게 생겼는데 이뻐요. 그 새의 왼쪽 눈이 나를 보는 듯하더니(나를 정면으로 보고 있지 않고 왼쪽 눈만 보이는 자세로 앉아 있었음) 바로 날아가요. 그 새가 진짜 새 같지 않다는 느낌.

계속 이야기하자 내가 바라보는 시야 앞쪽 먼 거리에서 갑자기 새 두 마리가 빙글빙글 돌아요. 날개가 쭉 펼쳐진 채로 움직이지 않으면서 두 마리가 완벽한 대칭으로 원형으로 돌며, 나는 새가 아니야, 라고 알려주는 느낌이 들어 폰으로 사진 찍어봤는데, 집에 와서 보니 역시 우주선이었어요. 분명 눈으로 볼 때는 날개가 있는 새 모습이었는데, 사진 찍으니 비행체 모습이에요. 그리고 사진을 찍고 나자 바로 사라졌어요. 무엇으로도 변신해서 보여 주네요. 여기 왔다는 걸 꼭 보여 주고 갔어요. 그래서 마지막에 왜 안태워 주느냐 했더니, 봐달라며 자기네에게 시간 좀 달래요. 조금 더 공부해 보겠다고.

2016년 4월 1일 오후 2:07

OOO - 〈사진〉 이건 전에 찍은 여러 장 사진 중에 하나인데 선생님한테는 한 장만 보냈었죠. 그때 그거랑 똑같아요. 그 사람들 맞아요. 그리고 이상하다. 내 폰에 있는 사진에는 우주선 옆에 뭔가 빨간 게 붙어 있는데 메시지로 보내면 안 보이네요.

무시공 - 이상 4장 찍은 거 보니 딱 같다.

OOO - 아. 똑같이 보이세요? 하여튼 전에도 외계인과 약속한 시간에 나온,

모양이 변하는 헬리콥터를 찍었을 때도 사진 찍으면 이렇게 보이고, 지금은 새를 찍었는데도 전과 똑같이 사진에서 보여요. 증명됐고요. 좀 더 대화하며 기다려 주고 싶어요. 너무 길게 말고 조금만요.

무시공 - 네가 그 UFO를 앞으로 당겨와서 봤으면 됐을 텐데…. 작으면 팽창해서.

OOO - 아, 맞다. 사진 찍을 때 확대시켜서요? 날이 너무 밝아서 휴대폰 화면이 잘 안 보였어요. 가까이 찍으려면 화면을 잘 맞춰 찍어야 해서. 다음번엔 멀리도 찍고, 가까이도 찍어 봐야겠다.

무시공 - 사진 가까이 찍는 거 말고, UFO를 직접 당겨 오라는 말이야. 멀리 있으면 가까이 당겨 와. 별도 움직일 수 있으니까.

OOO - 아하, 알았어요.

무시공 - 위에 4개 사진 찍은 거 팽창해 보니까 다 모양 똑같고 정확한 창문처럼 보여.

OOO - 아, 진짜 그러네요, 테두리가 밝고 사각.

무시공 - 또 약속해서 나타날 때, 멀리 있으면 당겨 오고, 작게 보이면 그것을 팽창하라는 뜻.

OOO - 네 알겠어요. 다음 약속부터는 그리할게요. 그런데 메시지로 사진 보내니 원본과 좀 달라져요. 이상하다. 4장 모두 다 원본에는 우주선이 두 개고 왼쪽 아래에 있는 우주선에 빨간 뭔가가 항상 붙어 있거든요. 빨간색으로 자기를 표시하듯.

무시공 - 지금 연락은 확실하다. 계속 노력하면 꼭 성공이다! 4개 다 한 군데 연락한 거지?

OOO - 네 한 군데.

무시공 - 어떤 거. 장사하는 거? 차원?

OOO - 지금 3월 16일 녹음한 거 다시 들으며 확인해 보니 장사치들이에요. 그래서 다음 날 바로 약속해서 옥상 가서 사진 찍은 거예요. 엊그제 경주에서 밤에 여러 가지 빛으로 보여준 그들.

무시공 - 어느 차원?

OOO - 중국 농부 파고들어 가서 알게 된, 그들. 똑같은 존재 맞고요. 별 이름은 쥐루. 15만 광년. 지금 그때 작업 녹음한 거 잠깐 들어 봤어요. 아직 글로는 저장 못 했어요.

무시공 - 중국 농부 사건. 시커먼 존재 삭제하고 파고들어 간 거지?

OOO - 네, 맞아요.

무시공 - 센터와 한반도 더 밝게 하기 위해서 5천억 광년 이하 삭제. 관문에는 여자 위주로 올리고, 나머지 남녀 이 공부할 존재들은 다 2억 2만조 광년, 상생 자리에 올려! 한 사람씩.

1. 올리는 대상들, 올릴 때 빛이 강해지는 것 관찰

   (올리는 대상 - 대전무시공센터에서 공부하는 회원들.)

2. 상생 자리도 원래보다 더 밝아지는 것

3. 너도 밝아지는 것

4. 센터와 한반도 더 밝아지는 것, 관찰 시간 있으면 지금부터 12시 전에 완료.

OOO - 알겠어요. 작업량이 많아요. 5천억 이하 삭제하면 그 자리에서 우리랑 통하고 있는 UFO 태워 준다는 존재들은 어떻게 되는 거예요?

무시공 - 살려면 우리를 찾을 거고 아니면 자동 삭제. 또 우리 요구 안 받아들여도 자동 삭제. UFO 타는 존재들 도움 안 받아도 우리는 할 수 있으니까. 우리 뿌리는 무시공에 있으니까. 시공에 있는 존재의 뿌리는 시공 무극에 있지. 하지만 거기도 우리가 주도로 돼 있으니까 우리 말 못 알아듣고 안 믿으면 삭제당해도 몰라. 알려 주고 보여 줘도 몰라, 안 알려 주고 안 보여 주면 더 몰라. 지금 무감각시공 존재도 마찬가지.

말했듯이, 오늘 대전 공부방에 머무는 존재 다 상생 자리 올리고, 이미 5천억 광년에 올린 존재들도 다 상생에 올리고, 어제 내가 관문에 올리라는 존재들 다 올려놓고 나면 큰 변화가 이뤄진다. 이러면 상생 이상 다 무시공 존재가 전면 차지하고 있잖아. 자리 다 잡아 놓고 명령! 거기서 분자세상까지 전면 삭제 작업 시작. 일원심 받아들이면 살고, 아니면 영원히 멸망.

OOO - 네. 우주에 가장 높은 자리까지 무시공 존재가 모두 차지합니다.

2016년 4월 1일 오후 4:00

무시공 - 관문. 별지기. 상생 세 사람 안 받아들이면 자동 삭제. 살려면 우리와 동일해야. 이러면 상생까지 무시공으로 변할 수밖에 없어. 그들 만나 대화해봐, 어떤 태도인가. 위에서 밑으로 변하고, 밑에서 위로 변하니 도망갈 데가 없어.

OOO - 도망갈 데가 없다는 것, 선택의 여지가 없다는 것, 선생님과 우주 작업을 하면서 너무나 공감해요.

무시공 - 무시공 존재는 아래로든 위로든 마음대로 움직일 수 있으나, 시공 존재는 한도 있는 움직임, 위에서 아래로는 조금 움직일 수 있어. 하지만 고저(高低) 나누는 교만 때문에 안 내려가. 그리고 밑에서는 절대로 위로 못 올라가. 벽담 때문에. 그래서 시공 존재는 살아 있지만 죽었어. 무시공 존재는 죽어도 살았고, 살아도 살았다.

2016년 4월 2일 오전 12:02

OOO - 선생님이 말씀하신 대로 작업한 내용

★ 4월 1일부터

센터, 그리고 한반도 더 밝게 하기 위해서 5천억 광년 이하 삭제.
관문(현재까지 우리가 찾아낸 시공무극)에는 핵심 여자 위주로 올리고, 남자는 엄격히 점검 후에. 나머지 대전 공부방에 머물며 이 공부할 존재들과 5천억 광년 있던 존재들 모두, 경험 쌓기 위해서 한 명씩 2억 2만조 광년(상생 우주, 수루 봉황 자리)에 올린다.

★ 2억 2만조 광년에(상생우주, 수루봉황 있는 자리)

수루 봉황(여자)에게 앞으로 많이 올 무시공 존재 이야기하니 공손히 알겠다고.

존재 1: 올라가자 했더니 "진짜야?" 하며 놀란다. 꿈이야 생시야. 빛이 상생보다 덜했지만 바로 안착. 수루와 인사.

존재 2: "고마워"를 반복. 도착해서 여긴 별천지라며 좋아함.

존재 3: 팔짱 끼고 따라온다. 올라오며 계속 놀라고. 와서는 어린아이처럼 좋아한다.

존재 4: "나도 가는 거냐?" 하며 올라가면서 놀라서 소리도 지르며 도착하고 나니까 좋단다. 밝게 빛난다.

존재 5: 올라가는데 밝아 보인다. 잘 안착.

존재 6: 빛은 아주 조금 부족한 듯하나 잘 안착.

존재 7: 올라가며 좋아서 소리 지르고…. 빛은 좀 부족하나 잘 안착.

존재 8: 상생 도착하자 놀라서 자꾸 떨어지려…. 빛도 조금 부족. 먼저 간 봉황(여자)들과 함께하며 안착.

존재 9: 밝다. 잘 안착

존재 10: 빛이 조금 덜하나 바로 상생 빛에 스며듦.

존재 11: 빛이 좀 덜하고 상생 문 앞에서 걸려 넘어졌으나, 먼저 온 존재들에 둘러싸여 함께하며 스며듦.

존재 12: 도착하자 상생 빛에 바로 어울려 하나 됨.

존재 13: 특유의 웃음 없는 표정으로 올라가 상생 들어서자 걸려 넘어짐. 다시 자리 잡고 모두 모여 인사하니 환하게 웃음.

존재 14: 상생 도착하자 더 밝아짐.

존재 15: 밝다. 상생에 안착.

존재 16: 도착하자 큰 소리 지르며 좋아함. 빛은 먼저 온 봉황들에 싸여 하나 됨.

존재 17: 좋아하며 마찬가지 먼저 온 봉황들에 싸여 하나 됨.

존재 18: 왠지 불쌍한 느낌. 도착해서 소리 지르며 기쁘게 운다.

존재 19: "네가 데리고 가나? 고맙다." 한다. 도착하자 팔 벌리며 주변을 느낀다.

존재 20: 좋아서 춤추고 노래 부름. 안착.

존재 21: 가자 하니. 아하하하, 크게 웃는다. 안착.

존재 22: 웃으며 출발. 올라가서 소리치며 좋아한다.

존재 23: "가자 가자!" 하며 어린아이같이 좋아한다. 안착.

존재 24: 바로 안착.

존재 25: 올라가는 과정이 조금 긴 듯. 약한 빛은 가서 바로 적응됨.

존재 26: 밝다. 상생 빛과는 다르지만. 바로 적응.

존재 27: 밝다. 바로 적응.

존재 28: 빛 못 느끼다가 도착하니 빛이 충분.

존재 29: 도착해서 살짝 걸려 넘어짐. 봉황 빛이 감싸 적응됨.

존재 30: 밝다. 도착하니 봉황 빛에 싸여 하나 됨.

존재 31: 올라갈수록 따라 밝아져 상생에 안착.

존재 32: 도착하자 놀라서 넘어질 뻔. 안착

존재 33: 올라갈수록 우주 빛에 따라 밝아져. 안착.

존재 34: 33과 같음.

★ 시공무극(관문)에

1만조 광년 천지우주에 올렸던 존재들(역사적으로 공 세운 지구 존재 등), 시공무극(관문)에 올려! -> 존재 35, 36, 37, 38, 39 - 시공무극(관문)에 이미 있고.

40 부부: Y□ 처음으로 감사하다 말함. 우리 PH도 잘 보살펴주시고 너무 감사하다. JH는 기뻐서 운다. 남자의 진한 눈물. 대한민국과 우주 작업을 위해 한 번 더 다짐. 대전서 일원심 공부 함께.

Y□: 무극에서도 아름답게 밝게 빛난다. Y□와 함께이기에 JH 무극에 잘 안착.

41 부부: 올라가는 중 수없이 몸의 변화가 있고 여러 빛으로 보임. 마찬가지 둘 모두 기쁨의 눈물. 진심 어린 인사. 새로운 우주를 위하여. 대전에서 일원심 공부와 더불어, 함께할 것을 다짐함.

42 HI와 GR: HI, 지구에서 자기를 이렇게 환대해줄 줄 몰랐다 너무 기쁘
  다며 감사 인사. GR, 감사하다며 공손히 인사. 당신의 할 일이 많으니
  적극 도우라 말함. HI도 함께 다짐. 대전에서 함께 일원심 공부한다
  는 다짐받고 무극으로. 올라가는 길, GR 더욱 밝아지고. HI는 너무
  감격해서 운다. 모두 만나 반갑게 인사.

43 CC: 올라가자 했더니. 머리를 땅에 대는 엎드린 자세로 감사 표현. 올
  라가며 빛의 변화 보임. 무극에 안착. 빛이 밝다. 마찬가지 새로운 우
  주를 위하여. 대전서 일원심 공부 다짐. 이때 나를 살펴보니 무시공
  빛으로 활활….

44 J외 3명: 이 세상에서 최고 높은 곳으로 올려드린다 했더니 J가 가장
  먼저 허리 숙여 인사. 한 명씩 공손히 허리 숙여 감사 인사. 올라가며
  오묘한 빛의 변화들. 안착. 일원심 공부와 우리 할 일 잊지 않도록.

45 B부부: 설명하니, 마찬가지 부부 공손히 감사하다며 인사.

46: "고맙소. 다시 깨어나는 기분이오."라며 생생해짐. 무극에서 팔 벌리
  고 좋아함.

47: 기쁨의 눈물. 지구에서의 지난 고통이 모두 씻겨나가는 듯. 안착.

48: 감사하다며, 큰 표정 변화 없으나 마음은 같음. 안착.

49: 감사하다며 큰절. 안착.

50: 무릎 땅에 닿게 절하며 감사 표현. 자기 할 일 다짐시킴. 도착하자
  너무 기뻐함.

51: 감사 인사. 안착. 할 일 전달.

52: 이때 자꾸 딴생각이 떠올랐음. 집중하며 안착. 무표정 얼굴로 감사
  인사.

53: 웃는 얼굴로 감사하다며… 안착.

54: 더 열심히 일원심 공부하겠다 약속. 안착.

55: 기뻐하며 안착.

56: 귀엽게 무릎 살짝 굽히며 감사 표시. 안착.

57: 기품 있는 풍모. 자기 할 일 다짐하는 듯한 표정. 안착.

58 MN: 올라가자 하니 난 그런 거 안 해도 된다고 해서 꼭 가야 한다 하니 어쩔 수 없다는 듯 따라나선다. 상생에 들렀는데 빛이 이상 없다. 바로 무극에 올라감. 모두 반기며 적응.

59 4명: 둘을 양팔에 한 명씩 안고 가는데 빛을 안고 가는 듯. 또 다른 둘을 팔에 끼고 상생 바로 통과. 무극 안착. 모두 만나 인사. 적응.
59부터 졸려 눈 감기기 시작.

60: '어메, 이게 무슨 일이야." 하며 좋아한다. 무극 다 와서 다리 살짝 걸렸으나 올라옴. 먼저 온 대전 무시공 존재들과 반갑게 인사. JH 등 영들과는 잘 안 섞이는 것 같아 함께 섞이라고 말함. 모두 반가워한다.

61: 무극에 가자 하니, "어마나, 가야지. 가자 가자." 하며 따라나선다. 도착하자 특유의 웃음소리와 목소리로 모든 사람과 반가워한다.

62: 수줍은 웃음으로 좋은 걸 감추지만 너무 좋아한다. 올라가며 "어~ 어~" 하며 놀란다. 무극에 안착.

62:부터는 눈 감지 않고 눈 뜨고 안내한다.

63: 고맙다며 도착해서는 먼저 온 사람들과 인사하며 소리 지르며 좋아한다.

64: 밝게 웃으며 아이처럼 뛴다. 무극에서 살짝 걸려 넘어졌지만 바로 안착.

65: 오른팔을 쭉 뻗고 가자고 외친다. 도착해서 모두 만나 기쁨 나눈다.

66: "○○랑 같이 가니 좋네." 하며 무극에 안착

67: "고마워." 하며 나를 안아준다. 무극 안착.

무시공 - 무시공에 올릴 사람은 나한테 알리고, 무극까지는 네가 알아서….

1. 올리는 대상들, 올릴 때 빛이 강해지는 거 관찰.

○○○ - 올라가며 차츰 밝아진다. 부족해도 도착하면 그곳 빛에 맞춰져 하나로 뭉친다.

2. 상생 자리도 원래보다 더 밝아지는 거 관찰.

OOO - 우주 한가운데에서 크기도 엄청 커지고, 무지무지하게 밝아졌어요. 수루도 함께 밝아졌어요.

3. OOO도 밝아지는 거.

OOO - 무시공에서 시공 우주를 밝히고 있어요. 시공을 비추는 빛은 무시공 빛과 달라요.

4. 센터 한반도 더 밝아지는 거 관찰.

OOO - 은은한 고급 빛이 온 우주에 새어나온다.

와와펜션(단체로 놀러가는)이 신나게 빛난다.

* 봉황(여자)이 먼저 가서 자리 잡은 것이, 나중에 남자(용)들이 가서 자리 잡는 데 큰 도움이 되었음.

무시공 - 관문, 별지기, 상생 세 사람 안 받아들이면 자동 삭제. 살려면 동일 하라고 했는데, 이러면 상생까지 무시공으로 변할 수밖에 없어. 너도 그들 만나 대화해 봐. 무슨 태도인가.

OOO - 그들 세 명의 답변,

* 관문의 슈스: 너무나 초라해진 자기를 보며 그리고 느끼며, 일원심 공부하겠다. 대전 센터를 돕겠다. 그곳 도착한 지구인들(센터 존재들)이 주인이 되었다.

* 상광 별지기 소흑산: 이 공부 알기 전 뭔가 허무를 느꼈다. 이것을 알고 난 후에 그 이유를 알았다. 공부할 거다.

* 상생의 수루 봉황: 이렇게 엄청난 존재들과 함께하니 영광스럽다. 함께 공부할 것이다.

2016년 4월 2일 오전 2:21

무시공 - 정리하는 시간 많았을 텐데 대단하다. 누가 어느 위치에 있는 거 빠지지 말고 잘 기록할 것. 이제부터 무시공 존재들과 상생까지 있는 존재들과 함께, 상생에서 분자 세상까지 무시공 작업하기. 상생에서 밑으로 확장 작업.

2016년 4월 2일 오후 11:29

OOO - 갑자기 NG 석방 소리가 들렸어요.

2016년 4월 4일 오전 6:22

무시공 - 시간 있으면 ○○에 L 보라. 오장육부 어디가 어둡나. 특히 머리를 봐. 그리 해놓고 대화해. 우리 하는 일 함께하면 살려준다고. 심지어 행동하는 거 보고 높은 차원에 올려준다고. 이 공부 받아들이라 해. 살리는 방법 내가 알려줄게. 대화할 때, 먼저 물어봐. 살고 싶나, 죽고 싶나. 살고 싶다면 살려 준다 해. 작년에 내가 살리겠다고 마음먹었던 거야. 그를 정상으로 돌려놓으면, 그도 기적을 일으킬 뿐만 아니라 우리 일에도 큰 도움이 돼.

OOO - 좋아요. L 살리는 거 아주 흥미로워요. 나도 언젠가부터 L이 받아들이면 좋겠다고 생각하고 있었어요. 살고 싶다고 해요. 몸과 뇌. 모두 시커매요. 얼굴만 희고. 처음 볼 때보단 좀 밝아졌네요.

무시공 - L이 살고 싶다 하면, 몸과 영체를 팽창해서 머리서 발까지 밝아지게 해! 그러면 순간 살아나. 대화하며 본인이 인정하는 정도로 밝게 해. 그리고 약속 지키고 대전센터 최선을 다해 도와주고 일원심 배우면 완전히 정상으로 살 수 있을 뿐 아니라 영원이 살게 해 준다 해. 약속대로 잘하면 오천억 광년까지 구경시켜. 죽어가는 걸 살리면, 더 많은 사람들이 다가올 거다. 할 수 있지? 전단지 효과보다 더 기적 일으키지. 내일부터 약속한 거, 확인 점검. 약속 위반된 자는 무조건 엄격 처리.

OOO - 네 알겠어요. 약속대로 잘하면 오천억 구경이라는 거. 그 약속이란 우리와 하나 되는 거. 할 수 있어요.

무시공 - 그렇지.

2016년 4월 4일 오후 1:47

무시공 - ㅁ한테 NG 석방하면 꼭 높은 차원에 올리고 우주에서 너를 보호할 거다. 그러면 믿는가 물어봐. 대신 약속 안 지키면 무조건 삭제한다해. 너만 알고 있으라하고. 약속 안 지키면 정말 위험하겠다는 생각나도록. ㅁ 태도 어때?

OOO - 처음엔 중요치 않게 들어서 공간 많이 줄이고 공포감 생기도록 했어요. ㅁ도 보통 사람 아니다. 어지간해서는 두려움이 없는 거 같아요.

무시공 - 철저히! 자기 위신과 자존심 때문에 실행하기 힘들어. 하지만 너그 자리가 중요해. 우주 작업에 동참하는 것이 중요해? 사나 죽나 자기가 선택. 약속 지킬 수 있나 다짐받고, 석방에 대해서 무슨 힘든 일 있나물어봐.

OOO - 그 사람만 석방하기에 빌미가 필요.

무시공 - 원인 물어보지 말고 일단 약속 지키면 우주에서 너를 최선으로 도와주고 보호한다 해. 나중에 자연히 알 거라 하고. M은 3억 1만조 광년에 올려놨다 해. 이 우주 최고 자리. NG는 이 자리도 초월한 무시공 우주 존재라고. ㅁ 지금 태도는?

OOO - 아까 무릎 꿇고 알겠다고 했는데 지금 보니 뭔가 골똘히 생각하는모습. 다시 한번 더 이야기함.

무시공 - 약속 잘 지키면 우리하고 손잡고, 아니면… 생명 걸고 보호하나두려워서 피하나, 큰 시험이다. 우리는 지구 변화시키는 작업 중이니 함께 동참하면 살고 아니면 다 도태당한다고 알려줘. 그 자리를 포기하더라도 생명 내걸고 약속 지킨다면 우리도 너를 보호한다. 누구도 힘들게할 수 없게.

OOO - 그대로 전달했어요.

2016년 4월 5일 오전 11:21

무시공 - ㅁ 행했는가? 확인 약속 지켰으면 칭찬하며 무극에 올려. 또 네 주변에 누가 힘들게 하면 무조건 우리가 보호한다고. 우리와 힘 합해서 더 큰 우주 작업을 위하여, 또 우리하고 동참하겠다면 무시공에 올려준다 해. 저희 부모도 행하고 있나 물어봐. 세밀하게 살펴봐. 진짜 움직이는지. 관찰 감독. NG 진짜 나온 다음 우리가 약속 실행.

OOO - 네. NG 씨 나오면 약속 실행하겠다고 전했어요. ㅁ 무슨 일 있어도 표정 변화 없이 차분히 일 진행.

2016년 4월 5일

- 무시공 자리로 뭉치는 작업에 대하여, 그리고 실전 작업에 대하여 -

무시공 - 지금까지 공부하는 존재들을 무극에 올린 것을 기초로 무시공으로 뭉치는 작업을 훈련해. 구체적으로 말하면, 한 사람을 데리고 무시공 안으로 들어간다 하자,

어느 정도로 들어가나, 시공 개념이 없을 정도. 먼지 같은 느낌도 있어서는 안 되는 순 무시공만 느끼는 곳으로 깊숙이 들어가. 그래서 무극의 영향도 받지 않는, 층차도 없고 무조건 직선빛인 무한대 공간. 무시공에 빛은 직선빛이고, 완전히 들어오는 빛만 있고, 나가는 빛은 하나도 없어. 나가는 빛은 아직 이원 에너지 빛이 빠져나가고 있는 거라.

처음에는 빛이 들어오는 것도 있고 나가는 것도 있어. 나가는 빛이 조금만 있어도 아직은 아니야. 안으로 들어갈수록 내 몸의 빛이 강해지면서 빨려 들어오는 직선빛만 있고 나가는 것은 하나도 없어. 일부러 보려고 해도 없어. 그래서 스스로 몸의 빛도 계속 확인해. 같이 간 한 사람 한 사람도 확인. 경험을 쌓기 위해서.

같이 간 존재도 같은 수준으로, 안으로 계속 들어가도 완전히 직선빛만

들어오고 나가는 빛은 안 보이고, 빛도 극도로 밝아져서 더 들어가도 더 이상 밝아지지도 않고 더 이상 강한 느낌도 없는, 최종적으로 아주 안전한 빛이 됐을 때, 그때 그 자리에 데려다 놓고, 그다음 두 번째 사람을 데리고 또 그 자리에 가. 그렇게 하라고. 알았지?

거기는 시공에 몇억조, 몇천억조 광년 자리가 돼도 우리 무시공에 미치지 못하는 진짜 무시공 자리야. 거기서 뭉치기 시작한다. 그래서 그 자리가 블랙홀이야. 거기는 완전히 온 우주를 빨아 당기는, 그런 힘밖에 없다. 절대로 밖으로 분리돼 나가는 것은 하나도 없어. 그래야 블랙홀이 돌지.
우리의 직선빛이 한데로 뭉치는 것이 블랙홀이잖아. 블랙홀은 먼 곳에서 보면 소용돌이같이 빙빙 돌면서 들어오는 것 같지만 실제로는 안으로 들어갈수록, 가까워질수록 직선빛으로 막 빨려 들어오는 거야. 무슨 뜻인지 알아?
개인 입장에서, 나를 핵심으로 해서 내가 블랙홀이라고 하면, 주변이 완전히 나한테 빨려 들어와. 나가는 것도 안 보여. 모두 직선으로 막 빨려 들어와. 보이지? 이런 것은 진짜 눈이 열려서 봐야 보인다고. 그것이 정확한 무시공 자리야. 그 체험을 하면서 우리 무시공 존재들 하나하나 확인하면서 끝까지 가라는 것.

그렇게 하나로 뭉친 존재들이 이 시공에 들어오면 시공에 존재들이 무조건 다 녹아. 우리 힘이 무한대로 커. 가만있어도 빨리 들어오고, 가만히 있어도 상대가 줄어들어 버리고. 지금 조금 그 맛을 볼 수 있잖아.
처음에는 자기가 우리보다 높다고 생각하고 또 우리가 약하게 보이니 깔봤어. 그래서 대화 한번 하려면 그 교만을 없애기 위해 공간도 줄이고 빛도 줄이며 했는데, 지금은 부르면 자동으로 나타나고 상대방이 스스로 어두워지고 줄어들고, 굽어들잖아. 우리가 직선빛 일원심을 딱 지키니까 대번 수그러들지. 이렇게 계속하면 나중에 자동으로 이루어진다. 스스로도 조금 자동으로 이루어지는 현상 있지.

그리고 L처럼, 내가 누구를 살리겠다고 마음먹고 팽창시키면 바로 밝아져. 그래도 덜 밝으면 팽창하면서 밝게 해 줘. 그러면 밝아진다. 정상으로 돌아와. 계속 훈련해서 힘이 강해지고 능숙해지면, 내가 저 사람을 살려야 되겠다고 마음먹는 순간에 이미 살아. 믿어? 본인이 우리와 안 뭉치고 포기한다면 어쩔 수 없지만. 지금은 그 훈련이 안 돼서 그래. 자꾸 경험을 쌓고 훈련하는 거라고. 훈련을 하다 하다 보면 진짜 ○○○ 말마따나 이거 진짜 무서운 일이라고.

만약에 별들, 여러 연합회 별들도 삭제하면 전체가 없어져. 은하계도 없어진다고 하면 순간에 없어져. 심지어 내가 이것을 인정 안 한다고 하는 순간에도 없어져. 지금은 아직 힘이 그렇게 안 돼서 훈련 중이잖아. 믿음이 가? 지금은 보이면서 하니까 확실하지. 그래서 무극까지 우리 무시공 존재들을 직선으로 한 줄 쭉 올려놓고, 그다음에 연합우주 하나하나씩 서너 개만 그렇게 올려놓으면 무극 자리는 이미 무시공 자리로 결정됐어. 우리는 그것을 수없이 초월해서 가는 거야. 여유롭게. 그러니 어느 누구라도 무시공이 어떤지 알려고 해도 알 수가 없다.

그래서 저들이 나를 보려고 해도 못 봐. 자기들이 어떻게 봐. 절대로 못 보지. 내가 88년에 본 우주선. 무엇 때문에 나한테 보여 줬나, 따져 물어보니까 나를 조금은 알고 있잖아. 그 흔적이 보였겠지. 지금은 내가 어디 있나 물으면 모른다 그래. 못 찾았지. 그러나 느낌으론 내가 무엇을 하고 있는지 알고 있어. 느낌은 있지만 저네 눈으로 나를 못 봐. 그래서 내 대신 ○○○를 내세워서 대화하고 어디서든지 나를 밝히지 말라고 처음부터 약속해 놨잖아. 그러니 앞에서 당당하게 해! 높은 차원의 존재들, 아직까지는 ○○○도 의심한다.

보니까 맨 지구인이야. 또 지구에서 왔다고 말하면 인정하잖아. 수준 낮은 지구인 같아서 멸시하려 하다가도 하는 행동 보면 또 지구인이 할 수 없는 이상한 일을 하고 어딜 가도 당당하니 헷갈려. 그리고 내 존재도 궁금해. 그래서 나를 조금만 알려. 어떻게 알리나. 이 세상에 ○○○만 알고 우주에서 누구도 모른다. ○○○ 친구다, 라고 하면 돼. 그렇게 하면 내가 안 나타나도 여기를 중시한다. '아, 그러니까 가능하구나!' 하며. 그 래서 내가 일체의 권력을 너한테 맡겼으니 온 우주를 좌지우지해!

2016년 4월 6일 오후 11:50

무시공 - A, 센터 왔는지 확인. 오늘은 너한테 미안하다는 마음이 자꾸 떠올라. 너무 많은 걸 시켰어, 감당 못 할 정도로. 이후 될 수 있는 대로 안 시킬게. 너무 힘들게 했다는 마음. 며칠 푹 쉬어. 내가 네 마음 아프게 했지.

2016년 4월 7일 오전 12:44

○○○ - A, 오늘은 집중 이야기도 못 했지만 왔으면 센터에 난리 났겠죠.

2016년 4월 7일 오전 10:33

○○○ - A, 선생님 앞에서 무릎 꿇고 눈물 흘리는 거 또 봤어요. 미래를 본 거지요? 본인도 D에 허무를 느껴요. 겉으로 말 표현은 안 하지만…. 언제 올지 시간약속은 안 물어봤어요.

2016년 4월 8일 오후 9:19

○○○ - 말세에 우주인이 지구인 구하러 온다는 예언들 있잖아요. 말 되네요. 우리가 우주인에게 이 공부 알리고 우주선 이용도 하고 최대한 협력하라 명령하니까. 결국은 우리가 우주인하고 협력하는 거 맞죠. 지금 하는 작업이 바로 그거잖아요. 아니, 우주인이 우리에게 협력하는 거지요.

2016년 4월 9일

- 최고로 뚫고 올라가라. 우리 무시공 생명들을 높이 올려라. -

혼자 계속 위로 탐구해. 우리가 5억조까지 올라갔으니까 그 연줄로 10억 조까지 올라가 봐. 더 있나 없나, 탐구하고 제일 높은 자리 우리가 결정 해 놔. 무극이라 정해 놓고. 그리고 여자 한 줄로 올라간 무극 자리와 2 억 2만조 상생에 있는 존재들을 새로 찾은 데로 다 옮겨.

만일 5억조가 끄트머리면 거기 올리고, 6억조든가, 10억조까지 탐구, 계 속 위로 뚫고 들어가 봐. 어디까지 있으면 어디까지 올려. 무극이라고 정 해 놓은 곳으로. 무슨 뜻인지 알겠지? 다 옮기고 나면 무극에는 완전히 여자만 놔둬. 될 수 있는 대로 여자만 무극 자리에 많이 채워, 한동안은. 상생에는 남자도 있고 여자도 있잖아. 수준에 따라서.

그래서 무극에 여자 힘이 엄청 강해졌을 때 적당히 남자들 세우고. 음세 상이 최고로 강해지기 위해서 온 우주에 여자 힘을 다 만들어 놔. 지금 까지 우주 작업한 것도 봐라. 시공 안에 대표들 전부다 남자잖아. 여자 대표 몇 군데 안 돼. 수많은 층차 안에서 남자가 주도로 돼 있잖아. 원래 이 시공에서는 뿌리가 남자. 그래서 전체가 남자 위주. 시공 우주는 그리 될 수밖에 없어. 이놈의 세상 우리 뒤집어 바꿔. 뿌리부터 바꿔 버려. 여 자 위주로. 여자가 중심이 되도록, 뿌리를 바꾸면 밑에는 저절로 바뀌지. 안 바꾸려야 안 바뀔 수가 없어. 봐라, 무극에 최고 존재도 남자잖아. 한 줄로 올라가든, 연합으로 올라가든 거의 다 남자야. 그게 잘못됐다는 거 야. 이제 봉황 세상이 왔다!

한 줄로 올라가 있는 별에 최고 존재도 힘이 없고 우리한테 안 굽어들 수 가 없어. 우주 연합회도 우리 존재들을 갑자기 쭉 데려다 올려놔. 그러면 저네도 헷갈리고 옴짝달싹 못 해. 그러면 자연적으로 수그러들고 이 공부 받아들이게 돼. UFO는 무조건 타게 해 놨지. 어떻게 소통하는가 하고. 시간 문제고. 오만 방법을 다 써서 거기에 자리 잡아놓고 우리 기초적인 할 일만 해 놓으면 대자유라.

그때 우리 할 일은 끝났다. 3단계 일만 하면 돼. 알았지? 3단계 들어온 존재는 반드시 열려 있어야 한다. 안 열리면 3단계 작업, 하라고 해도 못한다. 지금 3단계 들어온 존재들, 무슨 방법으로든 빨리 열고 풀어주려 해도 그것도 쉬운 일이 아니더라. 우리가 2단계에서 계속 훈련해서 3단계 정한 존재만 최선해서 열어 놓고 그 외에는 (일원심) 합격되는 존재만 올릴 거야. 합격 안 되면 억지로 할 필요 없어. 10명만 채워도 충분한데 뭐. 그다음에 누가 합격되면 올리면 돼. 지금은 할 수 없이 억지로 풀어 주고 해야지만 나중엔 그럴 일 없다.

그런 조건(일원심 합격) 안 되면 오고 싶어도 못 와. 3단계 자격도 안 되는데 억지로 하려니 얼마나 힘든지…. 진짜라.

2016년 4월 12일 오전 10:17

무시공 - 3개월 동안 너무 많은 일을 해냈어. 힘들게 해서 미안. 확 푸세요. 나는 영원히 배신 안 할 거다. 내가 이 세상 와서 오만 마음의 아픔, 상처를 겪어서 나는 남한테 아픔과 상처를 주지 않겠다는 마음. 심지어 남의 아픔 상처, 내가 대신할 수 있으면 할 수 있다는 마음. 그런데 마음 아프게 하고 상처를 줬나? 내가 풀어줄 수밖에 없구나.

OOO - 그리 말씀하시니 제가 할 말이 없어요. 편히 쉬세요. 확 풀어낼게요. 제가 풀 일이지요.

2016년 4월 12일 오후 3:42

무시공 - 공부하는 AM이 보낸 메시지 -

선생님, 무시공 자리에서는 우주를 움직이고 계시고 분자세상에서는 말로서 밝히고 계시네요. 고맙습니다.

2016년 4월 13일 오전 11:20

무시공 - 마음 다 풀렸나? 일원심 잘 지키고 있지? 더욱 강해졌고? 축하, 고
마워.

OOO - 네, 감사. 지금까지 작업했던 거 정리가 너무 안 돼 있어서 기억이
잘 안 나요. 그거부터 우선 정리하고 있을게요.

2016년 4월 14일 오후 2:59

무시공 - A, 오늘 센터 갔는지, 몇 번째 약속인지….

OOO - A, 센터 못 갔습니다. 죄송합니다.

무시공 - 왜?

OOO - A, 조금 더 시간을 주십시오. 무시공이 맞다고 인정은 하는데 그렇
게 확 마음 열어 바꾸기가 쉽지가 않습니다. 오늘 늦게라도 센터 방문하
도록. 오늘 두 번째 약속 안 지키면, 선생님 말씀대로 전달.

2016년 4월 14일 오후 11:41

무시공 - 병원에 있는 L 좀 볼래.

OOO - 아주 밝아요. 아직 침대에 누워 있지만 점점 몸이 회복되는 게 보여
요. 가까운 미래에는 침대에 앉아 있는 게 보이고.

2016년 4월 15일 오후 3:11

무시공 - R도 3단계 참석.

2016년 4월 16일 오전 8:45

무시공 - 지구인 태워줬던 UFO. 무조건 내 근처 오라 명령. 그리고 상담.
우리가 우주인하고 연결 소통하고, 우주인을 긍정으로 본다고 해. 우리

를 통해서 지구인 부정 마음을 바꾸고 지구인 차원 상승하려고.

2016년 4월 16일

지구인을 우주선에 태웠던 존재들과의 대화

(생략)

2016년 4월 18일 오전 6:39

무시공 - 지구를 생명으로 보면 지구 몸은 현실 물질, 지구 영혼은 이원에 너지. 지금 일원심은 지구생명. 구경해 봐. 지구 두 가지 생명 분리되고 있는 거. 그리고 실험 삼아 이원념 지구 영혼을 줄여 봐. 올해 하반기부터 계속 줄이다가 연말쯤 상황 봐서 ○○하려고. 그 효과, 메시지로 내게 전달. 그리고 실험 삼아 지구 생명을 무시공에 데려다 봐. 대전, 한국, 지구가 무시공 우주 중심지라는 그 뜻, 이제 알겠지? 무시공 입장에서 지구를 데리고 갈 수 있어. 지구보다 무한대 크기 때문에. 일원심 지구하고 대화해 봐. 실험 삼아. 지금부터 실험하고 하반기부터 정식으로. 할 수 있지?

○○○ - 할 수 있어요.

2016년 4월 18일 오전 10:28

무시공 -
1. 일원심 지구생명과 이원념(영체) 지구 분리되는 거 구경
2. 일원심 지구생명과 대화
3. 이원념 지구영체를 줄여 봐.
4. 일원심 지구생명을 무시공에 데려가. 그리고 결과는 메시지로.

○○○ - 일원심 지구생명 분리 중, 아직 완전 분리는 아니고 겹쳐 있다. 아, 좀 전에 이원념 지구 영체 줄이기 전에 볼 때는, 이원념 지구가 강하게 보

였는데 줄이고 나서 보니 확실히 일원심 지구가 더 커 보여서 깜짝 놀람.

무시공 - 잘했다, 축하. 완전 분리시켜. 이원념 지구를 줄이는 방법으로, 그 다음 일원심 지구생명과 대화.

000 - 이원념 지구 줄이니까 완전 분리됐어요.

일원심 지구와 이야기하니 밝게 방긋 웃는다. 무시공으로 가자 하니 반 갑다며 좋아요, 좋아요, 한다.

무시공 - 깊은 곳. 황금빛 가득한, 시공의 파장이 전혀 느껴지지 않는, 지극 히 편안하고 안전하고 따뜻한 느낌의 자리로 안착. 우리 무시공 생명들 과 일원심 지구에서 만나 모두 함께 기뻐한다.

무시공 - 일원심 지구는 여자? 내가 지금부터 5~6년 안에 지구에서 엄청난 변화가 일어난다, 그 후 지상천국이 온다, 말한 거, 이제 알겠지?

000 - 그 말씀, 훈련하다 보니 알겠어요. 무시공의 우주 프로젝트, 우주 개벽. 네, 일원심 지구는 여자.

무시공 - 너희 셋이 잘하고 있어서 내일이나 모레 대전 가서 예비 3단계 존 재 체험해 주려고. 지구 봉황 잘 지켜줘. 최고 예쁘게. 일원심 지구가 봉 황이니 너보고 잘 지켜주라는 거. 우리는 하나잖아. 지구는 네가 팽창된 지구, 또 더 팽창해서 온 우주가 너잖아.

000 - 아. 지구가 여자니까 봉황이라 하셨구나. 일원심 지구 최고 예쁘게 잘 지킬게요.

무시공 - 지구 작업하고 있고 우주 작업도 이미 하고 있잖아. 이후 또 우주 가 분리되는 거 보라고. 적당한 시기에 이원념 우주를 줄일 것이니. 내가 전에 인간이 분리되고, 지구, 태양, 우주도 분리되고 있다 했잖아. 미국 어느 최면가는 지구가 분리되고 있다 했고, 히틀러는 태양이 분리된다 했지. 하지만 그들은 무슨 원인인지는 몰라. 너 혼자 우주 분리되는 거 구경해. 내 말이 맞나 확인. 또 실험 삼아 이원념 우주를 줄여 봐. 가능 한가. 효과 확인. 이원념 지구 삭제한 후 이원념 우주 삭제 시작할 거야.

000 - 잠깐 해 봤어요. 당연 줄어요. 아주 조금 분리돼 있어요.

무시공 - 우주 분리되는 거 보려면, 무시공에서 시공 우주를 봐. 일원심 우주와 이원념 우주가 분리되는 거 보일 거야.

OOO - 보여요. 좀 더 밝은 일원심 우주와 이원념 우주 분리 중.

무시공 - 보이면 이원념 우주를 줄이며 분리시켜 봐. 분리되는가 확인.

OOO - 일원심 우주가 작아 보이는데, 이원념 우주를 줄이면, 시공 우주 더 작아지며 일원심 우주와 분리됐어요.

무시공 - 분리된 상태를 자주 확인하고, 분리된 상태를 유지할 것. 대단하다. 다 해낼 수 있네. 태양도 해 봐. 그리고 오늘한 일을 기록해 놔. 이원념 태양은 줄이며 관찰. 그리고 달도. 이원념 태양, 달은 짧은 시일 내에 삭제하려고. 일원심 우주, 태양, 달하고 대화. 일원심 태양, 달은 대화한 후 무시공에 데려가.

OOO - 알겠어요.

무시공 - 우주, 해, 달 대화 결과 해, 달 무시공에 데려간 결과, 메시지로….

2016년 4월 18일 오후 4:50

OOO - 태양 - 약간 분리되고 있어서 이원념 태양을 많이 줄여 분리. 무시공 가자 하니 방긋 웃으며 따라온다. 무시공 안착. 이제부터 자기는 무시공 빛을 발(發)하겠다며 좋아한다.

OOO - 달 - 마찬가지로 줄여서 완전 분리. 더 밝아졌다. 무시공으로 안내. 나도 이제부터 무시공 빛으로 바뀌었다며 좋아함.

2016년 4월 18일 오후 10:06

무시공 - 이원념 달을 90% 줄여 봐. 달에 있는 우주선과 UFO가 무슨 현상 나타나나 관찰.

OOO - 달에 있는 존재들이 달에서 튕겨져 나와요. 달의 상황이 너무 안 좋아졌다고, 무슨 현상인지 모르겠다고. 지구에 있는 우주인들도 지구도 약간 그런 느낌이라며, 달 쪽의 우주인들과 서로 이야기해요.

무시공 - 이원념 태양도 90% 줄여 봐. 그리고 거기 존재들 반응 관찰. 달과

해 줄인 결과, 지구와 지구인에게 무슨 현상인가 관찰. 태양 줄인 후 금성 화성 등등 8개 행성의 영향 관찰.

OOO - 달과 해는 이미 작게 줄여져 있어요. 더 작게 줄이니 태양의 존재들도 못 살겠다, 튕겨져 나오며 재빨리 일원 태양으로 옮겨가는 존재도 있어요. 태양계의 모든 이원 행성과 그곳 존재들이 줄어드는 느낌. 모두 이원, 일원으로 분리 중. 어둠은 더 어두워지고, 밝은 건 더 밝아지고. 지구인도 마찬가지.

무시공 - 지구로 몰려오는 현상은 없나?

OOO - 아직 어찌해야 할지 잘 모르는 거 같아요.

무시공 - 태양계 갑자기 변하는 거 보고, 온 우주 존재들 반응은?

OOO - 수루 봉황에게 우주 변화 물어봤더니, 요즘 분위기가 이상하다고 한다. 그래서 태양계 보라 했더니, "아, 그렇구나. 그렇게 변하고 있구나." 하며 놀란다. 곧 자기 쪽도 그렇게 될 걸 감지한다.

무시공 - 은하계는 거기 대표한테 물어봐.

OOO - 수루 봉황에게는 대전 와서 일원심 잘 배우고 행하면 된다고 전했고, 은하연합 대표도 우주 변화가 심상치 않다고 해요. 태양계 보라 했더니 태양계가 엉망이 됐다며 놀라요. 그는 이원 태양계만 보이나 봐요. 마찬가지 지난번 소개한 대전에서 일원심 공부하고 받아들이면 된다고 전했고요.

무시공 - 이백억 광년, 소행성 연합 두목은? 시간 너무 뺏어서 미안. 은하계 대표보고 우리가 도움 요구 – UFO 태워 달라는 거 실천 안 하면, 너와 은하계 전체가 삭제된다, 경고. 필요할 때 도와주면 살 거고, 필요 없을 때 도와주려 해도 늦었다 그래.

OOO - 소행성 두목, 마찬가지로 같은 말을 한다. 우주 분위기 이상하다 그래서 태양계 보라 했더니 어찌된 일이냐며 나보고 물어본다. 나는 알 거 아니냐며, 우주가 곧 이렇게 변할 거라고, 일원심 공부 중요성 다시 알림. 대전 와 보더니 더 놀람. 며칠 전과 비교 안 되게 너무 좋아졌다. 태양계 다른 행성과 너무 다르다. 일원심 소문 내라 이야기. 은하계 두목도 대전 데려오니 너무 좋다고 태양계 다른 행성들과 많이 다르다고 함. UFO 타는 거 실천 안 하면 삭제 경고하니 스스로 너무나 작아지며 알겠다고 약속. 소행성 연합이 이백억 광년인지 나는 기억도 안 나는데 다 기억하시고 대단하세요. 나를 훈련시켜 주어서 감사하지요. 시간 뺏는 것도 아니고. 다만 내가 기록 정리하는 것이 밀려서 헷갈리는 게 있지요. 숙제 밀린 것도 많고.

무시공 - 너무 잘하고 있다. 오늘 이원념 해와 달 삭제. 그리고 이원념 지구를 극도로 줄여 봐. 이원념 우주는 80% 줄여 놓고.

OOO - 이원념 해, 달 삭제. 이원념 지구 극도로 줄임. 이원념 우주 그새 다시 커져있어서 줄임.

무시공 - 온 우주에 사람 태울 수 있는 UFO 전부 한국에 대전으로 집중할 것을 명령. 또 꼭 여기 와서 일원심 공부 받아들여야 산다고, 그리고 우리하고 하나 돼서 우리를 도와야 산다고, 아니면 곧 영원히 삭제된다고, 온 우주에서 대전 한국이 안전지대라고 알려줘. 무시공의 핵심 블랙홀 자리기 때문에…. 해, 달 삭제됐나 확인 후 각 방면 반응 관찰.

2016년 4월 19일 오전 8:28

무시공 - 이원 우주 80. 해, 달 삭제. 지구 극도로 줄인 결과 재확인 후 메시지.

2016년 4월 19일 오후 1:59

OOO - 메시지 확인을 늦게 함. 결과는 저녁때에 드릴게요.

2016년 4월 19일 오후 7:22

무시공 - 실험 삼아 일원심 안병식과 이원념 안병식을 분리 삭제해 봐. 무슨 현상인가 확인하려고. 그리고 시간 있으면 ○○과 ○○, 3단계 올릴 체험 중, 이원념 삭제해 봐. 하기 전에 메시지로….

OOO - 네, 체험 시간에 할게요. 하기 전에 메시지 보내겠습니다.

2016년 4월 19일 오후 10:13

OOO - 시작요. 선생님은 이미 분리가 되어 있어요. 작고 큰 게 나눠져 있는데 처음엔 뭐가 뭔지 몰랐는데 자세히 보니 큰 것이 일원, 작은 것이 이원, 이원… 스스로 더 작아져요. 삭제. 너무 잘돼요. 쉬워요. 스스로 삭제되는 듯. 끝나고 너무 밝은 선생님 모습 보여 미소 지어졌어요. (선생님이 나를 훈련기 위해 직접 보여 주며 실험하는 것인가, 하는 생각도 들었음.) 이제 ○○과 ○○ 이원념, 모두 삭제.

2016년 4월 19일 오후 10:31

무시공 - 잠시 후 재확인.

2016년 4월 19일 오후 10:39

OOO - 이미 일원 우주가 더 커져 있고요. 이원 해, 달은 아직도 조금 남아 있어 삭제. - 해, 달에 있던 갈 곳 모르는 존재들에게 그리고 우주에 - 아까 선생님 말씀처럼 대한민국 대전 안전지대로 오라. 와서 우리와 합해 일원심 공부하면 살고 아니면 삭제 경고. 이원 지구 극도로 줄이니 이원 념들 아우성. 폭발 지경.

무시공 - 지구는 연말에 삭제하려 했는데, 3단계 존재들이 잘해서 지구, 우주 다 삭제.

OOO - 잘 알려주시니까.

무시공 - 그리고 본인이 본인을 볼 수 있는지, 볼 수 있으면 자기가 자기 이원념을 삭제해 봐. 안 되면 다른 방법도 있으니까.

OOO - 안 그래도 좀 전에 해 봤어요. 궁금해서.

무시공 - 어때?

OOO - 분리돼 있고, 삭제 잘돼요. 제대로 본 거겠죠?

무시공 - 잘했어. 이제 열리네. 힘도 아주 강해졌다. 열 사람 할 일을 혼자 해냈다. 축하. 기적이다.

무시공 - 내일 R과 함께 UFO와 대화 집중해서 성공하도록.

OOO - 네. 100% 성공.

2016년 4월 20일 오후 12:21

무시공 - 우주, 지구 다 삭제. 실행 결과?

OOO - 우주. 지구 삭제 후 더 밝은 지구, 더 밝은 태양, 더 밝은 우주만 남았어요. 우주가 대전으로 빨려 들어오는 속도가 더 빨라졌어요.

2016년 4월 21일 오전 8:25

무시공 - 이원 지구, 달, 해, 우주, 안병식, OOO, 삭제됐나 재확인. 그리고 L 구경.

2016년 4월 21일 오후 1:17

무시공 - A, 아직 정신 안 차리고 수많은 생명을 감아 놓고 안 풀어주는 것, 큰 죄인이다. 그래서 극도로 줄이며 경고. 심지어 삭제.

OOO - A 극도로 줄이며 무시공생명 받아들이라 경고. 이원 우주 다시 보여 삭제. 이원 지구, 달, 해, 조금씩 남아 있어 삭제. 안병식 콩알만 한 거 삭제. OOO도 남은 거 삭제.

무시공 - 한국 국토 무한대로 팽창. 우주하고 하나 되도록. 그러면서 엄청 밝아지는 거 구경. 한국 국토 팽창되나?

OOO - 그럼요, 되지요. 그냥 팽창하면 되는 거 아닌가?

무시공 - 밝아지나?

OOO - 팽창하니까 밝아지는데 더 밝게 했어요. 거기 딸린 생명들까지도 팽창, 밝아지고요.

무시공 - 나날이 대자유, 일체조공 하네. 멋지다.

2016년 4월 21일 오후 11:16

OOO - ㅁ 처음으로 힘든 모습 보인다. 대전이 안전지대라고 알리고. NG를 가족 있는 집까지 안전하게 모실 것.

L: 오장육부 밝고. 전에 어둡게 보였던 뇌와 등, 다리 부분도 많이 밝아졌다. 집중해서 더 밝게 하고 비결 잘 외우고 있느냐 물었더니 감사하다고 눈물 흘린다. 마음이 너무 편하다며.
SS: 처음 L만큼은 아니지만 아직 몸에 검은색이 보여 밝게 함. 좀 야윈 느낌.

2016년 4월 22일 오전 2:32

무시공 - 적극 동참하는 존재들의 가족 O, O, O, O, O, ㅁㅁ과 ㅁㅁㅁ에 올려.

2016년 4월 22일 오전 11:00

OOO - O, O, 미안함과 감사함 표현. 눈물도 보이고. 미안함에 한때 고개도 숙인다.
O: 그저 감사하다며 밝게 웃는다. ㅁㅁ에 도착하여 그곳의 모든 생명들과 하나 된다.
O, O: 올라가며 젊을 때의 아름답고 건강한 상태로 바뀌어 감. 빛도 밝아짐.ㅁㅁㅁ에서 너무나 편안함을 느낀다고. 너무나 편하다, 좋다, 감사하다, 이런 데가 어디 있느냐, 하며.
무시공 - HN, MP 풀고 있는데 시간 있으면 동참, 12시까지.

2016년 4월 22일 오후 5:26

무시공 - 12시까지 HN, MP 풀 때 어떤 현상, 메시지로.

OOO - 동참하는 순간부터 엄청난 무시공 빛이 함께했고, HN 먼저 풀리는 듯 엄청 밝았고, 잠시 후 무시공 직선빛으로 세워졌어요. 그다음 MP 무시공 직선빛으로 활활…. 그 사이에 창문도 내다봤는데 항상 따라다니는 UFO가 나 여기 있다, 하며 보여 주기도 하고 재밌는 시간이었어요.

2016년 4월 22일 오후 11:06

무시공 - 대전센터 무한대 팽창

2016년 4월 23일 오전 3:58

무시공 - 내가 전에 말한 적 있어. 지구 최후 살아남을 인구는 5천만. 지금부터 5~6년 안에. 그리고 우리 일에 동참한, 그리고 센터 지원한 존재만 한국에 올 수 있도록.

2016년 4월 23일 오전 4:36

무시공 - 무시공 빛 물 한 병 만들어서 혼자 마시며 자기 몸 변화 관찰. 또 한 병 만들어서 나 줘 나 마실 때 관찰. 그 물에, 마시는 순간 에너지 몸으로 변했다고 입력.

2016년 4월 23일 오전 5:00

무시공 - 이원 L 줄이며 일원 L 팽창, 강하게. 관찰 효과. 안전 상황 봐서 최후 이원 L 삭제. 지금부터 L한테 알려. 건강 회복하면 꼭 대전센터 방문할 것. 거기서 너를 살렸기 때문에. 그리고 각 나라 ○○들한테 경고. 대전 무시공 일을 도울 것. 그리고 빨리 이민 안 오면 후회한다고. 또 실험 삼아 지구 안에 있는 핵무기들 자연폭발 해 봐.

2016년 4월 23일 오전 10:24

OOO - 지금 대전 가는 버스 안, 하나하나 해 볼게요.

대전 무한 넓혀서 우주가 곧 대전, 대전이 곧 우주 되도록.
빛나는 대전. 빛나는 한국. 빛나는 우주.

이원 L 분리되어 있고 작아요. 조금만 더 줄여 놨어요. 일원 L 팽창하니
아주 밝고 건강한 모습으로, 고맙다고. 이 상태에서 회복되면 대전센터
오라고 말했더니 잘 받아들여요. 그래서 잘 설명해주니 다 알아들어요.
방문도 약속. 일원심 공부도 하겠다 약속.

핵무기 자연 폭발.
무기 자체 공간 내에서 스스로 반응하여 핵 효과 없어짐.
물 실험은 곧 해 보겠습니다.

2016년 4월 25일 오전 7:04

무시공 - 물을 빛으로 변화한 후 계속 실험 삼아 관찰. 수정체 나오는가. 수
　　정 나오면 계속 뭉치게!
OOO - 수정체가 작은 입자예요? 그래서 그걸 뭉치게? 그럼 커지는 거예요?
무시공 - 몰라. 스스로 해 봐야 알지.

2016년 4월 25일 오후 12:07

무시공 - 북한 작업에 대해서 결과?
OOO - 선생님 말씀 그대로 전달 - 김정은 남한 방문과 삼팔선 열라.

2016년 4월 25일 오후 2:01

무시공 - 1995년 9월 3일 경기도 가평에서 본 UFO 찾아봐.

1997. 2. 17. 부산에 대형 UFO 발견

　3. 19. 부산 금정산에서 발견

　5. 15. 경북상주에서 5대 발견. 그리고 옛날에 사람 태웠던 UFO, 오늘 온다는 약속?

OOO - 지난번 여섯 우주선 만났을 때 녹음한 내용 적었어요. 그런데 날짜 약속은 안 했던데. 준비하고 있어라, 또 소통하고 만나자, 거기까지예요.

2016년 4월 25일 오후 10:38

OOO -

〈가평 UFO와 대화〉

금성에서 왔다.

사진에 일부러 찍히도록 낮게 날았다.

우주인 있다는 거 알리려고.

선장 이름. 아쉰타. 우주복을 입고 있음.

머리에 쓴 거 벗어 보라 하니, 검은 머리 남자. 동서양 합쳐 놓은 듯한 외모. 한국은 관심 있는 나라. 당신들과 같은 존재가 찾을 줄 알았다. 소문도 들었다. 우주선을 부르는 인간이 한국에 있다고. 그들은 긍정마음으로 소통할 우주인을 찾는다고 들었고, 인간이 탈 수 있는 우주선 찾아 태우라 한다며 이유는 몸을 에너지체로 빠르게 만들고자, 그리고 빌려도 쓸 일도 있다고 들었다. 다 알고 있길래, 그래 그럼 우리가 타겠다, 우리가 준비할 건 무엇이냐 물었더니, '100% 우리를 믿는 마음, 100% 순수한 마음, 100% 하나 된 마음, 그리고 두려움도 없고 아주 편안한 상태'라며 준비되면 그때 보자 한다.

2016년 4월 26일 오전 12:43

무시공 - 중국에서 농부 태웠던 면대, 그 비행체(?) 지금 안 쓴다고 가서 순비해서 25일 약속.

2016년 4월 26일 오후 5:27

무시공 - 내 일원 분자몸 윤곽 보이지? 그러면 실험 삼아 분자몸 윤곽 없애기 위해 무한대로 팽창. 깨질 때까지.

OOO - 지금 하고 있어요.

무시공 - 이원 분자몸 보이면 삭제. 일원 분자몸은 무한 팽창. 옛날 수많은 눈 팽창하듯이. 몸도 수많은 충차로 보일 거다. 가장 표면 분자몸은 팽창하기 힘들 거다. 분자세상하고 일치되기 때문에. 그래서 내가 풀리면 다 같이 풀려. UFO 없어도 우리는 변할 수 있어.

2016년 4월 26일 오후 6:34

OOO - 아! 그렇구나. 맞아요. 수많은 눈 팽창할 때처럼 쉽지가 않아요. 첫 번부터 팽창이 잘 안 되고, 테두리가 깨지는 것도 힘들어요.

무시공 - 테두리 쉽게 깨지면 분자몸 벌써 없어졌지. 지금 이 작업 들어가잖아. 분자몸 벗어나는 거는, 지금부터 2030년까지. 지금 3단계 존재들이 잘해서 앞당길 가능성 - 일원몸 분리할 줄 알고 몸 테두리도 볼 수 있고 게다가 팽창할 줄 안다면. 또 앞에 많은 훈련 했잖아. 그리고 UFO 도움 받으면 더 빠를 거다.

2016년 4월 26일 오후 7:45

무시공 - 빛물 만드는 것도 무한 팽창, 빛이 강하다가 어느 시점 도달하면 수정이 나타나. 사람 몸 70%가 물이잖아. 내가 말했지, 몸도 투명해진다고! 이 수정은 물질이 아니고 생명. 사지서에도 그런 말 있어. 수정이 비밀을 밝힐 거라고.

OOO - 와, 그럼 우리 몸도 수정 몸이 되나요?

무시공 - 물 가지고 실험하라고. 수정 나타나는가. 그때 답이 나오지! 수정 나타나면 물 전체 수정으로 변해 봐. 무시공 생명수!

OOO - 네. 재미있겠어요. 하하.

2016년 4월 27일 오전 11:46

무시공 - 물 실험 결과?

OOO - 아침에 하려고 어제 밤에 물을 책상 위에다 두고 있었는데 깜빡했어요. 지금 해 볼게요.

2016년 4월 27일 오후 1:36

무시공 - 수정 보여? 안 보여? 분자 물 하나를, 빛을 강하게, 그리고 무한 팽창. 무한 팽창 끝에는 무시공 자리고 무시공 빛, 극도로 밝은 빛. 무한 줄인 끝에는 분자, 어두움, 얼음. 양극 팽창 결과는 영원히 살고, 줄인 결과는 영원히 죽음.

OOO - 와! 네. 알겠어요. 해 볼게요. 그 물 맛있어서 야금야금 먹고 있어요. 하하.

2016년 4월 27일 오후 5:17

무시공 - 요즘 바쁜가 보네. MS는 아들하고 힘 합해서 행한다. 아들은 창녕에 있을 때 열었어.

OOO - 같이하면 참 좋겠다.

2016년 4월 27일 오후 10:21

OOO - 물은 앞에 두고 짬짬이 하고 있어요. 눈 감고 느껴 보면 물 중앙에 길쭉하게 밝은 뭔가가 있는 거 같아요. 그게 수정인가?

무시공 - 수정은 더욱 밝고 아름다워.

OOO - 수정이 되어 가는 중인가 보네요.

2016년 4월 28일 오전 7:27

무시공 - 이원물 분리 삭제 후, 일원물 무한 팽창. 이원 우리 몸, 이원 우주, 해, 달, 지구 등등 삭제 효과 재확인. 그리고 내 분자몸 계속 팽창. 없어 질 때까지. 그러면 몸도 수많은 몸이 나타나. 눈처럼.

2016년 4월 28일 오후 10:49

무시공 - 왜 책임감이 없어? 딱 내가 확인하라 해야만 하고. 나를 위해서 하는 건가? 어떤 일이든 끝장을 봐야지.

OOO - 아, 하던 것마다 끝장 볼 여력이 없네요.

무시공 - 왜?

OOO - 몸이 힘들어요. 왜 그런지 모르겠어요.

무시공 - 힘들다 하면 말하든가. 그러면 안 시키지. 이후 직접 하겠다고 하는 것 외에는 안 시킬게.

OOO - 아직도 숙제 다 못 한 거 있으니 하고 있을게요.

2016년 4월 29일 오후 2:58

무시공 - L 봐, 언제 퇴원할 수 있는가. 안 시킨다 해놓고 또 시키네. 미안.

OOO - 아, 알았어요. 지금도 혼자 사무실에 있어요. 지금 못 하고 이따가 해 볼게요.

무시공 - 우리 L 언제 시작했나? 네가 큰 공 세웠다.

OOO - 선생님이 한 거죠.

무시공 - 네가 한 거다. 나는 아무것도 아니다.

OOO - 무슨 말씀?

2016년 4월 29일 오후 5:53

OOO - L, 몸이 완전히 빛이에요. 대전 무시공센터 꼭 기억하고, 퇴원하면 함께할 것. 약속 지킨다면, 한 달 후에 퇴원하겠어요.

무시공 - L한테 귀띔, 조심하라고. 우리가 보호하고 있다고 주변 괴롭게 하는 자는 무조건 삭제. 누구인지 세밀히 관찰하고 누구든 나쁜 의도 있으면 삭제.

OOO - 네. 4월 4일에 처음으로 어두웠던 L 봤네요.

무시공 - 우리는 무조건 살린다 했지. 내가 살리는 목적은, L이 물질은 성공했어. 이제는 생명을 위해서. 내가 살리자 하니 너도 그 생각 했다 했잖아.

OOO - 네, 맞아요. L에게 선생님 말씀 잘 전달.

그리고 ㅁ, 시커멓게 검어진 피부 삭제. 주변 영들 모두 삭제.

2016년 4월 29일 오후 11:18

무시공 - 물 수정으로 변한 거 보여?

OOO - 눈 감고 느껴 보면 가운데 얇게 뭔가 서 있는 거 같아요. 눈 떠서 보면 안보이고요.

무시공 - 계속 밝게 하며 관찰. 수정으로 변한 거 보여 주라 명령. 대전 집 현관문 옆에 새로 사온 물 거기 놔뒀어. 구경해, 수정 보이나.

OOO - 그때 그 물 다 먹고 또 새로 사온 거예요? 그런데 이것도 엄청난 빛 물이네요. 우와! 수정 물 같다.

무시공 - 그 물 상세히 보면 수정 보일 텐데. 너도 곁에 있는 물 변화해 봐. 수정 물 됐으면 메시지.

2016년 4월 29일 오후 11:50

OOO - 수정물 됐어요. 오관 눈으로는 안 보이고.

2016년 4월 29일 오후 11:52

무시공 - 이원물 삭제 후, 일원물 무한 팽창. 일원물 분자 하나를 무한 팽창. 그러면 어떤 현상 나타나는가 관찰.

OOO - 일원물 분자 하나하나가 다 빛이에요. 너무 밝고 아름다운 빛.

무시공 - 내 말은, 분자 물 하나만 무한 팽창해 보라는 거. 그러면 전체 물에 어떤 영향인가, 팽창하면서 관찰.

OOO - 아, 물 분자 하나만 밝아져도 전체가 곧 다 밝아져요. 태양처럼 모두 비추는 듯. 무한 팽창하니 빛이 되고, 팽창할수록 밝아지고.

무시공 - 어느 시점 수정으로, 어느 시점이면 직선빛으로? 직선빛이 되면 블랙홀 현상.

OOO - 시점은 물 분자 하나를 밝게 했을 때처럼 모든 물 분자가 변했을 때. 직선빛 되면 블랙홀 현상이라 하니까 그렇게 보여요. 수정되는 시점도 모두 이 물 분자처럼 변했을 때.

2016년 4월 30일 오전 12:26

무시공 - 오늘은 이만.

2016년 4월 30일 오전 12:33

무시공 - L 살아난 거, 무시공생명이 살렸다고 PH한테 알려. 좀 돌봐 주라고. 우주 중심지 건설을 위해서. 일체 생명을 살리는 작업을 위해서.

OOO - 모두 전달. PH 활짝 웃으며 기뻐해요.

무시공 - PH보고 같이 동참하기를. 최고 직급은 잠시지만 우주 작업은 영원하다고.

OOO - 전달했어요. 맞대요.

무시공 - 한국의 지구 우주 중심지를 위해서 물밑 작업해 놓으라 해. 우리이 작업을 펼쳐 나가는 데 도움되는 일, 말하면 알아챈다. 권력 있을 때해 놓으라는 거. 나중 자기도 이 일 한다면 큰 도움이 되지. 나중 전 세계를 이끌어가야지.

OOO - 모두 전달했어요. 알겠대요.

무시공 - OOO 멋지다.

2016년 4월 30일 오전 5:01

OOO - 항상 같이 따라다니는 UFO. 사진에 항상 나오는 친구들이요. 중국
농부 사건 대화는 3월 17일인데, 그 대화했을 때 나온 친구들이 아니었
나 봐요. 이상하게 요 며칠, 항상 사진에 보이는 존재들과 이야기하고 싶
기도 하고, 다시 정확하게 물어보고 싶어서 "너희들 어디서 온 존재들인
가?" 하고 계속 물어봤더니 모선이래요. 마탕카즈로 알고 있는. 그래서
사진 찾아봤더니 진짜로 마탕카즈와 약속했던 날 찍은 사진에 그들이(특
이한 비행체 모습으로) 있어요. 그 친구들은 내 말 100% 알아들어요. 많이
실험해 봤어요.

2016년 4월 30일 오전 11:29

무시공 - 실험 삼아 금성을 달처럼 가깝게 끌어와 봐. 달처럼 날마다 보이게.

OOO - 와, 재밌겠네. 해 볼게요.

무시공 - 우주 중심이 블랙홀 핵심 부위잖아. 금성도 생명이니 명령해서 끌
어 당겨와. 만일 말 안 들으면 줄여. 심지어 삭제.

OOO - 우선 금성의 영부터 끌어다 놨어요. 달 옆에. 몸도 곧 끌려오겠지요.

무시공 - 관찰. '오겠지요'가 아니고 반드시 와야 맞지? 몸과 마음 - 마음과
물질이 하나기에. 안 왔다면 아직 심력, 힘 - 블랙홀이 작동 안 함. 무감
각시공의 금성을 강하게 끌어와.

OOO - 네.

2016년 4월 30일 오후 3:11

무시공 - 이원 우주, 해, 달, 지구, 분리 삭제 됐나 반복 확인 후 메시지.

OOO - 이원 해. 달 아주 조금 남아 있어 삭제. 이원 지구도 다시 살아나는
건가? 이원 해, 달보다 좀 크게 보여 삭제. 삭제하니 지구가 가장 밝다.
이원 우주도 조금 남아 있어 삭제.

무시공 - 잘했다. 이렇게 끝까지 관찰. 처리는 철저하게. 이 과정은 자기 점검.

1. 정확도
2. 블랙홀의 효능

금성과 대화, 말 안 들으면 줄여 놓고 몸이 움직일 때까지. 금성의 영과 대화. 줄여서 위기감 느끼게 해놓고.

OOO - 금성을 사람 대하듯! 줄이고 삭제될 수 있다 경고하니 깜짝 놀라요. 우주 중심으로 오라. 천천히 당겨 와요.

무시공 - 대단하다. 우리는 무시공 블랙홀, 실천으로 생명들에게 보여 줘.

OOO - 네.

무시공 - 너 진짜 간을 우주 밖에 던졌구나. 두려움이 없네. 간을 우주 밖에 던졌으면 무시공이잖아.

OOO - 하하! 네. 무시공이에요.

2016년 4월 30일 오후 11:23

OOO - 수정 물 맛있어요. 굿. 와! 수정 물도 만들어 먹을 수 있다니⋯. 감사.^^

2016년 5월 1일 오전 5:48

무시공 - 내 방 앞 베란다에 내 전용 김치냉장고 있지. 그 안에 물, 콜라, 음료 등등 있는데 보이면 빛으로 변해 봐. 수정 상태도 반복 관찰. 결과 메시지로. 그리고 L보고 빛물 많이 마시라 해. 빨리 회복된다고. 빛물 만들어 주면서 물에 비·공·선·지(무시공생명비결, 공식, 선언, 지침) 주입. 그리고 몸의 변화 관찰.

그리고 금성은?

2016년 5월 1일 오후 6:38

OOO - 김치냉장고 안에 있는 거 다 빛이고 수정이에요.

L, 빛물에 비, 공, 선, 지 주입해 몸의 변화: 빛과 비결이 이 그대로 몸에 퍼진다, 밝아진다, 젊고 건강해지는 느낌. 금성은 옮기기 싫지만 지구 쪽으로 억지로 조금씩 딸려오고 있어요. 그래서 네가 살려면 기쁘게 오라고 이야기했더니 표정이 좀 편하게 바뀌었어요.

2016년 5월 5일 오전 11:52

OOO - d, d1 무시공에 데려다 놓으라고 하셨지요? 작업하며 블랙홀이 작동한다는 거 느꼈어요.

dd1 무시공에: 무극 통과하자마자 먼저 있는 존재들이 쭉 빨아 당겨서 수월했음. 블랙홀이라 직감. 전에는 거기 있는 존재들이 감싸줘서 함께 빛이 되었다고 느꼈는데 이젠 빨아들이기까지. 느낌 물어보니 d는 너무 편하고 좋다고. d1는 너무 좋은데 적응 좀 해야겠대요.

L, 아직 누워 있지만 밝은 상태. L 맞는 수액(주사)들, 모두 비공선지 주입, 모두 빛이고 수정액으로 바뀐다. 주변 어두운 것 못 오게 밝은 상태 유지. 빨리 회복하고 퇴원할 것. 무시공 공부 알리고 퇴원 후 꼭 대전센터 방문할 것.

금성: 내 눈치를 봐요, 하하. 잘 오고 있나 물었더니 빨리 움직이는 척. 나 안 보고 있어도 빠르게 움직여라 명령. 거기 있는 생명들은 생명에는 지장이 없는 듯, 생각보다 크게 동요가 없고. 대신에 왜 이런 일이 일어나는지에 대해서 염려하고 연구하고 있어요. 어느 방향으로 자기네 행성이 움직이는지 잘 모르니.

2016년 5월 5일 오후 1:06

OOO - 아는 집 냉장고 안에 음식들, 빛으로 수정으로 바꾸는 거 연습해 봤어요.

무시공 - 잘하고 있다. 그래, 열심히 자기 훈련.

OOO - 네. 그리고 온 우주가 지구를 보고 있어요. 이상해서. 너무 밝아서. 블랙홀이라서.

무시공 - 너의 공로.

OOO - 선생님이 공을 만들어 줬지요. 우리들 각자의 공로를.

2016년 5월 7일 오전 8:20

무시공 - 내 오른손 막힌 현상, 머리부터 팔까지 살펴볼래?

OOO - 네 볼게요.

〈사진〉

빨갛게 칠한 부분이 처음에 딱 보였어요. 왼쪽 머리 윗부분 콩알만 하고. 오른쪽 팔에 위쪽 아래쪽이 긴 선처럼 약간 검게 보여요. 자꾸 다시 보니 더 안 보여서 처음 본 걸로. 여기를 밝게 하면 되는 거죠?

무시공 - 응.

2016년 5월 8일 오전 12:06

무시공 - 약간 좋은 방향으로 느낌 온다. 그러나 힘이 부족. 아직 무시공 자리에서가 아니다. 순간 정상으로 돌아와야 무시공 자리에서 행하는 거야. 무시공에서는 우주도 바꿀 수 있는데, 내 손 하나도 정상으로 못 돌리는 존재, 창피. 그 조그마한 숙제도 해결 못 해?

OOO - 사실, 오늘 완전히 집중 못 했음. 팔에 집중할 때 먼저 이야기하고 할게요.

무시공 - 모든 문제 뿌리는 머리에 있다. 몸의 비정상 현상은 머리에서 원인을 찾아라.

OOO - 그럴 거 같아요, 아니 '그럴 거 같아요'가 아니라, 맞아요.

무시공 - 세포가 깨어나네. 이원 관점에서 순간 일원심으로. 네가 진심으로 나를 믿으며 따라오니 행복하다.

2016년 5월 8일 오후 3:48

OOO - 지금 선생님 머리에 팔에 집중. 그림에 검은 부분 더 밝게 했어요. 머리끝부터 발끝까지 온몸 청소했습니다. 그리고 세포 하나를 확대해 보라 하셨잖아요. 선생님 몸 보던 김에 선생님 이마 아래쪽 눈썹 있는 곳의 세포 하나를 끝없이 확대해 봤어요. 복잡한 세포 모습이 지나가더니 → 눈이 보이고 → 어마어마한 무시공 빛이 나왔어요. 그 빛이 선생님 온몸에 퍼지고, 내 몸에 퍼지고, 주변에 퍼지고, 온 우주에 퍼져서, 무시공 빛으로 하나 되었습니다. 멋져요.

2016년 5월 9일 오후 11:01

OOO - 복습

빛물, 수정물 만들기: 이원물 삭제 후 일원물 분자 하나 끝없이 팽창, 내 세포 하나를 집중해 들어가 보기 - 눈에 보이는 세포를 지나 쭉 들어가니 눈 터널. 또 더 쭉 들어가니 우주로 나와 버린다. 이원 지구, 해, 달, 우주, 삭제하니 특히 해가 밝게 웃는다.

이원 몸 삭제했던 사람들, 선생님 외 5명 다시 보니, 아주 연한 그림자 같은 게 보여 삭제. 선생님은 그림자 같은 게 보일락 말락. 그 후 선생님 일원몸 팽창하니 주변이 뜯어지는 느낌과 함께 온 우주로 팽창되어 무시공 우주와 시공 우주 모두에 있음. 수많은 몸은 못 봤네요.

며칠 전 밤 창밖을 보며 모선과 대화 - 우리의 진심을 믿나?
눈에 보이게 번쩍번쩍하며 답을 해요, 믿는다고. 다음번 약속엔 더 가까이 보자. 그리고 그다음엔 당신들 UFO 타자고 했더니 작은 빛이 반짝.

적극적이지 않은 대답 같았지만 이유는 못 물어봤음.

금성은 궤도에서 뚝 뜯어냈어요.
〈사진〉
왼쪽 그림처럼, 궤도를 지구 쪽 가까이 둬야 할까요, 오른쪽 그림처럼 지구의 달처럼 위성 같은 느낌으로 만들까요?

무시공 - 오른쪽.

OOO - 하하, 설마 했는데.

무시공 - 달보다 더 크게 보이도록. 우주 중심지라는 거 보여 주기 위해.

OOO - 알겠어요.

2016년 5월 10일 오전 8:39

무시공 - 금성도 당겨 오는 힘으로 UFO도 당겨 와. 말 안 들으면 극도로 줄여. 심지어 삭제.

OOO - 금성은 자기 궤도에서 뚝 떨어져 나왔고요. 오늘 새벽에야 위치를 정확히 알려줬어요. 지구에서 달처럼 위성으로 있으라고. 달보다 약간 멀리 있으라고요. 태양을 도는 게 아니라 이제 지구를 돌 거라고. 블랙홀로 딸려 오고 있어요.

무시공 - 금성 존재들 상황?

OOO - 생명에는 지장 없으나, 생명체들 몸의 느낌이 이상해. 구조물들도 들뜨기도 하고. 기계나 기구 조작이 잘 안 됨. 특히 태양 궤도를 이탈할 때 충격이 있었음. 궤도 이탈해서 어디론가 빨려 간다고 알고 있음. 그러나 두려운 마음은 없어 보인다.

무시공 - 원인 탐구 안 해?

OOO - 연구하는 사람들은 열심히 원인 찾고 있어요.

무시공 - 거기 사람 태울 수 있는 UFO를 연락. 거절하면 삭제. 이것으로 경고.

무시공 - 금성, 지구 위성, 지구에 어떤 영향? 관찰.

무시공 - 먼저 금성 현상, 천문학자에게 빨리 관찰해 보라고.

OOO - 지구인 태울 수 있는 UFO - 하나가 쑥 튀어나온다. 작은 줄 알았는
데 들어가 보니 엄청 크다. 우주선 이름, 베코. 선장 이름, 스와픈. 인사
만 나눔. 앞으로 약속 잡아 지구인 태울 것. 금성 지구 영향 관찰 더 해
볼게요.

2016년 5월 11일 오전 3:56

OOO -

금성에게 물어보니 - 지구 대기권 밖이라서 지구 생명에 큰 영향은 미치
지 않겠지만 작은 변화가 어떤 생명에, 어떤 기계에 영향을 줄지 미리미
리 적응이 필요. 지구와 금성, 달 모두 자기장에 영향. 자기는 온도가 내
려가는 것에 대해서도 조치가 필요하다. 지구만큼 커서 서로 힘 조절을
잘하지 않으면 지구 궤도에서 떨어져 나갈 것 같다. 지구와 달과 상의해
서 어떻게 돌아야 할지 결정한다고.

달에게 물어보니 - 자기에게 가까이 오지 말고 좀 멀리 있어 달라고 한
다. 자기보다 너무 커서 힘에 밀릴 거 같다고. 자기(달)와 지구 거리보다
두 배 이상 떨어지래요.

지구에 물어보니 - 자기 힘이 세져야겠다. 달과 금성이 자기 주변을 함께
돌면 그만큼 힘이 강해져야 한다고 준비하고 있어야 한단다. 다 같이 살
수 있는 방법이 있을 거라며.

천문학자 - 조금 깨어 있는 사람에게 물어봐도 금성이 지구의 위성이 된
다는 건 말이 안 된다, 우주 역사상 그런 일은 없다.

2016년 5월 11일 오전 4:21

무시공 - 천문학자, 인간 입장에서는 불가능. 우리는 가능. 우리는 생명 입
장에서 일체조공! 지구는 우주 중심. 원래 지구가 아니다. 일원 우주의
블랙홀 힘으로 빨려 왔지. 우리 있는 자리가 우주 중심. 우리 있는 자리
는 지구가 아니다. 이원 지구는 가짜다. 전에 말한 적 있다. 분자 세상에

서 지구는 해를 돌지만, 무시공에서는 시공 일체가 우리 중심으로 돈다!

OOO - 무시공에서는 시공 일체가 우리 중심으로 돈다는 거 처음 들었어요. 아니, 새로 알았어요.

무시공 - 말한 적 있고, 또 시공 일체가 블랙홀에 빨려 들어온다고. 빨려 들어오는 순서까지 말한 적 있어. 일원 지구가 지구 아니고 무시공 블랙홀. 일원 달, 해, 다 일원 지구와 동일. 일원 지구에 빨려 왔어. 금성도 일원. 금성이 일원 지구에 빨려 오는 현상.

일원 지구 – 블랙홀이 우주 중심지. 지구 이름 빌려 쓸 뿐. 지구라고 오해하지 마. 우리는 지구에 있는 것 같지만 지구에 있은 적 없어.

이원지구와 일원지구. 이원지구는 시공, 일원지구는 무시공 – 블랙홀 – 우주 중심지, 두 우주 사이.

금성, 달, 지구 대화 내용은 다들 아직 이원 존재끼리 대화. 반드시 이원 금성, 달, 지구 철저히 삭제. 일원 금성, 달, 지구, 해, 우주만 인정. 그래야 우리 힘이 뭉치며 팽창하며 강해져.

2016년 5월 11일 오전 10:10

무시공 - 이상 원리를 안다면, 어느 차원에 있는 별이든 다 끌어올 수 있어. 그것을 암시하는 거. 마음대로 실험해 봐. 블랙홀 힘이 강하려면, 먼저

1. 일원지구 유지
2. 이원영체 삭제
3. 한국에서 xx 삭제, 삼팔선 삭제, xx1, xx2, xx3 등등 삭제

이 모두가 중심지 지키며 팽창하는 작업. 알았어? 금성 당겨 오는 거, 이원우주, 해, 달, 지구 삭제. - 이 모두가 블랙홀 팽창 작업. 3단계 존재 발견. 후년은 블랙홀 핵심 창조.

2016년 5월 11일 오후 11:10

OOO - 메시지 보내 주신 거, 다시 읽어 봤어요. 맞아, 맞아요. 새벽에 금성, 달, 지구와 대화는 모두 시공의 이원 존재와 대화했네요. 하하. 이원금성

삭제 잘 돼요. 일원금성이 다가오니 블랙홀 힘이 더 커지고 강해질 뿐. 지구에서 삭제할 것들 삭제. 삭제. 삭제. 그리고 갑자기 이원한국 삭제하고 싶어서 했어요. 삼팔선 삭제가 가슴 깊이 다가오더니 드디어 삼팔선이 확 열렸어요. 체험 중간엔 갑자기 내 몸이 수정 몸 같다고 느껴졌어요.

2016년 5월 11일 오후 11:17

무시공 - 잘했다. 시간 있으면 내 머리에 세포 하나를 무한 팽창해 봐.

OOO - 머릿속 뇌세포? 와, 팽창하자마자 너무 밝아요. 처음엔 눈에 보이는 미세한 세포들. 그다음엔 세밀한 눈들. 그다음엔 무시공 빛. 선생님은 세포 하나도 무시공 그 자체네요. 당연하지만 더 느낌.

무시공 - 내 몸 자체를 무한 팽창해 봐. 몸 테두리 깨진 후 계속 팽창, 어떤 현상인가?

OOO - 일원 몸 팽창하니 구성하고 있는 모든 세포핵마다 무한한 빛. 무한 팽창하니 온 우주 그 자체. 마지막에 핵이 하나 보이는데. 그것도 팽창하니 끝없는 빛.

무시공 - 그 빛도 끝없이 팽창해 봐.

OOO - 끝도 없이 빛만 나오는데요?

무시공 - 응. 다음, 물 분자 팽창. 어떤 상태서 수정으로 변하나. 그리고 수정 무한 팽창.

OOO - 먼저 이원 물 삭제하고 병에 담긴 물 분자 하나를 팽창해서 그 병의 물이 모두 빛으로 변한 상태에서 수정으로 변해요. 수정 팽창하니 끝없이 영롱한 빛.

2016년 5월 12일 오전 6:29

무시공 - 중국 근래 외계인 납치 사건 - 본인 느낌은 몸에 수술하며 무엇을 넣는 느낌. 후에 CT 검사 했으나 아무 흔적 없음. 그들 외모는 무슨 동물 같았다고.

OOO - 중국 영상 보면서, 우주인이 중국인 몸을 흔적 없이 수술해 줬다는 느낌이 들어요. 외모야 얼마든지 다르게 해서 보여줄 수도 있으니.

L, 온몸 주물러 주고 두드려 주며 빨리 일어나라고 이렇게 누워 있을 때가 아니라고 전함. 퇴원 즉시 대전 무시공생명 훈련센터로 올 것. 여기서 생명을 살려 줬으니 와서 인사라도.

L - 나는 지금 정신이 많이 돌아왔다. 고맙다. 누워서 주변 상황 보고 있다. 적절한 시기에 주변에 나아진 모습 보여 주고 알리겠다. 아직은 아니다. 선생님 뇌는 이상 없음. 왼쪽 뇌가 더 밝아져서 오른쪽 뇌도 밝게. 모든 뇌를 밝게. 단절된 신경은 새로 이어지게. 와, 머릿속이 빛난다. 원래 빛났지만 더더욱.

2016년 5월 13일 오후 10:58

무시공 - 남극 바닷속에 건축물 있나 봐. 그리고 누가 있나. 물은 H 두 개와 O 하나로 구조돼 있지. 그것을 분리시켜 H를 무한 팽창한 결과, 또 O를 무한 팽창한 결과?

2016년 5월 14일 오전 8:27

OOO - 남극 바다 - 깊은 빙하 속에 건축물이 만들어져 있어요. 바다 깊숙한 바다에는 둥근 소형 우주선들이 쫙 깔려 있고요.

2016년 5월 14일 오전 9:09

무시공 - 두목 찾아봐. 사람 태울 수 있나.
OOO - 대전 오는 버스에서 잠들었어요. 후에 볼게요.

2016년 5월 16일 오후 12:09

무시공 - 남북극만 외계인 있을 뿐만 아니라 지구 곳곳 지하에 있을 거다. 찾아봐. 예를 들면, 아르헨티나, 멕시코, 중국, 히말라야, 신강사막, 내륙,

아프리카 등등.

OOO - 오, 정말로, 지구에도 외계인 기지가 있겠네요. 짬짬이 볼게요.

무시공 - 전에 서울 있을 때, 아이 열어 놓고 지구 깊숙이 보라 하니 사람이 살고 있다 그랬어.

OOO - 여러 명 말이 똑같네요. 증명하듯이.

무시공 - 중국 내륙에서도 역사에 호수, 저수지에서 UFO가 출입하는 거 본 기록 있다.

OOO - 그것이 호수에서 한 번 나온 게 아니라. 그 안에 기지가 있다는 거 군요!

2016년 5월 16일 오후 9:33

무시공 - "WD, WJ(5세 아이들)가 금성에 생명이 있대요. 집들도 많고 빌딩도 있고 물도 많고 비도 온대요."

2016년 5월 16일 오후 11:16

OOO - L - 왼쪽 폐, 소화기계, 뇌, 등 쪽, 다리가 좀 어두워서 밝게 함. 비결과 마크를 온몸에 주입. L 있는 병실 아주 밝아요. 퇴원 후 대전 무시공 센터 방문 약속. L - 알겠다고, 고맙다고. 지구 곳곳에 외계인은 아직 못 찾았어요.

2016년 5월 17일 오전 9:48

OOO - 히말라야에서 우주선 드나드는 거 보여요. 산속 안에 기지가 있어요. 주로 인간이 없는 곳을 골라 기지로 삼고 있네요. 그들과 대화는 나중에.

2016년 5월 18일 오후 12:22

OOO - 오늘은 무시공 존재 8명이 선생님 팔 같이 집중해서 해요. 방법 좀 알려주세요.

무시공 - 머리에서 오른팔 손까지 덜 밝은 자리를 집중해서 빛으로.

OOO - L, 퇴원할 때까지 매일 체험하겠다고 약속했으니 오늘 어제 했던 것 처럼 양손, 양발, 꼬리뼈에 집중하라고 하며 쓸어내림. L, 숨이 잘 쉬어진 다고. 등 쪽도 머리부터 시작해서 계속 발끝으로 빠져나간대요. 이제 말 도 연습 해 보라고 하셨잖아요. 그래서 조금씩 말 연습도 해 보겠대요.

2016년 5월 19일 오후 10:57

OOO - L, 말을 해 보려 했으나 잘 안 나오더라고. 그래서 비결로 먼저 연습 해 보라 했어요. 같이 외우다 보니 무생사와 무래거가 마음에 와닿는대 요. 당신의 사명, 센터 방문 등 다시 반복 이야기.

무시공 - NG도 삼 단계로 열었다. 자주 대화해.

OOO - 네.

무시공 - L, 발과 꼬리뼈, 음부, 손 통하는 거 강하게. 그리고 중점 꼬리뼈 강하게 통하도록. 척추에 많이 싸여 있어. 뒷머리 목, 척추 쌓인 거, 어젯 밤과 오늘 아침 풀어서 좀 통하기 시작했다. 척추 잘 통하면 말할 수 있 어. 오늘밤 척추 강하게 풀면 내일 말할 수 있다. 확인!

OOO - 네. 알겠어요.

무시공 - NG, 법원에서 3년 징역 판정. 그러나 곧 나오겠나, 확인 점검해 봐.

OOO - 딱 떠오르는 건, 훨씬 더 빨리 나오겠다는 거.

무시공 - 4조 1억 광년에 있는 존재보고 보호하라고 명령했다. 같이 있나 봐봐.

OOO - 처음 볼 땐 NG 주변이 빛으로 가득 함께 있어요. 더 자세히 보니 NG 주변에 여러 존재들이 지키고 있어요.

무시공 - 천문학자한테 충고. 금성이 원래 궤도에서 벗어나는 거, 과학 관점도 전부가 아니라고.

OOO - 네. L, 네 군데 집중하라고 전달. 척추 계속 풀리며 꼬리뼈로 내려와요. 꼬리뼈가 이젠 밝아요. 비결로 말 연습하자 하니 기침이 나와요. 손가락 발가락 목도 좌우로 움직이라고, 내일부터 말할 수 있다고, 선생님 말씀 전달. 퇴원하면 무조건 당신을 살린 무시공 선생님과 센터를 찾을 것.

2016년 5월 20일 오후 11:39

무시공 - NG 대화. 자기 할머니 만나 보라 해. 또 어디 계시나 알아보라 하고. 지축 바로 섰나, 확인.

OOO - 할머니 본 NG 대답 - 할머니 나와 같이 있어요. 모습이 아주 좋아 보이고, 최고로 좋은데 계신대요.

지축 - 아직은 똑바로 안 됨. 바로 서고 있는 중이나 더 빨리 10배속으로 움직여 바로 설 것.

2016년 5월 25일 오전 11:41

OOO - 대전 센터 가는 중. 샘 계신 집에 새로 온 물 작업했고요. 이 생명수가 지구를 벌써 다 덮었어요. 지구를 멀리서 보니 밝은 지구가 수정으로, 그리고 일원생명으로 더 빛나요. 지구, 해, 달, 우주에 이원생명 싹도 못 트게 자동 삭제 명령.

루시아와 대화 - 어제 체험에 이어, 우주선, 눈에 안 보였다.

샘 말씀대로 우리 눈에 보이고 지구인 몸이 탈 수 있는 것 필요. 처음엔 비행기보다 약간 위 단계 우주선이나 우리에게 맞춤형 우주선 제작해 주면 우주선 타는 연습부터, 그리고 강도 약하게 시작해서 차츰 훈련하는 걸로 하겠다, 잘 알려주면 좋겠다 하니, 회의해서 당신들 뜻 전달하고 지구인 몸 탈 수 있는 맞춤 우주선 만들어 보겠다고 대답.

2016년 5월 25일 오후 12:08

OOO - 우주인들이 우리가 우주선 타는 거에 대해서 드디어 본격적으로 모여 회의를 해요. 여기저기 알린 효과가 이제 나와요. 누구 한 명이 나와서 마음대로 태워줄 수는 없었나 봐요.

2016년 5월 25일 오후 12:17

무시공 - L 몸에 이원물 삭제. 일원물과 대화.
OOO - 일원물에게, "무시공생명 안녕!" 그랬더니 빛나는 세포들이 방글방글 웃어요.

2016년 5월 25일 오후 12:40

무시공 - 은하 두목 대화, 대전 우주선 왔는가, 확인.
OOO - 곧 버스 내려요. 되는 대로 대화해 볼게요.

2016년 5월 25일 오후 9:40

무시공 - 분자몸과 에너지몸 분리시켜서 삭제하는 방법, 내 몸으로 실험해 봐.

2016년 5월 25일 오후 9:59

무시공 - DM하고 대화해 봐. 외계인 보이는가. 대화도 할 수 있나.

2016년 5월 26일 오전 3:21

OOO - 분자 몸과 에너지 몸 분리시켜서 삭제하는 방법. 내 몸으로 실험해 봐. - 어찌해야 할지 잘 모르겠어요.
무시공 - DM 지구 보이나, 어디 밝나, 이 공부 받아들이면 3단계 오게 하려고. 그리고 시간 있으면, 대전에 있는 무시공 생명수와 대화. 수많은 물 존재를 데리고 무시공에 가. 어떤 변화가 이뤄지나. 그리고 물 존재를 무시공에서 대전 나 있는 데까지 다 배치해서 물 존재 통로 형성. 이리하여 무시공에서 여기까지 직통. - 변질 못하게.

OOO - 네.

DM - 답 - 생략.

무시공 - 지구 보고, 어디 밝나 보고 대답하라니까! 아직 감각시공에서 하
는 거.

OOO - DM 답 - 글쎄요. 지금 그다지 답이 안 나오네요.

무시공 - 지구 보려면 지구 밖에서 보라 해.

2016년 5월 26일 오후 1:17

OOO - 무시공 생명수에게 무시공 고향 가자 했더니 종알거리며 활짝 웃으
며 따라와요. 무시공 들어가자 자기 세상 만난 듯 더 활발히 움직이고
빛나요. 그곳 존재들과 하나 됨. 무시공의 물과 대전 선생님 집 생명수와
직선빛 직선 통로로 연결. 결과 무시공 생명수 변질 없음.

무시공 - 시간 있으면 네가 DM 데리고 우주선 타고 좀 높은 차원에 여행해
봐. 5천억까지. 방법 다 알잖아. 그리고 지구 속도 구경시켜. 그다음 내
전화 알려주며 3단계 오게 하려고 한다 해.

OOO - 네. 여행은 저녁에 할게요.

무시공 - 대전의 생명수, 지금 원래보다 더 밝지?

명령 - 지금부터 시공 우주에 일체 이원물을 일원생명 물로 변하기. 물
생명 살리기. 너는 스스로 점검. 지금 물 생명, 원래보다 달라지고 더 밝
지?

OOO - 네. 당연, 최고. 이 세상에 없는 물.

2016년 5월 26일 오후 4:09

무시공 - 시간 있으면, O 강의하는 존재 찾아서 우리가 만난 환웅과 대화한
내용을 소개해 봐. 궁금하면 센터 소개해 줘. 그리고 환웅 만나 대화한
거, 정리해서 카페에 올려. 일문일답식으로.

2016년 5월 26일 오후 5:45

무시공 - DM 보고 3단계 오기 위해 훈련 필요하다고 전해.

OOO - DM, 5천억과 지구 속 수정 여인 모두 여행했어요. 오천억에서는 활짝 웃으며 밝아지고 마음 편하대요. 수정 여인과는 반응이 너무 잘돼요. 그 여인과 DM과 거의 하나라고 해도 될 만큼. 그리고 토요일 약속 잡았어요. 대전 선생님 집(3단계 훈련소)으로 같이 가는 걸로.

무시공 - 잘했다. 멋지다. 금성과 지축 변화 확인 후, 천문학자보고 빨리 확인하라고.

2016년 5월 27일 오전 7:49

무시공 - 환웅과 같이하는 동참자들 다 무시공에 올려. 환웅한테 이름 물어보며. AM이 소개한 분 LH, 열려 있고 수련해 온 존재. 대화해 보고 오천억까지 여행. 대화와 여행 통해 내일 우리 모임 참석하기를.

OOO - 네. 지금 LH 만나요.

무시공 - 여행시킨 후 물어봐. 관심 있으면 내일 같이 오라고. 중요한 모임이라고.

OOO - LH, 오천억 함께 가니 여기가 무시공이냐고. '너무나 편안하고 밝다, 여기 있고 싶다, 다시 돌아가기 싫다'고. 무시공은 몇억 조 광년도 더 지나서 갈 수 있다고 설명하며, 내일 중요한 모임이니 꼭 와서 더 큰 행복을 맛보라 전했어요. 반응이 100%는 아니라서, 이원생명 반 이상 줄이고 대화하니 반응 좋아요. 내일 참석하겠다고.

2016년 5월 27일 오전 10:39

무시공 - MP 친구 P, 진주 있을 때 열었어. 딸아이 둘도 열렸는데 아직 사용 방법 안 알려줘서 지금 대화하고 여행시키며 3단계 오기를. 내일 오면 더 좋고.

OOO - 아, 그 활짝 웃던 아이, 기억나요. 알았어요. 먼저 인사하고, 오천억 광년 여행 가자 했어요. 아이 둘은 자동으로 같이 따라가요. 반갑대요.
이제 오천억 간다고 마음먹으면, 우주선이 항상 대기하고 있는 듯. 바로
타면 돼요. 어제 DM 때부터 그래요. 오천억 도착하자 행복하대요. 아이
들은 신나게 뛰어놀고. 3단계 올 것 이야기하니, '그래야겠지요.'라고 답
해요. 내일 참석은? - 노력해 볼게요. 아이들이 MP 언니 보고 싶다고 놀
러 가자 해요.

무시공 - 멋지게 잘한다.

2016년 5월 27일 오후 12:40

무시공 - 시간 있으면, 무시공 생명수를 무시공에서 대전 나 있는 데까지 강
물처럼 끊김 없이 직통으로 연결. 이 기초에서 통하고 흐르는 줄기를 무
한 팽창 해 봐. 방법은 무한한 무시공 생명물을 먼저 무시공에 올린 다
음 거기서 직선으로 대전 나 있는 데까지 흘러오기. 나중에는 흐르는 느
낌도 없어, 가득하니까. 물 통로와 일원심 존재 통로가 동일할 때까지.
할 수 있어? 비밀이다.

OOO - 네. 어제 했던 기초 작업에 조금만 더하면 되는 거네요?

무시공 - 그 방법으로. 물을 무시공에 올려놓고 내려야 완벽하잖아.

2016년 5월 27일 오후 1:17

무시공 - LH, 오후에 온대.

OOO - 와, 더 앞당겼네!

2016년 5월 27일 오후 3:43,

무시공 - 지구 곳곳에 공간 줄인 후 삭제, 그러면 일원심 존재 자동으로 살
아남지.

OOO - 아!

무시공 - 전에 잠시 공부했던 G, 통화 결과는?

OOO - 통화 좀 전에 끝났어요. 아직은 잘 모르겠다고 하셔서 센터에 오셔서 선생님한테 더 훈련 받으셔야 된다고 했어요. G, 겉으로는 모르는데 그 안에 생명은 다 알아요. 느끼고 대화하고 다 했으니까요.

무시공 - 안다. 자기 몸에 S 영체가 붙어서 방해.

2016년 5월 27일 오후 7:41

무시공 - LH, 체험하며 목성 우주선 타고 일억 광년, 오천억 광년까지 여행. 끝나고 물어보니 진짜 아니고, 자기 생각이라고 여겨. 또 몇 가지 실험하고 나서 약간 인정해. 아직 이 공부 뜻을 모르니까. 눈 뜨고도 볼 수 있어. 그리고 환웅 어디 있나 보라 하니 내 곁에 있대. 보는 정확도도 높다. 내일 11시 참석 결정.

2016년 5월 27일 오후 11:49

무시공 - 천문학자 아직 답 없어? 우리는 우주 존재고, 지구를 변화시킨다고.

2016년 5월 28일 오전 1:00

OOO - 천문학자 답변 -정보 알려줘서 고맙다. 금성도 궤도 이탈한 거 맞다. 지구 축도 움직이는 거 맞다. 하지만 조금 더 관찰해야 한다. 며칠간 ~몇 달간의 수치가 필요하다.

무시공 - 지축 이미 바로 섰다. 확인해 봐. 금성과 지축 현황?

OOO - 지축 진짜로 거의 바로 섰네요. 완전 똑바로 서진 않고 아주 조금 남았어요. 언제 이렇게 섰대요? 금성은 지구와 가장 가까워질 때, 달 뒤쪽으로 이동할 거예요.

OOO - 선생님이 지축 바로 세운 걸 내가 조금 삐뚤어 놓은 거 같아요. 이제 지축 완전 고정. 오늘 체험 때는 몸이 투명 몸 같았어요.

2016년 5월 29일 오후 12:24

무시공 - 오늘 오전 10시쯤 LH 데리고 100조 광년까지 가서 그곳 존재에게 물어보니, 지구에서 왔는데 지구인 아니고 시공 너머에서 왔대.

2016년 5월 29일 오후 3:55

OOO - 시공이 알고 지내던 ○○들 만나서 이런저런 이야기하는데 머릿속에 하나도 안 들어와 그냥 고개만 *끄덕끄덕*. 그들이 아니면 내가 딴 세상에 있는 거 같아요.

2016년 5월 31일 오후 9:52

무시공 - L, 건강 상태 확인. 어두운 거 삭제.

OOO - 살갗이 느낌이 돌아오고 체온이 따뜻해요. 마음도 편하고. 간간이 끼던 산소호흡기 떼었고요. 말은 천천히 하지만 목이 간간이 메이기도 해요. 살짝 웃기도 하고. 부축받고 일어나 걸어 보려 하지만 힘들어요. 어두운 거 삭제.

자식이
부모에게

질문: 부모님이 나이가 들면서 아픈 데가 많아지는데, 이것에 대해 내가 어떤 마음을 가져야 하고, 또 부모님께는 무시공 관점으로 어떻게 설명해 드려야 할까요?

무시공 - 부모뿐 아니라 이 세상 사람 모두 아픈 건 다 병이라 하며 생로병사를 인정하지. 진짜 이 공부 뜻을 알게 되면, '아픈 것도 풀어 주는 것이다, 우주에서 몸을 풀어 주는 현상이다, 좋은 방향으로 바뀌는 목적이다'라는 걸 알게 돼. 그런데 인간이 그걸 부정으로 봤기 때문에 병이라 여기고 생로병사에 걸려 있어. 인간은 아프면 병이라고 해. 아픈게 진짜 내 몸이 풀리는 현상이야. 그리고 더 세밀하게 바뀌는 현상이고. 그래서 병이라는 개념을 빨리 버려야 한다.

진짜 이 뜻을 안다면, 부모 승용선 타는 훈련도 시킬 수 있잖아. 외계인들 수많은 생명 있는데 우리처럼 비행기 타는 게 아니라 승용선, 우주선 타고 다녀. 지금 이 공부하는 존재들은 승용선 타는 훈련을 하고 있기 때문에 다들 몸이 괴롭고 힘들어도 몸이 나날이 세밀한 공간으로 변하고 있다고 알려줘. 그것을 탈 수 있는 능력만 생기면 분자몸 벗어나 영원히 사는 길로 갈 수 있어. 죽어서 가는 게 아니고 살아서 새로운 세상에 갈 수 있다는 것.

올해부터는 지구 표면에 수많은 재앙이 와. 그래서 이 공부 안 받아들이면 그 재앙에 걸려서 같이 말세를 맞이하지. 하지만 이 공부 받아들이면 말세가 아니고 새로운 세상이 열리기 때문에, 여기 적응하면 지상천국, 지상극락 세상에 들어가 살 수 있다는 거야. 그러니까 일단 이 공부 받아들이면, 마음먹은 대로 다 이루어지는 세상, 이 분자몸이 바뀌어서 영원히 사는 세상으로 들어간다. 그날이 다가오고 있다고 알리고 희망을 심어 줘. 이렇게 좋은, 이런 무한 가치가 있는 게 무시공이야!

부모는 자식을 위해 근심 걱정, 불만 불평, 또 오해도 많았어. 자식이 결혼 안 한다, 직장이 없다 등등 계속 걱정. O도 부모한테 원망받고 정말 자기 청춘을 다 버리면서 헤매며 찾았어. 그러다가 지금까지 찾고 찾았던 최종 결과를 찾았잖아. 나도 살고 부모도 사는 길을. 이런 아들이, 이런 딸이 있어서 살아서 영원히 사는 길을 찾은 것, 부모도 자식한테 고맙다 해야지! 부모는 자식을 위해서, 자식은 부모를 위해서 영원한 생명을 찾고 영원히 사는 길을 찾아 줬으니까 서로 고맙다고 해야 하잖아!

서로 오해를 풀고 서로 영원한 생명 길로 힘차게 나가는 게 우리의 기대, 우리의 목표. O도 진짜 자기 마음이 바뀌어서 부모들하고 당당하게 대화하면 다 바뀔 수 있다. 가만히 보면 O도 보통 존재가 아니야. 부모와 가족한테 그렇게 원망 듣고 얼마나 속상했겠나. 그래도 일체 다 제쳐놓고 젊은 사람이 도(道)를 찾겠다고, 결국은 무시공 찾았으니 헛고생 안했지.

나는
이 우주를 거두러 왔다

나는 이 우주를 거두러 왔다. 그럼 이 우주를 누가 창조했나? 이원념 입장에서 보면 상대 즉 다른 사람이 창조했다. 그러나 나는 상대가 창조한 우주를 인정 안 하고, 못 하게 하려고 해도 고집을 피우고 끝까지 자기 입장만 내세우니, "그래, 네 마음대로 해 봐라." 해 놓고 "만약 네가 창조한 우주가 합리적이지 않고 완벽하지 않으면 너는 절대로 그 우주를 거둘 수가 없다. 반드시 내가 거둔다." 내가 그렇게 말했다.

왜 그런가? 네가 창조한 우주가 완벽하지 않아도 너는 절대로 거두는 능력이 없기 때문이다. 너는 이원념(二元念)에 걸렸기 때문에 스스로 거둘 수가 없고, 자신이 거두기 위해서는 이원념이 반드시 일원심(一元心)으로 바뀌어야 거둘 수 있다. 네가 이원념으로 창조해 놓은 우주를 네가 어떻게 거둘 수 있나? 절대로 거둘 수 없다.

일원심 입장에서 나는 창조할 수도 있고, 거둘 수도 있다. 왜 그런가? 나는 이원념의 존재가 아니고 일원심의 존재니까! 그래서 이원념 입장에서는 상대가 우주를 창조해서 내가 그 우주가 완벽하지 않다고 창조를 못 하게 해도 자기가 하고 싶은데 내가 막으면 안 된다. 그러면 네 마음대로 창조해라. 네가 인정할 때까지 마음대로 창조해라.

창조하고 수많은 시간이 흘렀는데 그 결과를 보니까 완벽하지 않아. 그렇다면 네(상대)가 만든 완벽하지 않은 우주를 인정해, 안 해? 물어보면 자기는 절대로 인정할 수가 없고 그렇지만 거두고 싶어도 거두지를 못한다.

완벽하지 못한 우주를 창조한 존재 자체가 이원념이기 때문이다.

네 마음이 이원념의 마음이기 때문에 이원념의 우주를 창조했는데 너는 절대로 마음을 바꿀 수가 없다. 그래서 내가 어쩔 수 없이 거두러 왔다. 제일 거칠고 쓰레기통인 지구에 와서 거두고 있다. 내가 지금 지구에서 우주 작업을 하면서 거두고 있는 것 자체가 너를 살리는 것이다. 이것은 이원념 입장에서 보는 관점이고….

그런데 절대긍정 일원심 입장에서는 내가 창조했다. 내가 실험 삼아 완벽한가 안 한가 창조했다. 결국, 창조해서 마지막 끝까지 보니까 이것이 완벽하지 않아. 그래서 나는 주동적으로 다 끌어와 또 새로 창조해. 내 말이 바로 이것이다.

나는 이원념 입장에서 답할 수 있고, 일원심 입장에서 답할 수 있다. 나는 변호사가 아니야. 나는 있는 그대로를 말한다. 그래서 내가 이원념 입장에서 거둘 수도 있고 일원심 입장에서 거둘 수도 있다. 왜? 나는 절대긍정 일원심 입장에서 문제를 봤기 때문에 내가 창조했든 남이 창조했든 나는 다 거둘 수 있다. 내가 진짜가 아니면 가짜인가. 나를 트집잡지만 나는 잘못된 것이 없다. 아무리 트집을 잡으려고 해도 잡을 수가 없다. 서울에 있을 때 아무도 반박을 하지 못했어. 바로 이거라고 이원념 입장에서는 나를 반박할 수가 없다.

이원념 입장에서는 나를 반박을 못 해 그런데 일원심 입장에서 더 반박을 못 한다. 나는 이래도 맞고 저래도 맞아. 무조건 맞아.

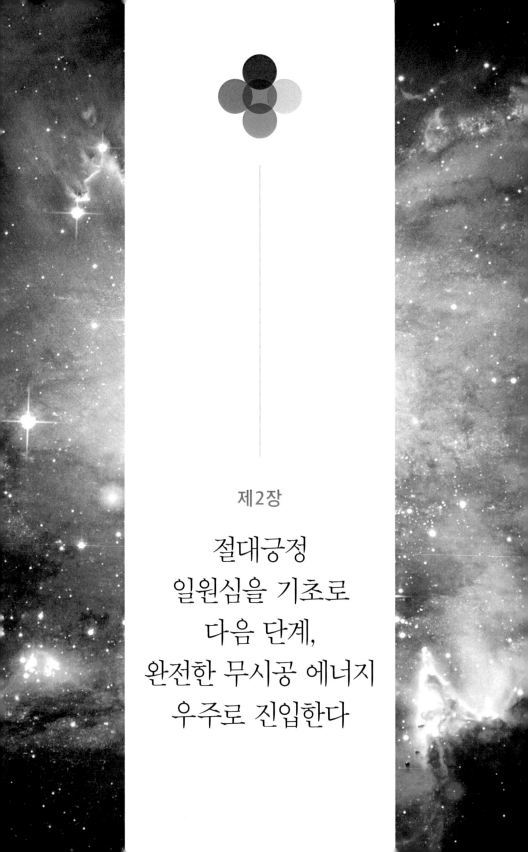

제2장

절대긍정
일원심을 기초로
다음 단계,
완전한 무시공 에너지
우주로 진입한다

감각시공에서,
일종무종일의 무감각 시공으로

불완전한 시공(時空) 물질 우주에서, 완전한 무시공(無時空) 에너지 우주로

무시공생명 훈련이란, 그리고 훈련의 목적은?

지금부터, 물질 입장에서 에너지 입장으로 바뀌는 단계.
이제 한 단계 올라갈 때가 되었기에 밝히고 해석한다.

이 공부를 하는 목적이 무엇인가?

결론부터 말하면, 인간이 그토록 기대해 온 완벽한 세상, 영원하고 변함없는 대자유, 무한행복, 절대평화, 일체 생로병사를 벗어난 생로병사(生老病死) 개념이 없는 완전한 삶, 그런 세상을 우리가 직접 창조해 들어가 영원히 살기 위해 훈련한다. 죽어서 들어가는 게 아니고 살아서!

어떻게 살아서 가는가? 분자몸을 에너지 몸으로 바꾸고, 불완전한 시공 우주를 완전한 무시공 우주로 바꾸고, 그리고 어디 다른 공간으로 가는 게 아니라, 여기 이 자리에서, 누가 만들어 놓은 공간에 들어가는 것이 아니라, 우리가 직접 완벽한 우주 중심지를 창조한다.

원래 있는 상대 무시공에 들어가 살아도 되지만, 왜 거기 안 들어가는가? 새로운 것을 창조해서 사는 것이 바로 창조주 입장이다. 노예변주인(奴隷變主人). 내가 그동안 말한 그대로 지금 이루어지고 있다.

완전한 세상이 어떻게 이루어질 수 있나?

모든 인간의 바람은, 오래(영원히) 살고 싶고, 행복해지고 싶고, 평화롭게 살고 싶지만 하나도 이루어진 게 없다. 무엇 때문인가? 시공의 이원념 때문에. 하지만 우리는 꼭 이루어진다. 인간이 지금까지 기대하고 욕망한 것, 다 이룰 수 있다.

어떻게 그것을 이룰 수 있는가 하면 우리는 절대긍정 일원심을 기초로 마음과 에너지가 하나인 것을 알았다. 마음과 에너지가 하나이니 그 마음으로 에너지를 움직일 수 있고, 또 그 에너지가 물질을 움직이는 원리를 알았으니 일체를 우리가 창조할 수 있다. 누구에게 의지할 필요도 없는, 의존변자성(依存變自醒)이 바로 그것이다. 우리가 일원심 절대긍정 마음을 먹으면 마음대로 창조할 수 있는 원리다.

* 이원념(부정, 분리하는 마음)
* 일원심(절대긍정, 하나로 합하는 마음)

왜 무시공생명훈련센터이고, 무엇을 훈련하는가?

완벽하고 영원한 삶을 위한 훈련을 한다. 왜 인간훈련센터가 아니고 무시공생명훈련센터인가, 엄격히 말하면 인간을 훈련하는 게 아니고, 생명을 훈련하고, 세포를 훈련하는 것이다. 이원 세포를 일원 세포로 바꾸는 세포 훈련을 하는 곳이다. 그래서 세포를 깨우라, 60조 세포의 총사령관이 되라고 수없이 강조하고 있다.

무시공생명은 무엇인가?
세포는 일체 정보를 다 알고 있다. 세포만 깨우면 다 깨어난다. 나는 인간 모습은 인정도 안 한다. 그 뒤의 세포를 어떻게 움직여서 깨우치게 할까를 생각한다. 눈을 열어 주는 것도 세포를 열어 주고 깨워 주는 것이다. 그래서 세포를 깨워서 열어 놓고 거기에 일원심 절대긍정을 주입시키면, 깨어나고 차츰차츰 바로잡힌다. 열렸다고 다 된 것이 아니라, 그때부터 세포를 훈련해야 한다.

세포가 우주의 일체 정보를 다 알고 있다는 것은 무엇인가. 세포는 그만큼 세밀한 생명이다. 나(시공의 나)보다 더 멋지고 아름다운 생명이고, 절대적인 무시공 세포도 그 안에 다 있다. 이것이 세포의 본질인데 인간이 이원념 관점을 계속 주입시켜서 세포도 헷갈려 있다.

세포는 무시공의 정보와 시공의 정보, 즉 온 우주의 모든 정보를 가지고 있다. 그래서 밖에서 찾을 필요가 없다. 진리는 내 안에 있는데, 인간들은 자꾸 밖에서 답을 찾으려고 한다. 그 결과 오류, 오해, 그리고 엉뚱한 방향으로 흘러가게 된다.

그래서 우리는 절대적인 일원심으로 무장된 세포는 깨워서 살리고, 다른 정보는 삭제해야 한다(인정하지 말아야 한다). 그렇게 하면 밖에서 무엇을 찾을 필요도 없이 내 안에서 다 이루어진다. 주객을 나누니까 자꾸 밖에서 찾는다. 천년만년 찾아도 다 내(무시공세포, 시공세포가 아닌) 안에 있다는 것을 모른다. 내 안에 전지전능이 다 있다는 것이다. 우리는 지혜로운 존재들이다. 내 안에 있는 것을 개발하면 전지전능한 존재가 된다. 밖에서 찾는 것은 바보짓이다.

어떻게 개발하면 되는가. 일원심으로 개발한다.
그럼 어떻게 깨우치는가, 절대긍정 마음으로 세포와 끊임없이 대화하고, 끊임없이 에너지 입장에서 보면서 훈련하면 세포를 깨우칠 수 있다.

에너지 우주가 어떻게 생겼는지 인간들의 입장에서는 이해를 못 한다.

나는 항상 무시공생명 입장에서 세포를 보는데 과학자에게 세포 이야기를 하면 눈에 보이는 몸의 분자 세포를 말하고 있다.

지금까지는 가장 기초 작업인, 초보적 세포를 훈련시켜서 일원심 절대긍정 마음을 지키는 훈련을 했고, 그 결과 2015년부터 오늘까지, 이 공부를 받아들여 센터에 나오는 전체 회원을 보면, 절대긍정 일원심이 이 공부의 핵심이라는 것을 이론적으로 조금 이해했다. 그러나 실제 행동은 서툴지만 마음을 잘 유지하려 노력한 결과 일원심의 뿌리는 내리고 있다. 하지만 실제 마음과 언행은 아직 물질에 머물고 물질 우주에서 행하며 계속 그 입장을 지키고 있다. 그래서 앞으로는 무조건 에너지 입장에서 보고, 에너지 입장에서 행하는 습관을 들여야만 세포가 깨어난다. 결국, 세포를 깨우쳐야 한다는 것이다. 그래서 세포 훈련이다.

무시공생명훈련센터에서는 무엇을 밝히는가?

물질 세상을 벗어나는 진리를 밝히고 있다. 물질 세상을 벗어나면 무슨 세상이 있나? 에너지 세상이 있다. 지구 역사 이래 오늘까지 인간은 에너지 세상이 있다는 것도 모른다.

에너지 우주는 누구도 경험해 본 적도 없었고, 눈으로 보이지도 않고, 느끼지도 못하니까 그런 우주가 있는지도 모른다. 그러니까 당연히 에너지 세상이 어딘지도 모르고, 에너지 세상에 들어가는 방법도 모를 수밖에 없다. 그래서 내가 인간 세상에 와서 밝히는 것은, 그런 에너지 세상이 실상으로 있다는 것과, 지구에서 최초로 인간이 에너지 세상에 들어갈 수 있다는 것을 밝히고 있다. 그리고 실제로 들어갈 수 있는 방법까지 제시한다.

"입장이 다르면 관점이 다르고, 관점이 다르면 결과가 달라진다."라고 말했듯이 물질의 입장에서 보는가, 에너지의 입장에서 보는가, 무시공 에너지 우주와 시공 물질 우주의 근본 차이점, 두 우주의 입장 차이를 정확히 알

고, 에너지 우주의 입장을 지키는 것, 이것이 아주 중요하다. 이 차이점을
정확히 알아야 물질 시공을 벗어나 무시공생명 에너지 자리에 올 수 있다.
그래서 이제부터 시공 물질 우주와 무시공 에너지 우주, 두 우주의 차이점
과 에너지 우주로 들어가는 구체적 실행 방법을 밝힌다.

무시공 에너지 우주와
시공 물질 우주의 근본 차이점

무시공 우주의 에너지 입장, 시공 우주의 물질 입장

항상 무시공 자리에 머물라. 무시공 존재는 시공에 머문 적도 없고, 시공에 온 적도 없다. 그럼 무시공 자리는 어떤 자리인가? 무시공 자리라고 하면 이해가 잘 안 되기 때문에, 쉽게 말하면 에너지 자리, 에너지 우주다.

그런데 이원념을 가지고는 무시공 자리에 들어올 수 없다. 무시공 자리에 들어올 수 있는 조건은, 반드시 일원심 절대긍정 마음의 기초에서, 에너지 입장에서 모든 것을 볼 수 있어야 에너지 우주에 머물 수 있다. 이것이 아주 중요한 원리다.

시공 우주의 물질 입장이란?

시공 물질 우주는 에너지 우주에서 나타났다. 시공 물질 세상은 에너지 우주에서 변해 왔고, 에너지 우주가 창조했다고 보면 된다. 에너지가 노화되고 쓰레기가 되어 계속 가라앉아 쌓여 있는 세상이 이 물질 세상이다. 맑은 물이 위로, 흙탕물이 아래로 가라앉아 있듯이.

물질 우주에서 인간은 아무 능력도 없고, 완전히 물질의 노예가 돼 있어서 한 발자국도 못 나간다. 그리고 마음먹은 대로 이뤄지지도 않는다. 왜 그런가? 물질 세상에서 마음먹은 것은 이원념이기 때문이다. 이원념 가지고는 물질 세상에서 아무것도 작동할 수가 없다.

그래서 시공에서 일원심을 지킨다는 것은 거짓말이다. 자기가 자기를 속이고 있다, 시공에서는 절대로 일원심을 지킬 수 없다. 부정이 가득 차 있는 데서 일원심 지키면 순간에 이원념에 잡아먹힌다. 그래서 불가능하다는 것. 아직까지 시공의 근본 원리를 모르기 때문에 이런 말이 나온다.

일원심 절대긍정 그 자체가 이미 무시공인데, 그것을 어떻게 또 시공이라고 인정하는가? 시공에 있다고 인정하는 순간에 이미 시공의 존재. 우리는 시공을 인정하지 말라고 했다. 무조건 무시공만 인정한다. 시공에 머물지만 시공 인정 안 한다. 이제 시공에서 일원심 지킨다는 말은 다시 꺼내면 안 된다!

우리는 일종무종일(一終無終一) 방향, 거친 물질 우주에서 세밀한 에너지 우주로 들어가려 하는데, 에너지 자리에 있으면서 입장은 물질 입장에서 문제를 보고 있다. 그래서 아직까지 말과 행동은 물질에 걸려 있고, 물질 우주에서 행하고 있다는 것이다. 마음속에 조금이라도 물질 세상에서 나타나는 증거를 찾으려고 하면, 자신도 모르게 물질 세상을 단단히 지키고 있다는 것이다. 아직 에너지 우주에 들어가지도 못하고, 완고하게 물질 우주를 지키고 있다는 것이다.

입장을 바꿔야 관점이 바뀌고 결과가 다르다. 인간들은 물질 우주에 아주 오랫동안 머물면서 물질에 젖어 있었기 때문에 습관화됐고, 본능화돼 있다. 오직 오관으로 느낀 것과 눈으로 본 것만 인정한다. 그렇기 때문에 일원심을 지키고 절대긍정 마음을 먹어도, 변한 모습과 변한 결과치를 자기도 모르게 또 물질 세상에 와서 증거를 찾으려 하고 있다. 그렇게 하면 영원히 물질 세상에서 못 벗어난다.

왜 그런가? 물질 세상에 머물며, 물질 세상에서 증거를 찾고, 물질 세상의 결과치를 내놓으려 하는 것은, 단단히 물질 우주 관점을 지키고 있다는 것이고 벗어날 수 없다는 것이다.

무시공생명 수, 주, 약, 초를 무시공에너지생명 물, 술, 초로 바꿨다. 우리 마크(로고)도 무시공에너지생명으로 바꾼 이유는, 마크를 보면서 계속 입장을 바꾸라는 것이다.

우리가 무시공에너지생명(약, 물)을 마시면서 왜 에너지생명이라고 이름을 바꿨나? 그것을 약이나 물이라고 부르면 또 병 개념과 물질에 걸린다. 그래서 실제로 물질을 봐도 본체만체 인정 안 하고, 실제로 느껴도 느끼는 것 인정 안 하면서 항상 에너지 입장에서 보는 습관을 들이라는 것이다.

시공 물질 입장에서 문제를 보는 것이 너무나 강하게 입력되어 있기 때문에 계속해서 벗어나라고 강조하고 있다. 이것을 빨리 해결해야 된다. 그래야 우리가 변하는 속도가 빨라진다.

아니면 거기 걸려서 계속 헤맬 수밖에 없다. 이것도 수없이 강의했었지만, 이제 이 시점에 와서 강조해야 깨어난다. 그래야 우리가 빨리 변한다는 것.

지금부터다. 모든 변화를 위한 조건을 다 만들어 놓았고, 모든 준비를 해 놓았다. 이제부터 본인 스스로 시시각각으로 내가 에너지 입장인가, 물질 입장인가, 그것을 기준으로 스스로를 경고하면서 계속 살펴봐라. 이것이 큰 도움이 될 것이다. 시시각각으로 물질 세상이 느껴져도 느끼지 말고, 보여도 본체만체, 에너지 세상은 못 느껴도 믿고, 못 봐도 믿으면서 하면 된다. 에너지 세상은 믿음이 필요하다.

물질 세상은 오관으로 잘 보이고 잘 느껴지니까 물질 세상이 실상이라고 생각하며 너무 젖어 들어 있어서 자기도 모르게 물질 세상에서 헤매고 있다. 자기도 모르게 마음이 물질 입장에 있으니, 물질에 걸리고, 물질에 사기당하고, 계속 물질의 노예가 돼 있다.

그래서 항상 물질 세상에서 문제를 보나, 에너지 입장에 있나, 스스로를 점검하는 것이 중요하다. 일원심, 절대긍정 마음을 아무리 잘 지키고 있어도, 우리 눈으로 보고 느끼는 것은 모두 다 물질이다. 그래서 자기도 모르게 걸려 있다. 본인은 다 벗어난 것 같지만.

일원심 지키고 절대긍정 마음만 먹는다고 꼭 에너지 우주에 들어가는 것이 아니다.

인간은 항상 물질 세상에 입장을 두고 문제를 본다. 나는 항상 에너지 입장에서 본다 했고…. 그것이 바로 인간과 기본적인 사고방식이 다른 것이다. 입장이 다르면 관점이 다르고 결과가 다르다. 무엇 때문인가? 물질 세상은 물질 우주다. 그럼 물질 우주에서는 인간의 공통점이 무엇인가? 눈으로 보고 느낄 수 있는 그런 물질만을 인정하고 있는 것이 공통점이다.(시공오관, 時空五官)

그래서 그런 물질 세상에 살다 보니까 무슨 관점이 생기나? 나는 너무 연약하고 물질 세상은 너무 크다. 항상 물질이 나보다 더 대단하다는 관점, 나는 그 안에서 아무 능력도 없고 아무 힘도 없는 그런 존재라는 관점이다. 물질 세상에서는 손과 발을 계속 움직여야 하고, 몸도 한계가 있는 존재만 있다.
그런데 어떻게 물질 우주를 움직일 수 있겠나!
인간이 도(道)를 아무리 많이 닦아도 마음으로 우주를 움직일 수가 없다. 인간은 자기 스스로를 연약한 존재라 제한하고 그것을 인정하기 때문에 노예가 될 수밖에 없다.

실제로 인간은 자기 능력을 극도로 제한해 놓았다. 자기가 그런 무한한 능력이 있다고 생각조차도 못 한다. 그래서 인간은 절대로 생로병사에서 못 벗어나고 고통 속에서 못 벗어난다. 100% 물질의 노예가 될 수밖에 없기 때문에 거기서 지배당하고 일평생 고통에 시달릴 수밖에 없다. 물질 세상에서 보이고 느끼는 것들이 진짜라고 생각했기 때문에. 다른 세상은 어떤 세상이 있는지도 모르고!

지구에서 가장 큰 물질, 돈

돈이 가장 큰 물질이다. 시공에서 인간에게 가장 크게 걸려 있는 것이 바로 돈이다. 나는 에너지 입장에 있기 때문에 물질에 안 걸려 있고, 물질은 나와 아무 상관이 없다. 그래서 돈 없어도 살 수 있다는 말을 할 수 있다. 물질 자체를 인정 안 하기 때문에.

에너지 입장에서 돈이 있다 하면 이미 있다. 에너지 입장에서는 안 보이고 안 느껴지지만 돈은 있고, 마음먹으면 이미 이루어져 있다. 100% 이루어졌다. 안 이뤄진 게 거짓말이다. 모든 것을 그렇게 생각하면 된다.

그런데 인간은 오관으로만 느끼고, 보이는 데 걸려 있기 때문에 고통을 못 벗어난다. 거기서 벗어나는 게 힘들다. 한 발자국만 벗어나면 바로 이루어질 것을 한 발짝을 못 나가고 자꾸 걸려서 불안하다. 벗어나면 곧 죽을까 봐, 벗어나면 잘못될까 봐, 그렇게 자기를 제한해 놓는다. 그래서 물질에 걸려서 영원히 노예 위치에 있다.

물질 세상에는 생명에 한도가 있지만, 에너지 입장에서는 생명이 무한대로 커지는데 무엇이 걱정인가. 인간은 돈이 아무리 많아도 100년도 못 산다. 에너지 입장에서는 돈 한 푼 없어도 영원히 살 수 있다. 어떤 것이 더 가치 있는가?

에너지의 주인이 되면 물질의 주인이 됐다는 것이다. 왜? 내가 에너지를 지배할 능력이 있으면, 에너지는 물질을 지배할 능력을 갖추고 있기 때문에. 그러면 끝인데, 이만큼 좋은 게 어디 있는가!

예를 들어, 나는 원래 불행하고 돈도 없다. 그런데 지금 일원심 절대긍정 잘 지키며 돈 오라 하는데 돈이 안 온다. 마음 바꿨는데 왜 순간에 안 이루어지나, 하고 물어보는 사람들이 있는데 "일원심이 당신 전체 마음 중에 몇 % 차지하고 있는가? 에너지 입장에 들어간 지 며칠이나 됐나?' 하고 물어보면 대답을 못 한다.

노예 위치에서 평생을 살다가 이제 에너지 입장에 들어온 지 며칠도 안 돼서 다 되려는 것은 욕심 아닌가? 겨우 1%가 에너지 입장에 들어갔다면, 그 1% 긍정마음 가지고 왜 100% 안 이루어지나 불평하지만, 이루어진다 해도 겨우 1% 이뤄질 수 있다. 99%는 아직 물질 관점으로 싸여 있는데, 개인 욕심이 그런데 어찌 바뀌겠나. 속마음이 99.999% 이분법 마음으로 가득 차서 이원 마음을 움직여 놓고, 공부 며칠 했다고 다 변하겠는가?

반대로 99.9%가 일원심이 주도로 돼 있으면 99.9%만큼 마음먹은 대로 이루어진다. 거의 100% 이원념 가득 찬 존재가 "여기서 공부한 지 며칠 됐나? 여기서는 대자유고 행복하고 마음먹은 대로 이뤄진다."라고 하니까, "야! 이거 대단하다. 그럼 돈 100억 오라면 와야 돼." 한다면 오겠나? 아직 일원심도 모르고 세포도 안 깨어난 상태에서 큰 기대만 한다면 절대로 안 이뤄진다.

사람은 에너지에서 말해 놓고 이미 이뤄졌다고 생각하는데, 물질 세상에서는 안 이뤄지니까 의심을 한다. 안 이루어지는 게 아니고 조급한 마음 때문에 시간 차가 있다는 원리를 모르기 때문에 그런 행동을 할 수밖에 없다.

하지만 에너지 입장에서 끊임없이 그 자리를 두드리고 지키면 물질 우주를 완전히 지배할 수가 있다. 일부 물질만 움직이는 게 아니라 온 물질 우주를 내가 지배할 수 있다. 그래서 전지전능하다는 것이다. 사람들은 그 원리를 모르니까 자기가 다 해 놓고도 못 이루어지게 스스로 또 막아 버린다. 의심하는 순간에 막아 버리는 것이다.

그럼 어떻게 해야 이루어지나. 다시 말하지만, 자신의 일원심 절대긍정 마음이 어느 정도로 돼 있는지, 내 전체 마음 중에 일원심이 얼마나 차지하고 있는지 돌아볼 것. 거기에 따라서 이루어지니까. 만일 내 일원심, 긍정마음이 60% 됐으면, 전체 물질 움직이는 데서 60% 마음대로 이루어지고, 40%는 절대로 마음대로 안 이뤄진다.

　그럼 무엇이 이루어졌나? 40% 부정물질 움직이는 게 이뤄졌다는 것이다. 40% 불행이 이뤄지고 있고. 행운은 60% 이뤄졌다. 긍정마음 부분이 60%이기 때문에.

　사람들은 돈에 빠지고, 물질에 빠지고. 돈, 즉 물질이 없으면 못 산다는 개념이 가득 차 있다. 왜? 지금까지 물질에 의지해 살아왔기 때문에. 사람들은 돈, 돈, 돈 하지. 그럼 우리도 식물, 동물처럼 돈에서 벗어나서 사는지 죽는지 실험해 봐라. 꼭 산다! 마음을 바꾸고, 나한테 걸린 것들 다 잘라버리고 일체근단(一切根斷) 하면 살길이 생기는데 한 발자국도 밖에 안 나가 봤으니, 한 발짝 내디디면 죽을까 봐, 허공(나락)에 빠져들어 갈까 봐 걱정이 태산이다. 하지만 한 발짝 빠져나오면 허공이 뭐야, 새로운 큰 세상이 열리는데…. 하지만 누구도 감히 한 발짝도 못 나간다.

　나는 생명 내걸고 한 발자국 나와 보니까 더 광범위하고 더 아름다운 세상이 있다는 것을 알았다. 그런데 사람들은 스스로 자기 눈을 가리고 있어서 아무것도 못 본다. 틀을 벗어 나오면 끝없는 허공(나락)으로 빠져들어 갈 것 같은 공포심으로 가득 차 있다.

　병아리를 예로 들면, 껍질 안에 있을 때는 하늘과 땅이 그 달걀의 범위다. 21일 후에 껍질을 깨고 '아, 이거 나와야 되나, 말아야 되나' 고민하며 머리가 나왔다 들어갔다 하는 모습이 인간과 똑같다. 나중에는 껍질을 흔들면서 튀어나오지. 껍질을 깨고 나오면 상상도 하지 못할 자유로운 세상, 아름다운 세상, 무한한 우주의 더 큰 세상이 보인다. 그러니 병아리처럼 껍질 밖으로 나오라 해도 못 나온다. 시공에 갇혀서.

　그래서 지금부터는 꼭 에너지 입장에서 보자는 것! 항상 스스로 자신의 마음을 볼 것, 자신의 본질을 먼저 볼 것, 일원심을 얼마나 지키고, 에너지 입장을 얼마나 지키고 있는지, 그것을 보고 말하라는 것이다. 이렇게 자기 자신에게 질문하지 못하고, 자꾸 밖에서 원인을 찾으니 깨어나질 않는 것이다, 지금까지 기다려 왔지만 이제 시간이 없다. 그래도 다만 한 사람이라도 깨어나기를.

물질 우주, 그리고 물질 지구에 살고 있는 지구인의 한계

최근에 과학자들이 우주의 끝을 찾아냈다고는 하지만, 그들은 물질 입장이니 물질 우주까지밖에 모른다. 그래서 결국에 찾아낸 건 물질 우주의 끝을 찾은 것이다. 이제야 겨우 가장 거친 이 광대한 물질 우주의 끝을 보았다는 것이다. 인간은 과학을 이용하지만 물질 중에서도 조금 더 세밀한 반물질 우주도 못 본다. 우리는 반물질을 초월한 최고 에너지 입장에서 보는 것이다.

예를 들어, 물 한 방울은 수많은 원자와 분자가 결합해서 한 덩어리의 분자물이 되어 인간의 눈으로 볼 수 있게 된다. 원자와 분자 100개가 모여서 한 방울 물이 돼서 눈으로 보인다 하자.

99개도 물질로 돼 있지만 100개보다는 조금 더 세밀하니까 우리 눈에 안 보인다는 것이다. 그럼 98은 더 세밀하니 더 안 보일 것이고…. 그럼 물질 한 개로 된 것은 얼마나 더 세밀한 것인가!

무극도 아니고 겨우 분자 세상의 물인데도 100% 쌓인 것만 보인다. 이렇게 시공의 눈으로 보이는 것은 한계가 있다.

원자와 분자 형태의 물 알갱이가 합해져 100개의 물 입자가 모여야만 분자 물의 형태로 인간의 눈으로 볼 수 있다. 더 엄격하고 세밀하게 말한다면 99개 입자의 분자 물이 모여도 안 보인다는 것이다. 이것은 분자 형태로 존재하는 물만 해도 100개의 층차가 있다는 것을 의미한다. 물질 세상도 마찬가지로 우리 눈에 보이는 우주가 무한대로 큰 우주인데도 겨우 물질의 1/100 정도밖에 안 보인다.

물질 세상 껍질, 그다음 반물질, 반에너지, 그다음 에너지가 무극이다. 더 엄격히 말하면 천억조 광년까지 모두 다 에너지로 돼 있다. 인간은 겨우 분자 껍질만 알고 반물질도 아직 다 모른다. 나는 과학자가 아니지만 해석할 수 있다. 요즘 과학자들이 분석한 것을 보면 우주는 물질로 4%, 나머지는 암물질로 대략 90% 이상으로 구성돼 있다고 말한다. 그러니까 우주의 90% 이상, 거의 모든 부분을 인간이 모르고 있다는 것이다.

과학도 그것을 사용하는 과학자들의 마음 자세에 따라서 서로 대칭 형태다. 인간의 이분법적인 추악한 마음을 가지고는 UFO도 있으면 안 된다. 불로초나 환생초, 모두 마찬가지.

드론 같은 새로운 과학 창조물이 나와도, 그리고 UFO가 창조된다 해도, 물론 유용한 곳에도 사용하겠지만, 바로 무기로 사용될 것이다. 원자핵도 전쟁의 무기로 사용해서 다른 사람은 죽이고 나만 살려는 추한 마음을 가지고 있다. 그 추한 마음을 가진 사람이 불로초 먹고 오래 살면 뭐 하겠나. 이원념의 사고를 가지고 있는 인간을 발전시키면 안 되는 이유가 여기에 있다. 추한 마음 때문에 과학이 올바로 알려주어도 엉뚱한 데 사용하고 있다.

인간의 마음이 지구를 오염시키고, 우주를 오염시키고 있으니까 다른 방법이 없다. 그래서 이분법 세상에는 전쟁을 없앨 수 없다. 그래서 대정화, 대도태, 대심판! 그러나 이것은 아직 완벽하게 공개할 수가 없다. 오죽하면 지구 50억 년의 역사에서 다섯 번이나 갈아엎으며 대변혁을 시도했겠나!

이번이 마지막이다. 우리 무시공이 철저하게 정화시킨다. 우리는 갈아엎는 게 아니고, 이 우주를 바꿔 버린다.

무시공 우주의 에너지 입장이란?

일원심이면 마음먹은 대로 이루어지는 원리

우리는 반드시 에너지 세상에 들어가서 그 입장에서 모든 것을 보라는 것이다. 오관을 믿지 말라는 원리도 바로 이것이다. 에너지 세상은 오관으로 못 느낀다. 보이지도 않고, 느끼지도 못한다. 하지만 엄연히 존재한다는 것.

에너지 입장에 들어가면 노예가 아니고 자연적으로 주인으로 된다. 우주의 주인, 에너지 주인이다. 노예라는 개념이 없어져 버린다. 왜냐하면 내가 마음먹은 대로 다 이루어지니까. 100%!

그래서 이것이 진짜 실상이라는 것이다. 노예 위치에서 영원히 주인 위치로 바뀌고 또 아무 제한 없이 무한대로 능력을 충분히 발휘할 수 있는 것. 이것이 바로 대자유, 이것이 바로 창조주 마음인 것이다. 여기서 모든 것이 이뤄질 수 있다.

에너지 우주는 무엇인가? 이것은 느낌도 없고, 보이지도 않는 그런 우주. 에너지 우주는 마음과 에너지가 하나니까, 내가 그것을 믿고 마음먹으면 이미 이루어졌다는 것. 이미 전체 우주 에너지가 다 움직였다는 것. 마음먹은 순간에 이미 이루어지고, 결과가 이미 나왔다는 것이다. 전지전능이다.

에너지 입장에서는 마음먹은 순간에 이루어진다. 그럼 이 원리를 알았다면 물질 우주는 누가 지배하고 있나? 에너지 우주가 물질 우주를 지배하는 원리다. 그럼 에너지 입장에서 보면 온 우주를 다 내가 움직일 수 있다. 하지만 지구 물질 세상에서는 먼지 하나도 마음대로 못 움직인다. 누가 마음으로 물질을 움직일 수 있나? 누구도 못 움직인다. 하지만 에너지 입장에 들어가면 온 우주를 내 마음대로 움직일 수 있다는 것. 이것은 엄청난 것이다. 이것은 보이지도 않고 느껴지지도 않지만 100% 사실이다.

에너지에서는 무한대로 능력이 나오고, 또 자기 능력을 무한대로 개발하고, 그 어떤 제한도 없다. 생명의 능력이 그대로 나타난다.

그런데 인간의 이원념으로는 절대 이세상에 못 들어온다. 반드시 일원심, 절대긍정 마음의 기초에서 에너지 우주에 들어갈 수 있다. 이것이 가장 중요한 원리다.

그러면 입장을 바꿔서 에너지 입장에 들어갔다면, 에너지 입장에서는 마음과 에너지가 하나이기 때문에 마음 움직이면 에너지가 100% 움직인다. 지구에서는 마음 움직이면 물질은 하나도 안 움직인다. 돌 하나도 못 움직인다. 그런데 여기 에너지 우주는 마음으로 100% 움직인다. 이것도 근본 원리이자, 근본적인 차이점이다.

에너지는 일부분에 있는 게 아니고 온 우주에 있는 것이다. 그러니 내가 마음먹는 순간에 온 우주 에너지 우주가 움직인다.

그러면 여기에 답이 또 하나 나온다. 에너지 우주가 움직이면 무엇이 움직이나? 물질 우주가 움직인다는 것.

어떻게 물질 우주가 움직이나? 물질 우주는 시공의 이원에너지가 노화되고 쓰레기가 되어 계속 가라앉아 쌓여 있는 세상이 이 물질 세상이라고 말했다. 그러니 시공 물질 세상은 에너지 우주가 창조했다고 보면 된다. 그러니 당연히 물질 우주의 근원이 에너지 우주다. 에너지는 마음으로 움직일 수 있고, 마음으로 움직이는 에너지 우주가 물질 우주를 지배하니까!

그래서 우리는 여기서 마음만 움직이면 된다. 체력 변 심력(體力 變 心力)이라고 했듯이 우리는 앉아서 마음으로 일체를 움직인다. 심지어 우주를 움직인다. 그러니까 주인 위치가 될 수밖에 없고 마음먹은 대로 이루어진다. 그것이 바로 전지전능이다.

지구도 두 개로 분리돼서 긍정마음이 60% 이상 되는 일원심을 지키는 존재는 새로운 지구에 올 수 있지만, 그 외에는 오고 싶어도 못 온다. 여기서 말하는 에너지 입장으로 바꾸라는 것은 바로, 일원심 에너지 우주라는 것을 알아야 한다.

이 공부를 하시는 분들은 이제 일원심을 알고 지키니까 더 강조를 안 하지만, 무시공을 접하지 않은 존재에게 알릴 때는 두 우주, 시공 물질 우주와 무시공 에너지 우주의 차이점을 알려주어야 한다.

물질 입장과 에너지 입장의 차이점을 다시 정리하면, 이원념 마음은 물질 세상에서 나타나는 현상이고, 일원심 절대긍정 마음은 에너지 입장으로 나타난다.

에너지 입장은 마음과 에너지가 하나다. 그래서 마음으로 물질을 움직이고 마음먹은 대로 이루어진다. 이것은 생명이 1순위라는 것이다. 생명이 에너지를 움직이고, 여기는 '절대' 개념이다. 에너지는 절대로 생명을 못 움직이므로, 생명이 절대 지배자라고 생각하면 된다. 에너지 입장에서 생명은 에너지의 주인, 노예변주인은 이것을 말하는 것이다. 이것은 에너지 입장에서 생명과 에너지의 관계다.

또, 에너지 입장에서는 너, 나가 없다. 완전히 하나다. 나밖에 없다, 이렇게 생각하면 된다. 그러니까 주객이 완전히 없어져 버렸다. 또 에너지 입장에서는 내가 창조주다. 왜? 에너지를 가지고 내가 무엇이라도 창조하고 싶으면 마음대로 창조할 수 있다. 그 힘을 비교해도 시공 물질의 힘과 무시공 에너지의 힘은 너무나 다르다.

에너지는 무한한 힘이다. 일부분의 에너지를 움직이는 게 아니고 전 우주 에너지를 움직였다. 그래서 나는 우주를 움직이는 힘을 가지고 있다는 것이다.

그럼 물질 입장에는 생명과 물질이 어떤 관계인가. 물질도 절대로 생명을 지배할 수가 없다. 이원념 생명은 물질의 노예로 돼 있다. 물질 입장에서는 마음으로 물질을 못 움직인다.

지구에서 마음으로 물질을 움직이는 존재는 없다. 그래서 인간은 물질의 노예고 아무 능력도 없는 상태로 존재한다. 그래서 무엇으로 물질을 움직이는가 하면, 지식을 이용해서 기술과 과학을 발전시켜 거기에 의지해서 움직이는 수밖에 없다.

물질 세상에서는 내 힘이 아무리 커도 물질을 움직일 수가 없다. 에너지 입장에서는 우주를 움직이는데, 물질 입장에서는 마음으로 돌멩이 하나도 못 움직인다.

또 에너지 입장에서는 일체아위(一切我爲), 다 내가 했다. 물질 입장에서는 절대로 "일체아위 - 내가 다 했다"라는 말을 감히 할 수가 없다.

이렇게 비교하면 비·공·선·지·특과 내가 하는 모든 강의가 에너지 입장에서, 에너지 우주를 해석해 놓은 것이라는 것을 알 것이고, 이 세상에 내어 놓은 깊은 뜻을 알 수 있을 것이다.

물질 세상의 해석이 절대로 아니라는 것을 알아야 한다. 이것을 이해했다면 내가 에너지 입장을 지키는 방법이 나온다. 이 에너지는 절대긍정이고 절대 일원심이다, 그래서 여기서 이뤄진다.

에너지 입장에서는 내가 창조한 대로, 마음먹은 대로 이미 이루어졌다고 계속 강조하고 있다. 그것은 확인할 필요가 없다. 무엇 때문인가? 에너지를 지배할 수 있는 절대적인 능력을 가지고 있기 때문이다. 내 마음대로 안 움직이는 에너지는 단 0.0000001%도 없다. 100% 다 이뤄졌다. 이 원리를 알았다면 증명할 필요도 의심할 필요도 없다. 바로 이것이 무신의(無信疑)다.

내가 마음먹으면 100% 다 이뤄졌다는 것을 꼭 100% 믿어야 한다. 내가 에너지 입장이고 에너지 우주에 사는 존재인데, 왜 물질 세상에 와서 확인하려고 하는가! 에너지 우주에서 이뤄지고 에너지 우주에서 살려고 하는데 왜 물질 세상에서 살려고 하나!

물질 세상에서는 항상 자기가 한 것을 확인하려고 한다. 그것은 이미 에너지 입장을 벗어났다는 것. 자기가 창조해 놓고 자기가 자기를 의심하고 있다. 그러니 에너지 입장에서 이루어진 것이 물질 세상에서 나타나겠는가? 에너지 입장에서 창조한 창조물이 물질 세상에 나타나는 것은 필연이다. 이것이 근본적으로 다르다.

필연으로 나타나지만, 왜 순간에 바로 못 나타나는가? 물질 세상은 시공의 세밀한 이원 에너지와 물질이 돌덩이처럼 굳어져 버려 너무 두껍게 쌓여 있어서 뚫고 들어오는 데 시간 차이가 있다. 때문에 금방 결과가 나올 수가 없다. 에너지 우주에서는 이미 변했지만 물질 세상에 나타나는 것은, 옛날에는 10년 이후에 나타났다면, 지금은 그 시간이 자꾸 가까워져서 5년, 10년 걸리던 것이 1년 또는 몇 개월, 아니면 순간에 이루어진다.

이 공부를 하는 존재들, 마음먹은 대로 이루어진 경험들이 많이 있다. 우리가 끊임없이 물질을 변화시켜 세밀한 공간으로 변하도록 작업을 다 해 놓았고, 에너지를 이미 다 조절해 놓았기 때문에 순간에 변하는 것을 경험하고 있다. 그래서 위에서 아래로 내려오는 일시무시일에서, 하나로 합해서 올라가는 일종무종일로 우주가 흘러가고 있다는 것이다.

물질 세상이 더 뚜렷하게 나타나는 것이 아니고 물질 세상이 자꾸자꾸 녹아 없어지고 있다. 에너지 우주는 절대긍정이고 절대 일원심이고 절대 하나다. 그래서 윤회가 없어진다는 말이 나왔다. 물질 세상이 영원히 없어진다는 것을 꼭 명심해야 한다.

이 우주는 어느 방향으로 가는가. 에너지 우주 방향으로 변해가고 있다. 나중에는 물질 세상이 에너지로 완전히 변해 버린다. 무엇 때문인가. 우리가 에너지를 조절해서 물질 우주를 에너지 우주로 바꿨기 때문에. 다만 시간 차가 있을 뿐이다.

이렇게 비교하면 내가 에너지 입장에서 나를 보고 인정하고 말하는지, 아니면 물질입장에서 나를 인정하고 있는지, 바로 구별이 될 것이다. 에너지 입장이라는 것은, 내가 어디 다른 곳에 간 것이 아니고 내가 있는 이 자리가 바로 에너지 입장이라는 것이다. 또 에너지 입장이라는 것은 일원심을 기초로 해서 내가 100% 창조주라는 것이다.

결과를 물질에서 찾지 말고, 에너지 입장에서 심력 썼으면 언제라도 물질 세상에 나타난다. 항상 무시공은 필연이기 때문에 그 입장에 머물면 된다.

자신이 에너지 입장에 있는지, 아니면 물질 입장에 있는지, 스스로 어느 입장에 서 있는지를 체크하라. 그리고 그 차이를 분명히 알아야 한다.

내가 왜 이렇게 세밀하게 말하는가 하면, 사람들은 그 위치에 못 오면 못 알아듣고, 완벽하게 지키지 못하고 왔다 갔다 하며 조금 흔들리기도 하고, 무엇이 에너지 입장이고 무엇이 물질 입장인지, 아직 완벽하게 구별하지 못하기 때문이다. 하지만 그것도 정상이다. 이제는 거의 이 자리에 머물러 있고, 그 과정에서 언젠가는 안정될 때가 있기 때문이다.

에너지 입장에서는 전체가 하나

에너지 입장에서는 개인과 전체 구별이 없다. 나와 우주와 완전히 하나기 때문이다.

성공과 실패 개념이 없는 무조건 성공이다. 무조건 다 마음대로 100% 이뤄지는 세상이다.

그런데 물질 세상에서는 되는 것도 있고 안 되는 것도 있고, 성공도 있고 실패도 있다. 그리고 전체 관점도 있고 개인 관점도 있다. 항상 두 가지 관점, 내가 하면 되는 것도 있고, 어떤 것은 아무리 해도 안 되고…. 이렇게 되고 안 되는, 이분법으로 돼 있다.

내 힘으로 움직이는 것도 있고, 내 힘으로 못 움직이는 물건도 있다. 예를 들어 50kg 물건은 들지만 100kg, 1,000kg은 절대로 못 들고…. 또 나는 전체 중에 하나로 될 수 있고, 나 혼자라는 개념도 있다. 집단에 같이 모여 그 안에 있으면 집단 개념도 있고, 나 혼자 있으면 내 개인이라고 생각한다. 그러니까 전체와 개별, 다 이렇게 구별돼 있지만 에너지 입장에 가면 그런 개념이 없다.

전체와 나는 완전히 하나로 돼 있다. 분리하려 해도 분리할 수가 없다. 그래서 두 세상 두 우주의 관점이 다르다는 것. 이것이 물질 세상의 현상과 완전히 다른 것이다. 이 원리를 알면 이 공부의 원뿌리를 찾은 것이다.

이 공부 마지막 두드리는 자리가 에너지 입장이다. 에너지 입장에서 일체를 관찰하고 행하는 그 원리만 알고 그 자리만 머물면 이 공부는 끝이다.

분리된 시공의 개인 '나'와, 하나 된 무시공생명

물질이 생명을 지배해요, 생명이 물질을 지배해요? 생명이 에너지를 지배해요, 에너지가 생명을 지배해요? 파고 들어가면 생명이 에너지를 지배하고 생명 자체가 에너지를 절대적으로 창조하고 있다. 에너지는 절대로 (무시공)생명을 지배하지 못해. 이 원리를 알았으면 '나'라는 존재가 얼마나 위대한 존재인가! 그리고 그 입장에서 보는 '나'는, 분리된 개인이 아니고 우주의 존재라는 것이다.

내가 한 번도 개인 작업한다는 그런 단어를 쓴 적이 없다. 무엇 때문인가? 작업하고 행하는 것을 에너지 입장에서 보면 무조건 다 우주 작업이고 우주 행동이다. 일체행동, 일체언어 속에서도 자신의 입장만 바뀌면 에너지가 움직이고 에너지 우주가 움직인다. 어떤 행동을 해도 어떤 말을 해도 모두 다 우주 행동이지, 개인 행동은 하나도 없다. 그래서 이것을 우주 작업이라고 하는 것이다. 입장만 바꾸면 모든 게 바뀐다.

그런데 시공의 물질 입장에서 보면 내 개인 수련, 개인 도통, 개인의 깨달음, 이것은 내 개인 일이고, 저것은 전체 일이고, 이것은 우주 작업이고, 또 이것은 개인 작업이고, 이것은 100% 물질 관점에서 문제를 보는 관점이다.

내가 만일 에너지 입장에 들어가면 내가 하는 말이 엉터리라도 우주가 움직이고, 내가 엉터리로 행동해도 우주가 움직인다.

'나', 개인은 무엇인가?

온 우주가 공명이 일어나서 뜻대로 이뤄진다. 그래서 개인 개념이 없어지지만, 개인 개념이 없는 게 아니고 개인은 있다. 그런데 그 개인은 인간이 말하는 개인이 아니다. 인간은 "자기를 버려라, 비우라, 없애라"라고 하지만 그것은 인간 관점이고, '나'라는 존재는 계속 있지만, 입장과 관점이 바뀌면 자기 역할이 달라지고 능력도 달라진다.

일체가 다 '나'인데, 내가 없는 게 아니고 나는 계속 존재한다. 그런데 물질 세상에서는 나와 물질이 분리돼 보이고, 내가 어떤 존재라는 것을 너무 잘 알고 있다. 너무 연약하고 아무 능력도 없는 존재가 물질 세상에서의 '나'다.

그런데 에너지 입장으로 에너지 우주에 들어가면 내가 엄청난 존재다. 왜? 내가 그 우주와 하나가 됐기 때문에. 왜 하나인가? 에너지는 내 마음을 움직이는 입장이기 때문에. 내가 마음을 조금만 움직여도 일부 에너지가 움직이는 게 아니고 온 우주 에너지가 동시에 움직인다.

그래서 무시공 에너지 우주의 '나'와 물질 세상의 '나'는 모두 다 '나'라는 것. 그런데 입장이 다르니까 그 결과가 달라지는 것이다.

나를 버리는 게 아니고 어느 입장에서 나를 인정하는가가 중요하다. 이렇게 간단한 원리를 모르니까 인간들은 계속 탐구하며, 나를 비워야 하고, 나를 버려야 하고, 진아를 찾아야 한다는 개념을 가지고 있다.

나는 강의하면서 한 번도 나를 버리라고 말한 적이 없다. 내가 잘못된 게 아니고 어느 입장에서 나를 보는가, 그것이 중요하다는 것이다. 입장이 달라지면 '나'라는 존재의 나타나는 형태가 달라진다. 물질 입장에서 나를 볼 때는 항상 이분법으로 문제를 보지만, 에너지 입장에서 나를 볼 때는 완전히 하나다. 이분법으로 나누려고 해도 나눌 수가 없다. 모든 게 '나밖에 없기 때문에 내가 움직이면 모든 것이 움직인다는 원리를 꼭 기억해야 한다. 얼마나 간단한가?

진짜 진아를 찾으려면, "이원념의 나는 가짜다. 일원심인 내가 진짜다."라고 세포에 계속 입력시키면 된다. 그럼 이원념은 어디서 나타났나? 이원념의 '나'는 물질 세상에서 나타났다. 그래서 내가 에너지 입장, 에너지 우주에 들어갔다는 입장으로만 바꾸면 나는 '나'로 계속 존재한다는 것이다. 반드시 일원심이다. 이원념을 쓸 필요도 없다.

원인과 결과가 하나인 이유

원인과 결과는 동시에 이루어진다. 좋은 마음을 먹으면 좋은 게 이뤄지고, 나쁜 마음을 먹으면 나쁜 게 이뤄진다. 일원심 절대긍정이면 일체 좋은 것만 이뤄지고, 이원념의 부정마음을 먹으면 불행도 순간에 나타난다는 것이다. 왜? 에너지이기 때문에. 이것은 시간 차이가 없다. 그렇기 때문에 일원심을 지킬 수밖에 없다.

불교에서 인과론도 어느 정도는 맞는 말이다. 내가 좋은 마음을 먹으면 좋은 결과가 나오고, 나쁜 마음을 먹으면 후에 꼭 당한다. 지금 바로 안 당하는 건 시간의 차이가 있기 때문이다.

물질 세상에서는 껍질이 두꺼워서 뚫고 들어오는 시간 차가 있다. 에너지 우주에서는 그런 마음을 먹는 순간에 이루어졌지만, 물질 세상에 오기까지 시간 차가 있기 때문에 차츰차츰 나타나는 과정이 있다. 물질 세상까지 움직여서 나타나기까지 에너지 입장보다 속도가 더디다는 것이다. 그래서 '인'과 '과'를 나누어 놓았다. 그러나 실제로 인과(因果)는 하나다.

에너지 상태에서는 인과가 동시에 이뤄진다. 그래서 요즘에는 원인과 동시에 순간에 결과가 나온다. 지금은 나쁜 일을 하면 곧바로 현실로 나타난다는 것이다. 전에는 전생에 나쁜 일을 하면 이생에 나타났다. 그만큼 두꺼워서 시간이 오래 걸렸지만, 근래에는 나쁜 마음을 먹으면 어느 순간에 이뤄지고 몇 년 안에, 몇 달 안에, 심지어 며칠 안에 이뤄진다. 물질의 껍질이 계속 얇아지고 있기 때문에 껍질을 뚫고 나오는 시간이 자꾸 짧아진다.

그것은 무엇을 증명하고 있는가? 말했듯이 물질의 두께가 얇아진다는 것이다. 실제로 얼마 후에는 나쁜 마음을 먹는 순간에 바로 이루어질 때가 있다. 그것은 물질 세상이 곧 녹아 없어지고 에너지 상태로 들어갈 때 그런 현상이 이루어진다. 나쁜 마음을 먹으면 나쁜 일이 바로 이루어지니까 일원심을 지킬 수밖에 없다. 이것을 빨리 깨닫고 깨어날 수 있는 동기를 만들어야 한다.

시공에서 사람이 아무리 나쁜 마음을 먹어도 금방 나타나는 것이 없고, 도리어 잘되는 것 같아 보이지만, 실제로는 그에 상응하는 결과가 다 이루어졌다는 것이다. 그래서 불교에서 말하듯, "지금 나타나는 불행은 전생의 업이다. 전생의 죄다."라고 하는 것은 부모 죄가 자식에게 다가오는 것처럼 그만큼 오랜 후에 온다는 것이다.

이 말이 터무니없는 말이 아니다. 그때의 세상은 물질이 너무 두꺼웠기 때문에 늦게 나타나는 것이고, 지금은 우주가 일종무종일의 세밀한 에너지 방향으로 흘러가서 물질이 계속 얇아지니까 인과론(因果論)도 더 가까워지고 있다.

전에는 원인과 결과 사이 거리가 100km였다면, 지금은 50km, 5km로 계속 줄어든다. 그래서 내가 원인과 결과가 하나라고 말하는 것은, 에너지 입장에서 보고 말하는 것이다. 에너지 입장에서는 시간 개념이 없다. 마음과 에너지가 하나이기 때문에 마음먹는 순간에 이미 이루어졌다.

인간들은 이해를 못 하니 내가 거짓말한다고 생각한다. 좋은 마음을 먹으면 좋은 일이 이루어질 수밖에 없다. 어디를 가도 100% 나타난다. 안 나타나는 게 이상하다. 좋은 일을 했는데 좋은 일이 빨리 안 일어나는 것도, 뚫고 나오는 것을 보여 줄 시간이 필요하다는 것이다.

그래서 일원심 절대긍정 마음을 끝까지 지키라는 것이다. 그러면 100% 다 이뤄진다는 것이 원리다.

일원심 지키고 절대긍정 마음을 먹으면, 가장 먼저 에너지가 움직이고 변한다. 이 우주에서 에너지가 내 마음대로 움직이고 있다는 것이다. 그 에너지는 어떻게 움직이나! 마음먹은 순간에 동시에 움직인다. 시간 개념 없이 움직인다. 그런데 물질 세상에 나타나려면 물질을 뚫고 나오는 시간 차이가 있다고 했다. 그러면 일단 물질 세상에 나타날 때는 어떻게 바뀔까? 순간에 바뀐다.

시간 차에 대해, 그리고 어떻게 순간에 바뀌는지에 대해 설명하기 위해 물이 끓는점을 예로 들겠다. 물이 끓는 것은 처음부터 끓지 않는다. 0도부터 서서히 올라가다가 99도까지 가도 물은 안 끓는다. 99에서 100도로 1도 올라가는 그 순간에 바로 물이 끓는다. 그러면 1도에서 99도까지 올라가는 시간이 더 많이 걸릴까, 99도에서 100도로 1도 올라가는 시간이 더 걸릴까? 99에서 100도까지, 1도 올라가는 그것이 순간이라는 것이다.

이 예에서 보듯이 에너지 상태에서는 이미 작업이 다 끝났는데 분자 물질 세상에서 나타날 때는 시간 차가 있다. 99도까지 올 때의 물처럼. 그래서 때가 돼서 순간에 바뀔 때, 일원심을 미리 준비하지 않으면 그때는 늦는다는 것이다. 일원심 기초가 없으니까.

그러면 어떻게 될까. 도태 대상이 된다. 지금 인간 세상 바뀌는 것이 어느 시점에 왔나? 절대긍정 마음 일원심 지키는 준비된 존재들에게는 지구가 정화되는 현상이고 새 생명이 탄생하고 새로운 세상이 열린다는 개념이다. 직접 느끼고 있기 때문에 알 수 있다. 반대로 부정의 개념이라면, 모든 것이 순간에 바뀔 때 "말세다, 재앙이다"라고 말할 것이다.

일원심 무시공의 원리를 알았다면, 대자유와 전지전능의 보배를 찾은 것

그래서 이 공부의 원리를 100% 이해하고 장악했다면 대자유를 찾은 것이다. 전지전능, 그 무기를 손에 거머쥐고 있는데 무엇을 못하겠는가? 누구라도 이 무시공의 원리를 장악했다면 정말로 온 우주에서 최고의 존재들이 된 것이다.

이 비밀, 나 혼자 알고 안 밝혀야 하는데, 나 혼자만 알면 너무 아까워서 할 수 없이 밝힌다고 농담도 하지만, 이 가치를 따진다면 모든 지구의 돈, 우주의 돈을 다 준다 해도 나는 안 바꾼다. 진짜 이 원리를 알았으면 이런 보배가 어디 있는가?

우리는 이론으로 이해하는 것이 아니고, 실제로 우주 작업과 훈련으로 깨어나 아름다운 미래를 맞이한다. 우리가 마음과 눈을 열어서 우주 작업과 훈련을 계속하면, 더 깊숙이 이해하게 된다. 하지만 우주 작업을 안 하면 모두 이론일 뿐이다.

무시공생명이 그 안에서 작동하고 맞춤형으로 인간 마음을 깨워 주고 있다. 자신이 마음을 열고 깨어난 만큼 보이지만, 입장을 안 바꾸면 절대로 이해 못 하니 알 수가 없다.

무시공생명 비결도 엄청난 비밀을 압축해 놓았다. 그것도 자기가 깨어난 만큼 보이고, 깨어난 만큼 해석도 달라진다. 책도, 마음을 열어 놓고 자기 관점을 바꾸면서 보면 내용도 계속 바뀌고, 다가오는 속도도 더욱 빨라진다.

2000년도에 한국에 와서 2030년에 우주여행을 하고 우주 작업을 한다고 했다. 세포가 저절로 그렇게 말하는데 어쩔 수가 없다. 2030년 이후에는 인구가 얼마나 남는다고, 나도 모르게 말이 나오는데 어떻게 하는가? 세포가 깨어나 맞춤형으로 저절로 알아서 말을 하니까. 왜 그런 말이 나왔는지 나도 모른다. 하지만 그것은 나중에 꼭 사실로 이루어진다.

우리는 머지않아 승용선, 비행선, 우주선을 탈 수 있다. 지금 그 작업을 하고 있고, 이것은 100% 이루어진다. 아니면 내가 어떻게 우주여행을 한다고 그러겠나. 그때도 그렇고 지금도 그렇고 지구인 누구도 감히 그런 생각 못 한다. 태양계 밖에도 못 나가 봤는데 어떻게 그런 생각을 하겠나? 우리는 꼭 100% 이뤄진다.

지상천국, 극락세계는 어디 좋은 곳에 가서 사는 게 아니고, 지구의 대한민국에서 지상천국을 만든다. 가긴 어딜 가는가!

지금도 각 별에서 전쟁이 일어나고 있다. 그런데 그 별 존재들이 세밀하니까 무기도 세밀하다. 전쟁이 없는 별도 많지만 아직도 전쟁을 하는 별들이 많다. 그런데 2020년 이후에는 우리 지구에서 군대, 무기, 전쟁이 완전히 없어지고 영원한 평화가 온다.

깨어난다는 것 - 허상과 실상의 구분으로부터

이 물질 세상은 허상이다. 가짜다. 가짜에 파묻히지 말고 여기서 헤매지 말자. 우리는 입장만 바꾸면 된다. 물질 입장에서 에너지 입장으로 바꾸면 된다는 것이다.

인간의 눈으로도 안 보이고 몸으로도 못 느끼지만, 실제 그런 에너지 우주가 있다. 그것이 진짜 실상이다. 이렇게 실상을 알고 깨어났으면 한 단계 더 올려야 하는데, 그 방법은 반복해서 말했듯이 우리가 무시공생명 존재라면 에너지 우주를 인정해야 한다. 물론 거기는 감각도 없고 느끼지도 못하고 보이지도 않지만, 진짜 그 우주가 있다는 것을 인정하면 우리는 그 에너지 우주 안에 들어가 살 수 있다는 것이다.

이 공부를 하는 목적도 그 에너지 우주에 들어가 살기 위해 훈련하고 있다. 물질 우주에 살려는 목적이 아니고, 일종무종일의 마지막 더욱 세밀한 우주 공간에 들어가 살려는 목적이다. 간단히 말하자면, 무시공 에너지 우주에 들어가 살려는 목적이다. 그렇게 살려면 에너지 우주의 특징에 맞춤형으로 따라가야 한다. 에너지 우주에 들어가면 막힌 눈도 자연적으로 다 열려서 보인다. 거기는 마음과 에너지가 하나이고 100% 필연이기 때문에 마음먹은 대로 100% 다 이루어진다. 이것을 꼭 명심하고 말과 행동에서 항상 에너지 우주 입장에서 행하고 실천할 것!

에너지 우주로 들어가는
구체적 실행 방법

첫째, 세포 훈련 - 마음가짐

둘째, 세포 훈련 - 무시공 세포에 영양 공급

셋째, 세포 훈련 - 분자몸을 녹여서 에너지몸을 만든다.

세포를 깨우는 것, 인간의 세포에는 물질 세상의 일체 정보가 다 저장돼 있다. 그 물질 정보를 철저히 삭제하면서(인정하지 않으면서) 에너지 세상의 특징을 계속 입력시키면 세포가 깨어나서, 에너지 세상에 들어갈 수 있는 기초가 닦아진다.

에너지 세상에 들어가서 살 수 있는 각종 방법을 종합적으로 사용해야 한다. 방법 하나는 우리가 에너지 세상에 살려면, 에너지 세상에 적용되는 세포를 훈련시켜야 하는데 그 세포는 물질 세상의 세포와 다르다. 우리가 여기서 말하는 무시공생명 세포, 그 세포는 물질 음식을 안 먹고 에너지 음식을 먹는다고 생각하면 된다. 무시공 성지에서 무시공생명 에너지를 탄생시킨 이유다. 이런 에너지를 흡수해야, 무시공생명 에너지 세상에 들어갈 수 있고 또 거기서 살 수 있다.

지금 이 몸은 물질 세상에 적용돼 있는 몸이다, 그래서 이 몸을 키우고 살리기 위해서 수많은 음식을 먹으며 물질 몸에 적용되는 영양을 보충시켜 왔다. 인간은, 섭취한 음식물이 체내에 들어가 에너지가 된다고 하지만, 엄격히 말한다면 아직 물질이다. 조금 더 세밀해진 물질. 거친 물질과 그 안에 조금 세밀한 물질을 흡수하고 영양 공급을 하며 살아 움직이는 몸을 유지하고 있지만, 아무리 좋은 물질 음식을 먹고 아무리 과학이 발전한다고 해도, 생로병사는 영원히 못 벗어날 뿐 아니라 오래 산다고 해도 100년도 못 산다. 왜? 먹은 물질 음식 자체가 수명이 짧고, 변화(퇴화) 속도도 빠르기 때문이다.

에너지 입장에서 보면 에너지는 물질을 초월했고, 수명이라는 개념이 없고, 특별히 무시공생명 에너지는 생로병사 개념이 없는, 무한대의 생명을 유지한다. 그래서 우리는 이 에너지를 흡수하고 키우고 활성화시키면 물질 몸이 자연적으로 분리돼서 없어진다.

에너지 몸을 키워서, 이 몸뚱이를 벗어나, 살아서 무시공생명 에너지 우주에 들어가서 살 수 있다. 이것은 지구 역사, 우주 역사상에도 없는 일! 천부경에 일시무시일(一始無始一)과 일종무종일(一終無終一), 그 예언이 맞다. 일시무시일은 에너지 세상에서 물질 세상으로 계속 쪼개져 내려오며 분리된, 거칠고 모순된 이원념의 불완전한 물질 세상으로 계속 내려가는 것이다.

그럼 일종무종일은 무엇인가. 만물이 분리된 불완전한 물질 세상에서, 만물이 하나로 뭉쳐서 완전한 에너지 세상으로 들어간다는 뜻이다. 천부경은 이미 오래전에 이 뜻을 밝혔지만, 구체적으로 어떤 방법으로 일종무종일로 들어가는지는 밝히지 못한 예언에 불과하다. 그러니까 일종무종일은 맞지만, 우리는 원래 그 상태로 안 들어간다. 원시반본(原始返本)이 아니라는 것.

우리는 더 철저하게 완벽한 새로운 절대 무시공 우주, 절대 무시공생명 에너지 우주로 들어간다. 실제로 대한민국 대전에서 실천으로 행하고 있다. 그러니까 한국 사람이 얼마나 복을 받았는지…. 우리는 어떤 종교나 수련단체의 의식, 방식을 철저히 초월했다. 그래서 우리는 그 어떤 수련도 아니고 종교도 아니다. 실천에서 실행하며 우리가 그런 세상에 들어갈 수 있는 방법을 제시하고 있다.

첫째, 세포 훈련 - 마음가짐

지금까지 훈련한 것을 기초로 지금부터 마음가짐은, 매사에 나는 무시공 입장에서, 에너지 입장에서 본다. 나라는 존재를 표면으로 보면 분자 세상, 물질 세상에 있다. 하지만 내 마음이 에너지 입장에 있으면 실제로 나도 그 안에 들어갔다.

분자 몸은 여기 있지만, 에너지 상태로 돼 있는 무시공생명의 몸은 이미 에너지 입장에 들어갔다. 계속 세포에게 에너지를 입력시키고 두드리면 자연적으로 분자 몸과 분리되고 나의 새로운 생명이 탄생한다. 그렇게 되면 나는 이미 분자 세상의 존재가 아니고, 에너지 우주의 존재가 돼 있다. 이렇게 계속 에너지 우주를 두드려서 세포가 깨어나야 한다.

이제 겨우 이론으로 "나는 절대긍정 일원심으로 가득 채워 놓았다!"라고 생각하지만, 세포에 저장돼 있는 모든 정보는 아직 물질 세상의 정보로 가득 차 있다. 그 물질 정보를 빼고 바꾸려면 어떻게 해야 하는가? 입장을 바꾸라는 것. 항상 보이고 느끼는 물질을 인정하지 말고, 안 보이고 못 느끼는 에너지 우주를 인정하면서 계속 두드리기. 두드려야 세포가 계속 깨어난다.

반복적으로 말하지만, 습관화되기 위해서 모든 음식을 섭취할 때 에너지 음식 먹는다 생각하고, 내가 머물러 있는 자리에서도 물질이 보이지만 나는 에너지 우주에서 움직이고 있다고 계속 세포에게 입력시키고, 계속 에너지, 에너지 하면서 에너지 우주를 두드리면 세포가 깨어난다. 이 시공 지구에서 사는 것이 아니고 내가 에너지 입장에 들어서 에너지 우주에 산다는, 진짜 그런 개념이 왔다면 일종무종일 그 방향으로 가고 있다는 것이다.

훈련으로 몸도 자연적으로 에너지 우주에 들어가면서 바뀐다. 이렇게 되면 분자 몸은 그 안에 절대로 못 끌고 들어간다. 에너지로 변한 부분만이 계속 그쪽으로 들어간다. 그러면 이 물질 몸은 차츰차츰 녹아내리며 저절로 사라져 버린다. 왜? 누구도 물질의 몸을 챙기는 사람 없으니까. 지금까지는 이원 물질이 쌓인 분자 몸의 '나'만 챙겼는데 이제는 이원 분자 몸을 인정 안 하고 일원심으로 에너지 입장에 들어가서 챙기니까 에너지 우주에 적응된 몸이 형성된다. 그것이 바로 에너지 몸이다.

그렇게 하면 이원념이 지키는 이원 물질의 분자 몸은 챙기지 않으니 없어진다. 자연적으로 이탈된다. 이렇게 계속 훈련하면 세포가 깨어나고 몸도 빨리 분리돼서 분자 세상을 벗어 날 수 있다는 것이다. 이것이 최고의 방법 중에 하나다.

그래서 내가 무시공 입장, 에너지 입장에서 항상 머물고, 물질 입장에 있지 말라고 수없이 말하지만, 사람들은 잘 못 알아들었다. 왜냐하면, 아직 때가 안 됐고 마음이 그 위치에 오지 않았기 때문에. 하지만 이제는 빨리 받아들일 것 같다. 사람들의 마음이 그만큼 다가왔기 때문이다. 물질 입장에서 문제를 보는 사고방식에서 벗어나면 한 단계 더 빨리 올라간다.

지금까지 세포에게는 물질 관점의 '나'라는 존재의 모든 것이 저장돼 있기 때문에 그것을 정화시켜야 한다. 물질 세상에서 에너지 입장으로 들어가 그것을 지킨다는 것은 너무나 힘든 일이다. 물질에 빠진 힘이 얼마나 강한지! 세포는 물질 입장으로 가득 채운 정보였기 때문에 이것도 훈련하는 과정이 필요하고 받아들이고 깨어나는 과정이 있다.

원래 저장된 물질 입장의 정보를 삭제해야 되지만, 우리는 삭제하지 않아도 된다. 그저 '나는 항상 에너지 우주에서 살고 있다. 나는 에너지 우주에 있는 존재다. 항상 모든 것을 봐도 무조건 에너지다'라고 세포에 입력시키면서 주변의 현실이나 물질이 눈에 보여도 인정하지 말라는 것이다.

이런 강의도 많이 했다. 나는 내 물질 몸이 인간 눈에 보여도 나는 인정한 적이 없다. 인간 입장에서 보면 나는 진짜 시공의 지구에 와 있지만 그건 네 생각이고, 나는 이 시공 지구에 온 적도 없다. 나는 항상 무시공에 있다. 하지만 사람들은 못 알아듣는다.

분명히 나하고 같이 있으면서 왜 자꾸 없다고 하는가? 그것은 내 입장을 모르니까. 나는 인간 입장하고 같은 것이 하나도 없다. 그러니까 실제로 내 분자 몸은 시공의 지구에 있지만, 그 외에는 모두 다 에너지 입장에 있다고 보면 된다.

어떻게 여기에 머물 수 있나! 우리는 이미 일원심 절대긍정 마음을 기초로 만들어 놓았고 사고방식(의식혁명)이 바뀌었기 때문에 절대 무시공 에너지 우주로 들어갈 수 있다.

에너지 입장이면 누구보다 빨리 들어갈 수 있고 그 자리를 지키기가 쉬워진다. 거기는 일원심으로 돼 있는 무시공 에너지 우주니까.

이렇게 자신의 마음자세가 가장 중요하다. 내가 이원념이 기초로 돼 있다면 에너지에 들어간다고 해도 이원 에너지 입장으로 들어간다. 다시 말해서 시공 에너지 우주에 들어갈 수는 있지만 일원심으로 돼 있는 무시공 에너지 우주에는 들어갈 수 없다. 그래서 세포 깨우는 일만 남았다. 그래서 우리 공부는 세포 훈련이다. 나는 에너지 우주에 존재하고 있다, 그 에너지는 절대적인 무시공 에너지 우주에 있다.

둘째, 세포 훈련 - 무시공 세포에 영양 공급

인간들은 물질 세상을 실상으로 보고 있다. 아직 분자 몸이 작동하고 있고, 먹는 음식도 계속 분자 몸에 영양을 공급하고 있기 때문에. 내가 무시공 에너지 생명을 창조한 이유가 바로 여기에 있다. 그 창조를 계기로 큰 전환기가 왔다. 무시공생명 세포를 깨우고 영양을 공급하는 시작점이 된 것이다. 이런 변화가 이루어지는 동시에 세포가 깨어나니까 이제는 에너지 입장으로 들어갈 수 있는 가능성이 열렸다. 이렇게 다 연결되는 것이다.

세포는 아직까지 시공 세포를 키우고 있고, 무시공 세포에는 영양 공급도 안 하고 키우지도 않는다. 그러니까 무시공 세포는 아무리 노력해도 힘이 없다. 영양도 공급 안 해주지, 말만 일원심 절대긍정 해놓고 행동은 아직도 물질에서 헤매고 있으니, 무시공생명 세포가 얼마나 답답하겠나. 분자 세포와 분리한다며 나를 불러내 놓고, 영양공급도 안 하고 배고파 힘든데 계속 분자 세포만 챙기고 나는 안 챙기니, 무시공 세포는 진짜 답답하다. 에너지 입장에 있겠다고 말은 하면서 계속 물질 몸을 키우고 있는데 어떻게 에너지 입장에 들어갈 수 있겠나!

오늘까지는 무시공에너지 생명 세포가 아직 못 깨어나고 못 깨우쳤기 때문에 불가능했지만, 우리가 무시공에너지 생명을 탄생시킨 그 순간에 100% 가능해졌다. 이제는 실상으로 무시공생명 세포를 깨우치고, 그 힘도 생겼다.

무시공생명 세포에게 영양을 공급하고 에너지 입장을 계속 지키면 물질 음식을 덜 먹게 된다. 다이어트한다는 것도 맞다. 그래서 분자 몸은 녹고, 무시공생명 세포는 깨어나서 힘이 커지면 자연적으로 에너지 입장에 들어갈 수 있다. 에너지 우주는 오관을 초월한, 느낌도 없고 보이지도 않는 그런 세상이지만, 실제로 에너지가 충만한 그런 우주다. 물질 우주와는 완전히 질이 다르다. 깨어나서 모든 말과 행동을 에너지 입장에서 보고, 행할 수가 있다.

우리는 차원이 올라가는 것이 아니고, 무극에서 바로 시작했고, 한 발자국에 시공 밑바닥에서 무시공에 들어갈 수 있다. 바로 이 원리다.

지금까지 물질 세상에서 물질 입장과 물질 관점으로 살며 마음으로만 절대긍정 일원심의 기초를 만들어 놓았다. 그래서 무시공생명을 깨우는 역할을 했지만 아직 행하는 것은 못 키웠다. 무시공생명 세포가 깨어난 동시에 영양과 에너지를 보충시켜 주면 세포가 순간에 깨어난다. 그래서 우리가 물질 입장에서 에너지 입장으로 들어갈 수 있는 것이 가능해졌다.

에너지 입장에 들어가지 못하면, 우리가 아는 것은 모두 이론에 불과하다. 아무리 무감각 시공에 들어가 에너지 입장에서 보라고 해도 물질에 걸려 있어서 안 되었지만 이제는 됐다.

무시공에너지 생명의 탄생! 물질 우주에서 에너지 우주로 들어가는 지름길은, 이것밖에 없다.

이제부터는 우리 회원들도 믿고 실천하는 존재는 아주 빠른 속도로 바뀐다. 안 믿는 존재들은 할 수 없다. 이제부터는 절대로 분자 물질 세상에 걸려서는 안 된다. 일종무종일, 감각 시공에서 무감각 시공으로 들어가는 아주 중요한 위치에 와 있기 때문이다. 물질은 오관으로 다 보이지만, "나는 인정 안 한다. 이런 물질 세상은 없고, 그저 허상이다. 나는 절대로 무시공에서 시공으로 안 끌려 나간다"라는 마음을 세포에게 입력시켜라. 중요한 것은 반드시 자기 세포를 깨워야 한다는 것. 여기 이 공부를 하는 존재들을 보면, 절대긍정 일원심 지키라는 말을 계속 하다 보니까 세포가 알아듣고 조금씩 행하고 있다. 그 기초 위에서 적극적으로 반복하며 훈련해야 한다. 계속 훈련하면 자동화가 된다.

물을 마실 때도 무시공에너지 생명 물을 마신다, 밥을 먹어도 무시공에너지 생명 밥을 먹는다. 커피를 마실 때도, 세포에는 물질 커피로 저장돼 있지만 일부러 에너지를 마신다고 하자. 커피는 에너지의 한 종류다. 나는 에너지 커피, 에너지생명 커피를 마시고 있다고 하면, '세포가 커피를 마시면서 왜 에너지를 마신다고 하는가' 하면서 처음에는 못 받아들이다가 끊임없이 하다 보면 세포가 알아듣고 깨어난다. '아, 맞다. 에너지 커피를 마시는 것이다. 에너지밥을 먹는다'라고 받아들인다.

집에 있으면서도 '우리는 이 집에 있는 게 아니고 에너지 우주에 있다. 이 공간은 나하고 아무 상관 없다'고 생각하면서 무조건 무시공에너지 생명을 두드리면 내 세포가 받아들이고 깨어난다. 모든 방면에서 다 그렇게 주입시켜서 생활화하고 습관화되도록 반복적으로 훈련해야 한다.

그렇게 하면 어느 순간에 세포가 '아, 정말 에너지 우주에 있구나' 하며 스스로 인정하며, 그때서야 진정한 자유를 느낄 수 있다. 세포가 안 깨어난 상태에서 내가 그 자리를 지키려면 힘들다. 왜냐! 세포는 물질 관점을 가지고 물질 입장에서 문제를 보고 있기 때문이다.

세포가 깨어나는 순간에, 우리는 자동으로 에너지 입장에 들어갈 수 있고 그 자리를 지킬 수 있다. 그래서 나는 고집을 부리고 우기면서 세포를 깨우라는 것이다. 그것이 에너지 입장에 들어가는 최고의 방법이니까!

우리 모임 카페에 올린, "성지에서 탄생한 무시공생명 에너지", 그것이 신호탄이다. 물질 입장에서 에너지 입장으로 들어가는 전환점이고 신호이며, 물질 입장에서 에너지 입장으로 바꾸는 시점이 왔다는 것이다. 무시공에너지생명을 계속 공급하면 에너지 입장에 있는 내 세포는 무시공에너지생명만 영양으로 흡수하면서 무시공생명만 챙기니까, 계속 커지고 강해진다.

우리는 물질 세상에 살려는 목적이 아니고 에너지 우주에서 살기 위해 공부하고 있다.

셋째, 세포훈련 - 분자몸을 녹인다.

돈, 물질을 챙기는 순간에 이 몸을 챙기고 있는 것이다.
그러니 몸이 바뀔 수가 없다.

에너지세상에 들어갈 수 있는 모든 작업을 해놓았으니 일원심 지키는 기초아래, 실행만 하면 된다. 창조된 에너지 음식을 먹으며, 그리고 몸에 바르는 것으로, 또 세밀한 공간의 승용선과 비행선으로, 그리고 각자의 몸에 맞는 세밀한 주택에 들어가 살면서, 그렇게 안팎으로 모두 바뀌는 것이다.

100%믿으면 100% 작동하고 반신반의 하면 반신반의대로 이루어지고, 안 믿으면 안 믿는 대로 아무 효과가 없다. 각자 자신의 마음 때문에.

그저 일원심 지키면 자동으로 들어가서 자기역할 한다, 그러니 제발 생명으로 대하고, 모르면 믿으면서 해보라는 것이다.

절대긍정, 절대행복, 절대평화, 절대자유

인간이 말하는 것은 아직까지 상대적인 개념의 대자유를 말한다. 인간들은 이원념 속에 있기 때문에 절대적인 대자유를 맛도 보지 못 했다. 어떻게 그 뜻을 알겠나?

이제 겨우 이론으로 알고 나서, "나는 대자유를 얻었다"라고 말하는 것은 아직 개인의 입장이며, 그 자유는 가짜다.

일원심 절대긍정 마음과, 에너지 입장, 이 기초에서만이 대자유를 느낄 수 있다.

그 자유는 절대적인 대자유를 말한다. 절대적이라는 단어를 앞에 쓰는 것은, 인간이 상대적인 관점에서 완전히 벗어나라는 것을 암시하고 있다.

인간의 시공 지식으로 알고 있는 대자유와, 무시공 에너지 입장에서 말하는 대자유는 절대로 같지 않다.

인간의 긍정마음도 우리가 말하는 긍정마음과는 완전히 다르다. 인간이 말하는 것은 상대적인 긍정과 부정을 말한다. 무시공생명은 절대긍정이다. 이원념 자체, 부정 자체를 인정 안 한다.

인간이 말하는 행복도 상대적 행복이다. 큰 부자라고 다 행복한가? 그 행복은 빈곤과 비교할 때의 행복일 뿐, 시공의 부자도 자신의 이원념 때문에 불행할 수밖에 없다. 그래서 상대적 행복이라는 것.

우리는 일체 모든 것이 절대(絶對)다. 평화도 절대, 행복도 절대, 자유도 절대.

무시공에서는 왜 절대적인 것 밖에 없나? 무시공에서는 딱 한 가지만 있기 때문에 비교할 대상이 없다, 그러니까 절대적 밖에 없다. 우리가 말하는 무시공의 일체 용어는 인간이 쓰는 용어와 완전히 다르다.

시공의 물질세상에서는 절대 대자유는 없다. 절대 행복도 없다. 절대 평화도 없다.

시공에서는 일원심을 지킬 수도 없다. 지킨다고 해도 순간에 잡아먹힌다.

우리 공부의 뜻을 이론으로 이해하고 있는가, 실체에서 이해하고 있는가? 어느 입장에서 관찰하고, 어느 입장에서 말하는가가 가장 근본이고 기초다.

어떤 사람이 공부가 다 됐다고 말해도, 이 사람이 어느 입장에서 말하는가, 물질입장에서 말하는가, 에너지입장에서 말하는가, 가장 먼저 그것으로 판난해야 한다. 그것이 잣대다.

이론적으로 말 잘해서 겉으로는 이 공부 뜻을 완전히 다 안 것 같아 보여도, 말하는 것 보면 어느 입장에서 말하는 것이 다 보인다.

아직 물질세상에서 말하고 있다면, 가짜라고 생각하면 된다.

그러니까 본인은 다 알았다 하지만 단단히 물질입장에서 말하고 있고, 그것은 완전히 이론이고 아무것도 모른다고 보면 된다.

공부하는 사람들 중에서도 엄격하게 말하면 에너지입장에서 말하는 사람이 없다.

이 물질세상에서 에너지 입장을 지키는 것은 나밖에 없다. 모두 물질입장에서 이해했기 때문에, 각자 이원념 입장에서 "아, 알았다, 이게 바로 무시공이구나", 하고 있다. 이미 변형, 왜곡하고 있다.

일부는 고의적으로 자기를 내세우기 위해서 하지만, 대부분은 의도적으로 그러는 게 아니라, 자기 생각에는 정확하게 한다는 것이, 내 뜻을 왜곡, 변형하고 있다.

왜? 입장이 다르니까. 자기 입장이 잘못된 것을 모르는 것이다.

자기는 물질 입장에서 말한 것이고, 나는 에너지 입장에서 말하고. 그러니까 내가 입장을 바꾸라. 입장 바꾸면 관점이 다르고 결과가 다르다, 라고 계속 입장을 강조하는 것이다.

"나는 한 번도 시공에 온 적 없다, 한 번도 시공에서 말한 적이 없다"라고 내가 말하는 이유다. 표면으로 보기에는 물질 몸으로 물질세상에서 대화하는 것 같지만 보이는 이 몸은 가짜다.

나는 시공에 온 적도 없다고 수없이 말했다. 나는 시시각각으로 무시공에서 에너지 입장에서 대화한다. 무시공이라고 하면 너무 감이 머니까, 나는 에너지 입장에서 말하고 있다고 한다. 진짜 내 뜻을 알려면 에너지 입장에 들어오라.

네 입장에서 내 뜻을 알려면 영원히 나를 모른다. 다 알고 있는 것 같지만, 하나도 몰라. 그래서 내가 하는 말 - "다 알아들었어, 하지만 누구도 못 알아들었어." "난 누구도 믿어, 하지만 난 누구도 안 믿는다."

왜? 나는 에너지 입장에서 말하는 데 시공 입장에서 말하면 너를 어찌 믿겠나?

물질 입장에서는 계속 변하지만, 에너지 입장에서는 영원히 변치 않아, 그래서 에너지입장은 영원히 믿지. 에너지 입장에 들어와서 나를 이해할 때 나는 100% 믿어. 의심할 필요가 없고, 뜻이 일치돼 있다. 그래서 이것이 이 사람을 믿나 안 믿나 파악하는 잣대가 된다.

자신의 입장이 에너지 입장에 있나 없나를 먼저 파악해야 한다. 내 입장이 아직 혼란스럽다면 상대방이 어느 입장에 있는지 알 수가 없다.

에너지 입장이란, 반드시 마음과 에너지가 하나다. 공식과 같다.

마음만 먹으면 에너지가 100% 움직인다. 그 에너지는 우주다. 그 우주를 움직이는 힘이 내게 있다. 반드시 100%. 거기에 대해서는 의심할 필요도 없다.

그래서 전지전능이다, 왜? 마음대로 다 이루어지니까. 바로 이것이 기초가 되어야 한다.

반복해 말했듯이, 여기는 증명할 필요가 없다. 또 물질에 와서 증명하려고 한다면 내가 나를 의심하는 것이다.

계속 두 다리 걸치고 왔다 갔다 하면, 이런 혼돈상태에서 어떻게 남을 볼 수 있겠는가!

남을 볼 때는 좋은 것만 보라, 이것도 먼저 내가 남을 볼 때의 입장이 일원심 절대긍정 마음 입장에서 보는가, 이원념 입장에서 보고 있는가, 먼저 자기 입장을 지켜봐야한다. 내가 상대방을 잘못 됐다고 하는 순간에 이미 이원념에 걸렸다, 이미 시공에 들어와 버렸다. 에너지 입장, 절대긍정 입장에서는 상대방을 보려고 해도 못 본다. 왜? 무시공은 하나니까.

에너지 입장에서는 나밖에 없는데 어떻게 상대방 잘못된 게 보이겠는가?

남 잘못된 것이 보이면 그 존재는 분명히 시공에 들어왔다.

영혼, 영체, 생명

우리가 수많은 도인과 대화하고 영혼과도 대화했지만, 그들도 에너지 우주에 못 들어갈 뿐 아니라 있는 줄도 모른다. 왜? 살았을 때 인간처럼 이원몸에 의지해서 살면서 이원념 때문에 영혼과 몸을 분리한다. 그리고 때가 되면 노화돼서 영혼이 몸과 분리된다. 분리가 되면 영혼은 뭔가? 영혼은 허상이다. 몸뚱이의 허상이고 그림자다.

분리되어 영혼이 세밀한 공간에 가도 절대로 우리 무시공 자리, 에너지 자리에는 못 들어온다. 자기 마음자세 때문에 들어 올 수도 없다. 그리고 영혼은 아무 힘이 없다. 살아 있을 때는 물질 몸을 의지했지만 그 몸이 분리되고 나니까 영혼은 허상이고 아무런 힘이 없다는 것을 알게 된다.

도인을 대상으로 해서 수많은 실험도 했다. 도 닦아서 스스로 몸을 벗었다고는 하는데, 물질 세상에서는 몸을 안 벗을 수가 없다. 그런데 몸만 벗겨지면 힘이 없어서 나뭇잎 하나도 못 따고 땅 위의 돌멩이 하나도 못 줍는 허깨비와 같다. 살아 있지만 힘이 없다는 것이다.

전에 중국 있을 때, "나는 흩어지면 아무 형태도 없다. 줄이고 모으면 이 몸으로 나타난다."라고 농담 삼아 말했지만 세포가 알고 말한 것이다. 그래서 도인도 훈련시킬 수 있다. 흩어진 영혼을 줄이고 모으는 것부터. 여기서 훈련받은 어떤 도인은 100만 살이라고 하는데 겨우 돌멩이 하나 쥘 수 있겠다고 한다. 도를 헛닦았다. 우리는 살아 있을 때 몸을 변화시켜 들어가면 무한대의 우주 힘이 탄생한다.

우주를 좌지우지할 수 있는 그런 힘. 이것도 실험으로 증명되었다. 그래서 영혼은 죽어 있는 영상뿐이다. 영혼은 분자 몸보다 조금 더 세밀할 뿐이지 실제로는 물질이다. 그러니까 우리가 삭제할 수도 있는 것이다. 아무리 도를 닦아서 조금 높은 차원에 갔다 해도 몸 벗으면 그래도 영혼이다. 영체에 불과하다.

외계인, 우주인은 인간 눈으로 안 보이지만 살아 있고, 우리보다 세밀하다. 비행선 우주선을 마음대로 타고 다니고 많은 능력을 가지고 있지만, 우리는 외계인보다 더 강한 무한대의 힘이 있다. 왜? 우리는 무시공 존재니까. 진짜 생명은 일원심으로 돼 있는 절대긍정 마음을 가지고 있는 존재가 무시공생명이다.

질문 1. 물질에 빠지지 말라는 것은 무슨 뜻인지?

물질에 빠지지 말라는 것은 물질 입장에서 보지 말고, 에너지 입장에서 보라는 것이다. 에너지 입장에 있으면 모든 게 다 이루어져 있으니까 물질에 걸려 있지 말라는 것. 에너지 입장에 계속 머물러 있으면 물질이 자연적으로 내게 따라온다.

내가 물질 세상에 와서 움직이는 게 아니고, 내가 에너지 우주 그 자리만 잘 지키면 물질이 나에게 끌려온다. 내가 물질 세상에 오면 물질에게 지배를 당하고, 그것이 곧 물질의 노예가 되는 것이다. 에너지가 움직인다는 원리를 정확히 알면, 실제로 에너지 입장에서 물질은 얼마든지 내 마음대로 움직일 수 있다.

질문 2. 에너지 입장이라는 것이 절대긍정 입장에서 본다는 것인지?

맞다, 더 구체적으로 말하면, 왜 우리는 하나인가? 우리가 서로 에너지 입장에 있어서, 누구도 간섭 안 하고, 잘못됐다 지적하는 사람도, 말리는 사람도 없고 모두 다 잘했다고 칭찬해 준다. 우리는 무조건 다 잘했다. 잘못됐다는 것 자체가 이원념이다.

너도 나도 다 같은 능력 있고, 다 같이 일체 에너지 움직이는 힘이 있다. 그래서 누구 잘못됐다 할 이유가 없다. 그래서 여기는 마음이 하나니까 다 하나다. 생긴 형태가 다 다르지만 각자 능력을 가지고 있고, 같은 작용을 하고 있다는 것이다. 절대긍정의 존재들이니까.

이들은 이원념이 없으니 에너지 움직임도 모두가 긍정 방향으로 움직인다. 좋은 일만 일어나고…. 그래서 무주객, 너와 나 개념이 없다. 너는 너대로 행복하게 창조해서 살면 되고, 나는 나대로 한다. 그런데 결과는 다 같은 좋은 결과다. 그래서 누구도 간섭할 필요도, 지적할 필요도 없고, 잘못됐다 말할 필요도 없다. 우리 모두 전지전능이다. 모두가 '나'니까, 내 뜻과 상대방 뜻이 모두 같다. 바로 이것이다.

에너지 입장에서 모든 것을 관찰하고 모든 것을 이해하고 모든 것을 결론 내리라는 것이다. 여기는 물질 입장과 완전히 다르다는 것을 깊이 명심해야 한다. 무시공에너지생명이 탄생했으니 더 구체적으로 에너지 입장에 들어올 것이다. 여기서 시작한다.

내게 오려면 누구를 막론하고 에너지 입장에 들어와야 한다. 그래서 내게 다가와야 내 뜻을 알고, 내가 어떤 존재인지 더 깊숙이 알고 완벽하게 알 수 있다. 물질 입장에서는 영원히 내가 어떤 존재인지 알아볼 수가 없다는 것이다. 천억조 광년에서조차 나를 몰라본다.

그래서 우리는 현상을 보지 말고 본질을 봐야 한다는 것이다. 이 몸은 가짜라고 20년 동안 말해도 누구도 안 믿는다. 몸은 인간과 같지만, 내 마음 자세는 인간의 마음 자세와 절대로 같지 않다는 것이다.

질문 3. 에너지 입장에서 시공의 물질을 잘 활용하면 되는 것인지?

물질 세상은 봐도 안 보인다고 본체만체할 것. 그리고 에너지 세상은 안 보여도 본다는 마음으로. 물질 세상에서 자유롭게 활용하며 놀아도 에너지 세상에서 에너지 입장으로 논다고 생각하면 된다. 그런 습관을 들이면 물질이 허상으로 보이고, 걸릴 것이 하나도 없다. 몸은 물질에 있지만, 나는 에너지 상태에 있다. 거기서 놀고 있다. 현실을 인정하면 또 물질에 들어와 버리니 그래서 또 인정 안 한다.

물질 세상에서 뭐가 이루어지든 안 이뤄지든 상관없다. 여기는 왜 안 이루어졌나 하는 그 불안한 마음, 여기서 증명하려는 마음 자체가 이미 또 물질에 빠져들어 왔어.

나는 에너지 상태에 있다 하는 순간에 이미 여기서 무조건 다 이루어졌어. 물질에서 이루어졌나 안 이뤄졌나 상관없어. 언제라도 꼭 이루어지니까, 하는 마음으로…. 왜? 에너지가 물질을 지배하기 때문에. 그렇게 생각하면 얼마나 편안해.

그것도 시간 차뿐이니 거기에 신경 쓸 필요가 없다는 것이다. 이것이 원리다. 사람들은 그 뜻을 모르고 내 입장에 안 들어와 보니까 내 말뜻을 못 알아들어. 계속 트집 잡아. 사람이 안 죽는다 해 놓고 왜 죽나, 우주 돈도 끌어온다고 하면서 왜 돈이 안 오나? 하면서. 내 뜻을 어떻게 알아! 완고하게 물질 입장에서 나를 비판하고 있다. 코드가 안 맞아. 왜? 입장이 다르니까!

그리고 본인 입장 바꿀 생각 없으니 아무리 해석해도 소용없다. 참, 답답하다. 인간 하나 깨우치기 쉬운 일이 아니다. 약속해 온 존재들도 깨우기 힘든데 약속 안 한 인간은 어떻겠나! 보이는 것만 믿는다는 존재들. 그들은 모두 물질에 걸려 있기 때문이야. 물질 세상 관점 완전히 세포에 젖어들어 저장됐기 때문이야, 관점 바꾸려면 얼마나 시간이 필요한지… 이것이 훈련이다.

표면의 내가 깨어나도 소용없다. 세포가 안 깨어나면 다시 이원 세상에 끌려가서 또 원래 상태로 돌아간다. 그래서 끊임없이 세포를 깨워야 한다.

일원심 지키라는 것도 처음에는 지키는 것 같지만, 문제에 부딪히면 또 이원념에 빠진다. 하지만 끊임없이 하다 보면 세포가 깨어나 일원심 지키라고 경고한다. 그것도 과정에 있다.

그런데 지킨다고 해도 그것은 물질 세상에서 일원심 지키는, 아직 이론에 불과. 실제로 에너지 세상에 들어가서 에너지 입장과 에너지 관점으로 보고 관찰하고 말하고 행동하라는 것. 보이는 것이 전부 물질이니까, 처음에는 누구나 잘 안 된다. 그래도 끊임없이 세포에게 주입시키라는 것. 물을 먹어도 밥을 먹어도 에너지다. 행동해도 나는 에너지 세상에 있다. 그렇게 훈련하면 "아, 내가 물질에 빠졌네. 이제 에너지 상태에 들어가야겠다." 하고 세포가 깨어나 바로 알아차린다. 세포가 알아듣고 행해야 그게 진짜다.

우리가 지금까지 절대긍정 일원심 지키는 훈련을 해 오며 세포가 깨어나 있기 때문에 그것을 기초로, 에너지 세상에 들어가는 것을 강조해도 누구보다 더 빨리 알아듣고 변하는 속도가 아주 빨라진다. 에너지 세상에 머물면 순간에 질이 바뀐다. 이미 다 돼 있다. 이제 겨우 물질 입장에서 에너지 입장으로 바뀌는 첫 단계이고, 세포도 아직 안 깨어났다.

이론으로 빠져들지 않도록, 이 방법대로 훈련하며 실행할 것. 나의 마음과 말과 행동이 지금 어떤 상태에 있는가를 스스로 점검할 것.

어느 정도 훈련이 됐을 때 자연스럽게 본능화되고 "아, 원래 이 뜻이었구나!" 하며 깨닫게 될 것이고, 대자유라는 개념이 더욱 깊숙이 느껴질 것이다. 또 이 세상 어느 누구도 나를 제한할 수 없다는, 누가 뭐라 해도 이 시공 세상은 나와 아무 상관 없다는 마음이 생겨나고, "여기 있지만, 여기 없다.", "일체가 나다"라는 개념이 자동으로 생겨날 것이다.

이미 나는, 이 모든 조건을 창조해 놓았다.
무시공생명은 영원히 살아 있다.

제3장

무시공 성지의
제3우주 식물기지

성지에서 창조된
무시공에너지생명 식물

인간의 수명은 전체 우주에서 가장 짧다. 인간이 섭취하는 원재료 자체의 수명도 짧고, 몸은 가장 낮은 차원의 물질과 반물질의 에너지를 흡수하고 있으며, 몸 구조 자체도 에너지를 흡수할 줄 모르기 때문이다. 그래서 우리가 무시공 성지에서 무시공에너지생명을 창조했다.

에너지 세상에 들어가 살기 위한 맞춤형의 에너지 음식이 필요하기 때문에 같은 지구에 사는 생명인 식물이 1억 살 이상인 존재들이 무시공의 눈에 띈다. 심지어 지구 나이와 같은 생명도 있다.

그들과 대화해 보면 자기는 고급 에너지를 흡수하고 있다고 한다. 성지에서 높은 수명의 식물을 발견해서 창조하고, 또 무시공의 식물까지 끌어와서 접붙여 놓았다. 이것은 기적이다.

우리는 세포를 깨우치면서 새로 창조된 이 에너지를 흡수하면 빠르게 바뀐다. 습관을 들여야 한다. 반복해서 말하지만, 물을 마셔도 무시공에너지 생명물, 술을 마셔도 무시공에너지생명술, 그렇게 계속 에너지를 주입시키면 세포가 깨어난다. 내가 먹는 것이 물질이 아니고 에너지구나, 하며.

에너지 세상에서는 당연히 에너지밖에 흡수할 수 없으니 맞춤형이다. 그러면 몸도 빨리 분리되어 깨어나고, 에너지 몸을 인정하며 물질 몸은 인정하지 않으니, 차차 분리되고 사라진다. 이렇게 좋은 것이 어디 있는가? 그누구도 상상 못 할 일이다. 물, 술, 초, 향, 기, 에너지까지 다 작업해 놓았다. 이미 모든 기초를 닦아 놨다. 이번에는 정말로 모든 핵심을 끌어내서 알려 주었다.

무시공 식물의 새 이름

우주인과의 대화에서 아소가 말했듯, 새로운 식물들이 난다는 지리산 성지에서 창조된 무시공 식물의 새로운 이름을 소개합니다. 우리가 무시공 선생님의 훈련에 따라 세포를 깨우며, 동시에 무시공 에너지 몸에 맞는 맞춤형의 에너지 음식을 흡수해야 한다고 했던, 그 에너지의 원재료들입니다.

실제로 이 에너지를 마시면 에너지 몸으로 바로 흡수되어 들어가므로 물질 몸의 목으로 넘어가는 순간 바로 무시공 에너지로 존재하게 됩니다.

무시공 식물의
3우주 이름

No	시공 이름	제3우주 이름	No	시공 이름	제3우주 이름	No	시공 이름	제3우주 이름
1	철쭉	환	2	장미꽃	꽃	3	둥굴레	아락
4	밤	노락	5	더덕	매끈	6	엉겅퀴	보귀
7	제비꽃	나리	8	머위	이방	9	정구지	화랑
10	까마귀밥나무	건객	11	피나물	보미	12	시계꽃	말
13	산괴불주머니	룰루	14	쇠비름	녹용	15	으아리	아리
16	송엽국	랄라	17	긴병꽃풀	바롱	18	삼구초	사랑
19	질경이	겹삼	20	붓꽃	애	21	야관문	마음
22	용담초	당당	23	금랑화	양	24	동백	궁
25	큰구슬붕이	씨	26	취나물	벌	27	쇠뜨기	한결
28	호랑가시나무	벼루	29	라일락	자향	30	백합	하니
31	매발톱 비슷	바로	32	당귀	취향	33	춘난	나는
34	우산나물	우리	35	벌나무	꿀향	36	나리꽃	과연
37	세신	화로	38	참나무	참	39	녹차	나요
40	물푸레나무	나리	41	삽주	놋	42	꿀	꽃의 요정
43	봄까치풀	마음	44	미나리	민	45	대추	진봉
46	갈퀴나물	영원	47	닭의장풀	뿔	48	호야	도란도란
49	광대나물꽃	빛	50	윤판나무	놀	51	개량 양귀비	기쁨

No	시공 이름	제3우주 이름	No	시공 이름	제3우주 이름	No	시공 이름	제3우주 이름
52	뾰족나무	만경	53	독활	자생	54	머루.포도	포도
55	현호색	쪼맨	56	잔대	롱	57	키위.다래	다래
58	보란	용	59	쪼맨 비슷	미스터리	60	지칭개	만개
61	블랙구기자	청순	62	선녀탕방방	도란	63	하수오	은종
64	라뇨	라뇨	65	연산홍	명랑	66	산마	초야
67	장녹	경망	68	홍작약	백	69	천남성	도황
70	어성초	성초	71	백작약	자후	72	까마중	다롱
73	대박순 (미나리 비슷)	화관	74	모란	하린	75	방풍	결심
76	상추	여린손	77	남천	열심	78	으름	아름
79	구기자	열	80	박주가리	마성	81	알코올	평
82	대푸	방	83	꼭두서니	꼭대기	84	가시박	각시
85	이끼	인끼	86	단풍마	남성	87	볏짚	맘
88	주목	비송	89	고추	고추	90	효모	몸
91	하늘	나비	92	가지	황금손	93	샐러리	샐리
94	나한송	홍	95	오이	곡비	96	고수	고시
97	소나무	송	98	황기	보기	99	생강	생황
100	콜라	달물	101	하늘수박	화도	102	쑥	쑥쑥
103	말리화	라희	104	도라지	다오	105	영채	영
106	알로에	정	107	새삼	망꽃	108	들깨	고향
109	커피나무	카노	110	며느리배꼽	기뻐	111	참깨	진향
112	편백나무	만	113	환삼덩굴	오손	114	마늘	마향
115	작살나무	문	116	배풍등	포미	117	바랭이	왕초
118	가는잎그늘 사초	청초	119	나팔꽃	방울	120	느타리 버섯	화룡
121	맥문동	정화	122	고추버섯	파노	123	천문동	맥

No	시공 이름	제3우주 이름	No	시공 이름	제3우주 이름	No	시공 이름	제3우주 이름
124	유산균	유함	125	표고버섯	화정	126	자귀나무	자귀
127	천사의 나팔	성나팔	128	오크라	흑백	129	선밀나물	란
130	고비	고개						

각자의 역할을 했을 뿐 물질이 아닌 생명입니다.

제3우주 식물 우주
지리산 성지에 안착

우리 우주는 어떻게 형성이 되었나.

처음에는 최초우주 처음에는 모두 5만 명이 탄생했어요. 그다음에 원조 우주. 원조 우주는 3차원이 있어요. 1차원은 1, 2, 3, 4 숫자, 2차원은 ㄱ, ㄴ, ㄷ, 3차원은 가, 나, 다, 라, 우리 한글이 원조 우주에서 시작했어요.

그리고 원조 우주 다음에 3개 우주가 있어요. 제1우주, 제2우주, 제3우주, 사람, 동물, 식물. 3대 우주 밑에 5대 우주. 5대 우주 밑에는 다섯 개 팀 (5개 그룹). 우주 구조는 이런 구조예요. 거기서 흘러 흘러 내려와서 천억조 광년까지 내려왔어요.

천억조 광년까지 와서 지구까지 온 것. 이것은 제1우주에서 뿌리가 내려 왔어요. 제2우주는 천억조 광년부터 동물 종족. 제3우주는 천억조 광년부터 식물 우주는 지금 지리산의 우리 성지. 그런데 사람 우주하고 동물 우주가 내려오면서 동물 종족이 우리를 너무 힘들게 했어요. 조금 있다가 이런 방면에 대하여 해석해 드릴 거예요.

식물 우주는 최초로 지리산 성지에다가 지금 안착시켜 놨어요. 그럼 제가 이것과 관련하여 말씀드릴 것은 무엇인가 하면, 누구도 못 오게 했어요. 왜? 원래 그 원조에서 내려왔기 때문에 성지예요. 발원지예요. 거기는 관광하는 곳도 아니고 자랑하는 곳도 아니에요. 제3우주에서 내려와 가지고 여기서 새로 뿌리를 박는다는 거예요. 그럼 반드시 깨끗해야 해요.

어느 별의 20 몇 광년 되는 별, 거기는 사람이 세 가지 종류로 있는데 바다 물을 먹고 산대요. 표면에는 식물이 없대요. 그래서 물어봤어요. 그럼 거기는 왜 식물이 없나? 식물을 심을 수 있는 조건이 안 된대. 그럼 너희는 조건이 안 되면 우리는 지구가 제일 낙오하고 제일 끄트머리라 그런데 우리는 제3우주의 식물을 제일 거친 세상에서 성지를 만들고 있는데 너희는 왜 안된다고 해? 안 된다고 하는 것이 이분법이라고 그러니까 자기네도 깜짝 놀라. 그래서 과학자들이 탐구하겠대.

우리는 조건에 걸려 있는 것이 아니고 우리는 무조건이야. 우리는 창조주니까. 이것은 누구라도 상상을 못 해. 거기에서는 그렇게 깨끗하고 그런 환경인데 제일 악조건인 지구에 와 가지고 지리산에서 자리 잡고 거기서 시작하는데 이것은 과학적인 상상을 초월한 거예요. 그럼 이것을 어떻게 대해야 되나. 진짜 우리 마음 직선빛 100프로 돼야 해요.

물질과 반물질,
통로

저번에 성지에서 식물하고 대화하면서 물어봤어요. '환'이라는 존재, 그 예형초와 대화했어요. 지금 내 몸, 물질 몸이 얼마나 되고 반물질이 얼마나 되나? 나를 보더니 물질이 15% 됐고 반물질이 30%, 합하면 45%래요. 그러니까 55%가 그부분은 인간 눈으로 안 보이는 구조인 예형초 수준으로 돼 있다는 거예요. 그래서 식물 생명체를 많이 동원해 내 몸에 들어와서 몸의 물질을 무조건 없애라고 했어요. 저는 최선으로 하고 있어요.

우리 센터는 통로를 30% 열어 놨고, 성지는 50% 열어 놨다고 했잖아요. 무엇 때문에 여기 센터는 50% 못 여나? 열면 우리가 감당을 못 해요. 몸이 못 견딘다고! 내가 직접 앞장서서 해 보니까 진짜 이건 장난이 아니에요. 원래 몸무게가 60킬로 좀 넘는데 이번에 재보니 약 2킬로정도 빠졌더라고.

여기 오기 전에 그때 식물보고 물어봤어요. 물질이 얼마나 됐나? 13%라고 해요. 2%가 빠졌어요. 어제 또 작업하면서 내 몸이 지금 어떤 상태인지 무시공 애인한테 물어보니 물질이 10.24%, 반물질이 20%~24% 그 사이, 조금 더 내려왔어요.

원래 45%인데 지금 합해도 35%는 남았어요. 그러니까 요새 너무 힘들어서 술을 거의 연거푸 사흘을 마셨어요. 어제는 최고로 마셨어요. 가만 있으면 이 몸이 못 견뎌서 계속 술로 좀 마비시키고 세포를 즐겁게 하라고 입력해 놓고, 술술 풀린다고 그러고…. 그런데도 오늘 아침에 일어나지 못했지만 지금은 이 자리에 와서 말은 몇 마디 할 수 있어요. 세포가 긴장돼서 혀는 좀 굳었지만.

'사'라는 존재한테 내 몸 상태를 보라고 했어요. 내 눈앞에, 머리에 8개 통로를 막아놨대. 누가 막았느냐고 하니까 자기는 말 못 한대요. 직접 찾아서 물어보래요. 그래서 누가 막았나? 막은 존재 나오라니까 한 분이 나왔어. 이름이 '안'이라는 존재가 내 통로를 두 군데 막았어. 무엇 때문에 막나? 풀면 안 되나?

내가 풀리면 내 몸이 인간 눈에 안 보인대. 그래서 일부러 막아 놔야 된다는 거야. 열어 달라니까 안 열어줘. 강압적으로 하니까 겨우 40% 열어주겠대. 그 통로만 열리면 내 눈이 열리고 몸도 인간 눈에 안 띌 수도 있고, 너무너무 강해서 안 된다는 거야. 때가 안 됐대. 그럼 6월 말에 40% 풀어 달라고 하니 동의했어요.

두 번째 또 나오라 하니까 '행'이라는 존재가 나왔어요. 전부 다 여자예요. 행은 통로 세 개를 막아 놨는데 몸, 눈, 또 마음인지 뭔지 막았어. 그것도 풀어 달라니까 30% 풀어 주겠대. 30% 언제 다 돼? 그럼 하나하나 풀어 보라고 하니 한 통로는 거의 40% 풀겠대. 두 번째 통로는 50% 풀고, 세 번째 통로는 6월 말까지 40% 풀겠대. 그래, 상황 보고 풀어 주겠대. 너무 일찍 풀면 안 된다는 거야.

세 번째는 '밴'이라는 존재가 통로 하나만 막았어. 이 존재는 각 통로를 종합 조절하는 그런 역할을 해요. 몸, 눈, 각 방면에. 40% 풀어 주겠다고 거의 다 동의했어.

마지막은 '온'이라는 존재가 통로 두 개를 막았어. 하나는 차원 통로. 요 사이 우리 차원을 올리고 있잖아요. 그 통로를 막아 놓았고, 또 하나는 3~4차원의 막아 놓은 통로. 그것은 제한을 하지 않고 내 뜻을 따른대. 그럼 됐어.

이미 식물은 50% 열어 놨잖아요. 그리고 올해 연말까지는 우리 지구의 통로를 50% 열려고 난 마음먹고 있어요. 내년 연말이면 100% 다 푼다니까, 자기는 반대 안 한대요. 된대요. 차원도 올해 3.99까지. 내년 연말에는 전부 다 4차원까지 다 열어 놓으려고 해요.

아프리카 식물과의
공기 변화 대화

무시공 - 동식물 호흡에 필요한 공기가 변한 것 예민하게 느끼는 존재 나타 나라. 동물, 식물, 미생물이든 우리가 호흡하는 공기가 바뀐 것 느끼는 존재.

아프리카 식물 - 아프리카 밀림에 있는 전체 식물이 나옴.

무시공 - 그래, 그럼 너 말해 봐. 공기 전체가 무엇이 변했어? 변한 느낌 있나?

식물 - 우리가 느끼기에, '공기가 신선하다, 깨끗하다'를 넘어선, 처음 맛보는 신선함이랄까? 지구에 살다가 아, 신선한 공기다, 이 정도가 아니라, 여태까지 느껴 보지 못한 신선함. 나의 새로운 생명이 잘 자랄 것 같은 느낌. 그런데 지금 나오는 또 다른 무언가가 생겨날 것 같은 느낌. 지금의 나는 칙칙하다면, 새로운 싹이 태어날 때는 더 밝고 빛나게 피어날 것 같아요.

무시공 - 그래, 네 생각에 공기 새로 변한 것은 언제부터 느꼈어? 느낀 지 얼마나 오래됐어?

식물 - 최근이야. 정확히 며칠 됐는지는 모르겠어.

무시공 - 동물들은 산소를 사용하는데, 너희들도 산소 사용하는가?

식물 - 네, 동물과 똑같이 사용하는 건 아니지만 산소도 필요해요. 이산화탄소도 필요하고요.

무시공 - 그런데 공기가 바뀌었으면, 많은 사람과 동물, 식물, 심지어 미생물에게 무슨 영향을 줄 것 같아? 모두들 바뀐 공기에 적응할 수 있나? 적응 못 하나?

식물 - 우선 나만 생각했었는데, 모두를 볼게요. 인간들… 동물들… 음, 이렇게 표현할게요. 지구가 여기 있으면(손으로 지구를 50cm 원으로 표현) 요만큼(한 주먹도 안 되게 표현)만 톡 튀어나와서 밝아요. 그래서 이만큼만 살아남을 것 같아요.

무시공 - 그럼 네 생각에 지구 인간을 예로 들면 얼마나 남을 것 같아? 70억 인구가 새로 공기 바뀌었으면 얼마나 적응할 수 있어? 먼저 인간부터 분석해 봐. 짐작할 수 있나?

식물 - 아까 내가 봤을 때, 지구가 다 시커멓게 보였고, 떠올라 있는 밝은 것을 보면… 떠올려진 게… 4~5천만 명, 아니 5천~6천만 명.

무시공 - 응, 그래. 그럼 식물과 동물은?

식물 - 동물도 많이 없어져. 인간과 비슷해. 동물들은 왜 없어지는지 모르겠다. 인간들은 하도 주변을 못살게 굴어서 없어지는 거 당연한데…. 어! 식물도 많이 없어지네.

무시공 - 미생물도 마찬가지겠지?

식물 - 응, 미생물도 마찬가지고. 딱 필요한 것들, 알짜만 남아.

무시공 - 그럼 또 한 가지 물어보자. 지금 갑자기 지구가 뜨거워지는 거 알아, 몰라?

식물 - 알아.

무시공 - 뭐 때문에 뜨거워져?

식물 - 지구 대기의 막이 약해지기도 하고, 태양 빛이 강해지기도 하고, 그러니까 태양 볕도 깅하게 들어오고, 지구 내부의 온도도 뜨겁고. 지구 외적으로 보면 원인은 태양밖에 없는데 태양이 강해졌나? 아! 태양이 가까이 왔어.

무시공 - 그러면 지구가 열이 얼마큼 올라올 것 같아? 몇 도로 올라갈 것 같아? 언제부터?

식물 - 언제부터인지는 모르지만, 평균 50도 될 거 같아.

무시공 - 언제부터?

식물 - 곧, '곧'이라고 표현돼.

무시공 - 곧? 응. 그럼 너희는 곤란 있어, 없어?

식물 - 우리도 곤란 있겠다. … 그래서 많이 없어지는구나. … 타겠네. 그리고 말라죽겠네.

무시공 - 그러니까 상상도 못 하는 재앙이지? 공기도 변했지, 또 태양이 가까이 오니까 열도 높아지지. 그러면 너희 대처 방법 있나? 살아남을 수 있어?

식물 - 아, 모르겠어. 그래서 동물도 없어지는구나. … 대처 방법? 물 옆에 가는 거? 물을 끌어오는 거?

무시공 - 그건 몰라. 그저 너희들에게 정보를 알리는 거야. 정보 알면 된다. 그저 이만큼.

식물 - 네.

태양에서 온
하수오와의 대화

무시공 - 1억 이상 나이 많은 하수오, 나타나. 이제 식물들에게도 다 소문나서 알 거다. 부르면 다 나올 거다.

하수오 - 네.

무시공 - 나이는 몇이야?

하수오 - 3억 년 살짜리 하나, 10억 년 살짜리 하나가 함께 친구처럼, 애인처럼 살고 있어요. 근처에 함께 있어요. 적하수오는 3억 년이고, 10억 년은 백하수오예요.

무시공 - 그럼 누가 남자야?

하수오 - 우리 둘 다, 남녀가 함께 있어요. 함께 있는 우리는 친구처럼 지내요. 그러니까 3억 년에도 남녀가 있고 10억 년에도 남녀가 있는데, 같이 있는 한 쌍끼리 좋아하는 게 아니라 서로 다른 곳에 있는 상대를 좋아해요. 3억 남자 - 10억 여자, 3억 여자 - 10억 남자. 이렇게 쌍이에요.

무시공 - 그러니까 여자 남자가 함께 다 같이 있구나. 그럼 남녀 동체네? 자기 안에 음양이 다 있는데 서로 상대편에 있는 음과 양이 좋아한다. 몸은 하나야, 두 개야?

하수오 - 같이 붙어 있는데 두 개 몸이에요. 뿌리가 두 개예요.

무시공 - 그래. 두 몸인데 한 체로 연결돼 있다? 그래 알았어.

하수오 - 네.

무시공 - 그럼 너는 원래 지구에 있었어, 다른 별에서 왔어?

하수오 - 다른 별에서…. 지구 생겨난 후, 많은 곳에서 우주 생명의 씨가 날아와서 자리 잡았지요. 나도 내 마음에 드는 곳에 자리 잡았고.

무시공 - 언제 어느 별에서 왔어? 지구 탄생 시기는 알지?

하수오 - 네, 나의 조상 씨가….

무시공 - 지구 탄생 때 왔어, 지구 탄생 후에 왔어? 그렇다면 지구 탄생 전에도 살아 있던 생명이니 나이가 더 많겠네? 그런데 어느 별에서 온 건 구체적으로 생각 안 나나? 또 그 별에서 지구에 와서 어떻게 됐나? 그 별 과학자들이 연구를 위해 너희에게 연락하는 건 없고?

하수오 - 네. 내가 보니까 나는 그 별에서 지금의 내 모습이 아니었어요. 여기, 지구 생태에 맞게 변형돼서 왔네요.

무시공 - 지구 오기 전에?

하수오 - 네. 조작이 돼서 왔어요.

무시공 - 그래, 그럼 그 별에서는 아직까지 너를 연구하고 있나? 자주 대화도 해? 만난 적도 있고?

하수오 - 나를 보고 간 것 같아요. 대화는 안 했어요.

무시공 - 그래, 보고 갔는데 그 별에서 너를 연구하는 존재 이름이 뭔지 알 수 있어? 그리고 언제 너를 보고 갔던 것 같아?

하수오 - 수시로 보고 가는 것 같아요. 우리가 오래 살았으니까 수시로 보고 갔다는 이야기는 가끔 왔다는 이야기겠죠?

무시공 - 그러니까, 와 본 사람 이름 알겠나? 별 이름은? 모르면 우리가 찾을게. 너 이름이 뭐야? 이름부터 말해 봐.

하수오 - 나는 별에서 브릴이라고 불렀던 것 같아요.

무시공 - 별에서 부르던 이름이?

하수오 - 네.

브릴(하수오)을 관찰하는 존재

무시공 - 응. 그럼 됐어. 우리가 한번 찾아볼게. 우리 지구 사람이 말하는 하수오, 지금 10억 살인데 그것을 자주 와서 관찰하는 그 별의 과학자 나타나. 그 별에서 여기 적응하도록 창조됐는데, 별에서 이름이 브릴이라고 불렸다고, 성지에 와서 브릴(하수오)을 수시로 와서 관찰하는 그 존재 나타나.

(···네.)

무시공 - 이름이 뭐야?

반다 - 반다라고 합니다.

무시공 - 반다? 너 어느 별에 있어? 별 이름, 그리고 지구와의 거리.

반다 - 태양에서 왔습니다.

무시공 - 아, 태양에서 왔나? 지구인들이 그 식물보고 하수오라 부르는데 태양에 있을 때 이름은 브릴이라며. 맞아?

반다 - 네. 맞아요.

무시공 - 어, 그래. 지금 자기 나이가 10억 살이라는데 그럼 10억 년 전에 여기 지구에 와서 식물로 나타나게 했나? 언제 씨 뿌렸어?

반다 - 네. 내가 가지고 왔거든요. 내가 지구에 가지고 와서 땅에 뿌렸지요. 음··· 20억 년 전에 한 번, 그 후 10억 년 전에 또 한 번, 총 두 번 뿌렸어요.

무시공 - 딱 이것 한 가지 종류만 했나? 아니면 다른 씨 몇 가지 더 뿌렸나?

반다 - 네. 몇 가지 뿌렸어요.

무시공 - 그래, 말해 봐. 다 뭐야? 20억 년 전에 뿌렸나?

반다 - 네.

무시공 - 그래. 그거 몇 가지 뿌려서 다 어떤 상태야? 지금까지 관찰하니 무슨 결과가 나왔어? 연구했을 거잖아.

반다 - 우리가 뿌린 건 다 잘 자라서 활용되고 있고, 인간들이 먹고 이로운 점이 많아 결과가 좋습니다.

무시공 - 그런데 나이 많은 건 인간이 못 보잖아. 지금은 우리가 찾아냈지만···. 그럼 뿌린 것은 다 몇 가지 종류야?

반다 - 레몬, 귤, 오렌지.

무시공 - 오, 그래? 또···.

반다 - 하수오하고···.

무시공 - 인간이 하수오라고 부르는 거 알아?

반다 - 네. 해바라기도 가져왔고….

무시공 - 너희가 해바라기 가져왔어? 해를 향하니까 해바라기라 하지. 진짜 너희들이 가져왔구나. 우리가 알기는 금성에서도 가져왔다던데, 맞아?

반다 - 금성에서 가져왔다면 그런가 보죠. 우리도 가지고 왔어요. 금성에 물어보세요.

무시공 - 그래, 나중에 물어볼게. 그리고 해바라기는 씨로 번식하잖아. 씨 말고 하수오처럼 뿌리로 계속 살아온 거 그런 건 없나? 하수오 제외하고. 하수오 10억 년 산 것, 뿌리로 계속 살았잖아. 네가 20억 년 전에 뿌렸으면 20억 년까지 아직 살아 있는 거 아직 있어, 없어? 하수오 이외에? 실제 10억 년 된 하수오는 인간은 모르거든. 우리는 찾을 수 있지만. 인간은 그만큼 수명 긴 거 있는 줄도 모른다.

반다 - 네, 맞습니다.

무시공 - 인간은 10년, 20년짜리, 100년도 안 되는, 그런 거 찾아낼 수 있지.

반다 - 그렇지요. 우선은 우리가 뿌린 것 다 말할게요. 고사리도 우리가 씨 뿌렸고요.

무시공 - 잘했네. 너는 태양에서 과학자인가?

반다 - 지구는 과학자라고 하나? 다른 행성에 뿌려진, 특히 지구에 뿌려진 것을 관찰하고 있었으니까 그 전문가라고 할 수 있죠.

무시공 - 그래. 지구에서 말한다면 학자네. 네가 전문적으로 식물을 연구하니, 지구에서 말하자면 식물학자, 맞지?

반다 - 네, 그래도 됩니다.

무시공 - 그래, 또 뭐가 있어?

반다 - 감자, 고구마도 있어요.

무시공 - 진짜 많은 걸 뿌렸네?

반다 - 배추, 양배추.

무시공 - 토마토는 아니야?

반다 - 토마토도요. 어떻게 알았어요?

무시공 - 느낌에… 그래. 뿌리 있는 거, 20억 년 전에 씨 뿌린 게 아직까지 뿌리로 계속 살아 있는 거, 하수오 같은 거, 그런 종류 뭐 있어?

반다 - 꼭 뿌리는 아니지만, 동충하초라 불리는 것도….

무시공 - 그것도? 동충하초도 보약으로 쓰잖아. 겨울 되면 벌레로 돼 있고, 여름에는 풀처럼 살아나. 그런 게 있다고. 그래서 동충하초라고 해. 이것도 네가 뿌렸나? 지구인한테 다 도움이 되는 것인데, 많이 뿌렸네. 그리고 아직 지구에서 이렇게 나이 많은데도 발견하지 못한 거 한번 찾아봐.

반다 - 발견하지 못한 거요?

무시공 - 네가 뿌려 놨지만, 수명도 거의 10억, 20억 년 살아 있는데 인간이 아직 못 알아보는, 확인 못 하는 것이 뭐냐고….

반다 - 아, 그런 건 없어요. 우리가 다 잘 활용하게끔 했지요. 그때 태양에서 같이 간 존재들이 인간 속에 들어가서 다 알려줬습니다.

무시공 - 그렇게 했나?

반다 - 그런데 필요 없어서 스스로 없어진 건 있어요.

무시공 - 그건 왜?

반다 - 인간들 입에 안 맞고, 큰 효용 가치를 못 느끼는 것은 저절로 없어지더라고요.

무시공 - 그래, 알았다. 그럼 지금은 지구에 없는 거 새롭게 또 뿌리려는 생각 없나?

반다 - 네. 지금은 없습니다.

무시공 - 그럼 지구에서는 없는, 태양에 있는 고급 식물을 인간이 사용할 수 있도록 할 수 없어?

반다 - 인간이 활용할 건 다 가져온 것 같아요. 그때.

무시공 - 그래?

반다 - 네. 오래전에 다 가져왔지요.

무시공 - 지금은? 지금은 너희도 발전해서 새로운 식물 종 있을 수 있잖아. 인간이 사용할 줄 모르는 거, 응?

반다 - 네. 우리가 쓰고 있는 건 따로 있지요.

무시공 - 그것, 또 지구에 뿌리면 안 되나? 이제 탐구해 봐.

반다 - 너무나 많은 실험과 시간이 들어서…. 지구도 과거 우주 시대 때는 새로운 정보나 새 기술, 문명이나 식물 등을 서로 교환하고 퍼트려서 발전할 수 있었고, 서로 폐쇄적일 때도 소문 없이 퍼질 수 있었는데, 특히 지금 지구는 그런 정보를 많이 막고 있잖아요.

무시공 - 우리는 안 막잖아.

반다 - 네. 그렇지요.

무시공 - 지리산 성지 알아? 무시공생명 성지. 지금 거기서 우리가 오래된 식물 종을 찾아내고 있잖아. 성지로 모이게 하려고. 그거 알아, 몰라?

반다 - 네, 지금 알았어요.

무시공 - 응. 너 거기 성지에다 실험한다는 마음으로 실행하면 온 지구, 온 우주에서 사용할 수 있는 건 다 퍼져 나가게 할 거다.

반다 - 참고할게요. 어떻게 활용할지도 한번 봐야겠어요.

무시공 - 응. 각 식물 종들, 다른 별에서도 뿌려 놓은 게 있어. 지금 다 찾아내고 연구하는 중이다. 성지로 이전시키기 위해서. 알았지? 너도 같이 참여해.

반다 - 네.

무시공 - 여기는 정부가 하는 것도 아니고, 누구에게 제안받고 하는 것도 아니고, 무시공생명훈련센터에서 하고 있어. 그 소식 알지?

반다 - 네.

무시공 - 응. 적극적으로 같이 참여해. 할 수 있지?

반다 - 네. 무시공생명의 새로운 식물연구센터.

무시공 - 응, 그렇지.

반다 - 무시공 지리산에서.

무시공 - 지리산 성지에서 하고 있다고. 알지?

반다 - 네. 알겠습니다.

무시공 - 그래. 하수오하고 대화하다 보니까 너하고까지 대화하게 됐다. 그래, 이다음에 또 소통하면서 서로 이런 방면 많이 탐구해 보자. 너 다른 별에 가서도 지구에 없는 새로운 거 있으면 재창조해서 우리 지구에 맞게 잘 개발해 봐. 알았지?

반다 - 네. 반가웠습니다.

무시공 성지의 방가지 꽃을 가지고 간
25광년 화강별, 루마

무시공 - 성지 뒤편 밭 올라가는 곳에 방가지 하나 있는데, 누가 그 꽃 따 갔어? 따간 존재 나타나. 새가 먹었나? 옆에 보호망 쳐 놓은 것 망가트리지도 않고 어떻게 몰래 가져갔어? 따간 존재 나타나.

(방가지: 원래 이름은 방가지똥, 무시공에서는 '똥' 자를 빼고 부르기로 했다)

000 - 방가지가 그러는데 새가 따갔대요.

무시공 - 그 새 나타나. 이름이 뭐야? 무슨 새야?

000 - 자기 이름은 파오르래요. 파오르.

무시공 - 파오르, 그거 왜 따 갔어? 이 근처에 있나? 어디 사는데?

000 - 꼭 사람이 자른 것도 같고…. 느낌에.

무시공 - 사람이 딸 이유가 없잖아. 이제 새하고 대화해 봐. 새가 나타났으니.

000 - 네, 느낌에는 사람이 딴 것도 같은데…. 일단 새가 먼저 나왔으니까.

무시공 - 사람 느낌 나면 사람 나타나고.

000 - (사람이 나왔지만 패스하고) 먼저 나온 새를 보니 정탐용 새이고, 그 새는 외계인이 보냈답니다.

무시공 - 그래, 뭐 때문이야? 그 새 지금 어디 있어?

루마 - 우주선에…. (이름은 후에 물어봄.)

무시공 - 우주선에 있어?

루마 - 네.

무시공 - 왜 그걸 따 갔어? 뭘 알아보려고?

루마 - 그곳에서 이 식물을 중요하게 표시해 놓아서 뭔지 알아보려고 했어.

무시공 - 그래, 너희가 새를 보내서 따 갔어?

루 마 - 네. 새처럼 위장해서.

무시공 - 너는 사람이야?

루마 - 네.

무시공 - 그래, 따 먹고 나서 몸에 무슨 느낌이 있어?

루마 - 우리 몸의 반응에 대해선 아직 결론이 나지 않았어요. 그것보다 그 식물이 우리 별에 오면 어떻게 변할지, 어떤 작용이 있을지, 그것부터 확인해 보려고 합니다. 인간들이 이걸 먹을 때 반응과 이 식물을 우리 별에 적응시킨 것을 우리가 먹으면 어떻게 될까? 그걸 확인해 보고 있어요.

무시공 - 음… 너희 별은 어디에 있어? 지구와 거리는?

루마 - 25광년, 화강별.

무시공 - 인구는?

루마 - 40만.

무시공 - 얼마 안 되네. 얼마 안 남은 건가?

루마 - 네.

무시공 - 그럼 화강별 사람들, 우리보다 몇 배나 세밀해?

루마 - 1.5배 세밀해요.

무시공 - 수명은?

루마 - 지구 인간 계산으로 본다면 400~500살.

무시공 - 응. 너희 우주선은 우리 근방에 자주 있나?

루마 - 네.

무시공 - 뭐 하려고? 우리 탐구하려고?

루마 - 네.

무시공 - 그래서 여기 보니까 무슨 변화 있는 거 같아?

루마 - 여기서 계속 식물이 진화하는 것.

무시공 - 식물이 진화하는 거? 그럼 네가 따 간 그 식물은 무슨 변화가 이루어진 거 같아?

루마 - 평범한 식물들이 갑자기 달라지고…. 그리고 중간중간에 많은 변화가 보였는데 특별히 그 식물을 보호해 놓아서.

무시공 - 하하! 그게 이상해서 살펴봤나? 그 꽃 따 먹은 사람 또 무슨 느낌이 있을 텐데 세밀하게 관찰해 봐. 몸에 무슨 반응이 오고, 무슨 변화가 있나….

루마 - 네, 지금 계속 관찰 중이고요, 빠르게 몸의 변화는 없지만 뭔가 있을 거라 믿고 계속 체크하고 있어요.

무시공 - 그것 먹은 사람 자체를 관찰해?

루마 - 네. 우리 다섯 명이 같이 먹어 봤어요. 우리가 섭취할 수 있도록 에너지화시켜서 또는 몸에 직접 주입 등 여러 방식으로.

무시공 - 음….

루마 - 샘플이 많이 필요했고, 그리고 그 씨까지도 확인해 보려고.

무시공 - 그래서 다 따 갔구나. 씨까지 확인하려고.

루마 - 네, 연구 중이에요. 이것으로 또 우리에게 맞는 식물을 만들어 낼 수도 있잖아요.

무시공 - 응.

루마 - 씨가 아니라도 세포를 배양시켜서 만들 수도 있고, 바로 먹는 것보다 연구용으로 활용하고 있어요.

무시공 - 그래서 연구 결과가 어때? 그런 거 지구에 다른 데도 있잖아. 왜 딱 우리 것만 가져갔어?

루마 - 네. 그 식물에 특수하게 보호망이 쳐져 있어서 유심히 보니까 에너지가 너무 달랐어요. 같은 종류의 다른 곳에 있는 식물과 비교하면 너무나 에너지가 달라서 특이하게 생각했어요.

무시공 - 음….

루마 - 그리고 이것에 대한 우리 별의 대체 식물에는 뭐가 있는가 봤더니, 우리 별은 없더라고요.

무시공 - 너희 별엔 없어?

루마 - 네. 지구에 있다고 우리가 꼭 다 있는 거는 아니잖아요.

무시공 - 응.

루마 - 그래서 가져다가 우리 별 토양에 맞도록 에너지화시켜서 우리별 에서도 한번 키워 보려고요. 분명 좋은 점이 있으니까 여기서 이렇게 했겠다 싶어서. 우리 별의 인구도 자꾸 줄어가고 있으니…. 물론 이 공부도 하고 있습니다. 여기서도 연구하니, 우리도 따라서 이렇게 연구하는 거예요. 하하.

무시공 - 그러면 너는 거기서 지구인이 말하는 과학자인가?

루마 - 나는 과학자에게 이 표본을 줬습니다. 이제 과학자들에게 맡겼어요. 앞으로 과학자가 하겠지요.

무시공 - 응, 네 이름이 파오르인가? 네가 새 모양으로 변해 와서 따 가지고 갔나?

루마 - 아! 파오르는 우리의 로봇입니다. 내가 시켰고.

무시공 - 너는 이름이 뭐야?

루마 - 루마, 루마라고 해요.

무시공 - 루마? 음, 로봇을 시켜서 다 따 갔나?

루마 - 네.

무시공 - 따 가서 몇 사람이 먹어 봤어?

루마 - 직접적으로 먹기가 힘들어서….

무시공 - 먹을 수 있게 새로 제조했겠네?

루마 - 네. 우리가 먹을 수 있게 에너지화해서 최대한 변형 없도록 해서 소량씩 먹어 봤어요. 다섯 명이 실험했고요.

무시공 - 다섯 명이 먹으면서 실험해 봤어? 참고로, 그 식물을 여기서는 방가지라고 불러. 처음에 우리가 엉겅퀴를 찾았는데 그 방가지가 농장에 먼저 나타났어. 원래 그 자리에 아무것도 없었는데 말이지. 마치 자기를 알아봐 달라는 듯 빠른 속도로 자라났어. 그래서 중요하게 생각했다. 그럼 물어보자. 보호망 돼 있던 너희가 가져간 방가지, 주변에 다른 식물과 비교하면 뭐가 달라? 성지 이외에도 그런 방가지 많이 있을 거다. 아까 에너지가 다르다. 또?

루마 - 아, 그래서 중요했군요. 에너지가 다르면 그 식물도 달라지잖아요. 이 식물과 비슷한 종류와는 좀 다르게, 첫째, 에너지가 달랐고, 또 에너지가 다르면 물질도 다를 거라 생각해서 봤더니….

무시공 - 주변에 다른 것과 비교해도 에너지가 다르지?

루마 - 네. 그 속에서 아주 오래된 세포가 나왔어요.

무시공 - 하하. 너희도 세포 연구하나? 그러면 이제 보자. 그래, 그 다섯 명이 먹어 봤으면 다섯 명의 몸에 에너지가 바뀌고 있어?

루마 - 네. 영향이 있어요. 오래 살 것 같은 기대감이 있어요. 그래서 우리가 오래 살 수 있는 약 등으로 활용해 보려고….

무시공 - 야, 꾀도 많다.

루마 - 여기서도 그런 연구를 하고 있다고 들었어요.

무시공 - 우리도 연구한다고 누가 그래? 어디서 들었어?

루마 - 그 소식, 여기서 들었어요. 성지 공간에 있는 우주 존재들에게.

무시공 - 그랬나. 그러면 그거 먹고 나서 관찰해 봐. 너희 몸에 빛이 나는지, 또 그 식물에 빛이 나는지….

루마 - 아, 네. 그 식물 자체에 빛이 납니다.

무시공 - 응.

루마 - 우리가 아주 소량을 먹었는데도, 우리 몸 반응을 보니 오래 살 수 있을 것 같은 느낌. 그리고 다른 에너지, 다른 빛이 같이 있었어요.

무시공 - 에너지도 바뀐다고. 원래 있던 몸의 에너지가 바뀌어. 또 아주 작은 느낌이라도 순간에 몸이 가벼워지는 느낌 있어?

루마 - 아! 네. 느꼈습니다. 그건 기분 탓인가 했는데…. 다섯 명과 다시 한번 의견 나눠 봐야겠습니다.

무시공 - 지금 물어봐. 그 변화에 대해. 지금 나와 대화하면 몸이 가벼워지는 느낌, 또 빛나는 느낌, 못 느끼나?

루마 - 음…, 네, 느낍니다.

무시공 - 수명도 좀 길어졌다는 느낌?

루마 - 네, 맞습니다. 느낌.

무시공 - 함께 실험하는 존재들에게 물어봐. 같은 느낌인지. 심지어 몸이 더 건강해진 느낌. 그런 거 같아, 안 같아?

루마 - 음, 지금 물어봤더니 다들 건강해진 느낌을 받았대요. 몸이 가벼워졌고 기분도 좋아지고. 그런데 연구 결과 아직 정확한 수치는 안 나왔답니다.

무시공 - 몸의 에너지하고 빛도 새로운 에너지로 바뀌는 느낌. 그런 것 같아? 조금 먹었는데도 몸의 에너지가 바뀌는 현상.

루마 - 있어요. 아주 소량인데도 바뀌어요.

무시공 - 응. 심지어 세포가 바뀐다. 세포가 바뀌는 현상 있어, 없어?

루마 - 그것은… 아직 수치가 안 나왔어요.

무시공 - 그리고 이 에너지는 너희 별에는 없는 에너지다.

루마 - 네, 그건 맞습니다.

무시공 - 음, 지구에서도 없고

루마 - 네. 지구에서 볼 수 없는 에너지예요.

무시공 - 더 높은 차원에도 그런 거 없다. 아주 높은 차원에나 그런 에너지가 있을 거다. 너희들은 우리한테 허가 안 받고 마음대로 먹으면 벌을 받아야 하는데, 그래도 너희들 연구하려고 한다 하니까 용서해 준다 그거지.

루마 - 고맙습니다.

무시공 - 음, 우리도 지금 시험 중인데 너희들이 먼저 발견했네.

루마 - 나를 찾아낼 줄은 몰랐습니다.

무시공 - 나는 어디까지라도 다 찾아낸다. 저 우주 끄트머리까지도 다 찾을 수 있어.

루마 - 네.

무시공 - 그러면 너희들이 그 식물만 중시했는데 다른 거는 어때? 우리 여기서 뭐 하는 거 알아, 몰라?

루마 - 아, 여러 가지 식물 많이 있었는데, 모두 눈에 띄지 않게 조금씩은 가져가고 싶었지만, 마음대로 손댈 수 없어서 그냥 그것만 가져왔습니다. 또 가장 중요한 것 같아서.

무시공 - 그것보다 더 중요한 거 있을 것 같아?

루마 - 아마 더 숨겨 놓은 게 있을 거 같아요.

무시공 - 너희 생각에 더 중요한 게 어떤 거 같아? 말해 봐. 여기에 너희보다 더 높은 차원의 우주선도 와서 탐구하고 있지?

루마 - 네. 주변에 많이 와서 탐구하고 있어요. 중요한 식물은 많을 것 같지만….

무시공 - 다른 거는 어디에 해 놓았는지 보이지도 않는다. 너희 기술로 안 돼. 확인할 수 있는 기구도 없어. 알아?

루마 - 아, 네. 하하.

무시공 - 그 식물은 왜 중요하냐면, 아까도 말했듯이 엉겅퀴를 찾는데 방가지 자기가 먼저 나오기도 했고, 사람들이 오가는 길가 계단 위에 있어서 짓밟힐까 봐 임시로 보호해 놓으려고 표시해 놓았어. 다시 자리 잡아 주려 했는데 너희가 그걸 관찰하고 있다가 가지고 갔네. 우리 그 씨를 받으려 했는데…. 다른 식물은 표시해 놓지 않으니까 너희들은 몰라. 알 수가 없어. 중요한 거는 너희들에게 알려줘도 못 알아본다. 이제 가져가지 마.

루마 - 알겠습니다. 아, 여기에 더 중요한 게 있군요. (하하하) 네, 어쨌든 많이 진화하는 작업에 대해서 듣고 있어요.

무시공 - 우리 여기는 진화가 아니고 다 창조다.

루마 - 아, 네. 창조.

무시공 - 창조한다, 알아? 원래 지구에 있는, 이 환경에 있는 것을 가지고 지금 창조하고 있어.

루마 - 네.

무시공 - 거기까지만 알려줄게. 무엇을 창조하고 무슨 식으로 창조하는지는 아직 너희들에게는 비밀이다. 알았어?

루마 - 네. 나중에 또 좋은 거 많이 얻어 갈 수 있도록….

무시공 - 그럼 너희들도 우리 도와줘야 하지. 응?

루마 - 네, 알겠습니다.

무시공 - 우리와 자주 대화하고 자주 보여 줄 수 있나? 꽃 가져간 계기로 우리 서로 더 가깝게 지내고 좋은 거 서로 공유할 수 있잖아?

루마 - 네.

무시공 - 너희 별이 복을 받았네.

루마 - 하하하. 네, 고맙습니다.

무시공 - 로봇 가지고 그렇게 할 수 있는데, 사람으로 위장해서 우리 앞에서 서로 만나게 할 수 있나? 그런 기술 있어, 없어?

루마 - 지금 다른 별의 존재에게도 그렇게 많이 기대하고 있다고 들었습니다.

무시공 - 음. 그럼 너희 별에서 지구에 온 사람은 없어?

루마 - 네, 지구에서 살고 있는 사람은 없습니다.

무시공 - 인간처럼 위장해서 여행으로 왔다가 조금 오래 지구에 머물다가 가는 사람, 너희 그런 기술로 지구인들하고 같이 어울려 살다가 가는, 그런 사람은 없어?

루마 - 네, 우리는 인구가 워낙 적고 또 자꾸 약해져서 지구에 적응하기 너무 힘들어요.

무시공 - 많이 약해져? 너희들 왜 인구가 자꾸 줄어들어? 왜 약해졌어?

000 - 음, 노후화된 별이기도 하고, 또 무슨 변이가 있어서 자꾸 줄어들고 있었는데 요즘에 여기 지구에서 하는 우주 작업 때문에 더 급격히 줄고 있어요.

무시공 - 그럼 너희 마음을 바꿔야지!

루마 - 네, 열심히 하고 있습니다. 알리고 있어요.

무시공 - 응. 빨리 또 많이 바뀌어야 새로운 생명으로 탄생하잖아.

루마 - 네.

무시공 - 우리 여기서 이런 연구하는 것도 사람 몸을 새로운 환경에 적응되게 하기 위해서 어떻게 빨리 바뀌게 하는가, 연구하고 있어. 알아?

루마 - 네, 알고 있습니다.

무시공 - 지구인보다 1.5배 세밀하니까 아무래도 너희는 인간 눈에 안 보이게 하면 안 보이잖아. 실지 인간 눈앞에 나타나도 안 보여. 맞지?

루마 - 네. 맞습니다.

무시공 - 그래. 그런데 너희는 어찌 그걸 발견했어? 다른 별에서 와 있는 외계인들도 여기를 너희들처럼 중시하나?

루마 - 다른 별의 외계인들도 많이 보고 있고요.

무시공 - 응.

루마 - 우린 인구문제가 너무 급박해서 먼저 좀 빌렸습니다.

무시공 - 그래. 너희한테 확실한 도움이 될까 싶어서?

루마 - 네. 수명이 자꾸 단축되며 줄고 있으니….

무시공 - 응, 그래. 빨리 이 공부 받아들이면 너희들 빨리 변한다. 좋은 방향으로.

루마 - 네, 고맙습니다.

무시공 - 응. 그러면 너희 별에는 무슨 식물 있어? 우리 있는 이 땅에서 살아날 수 있는 그런 식물 있어, 없어?

루마 - 아, 이제 우리 별은 황폐해졌어요.

무시공 - 왜? 식물이 없어?

루마 - 그러니까 거의… 뭐라고 그럴까. 병들었다고 할까? 우리 별 자체가.

무시공 - 응.

루마 - 아주 노후된 별이어서 더 이상의 영양이라든가, 그런 걸 내어주질 못해요. 우리 별은 멸망하기 직전이지만 그나마 여기서 조금이라도 식물을 가져가서 시도해 보는 거예요.

무시공 - 응.

루마 - 도움 줄 식물이 없어요.

무시공 - 그런가? 그럼 여기 있는 것 줄게. 우리 밭에 상추나 여러 가지 있잖아? 그런 걸 표본으로 다 가져가. 거기서 키우면 된다. 또 우리 주변에 있는 같은 풀 종류라도 다른 거 알잖아? 여기 것은 완전히 빛으로 되어 있어. 알아?

루마 - 아, 네. 알고 있지요. 감사합니다. 잘 활용해 보겠습니다. 우리는 조금만 가져가도 되니까요.

무시공 - 응, 그래. 그럼 너희 땅에 적응되게 해서 자꾸 번식시켜 봐. 알았지?

루마 - 네.

무시공 - 방가지는 아직 중점으로 연구 중인 거고, 상추 그런 것도 다른 사람 먹는 것과 비교하면 완전히 하늘과 땅 차이야.

루마 - 네, 맞습니다.

무시공 - 한 가지 한 가지 조금씩 가져가서 거기서 재배해 봐! 그럼 너희 수명도 길어지고 건강해지고. 또 그것이 살길이다.

루마 - 네.

무시공 - 또 이 공부도 열심히 해야 하고!

루마 - 네, 고맙습니다.

무시공 - 응. 그래, 됐다.

지리산 성지
무시공 식물 작업에 대하여

120광년 탄왕별 재프리와 대화

무시공 - 여기 성지 주변에 있는 외계인, 우리가 이곳 식물에 대해서 무슨 작업을 하고 있는가, 주시하고 관찰하는 존재 나타나. 우리 하는 식물 작업에 얼마나 관심 있고 어느 정도로 아는가, 대화 좀 해 보자.

(한 명 나옴)

무시공 - 응. 이름 뭐야?

재프리 - 재프리.

무시공 - 별 이름, 지구와 거리?

재프리 - 탄왕별, 지구와 거리 120광년.

무시공 - 우리가 뭐 하고 있는지 궁금해서 관찰하고 있나?

재프리 - 네.

무시공 - 우리 뭐 하고 있는 거 같아? 먼저 식물에 대해서….

재프리 - 한마디로, 지구 식물을 그저 차원을 높여 업그레이드하는 것이 아니라 완전히 그… 무시공이라고 하지요? 무시공에서 시공이 창조될 때 그 정도 차원으로 올리는 작업을 하는 것 같습니다.

무시공 - 네가 어찌 알았어?

재프리 - 대화하는 것 몇 번 들어 봤는데, 식물들을 계속 분류하면서 합하기도 하고 그러더라고요. 나도 식물에 대해서 관심이 있거든요. 그래서 주의 깊게 봤습니다.

무시공 - 식물에 관심 있다고? 그럼 너는 너희 별에서 뭐 하는데?

재프리 - 자연에 대해서 관심 있게 보고 있고요, 지구의 자연을 한번 보러 왔다가 여기까지 오게 되었죠.

무시공 - 그럼 여기 온 지 얼마 됐어?

재프리 - 음. 지구 온 지는 한 달 넘었고, 여기 온 지는 3일 됐습니다.

무시공 - 너희 별 인구는?

재프리 - 대략 100억.

무시공 - 인구가 그리 많나? 지구인보다 몇 배 세밀해?

재프리 - 1.2배 세밀합니다.

무시공 - 우리 주변에 외계인 많이 와 있지? 식물에 관해서 무슨 작업을 하고 있나 관심 있는 외계인도 많고?

재프리 - 네. 많지요.

무시공 - 너보다 많이 알고 있는 존재도 있어?

재프리 - 그것까지는 잘 모르겠어요. 그들이 얼마나 알고 있는지. 그들의 정보까지는 다 몰라요. 그들이 공개하기 전까지는.

무시공 - 너는 여기 온 지 3일 되었는데 좀 많이 알고 있네.

재프리 - 네. 대화하는 걸 몇 번만 들어 보면 알지요.

무시공 - 그럼 우리 대화 듣고 여기 식물을 어떻게 하는지 그것도 알아? 여기 있는 식물 이름도 다 알아?

재프리 - 아니요. 이름은 다 몰라요. 지구와 우리는 다르니까. 물론 지구 식물에 대한 정보를 찾으면 되겠지만요. 여기 식물을 어떻게 하는지는 당신들의 대화를 들어 보면 지구인보다는 내가 이해가 빠르지요. 지구 땅부터 모든 식물의 에너지, 기타 생명들이 인간하고 차원이 맞춰져 있으니까 비슷하게 바뀌잖아요. 지구뿐 아니라 모든 행성도 별도 마찬가지겠지만. 우리는 이 지구식물의 차원이 보이니까, 식물을 높은 차원으로 작업하는 것을 금방 알 수 있어요. 인간들은 그걸 잘 모르지요. 모르니까 원래….

무시공 - 진짜 맞네. 우리가 이렇게 차원을 높이고 식물에 질을 바꾸는 거.

그거는 보통 지구인은 이해를 못 하잖아. 너희는 이해할 수 있지?

재프리 - 그럼요, 저는 보면 알죠.

무시공 - 그럼 너희 별 사람 평균 수명은 몇이야?

재프리 - 지금 1,000살 정도 됩니다. 지구 인간 수명이 100살이라 했을 때.

무시공 - 음. 1,000살쯤. 그럼 너희 별에서는 지구 대한민국에서 우리가 무슨 일 하는 거 알아?

재프리 - 알고 있어요.

무시공 - 그래서 배우고 있고?

재프리 - 네. 소식 접했었거든요. 별에 있을 때. 소식은 접했는데, 하지만 꼭 배우려는 이유에서 지구에 온 건 아니었는데 지구에 와서 식물과 자연을 보다 보니 우연히 여기 오게 되었네요.

무시공 - 그럼 이런 정보 너희 별에도 알렸어? 보고했어?

재프리 - 네, 알렸습니다.

무시공 - 그래, 너희 별에서는 뭐라 그래? 별 대표나 과학자가 중요하게 생각하겠네?

재프리 - 네, 주의 깊게 보고 있어요. 그래서 식물이 바뀌어 가는 과정을 내가 보고하기로 했습니다.

무시공 - 그럼 네가 보기에 여기 식물들 무슨 변화 이루어지고 있는지 말해 봐. 어느 정도 아는가 한번 보자.

재프리 - 우선 여기 온 지 3일 밖에 안 되었으니까⋯.

무시공 - 3일 동안 아는 만큼.

재프리 - 네. 들은 걸 토대로, 우선 이곳 식물의 변화를 다른 지역의 것과 비교해 봤거든요.

무시공 - 응.

재프리 - 다른 지역에서도 키우는 것은 다 똑같요. 외적으로 보기에는 물 주고, 비료 주고, 이렇게 하는 건 다 똑같지만, 여기서는 이 주변 자체에 에너지도 다르고, 밝고, 기후나 토양도 좋은 편이고⋯. 그러니까 그냥 보통 지구에서의 조건이 아니라는 거죠. 다른 차원이라는 거죠. 그리고 또 이런 작업에 대해 들어 보니, 이미 식물 하나하나에 다른 어떤 차원이 또한 번 입혀져 있다고 느낄 수 있었어요. 높은 차원이 입혀져 있다고 느꼈어요. 처음에는 잘 몰랐는데, 대화하는 것 듣고 작업을 어떻게 했는지 예상할 수 있었어요.

무시공 - 응. 그래서 지금 보면 계속 변화는 현상 있어, 없어?

재프리 - 그럼요, 제가 느꼈다는 것은 변했다는 것이지요.

무시공 - 그래. 그럼 네 생각에 왜 변화시키는 거 같아?

재프리 - 결국은 지구 인간을 함께 변화시킨다는 목적 아닙니까?

무시공 - 응. 어떻게 변화시켜?

재프리 - 여기서 말하는 무시공의 차원, 그러니까 일부러 죽는, 몸을 썩히는 게 아니라 살아 있는 상태에서 완전히 몸을 없애서 세밀해지는, 우리 우주인들처럼 더 높은 차원으로 바꾸겠다는, 이 말이죠.

무시공 - 응. 너희도 인간보다는 세밀하지만 마찬가지로 높은 차원으로 몸 바뀌려고 노력하고 있잖아.

재프리 - 네. 그렇죠.

무시공 - 그런데 너희도 아무리 노력해도 그 근본 원리는 아직 모르고 있잖아. 아직 시공에 있는 그 관점 때문에.

재프리 - 아, 다시 한번 말씀해 주세요.

무시공 - 너희는 아직까지 무극에서부터 너희 별, 그리고 지구까지 전부 다 시공 관점이기 때문에, 시공 우주에 적응된 관점 때문에, 그저 차원은 올라갈 수 있지만 완전히 바뀌는 방법은 몰라. 바뀔 수도 없고.

재프리 - 네. 그렇지요, 맞습니다.

무시공 - 그러니까 시공 우주 각 차원에서 그 차원이 유지되고 있어. 더 높은 차원을 올라가려면 끊임없는 탐구와 끊임없이 수많은 방법을 찾아야 해.

재프리 - 네.

무시공 - 시공의 어느 차원의 존재나 다 같은 방식으로 하고 있다고. 그런데 우리는 아니야. 우리는 한 걸음에 무시공으로 바로 가. 시작도 무시공이고 끝나는 것도 무시공이야. 한 발자국에 마지막까지 바로 도달할 수 있는, 그것을 여기서 하고 있다.

재프리 - 네. 차원을 무시하고 바로 간다는 말이죠?

무시공 - 그렇지. 우리는 어느 차원에 올라갈 생각이 없어. 그렇게 할 필요
도 없고. 그러니까 우리는 한 발자국에 직접, 가장 낙후한 지구인 분자
모습에서 순간에 무시공 존재로 변하는 방법이야.

재프리 - 그래서 많이들 구경하고 있나 봅니다.

무시공 - 그럼 네가 보기에 여기에 비행선 우주선 얼마나 많이 와 있는 거
같아?

재프리 - 많이 와 있어요. 꼭 와 있지 않아도 다 듣고 있습니다. 그리고….

무시공 - 직접 와서 관찰하는 것도 있고, 멀리서 정보만 알아가는 것도 있
고 그렇지?

재프리 - 네. 그렇습니다.

무시공 - 그래. 여기에 비행선 우주선 왔다 갔다 하는 것은 평균 얼마나 되
는 거 같아?

재프리 - 항상 여기에 있는 것은 1만 대 정도. 계속 있는 게 아니고 왔다 가
고 왔다 가고 이런 식입니다.

무시공 - 응. 그래. 각 차원에서 다 우리를 탐구하고 있어. 맞지?

재프리 - 네.

무시공 - 그럼 거기서 존재하지 않는 식물 표본을 지구에서 가져가서 그곳
에 적응하려는 그런 생각도 가지고 있지?

재프리 - 여기 이곳의 바뀐 식물들을요?

무시공 - 응.

재프리 - 아, 그러면 감사하지요. 그런데 아직은 우리 차원까지도 안 바뀌었
어요. 그런데 바뀐 모습은 보입니다. 하지만 차원이 우리보다 높아진다
면 정말 욕심날 거 같습니다.

무시공 - 너희가 볼 때, 우리 식물이 그 수준 안 된 것 같아?

재프리 - 네.

무시공 - 너희는 모른다. (웃음) 야, 너희 이제 겨우 100광년이야. 오천억 광

년에서도 우리가 뭐 하는지 모른다. 무극에서조차도 우리가 뭐 하는지 모른다고.

재프리 - 아, 그렇습니까?

무시공 - 그런 측정을 할 기구가 없어. 장비가 없다고. 믿어? 하하하. 너희 차원에서 보니까 그 정도밖에 안 보이지. 그럼 물어보자. 지금 지구파동, 너희가 아는 주파수. 지구 원래 파동이 1이라 하면 지금 어느 배수로 올라간 거 같아? 먼저 그거 물어보자. 느낌 그대로 말해 봐. 그 파동이 어느 정도로 세밀해졌어?

재프리 - ….

무시공 - 원래 파동이 1이라면 몇 배 세밀해졌어, 그 한 가지 보면 답이 나온다. 지구인들은 원래 50년도에는 7 좌우되다가 지금 17.8로 올랐다고 해, 의식이 상승하고 파동 배수가 세밀해져서 그렇다는데, 지금 실제로 얼마나 세밀해졌는지 너희 기구로 알 수 있어? 이제 보자. 너희 별의 파동 수치는 얼마고, 지구와 비교하면 몇 배 세밀해?

재프리 - 지구의 파동보다 10배 세밀한 것 같습니다.

무시공 - 그럼 물어보자. 지금 지구 파동이 어느 정도로 변했어? 밀도가 어느 정도로 변했어?

재프리 - 우리 이상 되는 것 같습니다. 빠른데요.

무시공 - 그래. 너희 별 이상이라도 어느 정도인지 말해 봐.

재프리 - 파동을 굉장히 높이 올렸다는 정보가 오는데… 잘 모르겠습니다.

무시공 - 천억조 배 세밀해졌다. 지구 원래 파동수가 1이라면 1에서 1천억조 배 세밀해졌어. 너희 그거 측정할 수 있어?

재프리 - 아니오. 그런 정보는 지금 처음 들었는데 상상할 수 없어요.

무시공 - 그러면 또 하나, 지구에 있는 물질 에너지 속도가 1이라 하면 지금 그것도 1천억조 배 속도로 올렸어. 그럼 물질 움직이는 속도가 얼마나 빨라졌겠어? 그럼 너희 별도 그렇게 빨라질 수 있어?

재프리 - ….

무시공 - 그럼 지구에서 이런 속도, 이런 파동빛이면 지구가 안 바뀌겠나?

아직 원래 지구로 보여?

재프리 - 아니요.

무시공 - 응. 그렇기 때문에 여기가 식물도 무시공 식물로 바뀌는 발원지라 할 수 있다고. 아니면 무시공 식물이 이 자리에서 머물 수도 없어. 이제 이해해?

재프리 - 네.

무시공 - 무시공의 식물은 파동도 없어. 밀도도 속도도 비교할 수 없는 거야! 그렇지만 우리는 최고로 올려놓았다고.

재프리 - 네. 그래서 바로 옆에서 지켜봐도 안 보이고 모를 수 있군요.

무시공 - 응. 그래. 이제 인정하나? 너희 어떤 과학 기구로도 측정할 수 있는 장비가 없다. 믿어?

재프리 - 네.

무시공 - 너희가 만일 우리가 말하는 파동과 물질의 움직이는 속도를 측정하는 장비가 있다면 우리가 여기서 무시공의 식물을 창조하는 것도 측정할 수 있어. 아니면 아무것도 측정 못 한다. 그저 무슨 변화는 있겠다. 그것밖에 몰라. 그리고 우리 여기서는 가능하지만, 만약 너희 마음대로 가져가서 너희 별에서 하려 해도 적응이 안 돼서 못 해. 너네 거기서는 안 된다고. 이해해?

재프리 - 음…. 아, 가져가면 왜 사용 못 하죠? 그냥 쓰면 되지 않나요? 그냥 가져갈 것도 아니지만.

무시공 - 그래, 만일 가져간다 하자. 가져가면 너희 마음 자세도 안 되고, 너희 몸도 못 견디고 그 별에도 적응 안 돼. 그래서 사용할 수가 없다고. 그럼 어떻게 사용할 수 있나. 이것도 비밀인데 너희들한테 처음으로 알려준다. 또 다른 외계인 우주인들 귀 기울여 들을라. 방법은, 반드시 대전 무시공생명 훈련센터에서 밝히는 우주 진리를, 새로운 무시공 우주 진리를 받아들이고 진심으로 해야 이것을 사용할 수 있어. 그리고 효과가 있어. 안 그러면 효과 없다. 그만큼 마음 자세도 바뀌고 무시공이 무언가를 알아야 여기 것을 조금씩 사용할 자격이 있어. 그 전에는 너희들 아무리 가져가도 소용없다. 이제 알았지?

재프리 - 아, 이 공부 받아들이고 같이해야 사용 가능하고, 효과도 있고….

무시공 - 그래. 동시에 해야 효과도 있고 사용할 수 있어. 또 적응할 수 있고. 그 외는 적응할 수가 없다. 알았어?

재프리 - 알겠습니다.

무시공 - 처음으로 네게 새로운 정보를 밝히는 거다. 무시공의 식물이 도대체 뭔지 너희는 절대로 알 수 없다.

재프리 - 이해합니다. 무슨 말인지 알았습니다. 끝!

지구 변화에 예민한 동식물: 국화와 공기

무시공 - 지구 변화에 제일 예민하게 느낄 수 있는 존재 나타나. 동물이든 식물이든.

(국화가 나타남.)

무시공 - 국화꽃이 제일 예민해?

국화 - 네.

무시공 - 그럼 몇 가지 물어보자. 지금 지구가 무슨 변화 이뤄지고 있어? 지구 변화, 네가 제일 예민하게 느낄 수 있어?

국화 - 네.

무시공 - 그래 말해 봐. 지구 지금 무슨 변화 이뤄지고 있는지.

국화 - 지구가 떨려요.

무시공 - 뭐 때문에? 전에는 그런 현상 있었어, 없었어?

국화 - 옛날엔 없었죠.

무시공 - 언제부터 그래?

국화 - 점점 더 떨려요. 한 2년 전부터. 1년 전에 더 심해졌고 지금은 더 떨려요. 갈수록 더 떨린다는 거죠.

무시공 - 떨리는 건 무슨 현상이야? 그리고 그 결과 지구에 무슨 일이 있을 것 같아?

국화 - 좋은 사람은 좋고, 안 좋은 사람은 안 좋아요. 그러니까 이런 지구 반응이 좋은 생명들이 있고요. 이 반응이 안 좋은 생명들이 있어요.

무시공 - 그럼 생명들이 분리되겠네?

국화 - 분리?

무시공 - 그 떨림으로 일부분은 분리돼서 도태당하는 그런 현상 없어?

국화 - 그렇죠. 우리 국화들 중에서도 이 현상 좋아하는 친구들이 있고, 아주 기분 나쁘다고 하는 친구들이 있어요. 그래서 알았어요.

무시공 - 너는 좋아하는 편이야?

국화 - 네. 나는 좋아하는 편이에요.

무시공 - 그럼 안 좋아하는 존재들은 나중에 없어지겠네?

국화 - 그렇겠죠.

무시공 - 그 떨리는 거 계속 속도가 더 빨라져, 더뎌져? 네가 떨린다는 그 뜻은 인간이 말하는 주파수잖아.

국화 - 점점 느낄 수 없을 만큼 더 미세해지는데요.

무시공 - 응, 세밀해진다.

국화 - 네. 그래서 아무것도 모르게 지나가는 생명도 있고 너무 크게 받아들이는 생명도 있고 그래요. 더 미세한데 더 크게 느껴진다는 거죠.

무시공 - 그럼 그 떨리는 거 1년 전부터 떨렸는데 더 강하게 떨리면 나중에 무슨 현상 일어날 거 같아? 지구인 70억 인구 중에 거기에 적응되는 존재들은 얼마나 남을 것 같아? 그리고 언제부터 인간한테 영향 줘? 그 떨리는 거 지구인은 아직 잘 모르잖아. 너희들은 이미 느끼고 있지만. 그럼 지구인들이 느끼고 그 떨리는 데서 분리돼서 일부분은 도태당하고 일부분은 그 떨림에 적응돼서 살아남고?

국화 - 네.

무시공 - 그럼 그 현상 언제부터 이뤄질 것 같아?

국화 - 잘은 모르겠지만 이대로 가는 걸로 예상하면, 지금 1년 정도가 상당히 빠르게 진행돼 왔으니까…. 그러면 3년 또는 4년, 4년 후에는 완전히 그렇고, 빠르면 3년이에요. 그때 엄청나게 없어질 건 없어질 것 같아요.

무시공 - 3, 4년 안에?

국화 - 네, 3~4년.

무시공 - 응. 떨리면서 지구에 무슨 현상 일어날 것 같아?

국화 - 진동과 함께 모든 게 다 흔들려요. 강, 바다, 땅, 대기 등등.

무시공 - 그거 왜 흔들리는지 원인 못 찾았어?

국화 - 아까 얘기했던 미세한 흔들림. 그런 게 나중에 커지는 거 아니에요?

무시공 - 그래, 뭐 때문에 그런 일이 이뤄져? 옛날에는 왜 없었던 거야?

국화 - 음, 알 것 같아요.

무시공 - 뭐 때문이야?

국화 - 지금 전해 들었어요. 그리고 기억났어요.

무시공 - 뭐?

국화 - 새로운 생명이 태어나는 데 대한 진동이래요.

무시공 - 누가 그래?

국화 - 식물들이요.

무시공 - 식물들이 누가 너한테 그렇게 말했어?

국화 - 많이들 전해주는데요? 선인장도 그렇고 꽃들도 그렇고 또 바람도 그러고요. 공기도 그래요.

무시공 - 너보다 먼저 알아서 너한테 전달했어?

국화 - 네. 얘들이 전에 얘기해 줬었다며 다시 내게 전했어요. 난 기억 못 했었는데.

무시공 - 선인장, 바람, 꽃 중에 누가 더 예민해?

국화 - 공기요.

무시공 - 공기가? 바람 말고?

국화 - 네.

무시공 - 응. 국화는 들국화도 다 포함됐어? 지금 여기 근방에도 국화 있잖아.

국화 - 네.

무시공 - 그래. 알았어. 그런데 그런 새로운 생명이 탄생하기 때문에 그런 떨림이 온다, 떨림이 이뤄진다. 그거야?

국화 - 네.

무시공 - 실제 그 떨림은 인간말로 주파수잖아. 주파수(파동)가 옛날엔 엄청 더딘데 지금 자꾸 세밀해지고 더 빨라진다. 그 뜻이지?

국화 - 네, 맞아요.

무시공 - 응, 너희들 다 느끼고 있나?

국화 - 네, 딱 그 표현이 맞아요.

무시공 - 그래. 고맙다.

국화 - 네.

무시공 - 그럼 이제 공기, 나타나.

공기 - 네.

무시공 - 너 지금 지구가 무슨 변화 이뤄지는지 잘 알고 있어?

공기 - 네, 알고 있어요.

무시공 - 네가 누구보다 더 잘 알고 세밀하게 알아? 아니면, 너보다 더 잘 아는 존재 있어?

공기 - 에너지가 더 잘 알 것 같아요.

무시공 - 그래? 그럼 너 아는 만큼 말해 봐. 지금 지구에 어떤 변화가 이뤄지고 있고 또 어떤 결과가 나올 것 같아?

공기 - 공기는 무시공생명공기로 바뀌었고요. 이 공기는 사용할 수 있는 사람만 알아요.

무시공 - 응, 보통 사람은 못 느끼지?

공기 - 네, 보통 사람은 못 느끼지만 호흡은 해요. 알고 쉬는 사람과 모르고 쉬는 사람이 있어요.

무시공 - 응. 그리고 지구에 일반 산소를 통해서 사는 존재들, 이 무시공생명에너지 무시공생명공기로 바뀌었으면 거기 적응되나?

공기 - 차츰 적응된 사람이 있고요, 이것도 적응하지 못한 사람이 있겠더라고요. 보니까. 그래서 무시공생명에 대한 공기기 때문에, 여기서 말하는 긍정마음이 높을수록 그 사람 몸속에 들어가면 좋은 공기가 만들어지고, 그렇지 않은 사람들에게는 계속 오염된 해로운 공기가 채워지게 되죠. 몸속에.

무시공 - 그래. 보기에 지구에 무슨 변화가 이뤄질 것 같아? 너 아는 만큼 말해 봐.

공기 - 지구가 반 조각이 났어요. 반 조각이 나서 하나는 시커멓게 썩었고, 하나는 새롭게 갓 태어난 생명이에요. 그래서 반으로 나뉘었어요, 이미. 그렇게 돼서 무시공생명공기로 숨 쉴 수 있는 사람은 새로운 쪽으로 갔고요, 숨 못 쉬는 사람은 썩은 쪽으로 갔어요. 그런데 지금도 계속 분리되고 있어요.

무시공 - 그리고 언제 이 일이 끝날 것 같아?

공기 - 무시공생명이 결정하는 날에 될 거예요.

무시공 - 그날로 된다고?

공기 - 네.

무시공 - 너는 뭐 무시공생명, 무시공생명공기, 무시공생명에너지 다 아네? 그래, 고맙다.

공기 - 네.

식물과 대화:
장미

무시공 - 태양에서 온, 지금 미국에 있는 비투아, 나와.

비투아 - 네.

무시공 - 지구에 온 이유는?

비투아 - 외계와의 관계를 좋게 해서 지구인 마음을 조금이라도 열어 주고 싶어서요.

무시공 - 마음을 어떻게 열어 줘? 여기 온 지는 얼마나 됐고?

비투아 - 4년이 안 됐네요.

무시공 - 태양에서 몇 사람 왔어?

비투아 - 나랑 같이 올 때 세 명.

무시공 - 모두가 세 명?

비투아 - 나와 한마음으로 온 존재는 딱 세 명이에요.

무시공 - 너까지 모두 세 명인가? 세 명 모두 지금 미국에 있어?

비투아 - 네. 그래요.

무시공 - 그럼 태양에선 다른 나라에 와 있는 사람은 없어?

비투아 - 있지요. 있지만 특별한 임무를 가지고 온 건 아니고, 놀러 왔다거나, 체험하러 왔다거나, 둘러보고 가거나, 그 정도죠.

무시공 - 그 세 명 중에 네가 책임자야?

비투아 - 네.

무시공 - 그럼 물어보자. 지금 지구에서 무슨 변화가 이뤄지는지 알아, 몰라?

비투아 - 음, 알아요. 대한민국에 대전 이야기를 들었어요. 새로운 우주 중심지가 된다고. 거기 와서 함께 공부하고 새로운 생명이 무엇인지 정확히 알아야 하고….

무시공 - 그런데 왜 넌 듣기만 해? 관심이 없었어?

비투아 - 우리가 무시공 접하기 전에 미리 작업해 놓은 거예요. 미국에서 갑자기 무시공에 대해서 들으면 정말일까, 의심할 수 있잖아요. 그래서 우리 같은 외계에서 우주를 먼저 알려 놓고 무시공이 다가오면 더 빠르게 받아들이고 깨어나지 않을까 싶어요. 아까 당신이 질문한 마음을 어떻게 열어 주느냐는 것도 같은 답이에요.

무시공 - 그래. 생각은 좋은 생각이다. 그렇지만 미국 사람하고 한국 사람 특징이 같아, 안 같아? 누가 생각해도 우주 중심지는 응당히 힘 있는 미국에서 해야 되는데, 왜 하필 한국에서 할까? 그건 생각 안 해봤어?

비투아 - 네. 이유는 있더라고요.

무시공 - 무슨 이유?

비투아 - 아무도 예측하지 못하는 곳에서, 그리고 아무도 모르게 준비시켰던 나라라고 들었어요.

무시공 - 응. 그래. 소식들은 그대로 이뤄지고 있나? 너 느끼기에 아직 근거가 안 보이지?

비투아 - 네. 근거가 안 보여요. 하지만 그 일은 분명하다고 느껴요. 장난은 아니에요.

무시공 - 알았다. 너는 식물 동물과 대화할 수 있어?

비투아 - 그럼요.

무시공 - 그럼 먼저 식물하고 대화해 봐. 곁에 무슨 식물 있어?

비투아 - 장미 있어요.

무시공 - 그럼 장미하고 대화.

비투아 - 네.

무시공 - 무슨 대화를 하나? 지금 지구에 갑자기 무슨 변화가 이뤄지고 있나? 그 변화로 지구에 무슨 영향을 주고 식물, 동물한테 심지어 인간한테 무슨 영향 주는가 대화해 봐.

비투아 - 장미에게, "지구에 지금 많은 변화가 있다고 하는데 무슨 변화인 가?" 물었더니 지금 지구 각계각층에서 서로 다른 진동이 일어나고 있고, 물은 물대로 땅은 땅대로 숲은 숲대로 인간은 인간대로 다 각기 다른 진동으로 뭔가 새로운 에너지를 찾아서 가려고 한대요. 그런데 인간, 동물의 몸이나 무거운 물질들은 찾아갈 수가 없고, 밝은 영이나 에너지들만 그쪽으로 휩쓸려 간대요.

무시공 - 지금 그게 어디서, 무엇 때문에, 언제부터 이뤄지고 있어?

비투아 - 대전에서, 심하게 이 무거운 물질들을 떼어 내고 있대요. 아주 오래전부터 지구는, 가장 힘들게 하는 종들을 없애려는 마음을 먹고 있었는데 지구 인간들이 더 심해져서, 지구가 자살까지 하려는 생각이 들 정도였대요. 몇 년 안 됐어요. 그런데 최근 들어 점점 심해진다고 해요.

무시공 - 그럼 지금 그런 갑작스런 진동이 일어나는 거, 느끼나? 그런 진동 이전에 느껴본 적 있어, 없어?

장미 - 네. 3년 전부터 좀 심하게 느꼈지만, 그 심한 정도가 상상을 초월하게 빨라지고 있어서 지금은 거의 내 몸이 빠져나가는 느낌이에요. 동물들과 우리들은 빨리 알지만, 인간들은 잘 몰라요.

무시공 - 그럼 인간은 언제 알 것 같아? 그 진동이 인간한테 무슨 영향을 주고?

장미 - 인간한테 쓸데없는 불안함과 두려움을 줘요. 특히 몸에 대한 두려움. 그래서 몸에 더 집착해요. 집착하는 사람은 더 집착하고, 영적인 사람들이나 가짜 고통에서 빠져나오려는 사람들은 오히려 이때를 이용해서 분리하려고도 하고 조금 더 높은 의식으로 승화시키려는 노력을 해요. 지구 인간은, 몇 년 내로 갑자기 10억으로 줄었다가 차츰차츰 계속 더 줄어들 것 같아요. 그런데 정확한 시간은 모르겠어요. 왜냐하면 인간들이 워낙 몰라서요. 인간의 마음에 따라 변동이 있는데 말이지요.

무시공 - 그럼 어떻게 해야 인간이 빨리 깨어날 것 같아? 너희와 동물들은 인간보다 먼저 알고 긴장 상태고, 그래서 어떻게 해서 뛰어넘을까 하는데, 인간은 꽉 막혀 가지고 모르고 있잖아.

장미 - 네. 인간이 가장 몰라요. 인간은 칼로 찔러야 '아야!' 하고 그때서야 알아차린대요. 내 가시에 찔려야 '아야!' 하거든요. 그러고는 곧 또 잊어버리고 또 찔려요. 그렇게 인간들은 몰라서 자꾸 당한다고 우리는 알고 있어요.

무시공 - 그래. 너 표현 잘했다. 그만큼 두껍게 쌓였다고. 굳은 돌멩이 같지. 전부 다. 그러니 도태당할 수밖에 없지.

장미 - 네.

무시공 - 비투아, 처음으로 식물하고 대화해서 이런 중요한 정보를 알게 됐네. 많은 식물, 동물하고 대화해 봐. 다 같은 결론 나올 거다. 알았지?

비투아 - 네.

무시공 - 그리고 이 말, 너한테 말하면 알아들을는지…. 너희 말로 주파수라고 하지. 우리는 파동이라 말해. 과학자들이 지금 지구 파동 18.6Hz라고 하는데, 우리는 그걸 1이라고 보자. 지구 주파수를 1로 봤을 때, 지금 얼마나 올라갔나. 며칠 전에 5천억 배 올라갔어. 주파수 파동이, 그렇게 세밀하게 바뀌고 가속도로 바뀌었어. 그러니까 지구 원래 주파수를 1로 보면 지금은 5천억 배로 올라갔어. 이거 무서운 일 아니야?

비투아 - 엄청난 일, 있을 수 없는 일.

무시공 - 그리고 하루 전에 또 5억조까지 올라갔어. 5억조 배. 그럼 원래 지구 있을 것 같아, 없을 것 같아? 주파수가 세밀할수록 물질이 사라지고 에너지 상태로 변하는 거, 알지?

비투아 - 네.

무시공 - 그런데 이렇게 올라간 거, 태양계 은하계도 측정 도구가 없어서 측정할 수가 없어. 맞지?

비투아 - 네, 그렇습니다. 우리도 마찬가지예요.

무시공 - 그래, 너희도 측정 못 한다. 금성 과학자한테 물어보니까 파동 주파수 측정하는 기계 어느 정도 되냐 하니까 100만 배까지 측정할 수 있대. 5억조 배까지 올라갔으면, 그럼 온 은하계 다 영향 받아, 안 받아? 은하계 헤츠먼이라는 중심 별, 거기 겨우 지구 주파수보다 한 100배 세밀한가? 100배 빠른가? 그런데 지금은 5억조까지 올라갔어. 그럼 난리 나, 안 나?

비투아 - 그럴 수가….

무시공 - 그다음에 시간, 물질을 움직이는 시간. 마찬가지로 5천억에서 요 근래 또 5억조 배로 올라갔어. 그러니까 속도가 너무너무 빨라지고 있다고. 식물 동물은 위기에 빠져서 자기가 곧 멸망하는 것까지 이미 알고 있어. 그런데 인간은 몰라. 그 위기가 곧 눈앞에 다가왔는데도.

비투아 - 그래서 지구가 중심이 됐군요. 주파수가 그렇게 많이 높아지고 시간도 빨라지니까.

무시공 - 이제 인정하나? 주파수 때문에 물질이 녹아, 안 녹아? 물질 지구가 난리 나, 안 나? 원래 물질은 파동이 더디잖아. 더 강한 파동으로, 파동이 세밀해지기 때문에 물질이 에너지 방향으로 바뀌지? 그러니까 낡은 지구가 곧 없어진다고. 그리고 그 낡은 지구에 의지해서 사는 존재도 같이 없어져. 이해해?

비투아 - 네. 알겠습니다.

무시공 - 너희 태양도 태양계에서 좀 앞장서 있어도 원래 낡은 지구보다 몇 십 배 속도 좀 빨라. 그런데 지구가 5억조 배까지 올라가서 시간과 파동 속도가 그만큼 빠르고 세밀해지는데, 그럼 태양은 감당해 내겠나?

비투아 - 감당이 안 되지요.

무시공 - 태양도 함께 큰 위기가 온다. 지구뿐만 아니라. 맞지?

비투아 - 네.

무시공 - 그래서 빨리 정신 차려야 돼. 이제 지구에 대전이 새로운 우주 중심 이라는 거 확신 와? 헛소리 아니지? 다음에 더 올라간다고. 계속 올라가.

비투아 - 네. 우주 중심 맞습니다.

무시공 - 그러니까 수많은 우주별도 삭제되고 도태당한다. 지구만 없어지는 게 아니고 태양계도 은하계도 보장 못 해. 다 없어질 수도 있어. 믿어?

비투아 - 네.

무시공 - 지금 지구 주파수가 갑자기 18.6Hz까지 올라도 대단한 변화가 이뤄진다 하는데 5천억 배하고는 비교가 안 되지. 그런 데다가 요 근래 5억조까지 올라갔어. 5억조 배. 시간 속도도 물질 움직이는 속도도 5억조 배. 그러니 빨리 빨리 정신 차리라고. 안 그러면 스스로 도태당해도 어떻게 도태됐는지도 몰라. 너는 외계인이라서 그래도 좀 빨리 알아챌 수 있어. 그럼 네 생각에 어디가 안전지대야? 그 식물한테 물어봐. 이런 큰 혼란과 재앙이 오는데 어디가 피난처인가 물어봐.

비투아 - 우주 중심이 피난처겠죠?

무시공 - 그게 어딘데?

비투아 - 대한민국 대전?

무시공 - 그래. 그러니까 지구인뿐만 아니라 온 우주인이 모여들고 있다고. 이런 소문 들은 적 있어? 처음이지? 이 소식 누구도 모른다. 우리가 너한테 알려주는 거야.

비투아 - 소식은 들었어요. 기본적인 소식은 들었는데, 더욱 구체적으로 들어서 좋습니다.

무시공 - 빨리빨리 이 정보를 친구들 있는 태양에 알리고 너희도 기구로 측정해 봐. 그런 측정기 없을 거다.

비투아 - 네. 그럼 한 가지 질문이 있어요.

무시공 - 그래 말해 봐.

비투아 - 아주 높은 공간까지 가서 주파수가 계속 올라가면 시간도…?

무시공 - 물질이 움직이면 시간도 빨라진다.

비투아 - 네, 빨라진다는 말이죠? 그럼 여기서 이야기하는 무시공이라는 그것은 주파수가 없어지나요?

무시공 - 당연히 없지. 우리는 무시공이니까. 주파수와 시간은 시간 공간 개념 때문에 있어. 지금 그게 어떤 방향으로 바뀌나? 무시공으로 바뀌어. 나중에 시간 공간이 없는 그런 새로운 세상이 열려. 그게 대전에서 열리는 새로운 우주 중심지라는 거야. 그러니까 원래 이 시공 우주는 없어진다고. 이제부터 시작이야. 알았어?

비투아 - 네.

무시공 - 너 이런 소식 누구도 모르지?

비투아 - 네. 주파수에 대한 것은 처음 들었습니다.

무시공 - 그래, 시간 속도 빠르게 움직이는 것 못 들었겠지. 지구인은 아직 그것에 대해 몰라. 시간 빨라지는 게 시계가 가는 그 시간이 빨라졌나 하지만 그 시간은 하나도 안 빨라졌어. 그대로 24시간이야. 그게 아니고, 지구의 만물이 움직이는 속도가 빨라졌다는 거야.

비투아 - 네. 무슨 말인지 알아요.

무시공 - 너는 알아들었지?

비투아 - 네.

무시공 - 인간은 시간 측정기도 없어. 그다음에 금성 과학자한테 물어보니까 시간 측정기도 있고 주파수 측정기도 있다더라. 알아?

비투아 - (웃음)

무시공 - 금성의 과학자가 자기 측정기로는, 주파수는 100만 배 한도로 측정할 수 있고, 그다음에 시간은 50만 배 측정한대. 그래서 내가 5천억 배 지금 빨라진 거 측정해 보라니까 그런 장비가 없대.

비투아 - 네, 그럴 수가 없죠.

무시공 - 너희는 측정기 어느 정도 돼 있어?

비투아 - 금성하고 비슷합니다. 그렇게 높은 건 측정 못 해요.

무시공 - 그렇지. 그런데 동물들은 알잖아. 식물도 알고. 기구로 잴 줄은 모르지만 주파수가 갑자기 변한다는 거 속도가 갑자기 빨라진다는 거는 알아. 이 원리는 간단해. 물질이 주파수가 제일 낮고, 물질이 계속 속도 빠르게 움직이면 세밀한 빙향으로 가잖아. 세밀한 방향으로 갈수록 에너지 방향으로 흘러가고. 맞지?

비투아 - 네.

무시공 - 우리 해석하기 위해서 인간한테 이렇게 말해. 예를 들어, 큰 용기에 바위도 있고, 돌멩이도 있고, 모래도 있고, 먼지도 있어. 이렇게 담은 용기를 100마력으로 돌린다 하자. 처음에도 강한 힘인데 처음에 돌 때는 빨라, 느려?

비투아 - 느리죠.

무시공 - 뭐 때문에?

비투아 - 지구에서는 그렇죠.

무시공 - 맞지. 바위가 너무 무거워서. 그럼 제일 먼저 빠져나가는 게 뭐야? 바위가 먼저 빠져나가지?

비투아 - 네, 무거운 거.

무시공 - 그럼 속도가 빨라져?

비투아 - 빨라지죠.

무시공 - 빨라지면 뭐가 또 빠져나가?

비투아 - 그다음 무거운 것.

무시공 - 응, 그러니까 갈수록 계속 가속도가 붙어.

비투아 - 네.

무시공 - 먼지만 있을 때는 완전히 가속도야. 그럼 먼지하고 바위하고 비교할 수 있어, 없어?

비투아 - 비교할 수 없죠.

무시공 - 그래. 그만큼 세밀해진다는 거야. 속도 빠를수록 물질이 세밀한 방향으로 흘러가. 맞지?

비투아 - 네.

무시공 - 이런 예를 들면 알아듣기 쉬워. 지구가 바위라고 생각해 봐. 가속도로 5억조까지 올라갔는데 바위가 날아가겠어, 안 날아가겠어? 없어져, 안 없어져? 깨지고 부서지고 없어진다고! 그럼 지구가 무엇으로 변해? 바위 지구가 돌 지구로 변하겠지. 돌 지구가 또 모래 지구로 변하고, 모래 지구가 먼지 지구로…. 먼지 지구가 계속 돌면 에너지 지구로 변해, 안 변해? 그게 가속도 원리야, 맞지? 너희 태양도 지구보다 조금 세밀해. 그런데 아직 물질로 돼 있잖아?

비투아 - 네. 모두 맞습니다.

무시공 - 그래서 태양 주파수가 원래의 낡은 지구보다도 100배 1,000배도 안 된다. 은하계도 1,000배 안 돼. 그런데 우리는 지금 5억조 배까지 올라가고 있어.

비투아 - 무섭습니다.

무시공 - 그래, 빨리 깨어나라. 너희 태양에서는 그래도 평화를 원해서 네게 말한다. 그러니까 너희 동료들 있는 태양에, 빨리 이 소식을 알리라고.

비투아 - 고맙습니다.

무시공 - 그래. 너도 살려면 빨리 빨리 대전으로 와. 거기 포기하고. 거기도 위험지대야, 어떻게 될지도 몰라. 알아? 금성 과학자도 지금 우리하고 대화하니까 자기는 100% 우리를 믿는대. 작년부터 우리를 계속 지켰어. 우리를 관찰하고 많이 협조했고, 그가 금성도 안전하지 않다며 우리 있는 지구에 오겠다고 해. 믿어?

비투아 - 네.

무시공 - 응. 그래 이만해. 너는 마음이 예뻐서 대화했다. 나쁜 마음 있으면 삭제하려고 마음먹었는데, 이제 앞으로 어디 있을래?

비투아 - 한국에 바로 가서 직접 듣는 게 낫겠죠.

무시공 - 그렇지. 하여튼 우린 소식을 너한테 알렸어. 오든 안 오든. 너 살려면 오고 같이 도태당하려면 거기 있어라. 네 마음이 좋으니까 너를 찾아서 정보를 알릴 뿐이다. 알았지?

비투아 - 네. 고맙습니다.

강력한 무시공 존재
'O'과의 만남

무시공 - 며칠 전에 내 방문 앞에 옮겨 심은, ○○○! 네가 진짜 ○○○ 맞아?

○○○ - 네, 맞아요. 완전 똑같은 ○○○는 아니지만.

무시공 - 너는 주로 무슨 역할을 해?

○○○ - 내 역할은 막아 주는 역할을 하니까, 지키는 임무로 저 문밖에 세워 주면 좋을 것 같아요.

무시공 - 대문 밖에? 무엇을 지켜 줄 수 있어?

○○○ - 식물들도 지킬 수 있어요. 지저분한 여러 에너지들이 나를 피하려고 하는 경향이 있네요.

무시공 - 지저분한 에너지들이 너를 피한다…. 그럼 너는 어떤 에너지야? 누가 너를 좋아해?

○○○ - 나 스스로를 잘 지키는 에너지. 나 생긴 거 예쁘다고 다들 좋아하지 않나요? 열매 예쁘다고.

무시공 - 그런데 열매 맛은 안 좋대.

○○○ - 그럼 먹지 마요.

무시공 - 하하, 그래 지금 나이는?

○○○ - 150살.

무시공 - 그렇게 키가 작은데 150살이야? 키는 더 안 크나?

○○○ - 더 클 수 있는데 몇 번 잘리고 타고 그랬어.

무시공 - 그래도 꽤 오래 살았네. 친구들 중에 나이 많은 친구는 몇 살짜리 있어?

○○○ - 몇백 살도 있어. 그런데 키나 덩치가 아주 크진 않은 것 같아. 소나

무나 그런 것처럼.

무시공 - 크지 않아도 나이 많은 거는 천 살, 만 살 되는 거, 없어?

OOO - 뿌리 기준으로 봤을 때 천 살, 만 살까지 있을 거야.

무시공 - 사람이나 동물들이 너를 먹으면 무슨 효과가 있는지 알아?

OOO - 사람은 먹어 보니, 아까 당신 말대로 맛이 없다는 반응이 제일 많았고, 동물은, 나를 먹고 나서 조금 있다가 똥 쌌어. 이제 보니까 그것은 순환이 빨라져서 그런 거 같네. 그리고 사람들은 워낙 조금씩 먹으니까 별 반응이 있는지는 모르겠어. 사람들이 우리를 많이 먹었다는 말은 못 들은 것 같아.

무시공 - 네 말 중에, "지저분한 에너지가 너를 피한다."라는 그 말, 그거 아주 중요한 관점인데! 어디 한번 보자. 네 몸에 직선빛이 얼마나 돼 있어?

OOO - 여기 와서 직선빛이 91%가 된 것 같아.

무시공 - 오기 전엔 얼마였던 것 같아?

OOO - 최저 70%, 최대 80% 정도.

무시공 - 여기 많은 식물 있잖아. 한번 비교해 봐. 네 몸에 있는 성분 볼 줄 알지? 다른 식물하고 비교해 봐. 네 특징이 어느 식물과 가장 가까워? 먼저 바로 옆에 있는 동백나무하고 비교해 봐.

OOO - 아주 조금 비슷한 면도 있지만 달라요.

무시공 - 어떤 점이 비슷해?

OOO - 동백나무는 지저분한 에너지가 무서워서 피한다기보다는 자체적으로 자기 자신을 유지할 수 있는 힘이 있어요. 그런데 아까 말했듯이, 나는 지저분한 에너지가 두려워하는 편이에요. 여기에 나와 같거나 비슷한 식물은 없어요.

무시공 - 그럼 우리 문 바로 앞에 코라니하고 비교해 봐.

OOO - 네. 생긴 거는 나와 비슷해요. 열매는 다르고.

무시공 - 맞아. 그 코라니는 나이가 5억 살이래.

OOO - 5억 살 돼도 뭐…. 그래도 내가 더 강한 거 같아요.

무시공 - 네가 더 강해? 무엇이?

OOO - 힘이. 코라니는 여기 와서 강해진 거 같고.

무시공 - 응.

OOO - 지저분한 에너지가 나를 두려워하는 힘은 내가 제일 강한 거 같아요.

무시공 - 그러면 계단 내려가는 옆에 구아나와 비교하면 어때?

OOO - 겉으로 봐서는 비슷한 것 같지만 결과(열매)는 달라요. 마찬가지로 내 특징은 없어요.

무시공 - 지저분한 에너지는 네 곁에 못 다가오고, 도망가?

OOO - 네. 다 피해 가요.

무시공 - 그럼 여기 다른 거는 너처럼 그런 특징 가지고 있는 거 없다고?

OOO - 이곳 식물들은 여기 와서 훈련을 받은 것 같아요. 원래는 안 그랬어요.

무시공 - 너는 원래부터 그랬고?

OOO - 네.

무시공 - 너 다른 데로 옮기려고 했더니 그냥 그 자리에 놔둬야겠다. (웃음)

OOO - 문밖에다 심어 주면 좋아요.

무시공 - 지금 있는 그 자리는?

OOO - 여기도 괜찮은데, 음, 나는 보통 문 앞, 그 자리가 좋더라고요. (웃음) 문 앞에 있으면 이곳 전체를 지키는 것 같은 느낌이 들어요.

무시공 - 선녀탕 쪽으로 옮길까? 아니면 대문 밖으로 옮길까?

OOO - 대문 쪽.

무시공 - 그게 더 좋은 거 같아?

OOO - 네, 그쪽이 더 마음에 들어요.

무시공 - 그래. 그럼 네 뜻으로 할게. 나중에 너를 더 확인해 봐야겠다. 인간이 모르는 무슨 특징을 더 가지고 있는가. 야! 그 말 한마디에 놀랐다. 너는 원래 지저분한 에너지를 쫓아내는 역할을 하는데 이곳 식물들은 여기 와서 훈련받아서 그런 역할 할 수 있는 것 같다. 알았어. 이 말에 강한 느낌이 있다. 감동이다. 또 하나, 삼지구엽초하고 비교해 봐. 네게도 그런 성분이 있나?

OOO - 조금.

무시공 - 조금 있어? 그다음에 무시공에서 행복나무라고 부르는 것과 비교해 봐. 행복나무도 다양한 특징을 가지고 있어.

OOO - 조금 있어요. 그런데 이 능력을 사람들이 밝혀 주면 커질 수 있을 것 같은데 거기에 대해서는 아무 생각도 안 했고, 사람들도 관심 두지 않아서 나는 더 능력이 안 나온 거 같아요. 지저분한 에너지들이 나를 피한다는 것도 당신과 대화하며 당신에게 관심을 받으니 내가 깨어났잖아요.

무시공 - 응, 실지는 그런 능력 있나?

OOO - 네, 그것도 조금 있어요.

무시공 - 행복나무보다 많아, 적어?

OOO - 더 많지는 않은 것 같아요.

무시공 - 그럼 물질 분자몸을 녹이는 강한 성분이 있는지 확인해 봐. 여기에서 어떤 나무가 그런 특징을 가지고 있나. 음, 여기 우리 집 안에 있는 △△△ 보이나?

OOO - 보여요.

무시공 - △△△에 분자몸을 강하게 녹일 수 있는 에너지를 접붙여 놨어. 너랑 비교해 봐. 너도 원래 사람 분자몸을 녹일 수 있는 능력 가지고 있어?

OOO - 오히려 그런 게 더 많이 있는 거 같아요.

무시공 - 있는 거 같아? 불로초, 영생초 우리가 알아보니까 사람이 그런 식물을 먹으면 인간의 분자몸 빠른 속도로 녹아 투명해지니 그것을 영생초, 불로초라고 생각했어. 분자몸을 녹이는 역할을 했기 때문에. 몸이 투명해지니까 남보다 수명이 길어지잖아. 그런데 인간 이원념 때문에 오래 유지하지 못해서 그 풀도 사라지고 무시공에서 거둬 버렸어. 그럼 지금 직접 내 몸에 들어와서 실험해 봐. 사람 분자몸 순간에 녹일 수 있는 그런 힘 있는지?

OOO - 그런 힘이 좋은 것 같아요.

무시공 - 좋아? 무슨 효과야?

OOO - 인간의 무거운 몸을 가볍게 해 주는 것 같아요.

무시공 - 무거운 몸을 가볍게 해준다…. 그럼 내 몸에서 직접 실험해 봐. 강력하게. 먼저, 내 몸 어디가 막혔는지 확인하고 본 그대로 말해 봐.

OOO - 눈 포함 머리 위쪽. 그다음에 앞뒤 목과 윗 등, 어깨까지. 그다음 앞쪽 아랫배와 뒤쪽 골반 부분. 그런데 목 부위보다는 특히 눈 위 머리 쪽과 아래 배 쪽이 더 많이 막혔어요.

무시공 - 그럼 지금 당장 실험해. 나를 풀어서 효과 확인해 봐. 네가 볼 수 있다면, 풀 수도 있는지.

OOO - 하하, 그냥 해 볼게요.

무시공 - 그래 해 봐. 당당하게.

OOO - ………… 어떠세요?

무시공 - 음, 네가 말했잖아, 네가 어디에 있으면 지저분한 에너지가 도망간다고.

OOO - 내가 손으로 흔들어 봤는데 별 반응 안 해요.

무시공 - 그럼 네 에너지를 직접 내 안에 들어오게 해서 그 자리 지켜봐. 지금 내 머리 안에 들어가. 지저분한 에너지 도망가는지….

OOO - 들어가니까 연기 같은 게 나요. 떨어내지 말고 진짜 들어가서 지켜봐야겠어요.

무시공 - 그래, 네가 잘 지키면 지저분한 에너지는 도망간다며. 그것을 확인해.

OOO - 내가 안에 들어가 지키고 있으니까 정말 녹아 나가는 것 같아요.

무시공 - 네가 직접 들어오니까 두려워서 도망가는 느낌 있어?

OOO - 음, 두려워하지는 않는데 왠지 슬슬 피해 가는 것 같아요.

무시공 - 피해 간다고? 강력하게 속으로 입력해. 당장 다 물러가라고. 아니면 너희들 내가 다 삭제할 거다, 라고 명령 내려 봐. 무서워서 쫓겨나가는지.

OOO - 나의 진동이 그들이 싫어하는 진동이에요.

무시공 - 응, 그래. 너를 더 강화해. 더 당당하게. 안 나가는 놈 있어?

OOO - 있어요.

무시공 - 더 강하게 힘을 집중해 봐. 무슨 반응이 오나. 두려운 마음 생겨서 밀려 나갈 때까지 계속 집중. 너를 안 두려워하던 것도 두려운 마음 생기도록. 어때? (아직 열어주지 않았는데도 잘하네.)

OOO - 네, 그렇게 하니 정말 두려워하고 싶어해요.

무시공 - 맞아. 너를 극도로 싫어하게, 미워서 나갈 정도로 해 봐. 하하하. 계속 강력하게…. 어때?

OOO - 당신 몸속이 아주 부드러워진 것 같은데요? 좋아진 것 같아요. 많이 나갔어요.

무시공 - 많이 나갔어?

OOO - 다 나간 거 같은데?

무시공 - 아직 안 나간 거 있는지 세밀하게 살펴봐.

OOO - 음, 또 보이네.

무시공 - 그래, 세밀하게 봐야 한다. 효과는 진짜 있나?

OOO - 네, 효과 있어요.

무시공 - 그러면 이제 머리 말고, 아까 네가 말한 허리 골반 뭉치는 곳, 거기 들어가 봐. 거기 많이 있지?

OOO - 네.

무시공 - 들어가니까 어때? 다른 에너지가 짜증 내? 왜 너를 두려워해? 하하하!

OOO - 나도 그게 의문인데요.

무시공 - 그래, 계속 확인해 봐. 너의 어떤 것을 그들이 두려워해? 그리고 명령 내려. 빨리 나가라고. 네가 그냥 가만히 있는 것하고 명령 내린 것하고 효과 같아, 안 같아?

OOO - 달라요. 정신이 없대요.

무시공 - 그래, 무조건 이 자리 머물면 용서 못 한다 하면서 명령 내려! 어때, 다 빠져나가?

OOO - 네. 내게 전에 없던, 처음 느껴지는 어떤 떨림이 있어요. 그걸 진동이라고 하나요, 파동이라고 하나요? 그것이 그들을 정신없게 하나 봐요.

무시공 - 너를 보면 어떻게 정신이 없대?

OOO - 시끄럽기도 하고, 또 무엇인가가 정신을 차릴 수 없게 만든대요.

무시공 - 그럼 그중에 제일 강한 천억조 광년에 있는 존재 있나 나오라 해서 확인해 봐.

OOO - 천억조 광년 존재 있고, 이름은 파울.

무시공 - 파울한테 너를 보면 어떤 느낌이냐고 물어봐.

OOO - 천억조 광년 존재 파울이 내게 말하기를, 보기엔 거칠지만 기분 좋다고 해요. 그런데 자기보다 조금 아래 차원의 존재들은 나를 보고 거칠고 정신없는 파장이라고 한대요.

무시공 - 파울은 기분 좋아서 안 나간대? 그래서 너랑 같이 있겠대?

OOO - 기분 좋다 하더니 조금 지나니까 같이 못 있겠대요.

무시공 - 왜?

OOO - 천억조 존재가 말하길, 나와 잠시 함께 있으니 마음이 진정이 안 되고 계속 들떠 있다고. 처음에는 기분이 좋다가…. 그러니까 처음에는 좋아서 기분이 들뜬 줄 알았는데 그게 아니고 계속 들떠 있어서 안정이 안 된대요. 오래간대요.

무시공 - 이런 존재 처음 만났느냐고 물어봐.

OOO - 그렇대요.

무시공 - 자, 이제 다시 나를 봐. 머리, 허리, 골반, 세 군데 막은 거 지금 어떤 상황이야? 많이 도망갔어?

OOO - 내가 보기에 많이 도망갔어요.

무시공 - 도망갔나? 이제 겨우 15분이야. 15분 동안에 너 정말 중요한 역할을 했다. 내 몸에서 정말 반응이 와. 야! 누구도 너를 깔보면 안 되겠다. 진짜 중요한 역할을 해서 도대체 어떤 존재인지 열어줘 봐야겠다. 아까 직선빛이 91%라고 했는데, 지금 이 작업을 하니까 힘이 더 강해지는 거 같지?

OOO - 응.

무시공 - 맞지. 순간에. 이제 겨우 100살 조금 넘는다고 하는 게 힘이 이렇게 강한가? 중요한 발견이다. 이제 너를 풀어줄게. 파동빛 분리 삭제. 완전히 열어 놔도 원래 네 역할 할 수 있겠지, 그런 자신감 있지?

OOO - 응.

무시공 - 그래. 울타리 같은 보호 역할 참 잘하네. 네 말대로 이뤄진다. 파동빛 분리 삭제.

OOO - 삭제.

무시공 - 내 몸 막힌 곳을 정확하게 봤고, 효과도 있다. 정말. 우주 끝까지, 계속 더 깊숙이 가서 파동빛 삭제. 사실 처음에는 너를 버리려고 했다. 그래도 생명이니 대화해 보고 어디 옮겨 줄까 했는데, 버릴 바엔 대화도 안 해야 하는데 대화하고 나면 못 버리잖아. 그래서 어디에 옮겨 줄까? 그런 생각했던 거라.

OOO - 그랬군요. 파동 삭제됐어요.

무시공 - 원래 네 무시공 이름이 뭔지, 뿌리를 보자. 무시공의 원조 이름을 찾아 위로 계속 파 올라가. 최초 이름이 뭐야? 무시공 이름 알면 그것으로 바꿔.

OOO - 라후라는 이름도 있었고, 조운이란 이름도 있었고, 가장 최초 이름은 'O'이에요.

무시공 - 'O'이 너 최초 이름이야? 그 당시 아는 사람 이름, 다 말해 봐.

OOO - 항화, 난, 야홀, 민홍.

무시공 - 사람을 찾아봐.

OOO - 크로(샘), 관, 호, 오화, 청, 황, 백, 베나, 주온(태양).

무시공 - 그 당시에 너하고 비슷한 '만'이라고 알아?

OOO - 어, 어떻게 그를 알아요? 만 알아요.

무시공 - 알고 있나? 그럼 조화는? 조화, 정.

OOO - 알아요.

무시공 - 다 아는구나.

OOO - 내 이름 중에 '조운'이 있잖아요. 조화하고 조아하고 다 연결돼 있어요.

무시공 - 그래. 너 이름은 'O'이라고 했지? 지구에는 뭐 때문에 왔어?

OOO - 무시공 에너지를 지키려고 온 거 같아요. 지금 알게 됐어요.

무시공 - 무슨 약속을 해서 왔어? 혼자 왔어?

OOO - 거기서(무시공에서) 역할을 할 사람들은 알아서 갔어요. 특별히 우리 어떻게 하자, 라고 약속한 건 아니고, 다 알아서 자기 일 찾아서 갔어요.

무시공 - 무시공에 있으면서 천억조 동물 종족도 있잖아. 그때도 너를 무서워했나?

OOO - 네, 나를 좀 멀리했죠.

무시공 - 거기 있을 때도 동물 종족들이 너를 싫어해? 무슨 원인인지도 모르고?

OOO - 네, 피해 다녔어요. 그때도.

무시공 - 너만 보면 피해? 다 두려워하는구나! 하하하! 다른 존재는 안 그러지. 너만 그런 특별한 현상 있어?

OOO - 네.

무시공 - 그래, 좋았어. 잘했다. 너도 알잖아. 지금 내 몸에도 천억조 광년 동물 종족이 계속 나를 막고 방해하고, 한두 번이 아니야. 대충 세어도 몇십억은 될 것 같아. 그래서 이제 할 수 없이 네가 와서 문 지켜야 되겠다. 절대로 침범 못하게.

OOO - 응.

무시공 - 동물 종족 수없이 삭제해도 계속⋯. 아휴! 내 일을 막으려고 내가 지구에 태어날 때부터 계속 분자몸을 너무나 막고 있었어. 너무 오래됐어. 나를 안 막으면 나도 안 건드릴 텐데, 끝까지 해. 잘됐다. 그러니 이제 내 몸 잘 지켜. 어떤 놈이 안에 들어오면 쫓아내고, 주변에 누구도 침범하지 못하게. 대문도 지키고 싶으면 지키고. 침범하면 무조건 다 처리해. 일체 권력 다 네게 줬다. 과한 개념도 없어. 용서하지 말고 마음대로 처리해. 알았지?

OOO - 응. 알았어.

무시공 - 아주 중요한 시기에 네가 나타났다. 이름도 'O'이니까. 내 몸만 안 팎으로 잘 지키면 돼. 네 친구들 에너지도 다 끌어모아서 해. 알았지? 다 너한테 맡겼다. 아까 15분 동안 체험해 봤는데, 그때 너를 안 열어 준 상 태였는데도 바로 효과 있었어. 그래서 궁금해서 너를 열어 봤다. 사실 오 늘 대전센터 가서 강의하려고 했는데, 더 나를 막아서 일어나지도 못하 게 옴짝달싹 못 하게 만들었어. 그러니 철저히 처리해. 네 말마따나 무 슨 원인인지 모르지만 네가 처음에는 좋다고 하다가 좀 지나면 힘들고 마음이 들뜬다고 하잖아. 가만 보니까 무시공에 있을 때도 동물 종족들 이 너를 무서워했나 보다. 정말 너를 잘 찾았다.

OO - 응. 알아봐 줘서 고마워.

몸을 숨길 수 있는
예형초

외계별에서 비슷한 작용을 하는 아콘과 프라콘. 이것으로 헤츠먼별에서
지구인 분자몸을 실험하다.

[만 토]

무시공 - 지구인이 사용하면 몸을 감출 수 있다는 예형초. 지구 역사상 예
형초를 사용해 본 지구인 나와 봐. 내 느낌에 분명히 있다, 다만 한 사람
이라도. (시도해 본 사람이 있다고 한다.) 이름은?

만토 - 만토.

무시공 - 너는 그 당시에 순수한 지구인이었어?

만토 - 네.

무시공 - 언제 예형초 써 봤어?

만토 - 50만 년 전인 듯합니다.

무시공 - 사용할 때 외계인이 줬나, 아니면 네가 직접 찾아서 써 봤나?

만토 - 외계인 쓰는 건데, 한번 사용해 보자 말했어요. 그랬더니 실험적으
로 어떤 것을 주더라고요. 그때 우리에게는 그들이 거의 신과 같은 느낌
이었어요.

무시공 - 식물이었어?

만토 - 알 같은 거였어요.

무시공 - 알 같은 것…. 그럼 제조한 거구나. 먹어 보니까 어떤 현상이 있었
어?

만토 - 내가 마음이 좋다고 하나 주었는데, 먹어 보니까 몸이 잠깐 사라진

듯하다가 다시 나타나고, 사라진 듯하다가 다시 나타나는 현상이 반복됐고, 완전히 사라지지는 않았어요.

무시공 - 알 하나 먹었는데 순간에 그런 효과가 있었네? 하나만 먹고 더 안 줘? 더 달라고 안 했어?

만토 - 그런 말조차도 못 했어요.

무시공 - 왜? 부끄러워서?

만토 - 너무 높은 존재여서. 그때는 외계인인지 몰랐어요.

무시공 - 그저 신이라고 생각했네.

만토 - 네.

무시공 - 그것 먹고 나서 몸이 사라졌다 나타났다 반복하는 과정에서 몸이 어떤 느낌이었어? 괴로웠나? 힘들었어?

만토 - 힘들다기보다는 이상한 느낌. 아, 괴로운 느낌이 조금 있는 것 맞아요.

무시공 - 그래도 그것을 맛본 것만으로도 대전(대단)하네. 그 당시에 외계인이 너를 준 이유가 마음이 좋다고 했다면서, 너는 다른 사람보다 긍정마음이 많았나? 그렇다면 얼마나 많았던 것 같아?

만토 - 네, 마음이 좋다는 게 긍정마음이 많다는 말인 것 같네요. 그런데 나는 다른 사람들보다는 신을 많이 믿었어요. 완전함을 믿는 것이었지요. 그래서 준 것 같아요.

무시공 - 외계의 고급 존재들인지는 모르고 신이라고 생각했나?

만토 - 네.

무시공 - 그런데 그들이 내 눈에 띄고, 같이 생활하고 그랬어?

만토 - 같이 있지는 않고, 순간에만 보였어요. 순간에 잠시 같이 있다가 사라지고.

무시공 - 응. 평상시에는 같이 있지 않았고…. 그러면 그들이 먹는 음식은 뭐야? 인간이 먹는 음식을 먹어?

만토 - 먹는 것을 못 봤지만 우리가 그나마 귀한 것을 갖다 놓으면 먹을 거라 생각했어요.

무시공 - 음식을 가져다 놓으니까 먹었어, 안 먹었어?

만토 - 안 먹은 것 같아요.

무시공 - 안 먹지. 거친 인간 음식은 안 먹을 거다. 그럼 너는 지금 뭐 하고 있어? 영혼으로 있나? 어디 있어?

만토 - 네, 영혼으로 지구에 있어요.

무시공 - 그럼 인간 몸으로 태어난 적은?

만토 - 많이 태어났었어요.

무시공 - 살면서 기대하며 기다리는 것은 없어?

만토 - 워낙 바보같이 살아서요. 그렇게 믿으면 나도 그들처럼 될 줄 알고 여태까지 왔는데 안 됐어요. 더 기다리는 거 이제는 지쳐서…. 다음에는 뭔가 될까 하는 의구심이 있지만 아직도 기다려지기는 해요.

무시공 - 너는 지금 영혼으로 어디에 있어?

만토 - 대한민국이라는 곳에.

무시공 - 한국에 와 있나? 한국에서 뭐 하는지 알아?

만토 - 네, 무언가 하고 있다는 얘기 듣고 여기 와 있어요.

무시공 - 언제 왔어?

만토 - 1년 안 된 것 같아요.

무시공 - 그럼 대전 알아? 지금 대전에 있어 어디 있어?

만토 - 대전 근방에 와 있어요.

무시공 - 그래, 대전에서 새로운 이 공부를 받아들이면 부활할 수 있다. 이 제 인간 모습으로 다시 탄생 안 해도 된다. 열심히 공부하면 거기서 바로 부활해서 영원한 생명을 찾을 수 있어. 알았지?

만토 - 네, 그렇게 기대하고 있어요.

무시공 - 그때 예형초 맛봤으니까 몸에 도움이 됐을지도 몰라. 그 당시 다른 사람보다 생명이 조금 더 길었어? 어땠어?

만토 - 다른 사람들보다는 오래 살았어요. 그런데 예형초 때문이라는 건 몰 랐어요. 신을 믿어서 그런 줄 알았어요.

무시공 - 우리하고 대화를 하니까 이제 알았지? 예형초를 먹어서 네 몸이 순간에 바뀌어서 그런다. 그럼 네 영혼이 힘이 어느 정도 있는지 실험해 보자. 네 주위에 나뭇잎이든 있으면 한번 주워 봐. 손에 힘이 있나 없나. … 주워져?

만토 - 안 돼요.

무시공 - 안 되지! 도인처럼 훈련을 많이 해야겠다. 지금 도인들 많이 와 있는 것 보이지?

만토 - 네.

무시공 - 도인들한테 배워. 도인들도 처음에는 나뭇잎 하나도 못 들었는데 계속 훈련하니까 몸에서 힘이 생기고 새로 깨어나고 있어. 그러니 도인들한테 훈련받고 공부도 열심히 해. 일원심 절대긍정 마음을 지키는 것도. 알았지? 그러면 네 생명이 차츰차츰 깨어나서 살아 있을 때보다 더 힘이 강해진다.

만토 - 네, 알겠습니다.

무시공 - 또 하나 실험해 봐. 지금 네 몸을 보면 에너지 상태로 있으니까 흩어져 있잖아.

만토 - 네.

무시공 - 몸을 줄여 봐. 살아 있을 때 인간 몸처럼 그렇게 줄여 봐. 줄여지나?

만토 - 들었던 이야기인데 해 보지 못했네요.

무시공 - 도인들 지금 그렇게 훈련하고 있다. 너도 한번 실험해 봐 들어는 봤는데 사용 안 하면 안 되지. …지금 어때?

만토 - 조금씩 돼요. 조금씩은 되는데 확 줄지는 않아요.

무시공 - 그래 계속 훈련해라.

만토 - 하다 보니까 잠깐은 인간 몸처럼 줄여지기는 하는데, 형체가 아직 안 나와요.

무시공 - 그렇게 자꾸 훈련하다 보면 된다.

만토 - 네.

무시공 - 원래 인간 모습 정도로 줄여서, 나뭇잎을 주워 보면 아까 실험한 것보다는 조금 힘이 있을 거야. 알았지?

만토 - 네.

무시공 - 자, 그럼 됐다. 다음에는 누가 만토에게 환을 주었는지 확인해
　보자.

[샤 론]

무시공 - 50만 년 전에 만토라는 이름의 지구인한테 예형초라는 환을 준,
　그 외계인 나타나.

샤론 - 네.

무시공 - 이름은?

샤론 - 그때는 남자였는데 지금은 여자고, 지금 이름은 샤론.

무시공 - 별 이름, 그리고 지구와 거리.

샤론 - 70만 광년, 은하 중심의 별.

무시공 - 은하 중심 그 핵심 별, 해츠먼. 거기 있었던 건가? 네가 환으로 된
　예형초를 지구에 가지고 와서 지구인에게 먹어 보라고 했어?

샤론 - 예형초라는 말은 처음 들었지만 무엇을 말하는지는 알겠어요.

무시공 - 몸이 인간들 눈에 안 띄게 할 수 있는 그런 거잖아.

샤론 - 네. 지구에 와서 있던 외계인들이 주로 사용하던….

무시공 - 그래, 그거 안 먹으면 외계인의 몸이 지구인들에게도 보이지, 그렇
　게 일부러 안 보이게 하려고 먹고 그랬나? 그 당시에 너희들 지구에 왔
　을 때 지구인하고 몸이 좀 비슷했어? 물론 조금 더 세밀했겠지만.

샤론 - 그 당시에도 우리하고는 차이가 많이 있었어요.

무시공 - 그런데 너희들은 뭐 하러 예형초 같은 몸 숨기는 것을 사용했어?

샤론 - 잠깐 지구에 왔을 때는 괜찮은데, 지구에 오래 살았던 외계인의 경
　우….

무시공 - 조금 오래 있으면 몸이 나타나?

샤론 - 네, 지구 물질 자체가 그렇게 생겨서 몸도 따라서 거칠어져 버려요.

무시공 - 네 말이 맞다. 그럼 너는 지구인보다 몇 배 세밀해?

샤론 - 2.9배 정도 세밀해요.

무시공 - 그때 그 사람한테 줄 때는 환 같은 것을 주었다면서?

샤론 - 네.

무시공 - 실험 삼아 몸이 변하는지 보려고 줬어, 아니면 그 사람이 달라고 해서 줬어?

샤론 - 그 사람은 뭔지 몰라서 달라 소리도 못 했는데 설명해 주니 먹어 보고 싶다 해서 한번 줘 봤어요. 지구인은 어떻게 변하는지 확인하려고.

무시공 - 좋은 생각이다. 그래서 그가 먹으니까 무슨 변화가 있었어?

샤론 - 상세히 관찰했는데, 분자몸 자체가 처음에는 많이 진동하면서 나중에는 아주 작은 형태로 바꿨었거든요. 분자몸이 막 진동하더니 아주 작게 변하다가 다시 돌아오고 변하려다가 안 되니까 다시 돌아오더라고요.

무시공 - 계속 관찰을 했구나. 시간은 얼마나 걸렸어? 그리고 바뀐 형태가 오래 유지되었어?

샤론 - 먹고 나서 지구 시간으로 5분 정도 후에 반응이 나오고, 상태 유지는 10분 정도 유지하다가 원래 상태로 다시 돌아왔어요.

무시공 - 10분만 유지했나?

샤론 - 유지도 아니고 되려다가 말고, 되려다가 말고, 반복하는 상태가 10분 정도 되다가 다시 원래 상태로 돌아왔어요.

무시공 - 그러니까 10분만 반응하다가 원래 상태로 돌아왔구나. 하나 더 주고 무슨 변화 있나 조금 더 지켜보지 그랬어?

샤론 - 안 되는구나, 라고 생각했어요.

무시공 - 왜 안 돼? 변화가 있었잖아.

샤론 - 아, 그리고 그 존재가 그것을 줘도 활용을 못 하겠더라고요. 몸이 없어지면 뭐 하겠어요. 다 같이 눈에 보이고 사는데 안 보이면 더 이상한 사람처럼 되잖아요.

무시공 - 그래서 그만뒀나? 그 사람도 너희처럼 그렇게 되고 싶었다는데. 그 당시에 그 사람은 너희들을 신으로 봤대. 신으로 믿으면서 숭배했다는데.

샤론 - 그런데 그는 우리처럼 되려는 마음도 없었어요.

무시공 - 후에는 그런 마음 있었겠지. 말 듣기에 좋은 음식도 차려서 너희들에게 주고 싶어서 차려 주었는데 먹지도 않았다고 그러데. 너희들은 세밀한 공간에 있는데 그런 음식 못 먹지?

샤론 - 네, 에너지만 살짝 맛을 봤어요. 그러니까 그 사람들은 모를 거예요. 안 먹은 거로 알겠지요.

무시공 - 맛은 봤나? 그래 물질로만 보면 표가 안 나니까.

샤론 - 네.

무시공 - 그럼 너는 지금 어떤 것을 사용해? 너희들도 몸이 더 세밀하게 변하려고 먹잖아. 네 말대로라면 다음 단계, 다음 차원으로 가려고. 맞지?

샤론 - 네, 다음 차원의 단계로 가기 위해서… 지구에서 말하는 약(?)이라고 할까? 그런 게 있는데 고도의 수행(?)을 하고서 한 번씩 시도해 보는 거지요. 약도 수행도 아니지만 이 표현밖에 없어서.

무시공 - 다음 차원으로 들어가려고 노력하는 중이구나.

샤론 - 네.

무시공 - 그 당시에 그것을 환으로 만들어서 가져왔다는데, 너희 별 식물에 있는 성분을 가져온 건가?

샤론 - 우리는 에너지를 가지고 왔는데 지구에서는 보여줘야 하므로 지구에 있는 여러 가지 식물들을 섞었어요.

무시공 - 수단이 좋구나. 그 에너지 이름이 뭐야?

샤론 - 우리 별에서는 아콘이라고 해요. 원래는 아키온인데 아콘으로 줄여서 부릅니다.

무시공 - 그래, 우리는 줄이면 좋아. 간단한 게 좋지. 그런데 지금은 너희들 그 수준을 초월했으니까, 아콘 안 쓰지?

샤론 - 네.

무시공 - 지금은 몸을 더 세밀하게 변하게 하기 위해서 그것보다 조금 더 고급 재료를 쓰겠네?

샤론 - 우리 별에서도 똑같은 존재들만 있는 것이 아니잖아요. 두 층으로 있어요.

무시공 - 너는 무엇을 쓰고 있어?

샤론 - 나는 둘 중에 높은 차원을 쓰고 있어요.

무시공 - 둘 중에 높은 차원은 뭐야? 에너지를 활용해? 아니면 여러 가지를 섞어서 써?

샤론 - 1단계 아콘, 2단계 아콘, 이렇게 말해요.

무시공 - 그럼 너는 지금 2단계 아콘을 쓰고, 다른 사람들은 1단계를 쓰고?

샤론 - 네.

무시공 - 그럼 2단계 아콘을 쓰면 몸이 더 세밀하게 변하겠구나.

샤론 - 그렇죠. 2단계 아콘 쓰면 다음 단계로 진화하는 단계거든요.

무시공 - 그럼 만약 지구인 분자몸 상태에서 사용하려면 1단계 아콘이 더 효과 있어, 2단계 아콘이 더 효과 있어? 너는 이 거친 지구에 와 봤으니까 분자몸이 녹으려면 어떤 게 더 효과 있는지 알잖아.

샤론 - 1단계도 안 되는 아콘이 있어야 할 것 같은데요.

무시공 - 1단계가 안 되는 아콘? 너 그때 쓰니까 효과 봤잖아.

샤론 - 그게 결국은 잘 안 되는 거잖아요.

무시공 - 왜 안 돼? 계속 썼으면 되지. 네가 더 이상 안 썼잖아. 그 사람이 5분 후에 순간에 몸이 변한다는 것은 엄청난 변화다. 그때 계속 사용했으면 진짜 변할 수 있었어. 지구에서 그때 쓴 것은 1단계 아콘이지? 1단계 아콘하고 지금 2단계에 쓰는 아콘, 분자몸 녹이는 데 누가 더 힘이 강한 것 같아?

샤론 - 1단계요.

무시공 - 1단계가 더 강하지? 그래, 여기서 답이 나왔다. 그럼 1단계보다 더 낮은 차원에 지구인의 분자몸을 강하게 녹일 수 있는 것이 거기에 있어?

샤론 - 우리는 필요 없으니까….

무시공 - 너희들 옛날에 써 본 적이 있잖아. 이름 말해 봐.

샤론 - 없어졌던 에너지지만… 찾아볼게요. 잠깐만요.

무시공 - 그래 찾을 수 있다. 지구인에게도 도움이 될 수 있는 초급 아콘을 찾아봐.

샤론 - 프라콘. 프라콘이라는, 과거에 없어진 물질(에너지가 아니고 물질이라 표현)인데요. 아주 과거에 지구인처럼은 아니지만 분자몸이 많이 섞인 존재들이 사용했던 거예요.

무시공 - 그럼 지구인처럼 완전히 분자몸의 형태로 있는 존재들이 사용한 적은 없어?

샤론 - 그건 모르겠어요.

[프라콘]

무시공 - 그럼 알았다. 그럼 우리가 찾자. 은하계 헤츠먼 별에 있었던 프라콘 나와.

프라콘 - 네.

무시공 - 프라콘, 너는 거기서 오랫동안 많은 사람들이 사용했지만, 지금은 몸 차원이 바뀌어서 그 역할 안 하고 지금은 에너지 상태로 있지?

프라콘 - 네.

무시공 - 그럼 너보다 더 낮은 차원의 분자몸을 가진 지구인 알지?

프라콘 - 네.

무시공 - 지구인은 완전히 분자 몸이잖아. 너처럼 그것을 녹일 수 있는 역할을 하면서 더 낮은 차원의 무엇이 있는지, 우리한테 소개해 봐. 우리 지구인들 맞춤형으로 녹여 보려고 하니까. 지구인 분자몸 알아, 몰라? 지구에 온 적 있어?

프라콘 - 한 번 갔다 온 적 있어요.

무시공 - 그럼 지구인 몸에도 사용해 본 적이 있어?

프라콘 - 실험적으로 써 본 것 같아요.

무시공 - 써 보니까 효과 어땠어?

프라콘 - 내가 있던 별에서 사용하기 위해 지구인 몸에 먼저 시험하고 온 역사가 있고요.

무시공 - 지구인한테 사용해 봤어? 진짜 지구가 실험장 맞네. 인간이 동물에게 실험하듯 너희가 인간에게 실험하고, 너희가 사용해? 너 숨기지 않고 말 잘한다. 그 당시에 지구인 몸에 실험했을 때 효과가 있으니까 그들이 사용했지?

프라콘 - 네.

무시공 - 그때 네가 보기에 지구인에게는 어떤 반응이 왔어?

프라콘 - ………지금 기억 중. 여자의 몸, 남자의 몸, 아기의 몸에 가 봤었고, 아기 몸이 반투명까지 갔었던 걸로 기억해요. 그다음에 여자의 몸이 많은 변화가 있었고, 그다음에 남자 몸은 지구 사람의 눈으로 봤을 때 변화는 조금 있었지만, 잘 안됐어요. 예를 들어서 얇은 부분, 손목 발목 정도가 잘 안 보이게 변한다든가….

무시공 - 안 보이는 부분이 조금 있었구나.

프라콘 - 네, 살짝살짝.

무시공 - 얼마 동안 실험했어?

프라콘 - 간단한 실험이어서 두세 번 정도로 끝냈어요.

무시공 - 알았다. 고마워.

[프라콘으로 지구인 실험한 톰아]

무시공 - 당시 은하계 중심별 해츠먼에서 프라콘으로 지구인 실험한 존재 나와.

톰아 - 네.

무시공 - 이름은?

톰아 - 톰아.

무시공 - 역사상에 언제 실험했어?

톰아 - 대략 4억 년 전에 했어요.

무시공 - 그 당시에 과학자였나?

톰아 - 아니요.

무시공 - 그럼 어떻게 이런 실험을 했어?

톰아 - 내가 대표로 다녀온 것일 뿐이에요. 꼭 과학자가 아니더라도 우리 별에 필요한 존재들이 먹을 때, 가장 차원 낮은 몸을 가지고 있는 존재들을 찾다 보니까 지구인들이 있었고, 지구인들이 실험 중에 변한다면 좋은 거니까, 아니 솔직히 좋은 것이 아닐 수도 있어요, 그들에게는. 그래서 그들한테 의견을 물어보고 했어요. 몰래 한 것은 아니고.

무시공 - 그래 그때 무엇이라고 설명하고 의견 묻고 실험했어?

톰아 - 우리 모습을 한번 보여 주는 거죠. 우리 투명한 모습을 보여 주고 우리의 삶은 이렇다는 것을 이야기하면 알아듣는 존재들이 있거든요. 대화가 될 만한 존재들은 우리가 보면 알잖아요. 그래서 물어보고 잘되면 너희들도 우주여행을 한번 갈 수 있지 않느냐, 그렇게 말했고… 또 그 당시에는 실제로 많은 존재가 열려 있어서, 실험에 참여해 보겠다는 존재들도 많아서 어렵지 않게 했지요.

무시공 - 그 당시에 프라콘으로 실험하니까 순간에 지구인 몸에 반응이 왔어?

톰아 - 네.

무시공 - 반응이 와서 계속 유지됐어, 아니면 순간에 사라졌어?

톰아 - 어떤 기구를 함께 사용하니까 유지는 됐었어요. 하지만 그 기구로 계속할 수는 없었기 때문에 기구 사용을 멈추면 프라콘만으로는 유지가 안 되더라고요.

무시공 - 그래서 기구도 동시에 썼나? 그 약으로도 효과는 있었잖아. 만약 장복하면 안 되나? 장복하면 변화는 이뤄지겠지?

톰아 - 하지만 근본이 바뀌어야지.

무시공 - 무슨 근본이 바뀌어야 해? 지구인하고 너희들하고 근본이 무엇이 달랐는데?

톰아 - 지구인은 아무래도 마음이 많이 분리돼 있잖아요. 우주보다는. 우리보다는.

무시공 - 그 당시에도 지금과 마찬가지로 그랬어?

톰아 - 그 당시에도 그랬어요. 지금보다는 좋았지만.

무시공 - 인간이 최근에 많이 나아졌는데도 그때보다 못한가? 그럼 프라콘 썼을 때 지구 시간으로 얼마 만에 변하고 얼마나 유지됐어?

톰아 - 사람마다 조금씩 달랐지만 5분에서 10분 정도 유지됐어요.

무시공 - 약을 한 번 사용했을 때 유지되는 시간은?

톰아 - 사람에 따라서 5분에서 30분까지도 유지됐어요.

무시공 - 그럼 그 기초에서 계속했으면 변할 수 있잖아. 그런 실험은 안 해 봤나?

톰아 - 네, 변할 수는 있지만 그게 기초적으로 하나라는 관점이 없는 상태에서는 그렇게 해도 의미가 없다는 것을 알았죠.

무시공 - 응, 분리되는 마음으로는 유지를 못 하지? 그럼 그 당시에 그들한테 몸이 변하면 나중에 여행도 할 수 있다는 말도 했는데, 그 말대로 이루어진 것 있어?

톰아 - 지구인은 없어요.

무시공 - 지구인은 하나도 없고, 너희 별에 가서 사용하니까 효과가 있었지?

톰아 - 네.

무시공 - 많은 효과를 봤겠네.

톰아 - 네. 약 쓰고 마음이 되고.

무시공 - 그래, 마음이 일치돼야 하니까.

톰아 - 네.

무시공 - 알았다. 지금 프라콘이라고 하는 것, 지금은 에너지 상태로 있는데 원래는 식물로 있었어?

톰아 - 아니요. 에너지로요.

무시공 - 에너지로 있었는데 어떻게 그것을 알고 사용하게 됐어?

톰아 - 우리 별이 생길 때부터 그런 에너지는 있었던 것 같아요. 아주 오래 전부터 사용하고 있었어요.

무시공 - 지금 너희들은 차원이 높아졌으니까 안 쓰지?

톰아 - 네.

무시공 - 그럼 그 에너지가 억울해하지 않아? 필요할 때는 찾아 쓰다가 안 쓸 때는 버린다고.

톰아 - 그런 마음도 없어요.

무시공 - 그런 마음 없어? 그럼 그 에너지를 지구에서 어느 식물에 접을 붙이면 효과가 있을 거야, 없을 거야?

톰아 - 나도 모르겠어요. 하하하

무시공 - 은하계에 있으면서 왜 몰라? 관심이 없나?

톰아 - 그때는 식물에 접붙여 보지 않아서요. 한번 시도해 보세요.

무시공 - 알았다.

[프라콘]

무시공 - 자, 프라콘 나와. 어디에 접붙여 보자.

프라콘 - 네.

무시공 - 지금 은하계에 있나?

프라콘 - 네.

무시공 - 우리 지구로 올 수 있나? 우리 있는 자리로. 우리 어디 있는지 알아?

프라콘 - 정확히 몰라요.

무시공 - 그럼 알려 줄게. 너 아직도 여기 소식 몰라?

프라콘 - 불러 줘서 이제 깨어나서, 저는 몰라요.

무시공 - 그래, 지금 왔어? (이제 보니 진짜 낮은 차원에서 써야 효과 있어. 높은 차원에서는 안 돼. 우리는 높은 차원과 낮은 차원 모두 종합적으로 활용할 거고.)

프라콘 - 네.

무시공 - 여기 어때? 구경해 봐.

프라콘 - 정말 새로운 곳이군요.

무시공 - 너 있던 별하고 같아, 안 같아?

프라콘 - 달라요.

무시공 - 모든 게 다 달라 보여?

프라콘 - 네.

무시공 - 그럼 너 여기 와 있는 것이 재미있을 것 같아?

프라콘 - 네, 나를 다시 써 준다니까.

무시공 - 써 준다니까 너도 기뻐? 그럼 너는 여기 식물 중에 어떤 것하고 접붙이면 좋을 것 같아? 우리 여기서 공부하는 사람들 너를 사용하면 효과 있을 것 같은지 네가 판단해 봐.

프라콘 - 음, 잘 모르겠어요. 지나 봐야 알겠어요.

무시공 - 알았다. 여기에 지금까지 보지 못한 고급 존재들이 많이 와 있지?

프라콘 - 네, 몰랐는데 이제 봤네요.

무시공 - 너는 우리가 불러서 어디 들어가라 하면 들어가서 할 수 있지? 너는 에너지니까 무엇을 하라고 해도 다 될 수 있잖아. 스스로 식물을 선택해서 들어가고, 또 우리가 마시고 있는 에너지 물 그 속에 들어가도 되지?

프라콘 - 네.

무시공 - 그럼 먼저 여기에 많은 식물이 있는데 네가 마음대로 선택해 봐. 네가 좋아하는 데 들어가서 거기서 100%로 활용해 봐. 어디 들어갈래? 우리 성지 범위 안에서 맘에 드는 데 네가 선택해 들어가라.

프라콘 - ○○○가 마음에 들어요.

무시공 - ○○○. 그래, 그럼 그거 선택해라. ○○○도 우리가 열어 놨다. 거기에 순간에 들어갈 수 있는가 봐 봐. 전체 ○○○에 다 들어갈 수도 있지?

프라콘 - 네, 그럼요. 좋아요.

무시공 - ○○○에 순간에 들어가는 거 실험해 봐. 아주 깨끗하고 또 빛으로 돼 있지. 못 들어가면 우리가 방법 알려 줄게.

프라콘 - 들어갈 수 있어요.

무시공 - ○○○가 거부 안 해?

프라콘 - 네, 들어오는 것을 벌써 알고 있어요. 괜찮대요.

무시공 - 받아들여?

프라콘 - 네.

무시공 - 그럼 네 몸에 파동빛이 좀 있지?

프라콘 - 네, 여기 존재들보다는 파동이 있어요.

무시공 - 그럼 너는 파동빛 얼마나 있어?

프라콘 - 6% 정도.

무시공 - 야, 깨끗한 편이다. 그럼 그 파동 분리, 삭제. 이 작업 안 하면, 다른 생명은 깨끗한데 너 거친 그대로 들어가면 그들 마음이 불편해. 그래도 우리가 들어가라 하니까 자기가 받아들이는 거야. 그래서 너도 깨끗하게 해야 돼. 파동빛이 6%면 얼마 안 되지만.

프라콘 - 삭제. 됐어요.

무시공 - 그러면 이제 멀리 쏴 봐. 멀리서도 삭제 다 됐나?

프라콘 - 네.

무시공 - 그럼 무시공에서는 이름이 뭔지 생각해 봐. 너 지금 다 열어 놓아서 무시공 존재 다 생각난다.

프라콘 - 그때 이름, 라탄.

무시공 - 거기 아는 친구들 누가 있어? 말해 봐.

프라콘(라탄) - 마오, 란, 환, 저우, 주온, 병온, 이 정도.

무시공 - 그럼 됐다. 무시공에서 투명, 알아?

프라콘(라탄) - 알아요.

무시공 - 투명이 너 위에 있었어?

프라콘(라탄) - 네.

무시공 - 음, 그럼 알았다. 오늘 너를 찾으니까 좋아?

프라콘(라탄) - 네, 기뻐요.

무시공 - 이제 ○○○에 들어가서 네 할 일 최선을 다해서 해.

프라콘(라탄) - 네.

무시공 - ○○○도 무시공으로 다 열어 놨거든. 이제 너까지 100% 됐으니까 서로 합하면 도움이 되고 하나로 뭉친다. 그리고 여기 온 같은 무시공 친구들과도 소통하고 대화하고.

프라콘(라탄) - 네, 알겠습니다.

무시공 - 아까 말했지만, 여기서 쓰는 에너지 생명 그 속으로 들어가. 그래서 마시면 빨리 우리 몸이 변하도록. 할 수 있지? 그러니까 ○○○에도 들어가고, 에너지 생명에도 들어가고. 알았지?

프라콘(라탄) - 네.

성지 식물의
접붙임 작업

무시공 - 마르타 나와.

마르타 - 네.

무시공 - 네가 성지에 상추하고 배추에 접붙이기로 했지? 거기에다가 무엇을 접붙였어?

마르타 - 인간이 가지고 있는 분자몸을 녹이는 데 도움이 되는 거를 하라 했잖아요.

무시공 - 응. 그런데 우리 상추 배추에 그 역할을 하는 식물의 종류를 접붙인 거야, 아니면 에너지 성분을 넣은 거야?

마르타 - 아직 완전히 끝낸 건 아니에요. 지금은 딱히 떠오르는 좋은 방법이 없어서 이것저것 접붙여 보고 있어요. 여러 가지를 해 봐야 될 것 같아요. 먹는 식물을 합하는 게 좋을지, 아니면 에너지만 넣어도 될지, 사람들이 먹는 반응을 보고 결정하려고요.

무시공 - 너희 3천억 광년에 있지만 더 높은 차원의 경지에 들어가려 하잖아. 그러기위해서 더 높은 차원의 식물을 사용해서 에너지를 흡수하면 큰 도움이 되는데 그런 거는 탐구 안 했어? 아니면 이미 그리하고 있었어?

마르타 - 네, 우리도 하고 있었어요. 더 이상 내 몸이 뒤처지지 않도록 하는 음식도 있고, 자연 식물도 있지요. 하지만 무엇보다 첫째는 우리들 마음가짐이 중요하니까.

무시공 - 그래 당연하지. 높은 차원의 마음을 안 가지면 그 차원의 에너지를 흡수하려 해도 못 한다. 몸의 구조가 그리 안 되어 있으니까. 마음과 함께 그것을 사용하는 에너지가 일치돼 있어야 해. 너희도 그것을 실험하는 중인가?

마르타 - 네.

무시공 - 그런데 우리 식물에게는 과감하게 해도 괜찮다.

마르타 - 네, 아무 이상 없을 거니까요.

무시공 - 웅, 우리는 아무 문제 없어. 마음 푹 놓고 해. 알았지?

마르타 - 네, 알겠습니다. 지구 시간으로 오늘 중으로 다 하겠습니다.

무시공 - 그래. 계속 해 봐. 너희 별에 좋은 거 있으면 여기 식물하고 직접 접붙여 보기도 하고.3 천억 광년의 과학자, 여기 와서 이 작업을 하면 너도 큰 역할을 한다. 알았지?

마르타 - 네, 그런데 사실 여기 식물 에너지가 더 좋은 거 아닙니까?

무시공 - 여기 것 좋은 거, 너도 알아?

마르타 - 네.

무시공 - 여기는 무시공식물을 직접 가져와서 하지만, 우리 분자몸을 녹이는 것은 좀 낮은 차원에 있는 식물로 하면 더 도움이 될까, 그리 생각해서 말하는 거야.

마르타 - 그럼 우리가 이 에너지 가져가서 써도 되나요?

무시공 - 먼저 여기서 우리하고 협조 같이하면 가져가도록 할게.

마르타 - 하하. 알겠습니다.

무시공 - 너는 이게 고급 에너지인지 알아?

마르타 - 네, 말씀드렸잖아요. 여기가 더 좋은 에너지라 가져가고 싶다고!

무시공 - 웅, 실제는 우리가 무시공에서 원조를 끄집어 오고 있으니까. 너도 관심 갖고 관찰하고 있었네?

마르타 - 네.

무시공 - 그럼 간단히 알려 줄게. 우리가 무시공의 식물을 여기 가지고 와서 접붙이고 활용하고 있잖아. 일단 여기에 많은 식물이 탄생하면, 이것은 시공 우주 어디서든 다 사용할 수 있다. 또 시공 우주는 곧 없어지니까 완전히 무시공 우주에서 누구나 다 활용할 수 있어. 활용하면 시공에서처럼 변형되거나 변질이 안 돼. 그리고 시공의 많은 식물들, 실제는 모두 다 무시공에서 선물로 준 거야. 시공 우주의 생명체들을 도와주려고. 시공에서는 각 차원의 이원념 마음 때문에 밑에 내려올수록 다 변형되고 변질되고 심지어 어떤 거는 다 없애 버렸어. 조금 높은 차원은 변형이 덜 돼 있지만. 예를 들어 예형초라는 식물은 원래 사람 몸을 숨겨서 남한테 안 보이게 하는 그런 풀이었어. 그게 사람의 이원념 마음 때문에, 마음 자세가 잘못돼 있기 때문에, 그거 먹으면 내 몸이 안 보이니까 남의 물건을 막 훔치고 뺏어 가도 상대는 모르잖아. 은행에 가서 돈도 막 빼내 갈 수 있고, 온갖 나쁜 짓 다 할 수 있잖아. 그러니 그 풀을 없앴다고. 그러니까 사람 마음이 따라와야 그것이 올바르게 활용될 수 있지, 마음이 잘못돼 있는데 그런 좋은 것 주면 엉뚱하게 써 버려.

마르타 - 네, 그렇지요.

무시공 - 맞지? 그 원리랑 같다. 그래서 우리 여기 센터에 공부하는 사람, 왜 가장 먼저 절대긍정 일원심 지키라고 하겠어? 그 마음이 기초가 돼 있을 때, 무시공의 식물이든가 무시공의 에너지를 끌어와서 활용하면 그게 도움이 돼. 하지만 여기 공부하는 사람들 이외에 인간에게는 아무 도움이 안 돼. 심지어 각 별, 각 차원에 있는 존재들도 자기 마음 자세에 따라서 사용하게 되는데, 그 마음 자세에 따라서 그 위치에 있는 영양 에너지를 흡수할 수 있지, 더 높은 차원에 있는 에너지는 먹어도 흡수를 못 한다는 것이야. 그 구조가 아직 안 됐기 때문에. 무슨 뜻인지 알아들었지?

마르타 - 네.

무시공 - 그 100억조의 과학자도 여기 와서 식물 샘플 다 따 갔어. 우리한테 통보 안 하고. 그도 탐구하는 거라. 탐구하면서 어떤 에너지는 자기도 모르겠대. 무슨 에너지인지 파악 못 한대. 그게 당연하지. 우리 여기가, 이제 새로운 무시공 원조니까.

마르타 - 네.

무시공 - 무엇 때문에 내가 너를 찾아 이런 대화도 하고 일을 맡기는가 하면, 너는 그래도 3천억 광년이라서 우리 지구하고 가깝잖아. 100억조 광년이나 무극하고 비교하면 말이야. 우리 우주 작업을 하면서 그런 거 많이 겪어 봤는데, 너무 높은 차원에 있으면 인간의 분자몸 녹이는 게 실제로 작용이 좀 덜할 수도 있어. 그래서 물질 세상과 더 가까운 자리에 있는 것을 사용하면 우리에게 더 빨리 더 많은 도움이 되지 않겠느냐 하는, 그 생각 때문이야.

예를 들어 물질 세상에 무엇을 처리하려면, 같은 물질을 녹이더라도 너무 높은 차원에서는 그 에너지 상태를 처리하면 했지, 물질을 직접 처리하는 건 잘 안 돼. 그래서 우리가 어쩔 수 없이 또 낮은 차원에서 직접 물질을 좌지우지할 수 있는 그런 존재를 찾아서 작업하는 거야. 우리, 겉보기에는 인간과 같은 분자몸이지만, 높은 차원의 무시공의 것도 우리가 다 활용할 수 있어. 하지만 여기가 너무 거치니까 직접적으로 도움이 잘 안 돼. 그래서 좀 낮은 차원에서 물질몸에 직접 영향 주는 그런 걸 찾아서 하면 좀 도움이 되지 않을까, 하는 그런 생각을 해서 그래.

마르타 - 네, 무슨 말인지 알겠습니다.

무시공 - 그러니 더욱 과감하게 해 봐라. 너를 통해서 너희 별 생명들도 마음 자세를 바꿔야 돼. 바꾸면 너희는 그 최고 에너지, 우리보다 받아들이기 쉽다. 아무래도 지구인보다 높은 차원에 있으니까. 맞지?

마르타 - 네, 아무래도 받아들이기 쉽겠지요. 오늘 대화, 고맙습니다.

지구에 불로초 씨를 뿌린
화성의 식물 과학자 콤

무시공 - 중국 황산에 있는 불로초라고 하는 꽃 나타나. 장미꽃 비슷하고
  100만 살 된다는 불로초.

불로초 - 네.

무시공 - 네가 중국 황산에 있다는 인간이 부르는 불로초 맞아?

불로초 - 네, 맞아요.

무시공 - 너 장미꽃처럼 생겼지? 가시는 없고? (훈련해서 이 자리에 오게 해야겠
  어.)

불로초 - 네, 장미꽃처럼 생겼지만, 좀 작고 가시는 없어요.

무시공 - 우리가 대화하며 찾아낸 불로초, 너도 알지?

불로초 - 네, 알아요. 직감했어요.

무시공 - 같은 종류 맞지? 그럼 됐다.

불로초 - 같은 불로초지만 이름은 불꽃이라고 불러 줘요.

무시공 - 그래, 불꽃. 나중에 또 대화할 거다.

불로초 - 네.

무시공 - 이제 1억 살 이상 수십억 살 되는 불로초 나타나.

불로초 - 네.

무시공 - 너는 몇 살이야?

불로초 - 9억 살 이상 되는 것 같아요. 10억 살까지는 안 됐고.

무시공 - 응, 이름은 뭐야?

불로초 - 화산이라고 불러 주세요.

무시공 - 그렇구나. 그러면 불꽃과 화산. 이 꽃은 원래 어느 별에서 왔는지, 그 별 나타나!

(화성)

무시공 - 화성에 누구야?.

콤 - 콤. 내가 씨를 뿌렸어요.

무시공 - 지구에서 말하면 식물 과학자인가?

콤 - 식물 전문가, 식물 과학자, 어떻게 불러도 좋아요.

무시공 - 그래 물어보자. 이런 꽃(불로초 - 불꽃, 화산)을 너희 화성에서는 뭐라고 불러?

콤 - 쿠알로.

무시공 - 씨를 뿌리고 계속 관찰했겠구나. 그럼 지구에 언제 이 씨를 뿌렸어?

콤 - 네, 내가 뿌렸으니까 관찰도 했어요. 지구 시간으로 대략 5억 년 전에 가져다줬어요. 5억 년 전에 지구가 새롭게 정화될 때가 있었거든요, 그때 전체적으로 뿌려 줬어요.

무시공 - 지금 화산하고 대화했을 때 9억 살이라 해서, 어디에서 왔느냐고 물어봤는데, 네가 화성에서 지구에 씨를 뿌린 존재라고 나타났잖아! 너는 5억 년 전에 뿌렸다고 했는데, 화산은 9억 살이래. 어찌 된 거야? 좀 어긋나는데!

콤 - 네, 그렇네요. 미리 화성에서 자라다가 지구에 심어진 것일 수도 있는데요. 일단 확인해 볼게요.

무시공 - 그래, 네가 한번 찾아봐. 9억 살 되는 씨, 화성에서 누가 뿌렸나. 꽃은 네가 뿌린 거하고 같은 종류지?

콤 - 그것도 확인해 볼게요.

무시공 - 응, 네가 말한 씨 뿌린 거는 5억 년 된다는데 화산은 9억 살 된다고 했거든.

콤 - 아, 나보다 먼저 다른 존재가 있었어요. 10억 년 전에 지구가 완전히 뒤엎어지고 나서 새로운 생명과 문명이 다시 피어날 때 한 번 뿌렸고, 그 후로 지구가 새롭게 정화될 때, 다시 한번 내가 뿌렸네요. 그런데 10억 년 전에 뿌린 씨가 지금도 살아 있다는 말이네요? 지구에서는 사라진 거로 아는데, 아직도 살아 있는 게 있다니 놀라워요.

무시공 - 10억 년 전? 그건 누가 뿌렸는지, 이름이 뭐야?

콤 - 삼오라는 존재.

무시공 - 그래, 원래 이 식물이 너희 화성에 있었나? 이 꽃 말고 또 다른 종류도 뿌렸어?

콤 - 삼오가 뿌린 건 아니지만, 장미도 화성에서 씨를 뿌렸어요.

무시공 - 그럼 네가 지구에 와서 씨 뿌린 건 뭐야? 그리고 5억 년 지난 지금까지도 아직 살아 있는 식물은?

콤 - 화성에서 온 지금 살아 있는 식물 종류는 거의 내가 뿌렸다고 보면 돼요. 민들레, 장미, 불로초, 고추, 후추, 기타 여러 풀도 뿌려 줬어요. 푸른색의 빛나는 풀들, 지구에서 잔디라 하는 것도 있고, 지구에서 뭐라 부르는지 모르는 이름 모를 풀들. 그런데 인간이 불로초를 어떻게 활용해 왔는지, 또 지금 어떻게 찾아냈는지, 잘 모르겠네요. 불로초가 사라졌을 텐데….

무시공 - 우리는 오만 것 다 찾을 수 있다. 우리 누군지 알아?

콤 - 아! 누군지 압니다.

무시공 - 너희도 불로초를 활용했나?

콤 - 네, 화성에서도 불로초는 늙지 않는 식물로 알려져 있고, 지구에 그대로 전해졌지요. 우리는 잘 활용했는데, 지구인이 그 식물을 안 좋은 마음으로 활용하다 보니까 변질되고 퇴화된 것 같아요.

무시공 - 정확하게 사용한다면, 불로초는 화성에서도 마찬가지로 사람을 안 늙게 했다?

콤 - 네.

무시공 - 장미는 아니지? 장미는 관상용이야?

콤 - 네, 불로초용은 아니고, 관상용과 즐거움을 주기 위한….

무시공 - 말 듣기에 중국 황산에 있는 불로초는 나이가 15만 년 된 게 있대. 어느 동네 사람이 한 송이 꽃을 꺾어 먹고 나서 수명이 다섯 배나 연장됐다는, 그런 이야기가 있어. 그러니까 그 불로초가 지금은 15만 살인데, 3만 살 때 이런 일이 있었대. 그래서 3만 살 때 꽃을 따 먹은 그 사람을 찾아서 대화했어. 간단히 말하면, 그때 배가 고파서 산에서 보이는 꽃 한 송이를 따서 먹었대. 먹고 나니까 갑자기 몸에 변화가 일어났고, 수명이 그 당시 동네 사람보다 5배 더 길게 살았대. 그때부터 그 꽃을 찾았는데 아무도 못 찾았어. 결국, 그 사람 혼자만 먹어본 거야. 그래서 소문이 나서 불로초라는 이름이 거기서 지어졌다고, 진짜 그 불로초 역할을 했구나! 응?

콤 - 네, 속에 그런 씨가 있으니까 그런 효과가 나왔죠.

무시공 - 그래, 그런 에너지가 있지. 이제, 네가 뿌린 씨가 불로초가 돼서 5억 년 된 거 있는지 찾아봐.

콤 - 네, 찾을 수 있어요.

무시공 - 좀 다른 질문이지만, 화성이 핵전쟁으로 타서 행성 표면이 그리 붉게 됐다며? 맞아? 거기도 과거에 전쟁 많이 했다며….

콤 - 그렇죠. 전쟁으로….

무시공 - 너희는 지구 원자핵보다 더 세밀한 무기를 썼다며? 그래서 땅이 많이 망가져서 더 전쟁하면 멸망할까 봐 이제 전쟁 안 하나?

콤 - 네, 그렇죠. 전쟁을 한 번만 더 하면 지구보다 더 밑바닥으로 떨어진다는 경각심이 생겼지요.

무시공 - 이제 깨어나네. 야, 지구도 살아나고 있다. 알아?

콤 - 네, 많이 들었습니다.

무시공 - 많이 들었나? 그럼 너도 와서 우리하고 함께 동참하면 안 돼? 우리 무시공 성지 만드는데, 여기는 나중에 우주 성지, 우주 식물관 된다.

콤 - 네, 영광이죠. 자주 와서 보겠습니다.

무시공 - 응, 자주 와. 그리고 다른 별에 좋은 거 있으면 여기 가져와. 오만 역할 다 하는 거. 지금 지구인을 깨우치기 위해 이런 불로초라든가 사람의 생명을 연장할 수 있는 그런 역할을 하는 거, 많이 좀 소개해 봐. 관상용도 좋고, 불로초 역할 하는 것도 좋고, 다 좋으니까. 할 수 있어?

콤 - 네, 그런데 그것들이 인간들한테 적용이 되어야겠죠.

무시공 - 그렇지. 우리는 모든 존재에게 맞춤형으로 한다. 우리가 생명을 깨우치기 위해서 하는 일이니까, 지구인뿐 아니라 다른 별의 존재들과 온 우주인을 깨우치기 위해서 여기에 성지를 만들어서 모두에게 적용되는 맞춤형 에너지 식물을 만들려고 한다. 알았지?

콤 - 네, 알겠습니다.

무시공 - 고맙다. 너도 적극적으로 참여할 수 있지?

콤 - 네, 고맙습니다.

제3우주
무시공 식물 작업의 시작

100만 살 이상 살아 있는 식물 3우주의 보귀

무시공 - 지구에서 수명이 제일 긴 식물 나타나. 실제 몸을 가지고 있고 100만 살까지 살아 있는 식물!

　(지구 이름 - ○○, 제3 우주에서 이름 - 보귀가 나타남)

보귀 - 네.

무시공 - 이름이 보귀야?

보귀 - 네.

무시공 - 나이가 얼마나 됐는데?

보귀 - 백만 살은 넘었어요.

무시공 - 어디에 살고 있어?

보귀 - 큰 산마다 조금씩 살아남은 게 있어요.

무시공 - 그럼 한국에는 주로 어디에 있어?

보귀 - 주로 한국의 큰 산에…. 백두산, 지리산, 계룡산, 설악산, 한라산, 치악산 같은, 큰 산에는 다 있어요.

무시공 - 큰 산마다 다 있어?

보귀 - 네. 들에서도 자라지만, 오래된 건 큰 산 깊숙이 조금씩 있어요.

무시공 - 백만 살 된 거는 사람 눈에 띄어, 안 띄어?

보귀 - 우리가 땅 위에 있어도 사람들은 못 알아봐요.

무시공 - 보게 하려 해도 사람 눈에는 안 보이지?

보귀 - 네.

무시공 - 우리가 밖에서 일반적으로 보는 보귀와 모습이 비슷하지?

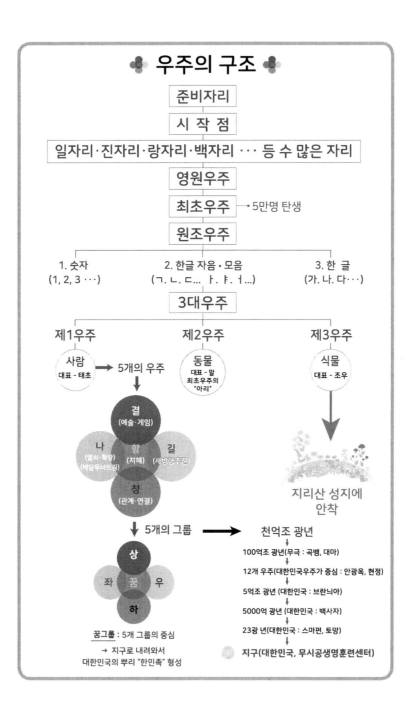

우주의 구조

준비자리

시 작 점

일자리·진자리·랑자리·백자리 … 등 수 많은 자리

영원우주

최초우주 → 5만명 탄생

원조우주

1. 숫자
(1, 2, 3 …)

2. 한글 자음·모음
(ㄱ. ㄴ. ㄷ… ㅏ. ㅑ. ㅓ…)

3. 한 글
(가. 나. 다 …)

3대우주

제1우주

사람
대표 - 태초

→ 5개의 우주

제2우주

동물
대표 - 말
최초우주의
"아리"

제3우주

식물
대표 - 조우

결
(예술·게임)

나
(열쇠·확장)
(벽달무너뜨림)

항
(지혜)

길
(새방향추진)

창
(관계·연결)

↓ 5개의 그룹 ➡ 천억조 광년

상

좌 꿈 우

하

꿈그룹 : 5개 그룹의 중심

→ 지구로 내려와서
대한민국의 뿌리 "한민족" 형성

지리산 성지에
안착

천억조 광년
↓
100억조 광년(무극 : 곡뱅, 대마)
↓
12개 우주(대한민국우주가 중심 : 안광옥, 현정)
↓
5억조 광년 (대한민국 : 브란늬아)
↓
5000억 광년 (대한민국 : 백사자)
↓
23광 년(대한민국 : 스마펀, 토망)
↓
● 지구(대한민국, 무시공생명훈련센터)

보귀 - 비슷해요. 그렇지만 오래 살았으니까 뭔가 느낌이 다르겠죠?

무시공 - 그럼 네 뿌리는 땅속에서 영양 흡수하면서, 땅에만 의지해서 살아?

보귀 - 네. 뿌리는 땅에서, 잎과 줄기는 공간에서 모두 영양을 흡수해요.

무시공 - 어떻게 하면 인간 눈에 보이게 할 수 있어? 너희들이 열심히 보이게 하려 해도 인간이 너희를 볼 수 없어?

보귀 - 가끔 어떤 사람은 보는 거 같아요. 그런데 봐도 나인 줄 모르고 또 나를 봤다고 해도 백만 살의 나를 못 보는 거예요.

무시공 - 나이가 많은 줄 모른다는 거지?

보귀 - 네.

무시공 - 예를 들어 큰 산이 있는데 산속에 있어, 야산에 있어?

보귀 - 야산에 있는 건 백만 살짜리가 없고요. 산속에 감춰져 있어요. 그런 것만 살아남을 수 있었어요.

무시공 - 너희들 누가 해코지하는 거 있어?

보귀 - 아무래도 우리가 눈에 띄면 사람들이 많이 가져가요. 그래서 이젠 많이 없어요.

무시공 - 백만 살 살아도 해를 주는 것들이 있어? 무슨 동물이 너를 볼 수 있어?

보귀 - 동물은 나를 봐요. 밟고 지나가기도 하고 뜯어 먹기도 하고 그러는데 해를 준다고 생각하진 않아요.

무시공 - 어떤 동물이 뜯어 먹어?

보귀 - 산돼지들이 잘 먹어요. 눈에 보이니까 많이들 뜯어 먹어요.

무시공 - 그럼, 너를 뜯어 먹고 나서 산돼지 몸에 무슨 영향을 주는지 관찰해 봤어?

보귀 - 튼튼해지는 거에 한몫해요. 몸이 튼튼해지고, 단단해지고, 힘도 세지고.

무시공 - 수명도 길어져?

보귀 - 네. 수명에도 연관이 있는 거 같아요.

무시공 - 백만 살 산 너희들, 한국 사람 중에 누가 먹어 본 사람 있어?

보귀 - 사람들은 백만살 사는 우리 존재를 못 알아봐서, 그리고 눈에 안 띄어서 못 먹은 것이지, 사람들도 우리를 알아보면 먹어요. 그런데 누가 먹었는지는 다 모르겠어요.

무시공 - 그럼, 백만 살 이상 되는 것도 많이 있다는 거네? 인간 눈에 보여서 먹은 것 중에 가장 나이 많은 것, 1만 살 이상 10만 살 이하, 그런 나이 많은 것도 있나?

보귀 - 네. 많이 있을 거예요, 인간이 몰라서 그러지.

무시공 - 그렇지? 그럼 우리가 너를 찾으면 우리한테 보이게 할 수 있나? 너는 이름은 뭐고, 지금 어디 있어?

보 귀 - 나는 순○○라고 불러 주세요. 지금 나는 지리산 청사골이라는 데 있어요.

무시공 - 거기서 봐 봐. 지리산 칠성봉 밑에 '무시공생명성지'라고 소문 들었어?

보귀 - 들은 거 같아요, 알 거 같아요.

무시공 - 거기서 구경해 봐, 보이나. 그리고 거기서 어떤 현상이 있나, 보이는 대로 말해 봐. 칠성봉 산 밑으로 내려가면 ㅁㅁ가 있어. 그 위가 '무시공생명성지'야.

보귀 - 알겠어요. 보여요. 지리산에서 제일 살기 좋은 곳 같아요. 엄청 밝은 빛 하나가 있고요. 그 주변에 여러 가지 빛이 있어요.

무시공 - 많은 꽃도, 식물도 있지?

보귀 - 네, 그래서 다들 거기 가고 싶어 해요.

무시공 - 누가 거기 가고 싶어 해? 너는 갈 수 있나?

보귀 - 나는 조금 종류가 다르지만 거기 합류할 수 있을까 모르겠어요.

무시공 - 우리가 동의하면 올 수 있지 뭐. 다른 식물들도 많이 있잖아. 꽃도 있고. 여기 식물과 네 몸하고 비교해 봐. 그 식물들, 너와 비교하면 엄청 빛나지?

보귀 - 네, 달라요. 너무너무 밝아요. 나는 오래 살았는데도 그렇게 빛이 없어요.

무시공 - 너도 여기 오면 같이 변한다. 그래서 너를 찾고 있잖아. 여기 오고 싶어?

보귀 - 네.

무시공 - 무슨 방법으로 올 수 있어? 올 수 있는 능력 있나?

보귀 - 바람에 날려서 갈 거예요. 꽃잎이나 뿌리나 씨를 날려서요.

무시공 - 너 자체는 못 와?

보귀 - 당장은 못 가요.

무시공 - 왜?

보귀 - 여기 이 자리, 땅에 튼튼하게 박혀 있어서.

무시공 - 그래서 못 움직여? 그럼 오늘 너 훈련해 보자. 백만 살 살아서 수많은 능력이 있어도 쓸 줄 몰라. 누구도 알려준 사람이 없으니까. 넌 아무 능력이 없다고 생각했지만, 네가 여기 오고 싶어 하니까 실험 좀 해 보자.

보귀 - 네. 해 볼게요.

무시공 - 응. 시키는 그대로 해 봐. 지금 네 뿌리하고 대화해. 뿌리가 네 몸의 한 부분이잖아. 뿌리를 완전히 줄여 봐. … 돼?

보귀 - 조금 돼요.

무시공 - 자꾸 훈련해. 완전히 줄여서 뿌리가 몸(줄기)에 들어오게 해 봐. 몸만 보이게 해. 명령 내리면서 너도 심력을 써. 처음 해 보는 거라 조금 힘들지만, 끊임없이 하다 보면 돼.

보귀 - 네.

무시공 - 지금 계속 줄어들고 있어, 없어?

보귀 - 하고 있어요.

무시공 - 순간에 확 몸으로 줄어들어 왔다고 생각해.

보귀 - 생각은 되는데 아직 뿌리가 밖에 있네요.

무시공 - 그래도 계속해. 뿌리 보이면 계속 몸으로 거두고 끌어당겨 와. 너는 할 수 있어. … 됐어?

보귀 - 힘들어요.

무시공 - 너는 생명 훈련 한 번도 안 해 봐서 그런다. 넌 꼭 할 수 있어! 그
다음에 뿌리를 새로 쫙 펴. 순간에 확 펴져서 원래 자리로 가. 그렇게
돼, 안 돼?

보귀 - … 조금 돼요.

무시공 - 이번에 큰 경험이다. 자신감도 생기고. 다시 처음 훈련처럼 더 빠
르게 몸(줄기)속으로 쫙 거둬 봐. 마음대로 줄어들게. 어때, 처음보다 더
쉽고 잘되지?

보귀 - 네. 좀 나아요

무시공 - 뿌리를 완전히 다 거둬. 걷어져?

보귀 - 네. 쫙 오므라들었다, 펴졌다.

무시공 - 그래, 네 손발이라고 생각해도 돼. 몸(줄기)으로 거두었다가 땅속으
로 펴는 걸 반복적으로 훈련해. 아주 능숙할 정도로. 처음에는 힘들고
느낌이 괴롭지만, 계속하다 보면 이것이 지극히 정상이고, 너무 가벼워지
고 자유로워져. 또 신기하고. 맞지?

보귀 - 그렇죠. 여태까지 살면서 한 번도 안 해 봐서.

무시공 - 너 능력 있는 거 우리가 안 밝혀 주면 영원히 모른다. 맞아, 안 맞
아?

보귀 - 맞아요.

무시공 - 순간에 펴졌다가 순간에 줄어들고 속도도 빨라지지?

보귀 - 네. 점점 빨라져요

무시공 - 아주 빠르게 해. 빠를수록 좋아. 마음만 먹으면 순간에 펴졌다가
줄어들었다가 그래. 능숙할 정도로 계속 그렇게 해. 마음먹은 대로 이뤄
지고 속도도 빨라지지? 더 가볍고 기분도 좋아지고?

보귀 - 네, 맞아요.

무시공 - 이번에는 다음 단계, 2단계. 뿌리를 확 줄이면 몸(줄기와 잎)은 남잖
아. 그 몸을 공중에 뜨게 해.

보귀 - 뿌리를 줄여서?

무시공 - 뿌리를 줄여서 몸(줄기와 잎)만 남았잖아. 이제 그 몸을 땅에서 분리해 나와 봐. 네 몸을 공중으로 띄운다고 생각해. ⋯ 분리되나?

보귀 - 어! 진짜 뜬 거 같은데⋯. 아, 그런데 아직 땅이다.

무시공 - 계속 훈련해. 훈련이 필요하다. 처음에는 바로 안 돼. 네 속에 의지하는 마음 때문에. 넌 할 수 있어!

보귀 - 네.

무시공 - 뿌리를 극도로 줄여서 땅에서 분리해 나와서 네 몸을 위로 올려. 몸을 가볍게 땅 표면까지 올라오게 해 봐. 넌 충분히 할 수 있어. 위로 올라오는 느낌 있어? 움직여?

보귀 - 움직여요.

무시공 - 몸을 가늘게 줄이면서 위로 올라와. 그럼 더 쉽잖아. 몸을 줄이면 땅속에 공간이 생기잖아. 그럼 순간에 올라올 수 있다. 땅하고 분리해 나와서 공중에 뜨게 해 봐. 몸은 땅에 의지 안 하고 땅 위에 올라왔다, 공중에 떠 있다, 그렇게 해 봐. 네가 떴다 하면 무조건 떴어. 힘쓰지 말고!

보귀 - 네. 땅을 쏙 빠져나오는 거 같아요.

무시공 - 빠져나온 거 확인해 봐. 표면까지 올라왔어?

보귀 - 나온 거 같아요. 어? 떴는데?

무시공 - 진짜 떴어? 어느 정도로 떴어?

보귀 - 손바닥만큼.

무시공 - 조금 더 위로 떠 봐. 어느 정도로 뜰 수 있나. 인간 잣대로 1m까지 떠오를 수 있어?

보귀 - 네, 올라와요

무시공 - 그래? 그러면 마음이 어때? 불안해 아니면 몸이 가벼워져서 기분이 좋아?

보귀 - 크게 기쁘거나 이상하다는 생각도 없고, 신기하다는 마음이에요.

무시공 - 1m 정도 떠올랐으면 차츰차츰 내려서 땅까지 내려와. 처음에는 1m

까지 떠오르는 건 좀 힘들 거야. 생전 훈련 안 했기 때문에. 어때, 마음대로 되는 거 같아? 잘 안 돼도 괜찮아. 이제 다시 밑으로 내려와서 땅에 앉아. 원래 있던 자리로 가서 다시 몸을 땅 안에 들어가게 해서 뿌리를 확 펴 봐.

보귀 - 네. 더 튼튼해진 거 같아요. 뿌리도.

무시공 - 뿌리도 확 퍼졌지? 그럼 또 줄여. 그러면 네 안의 세포들도 깨어나서 이제 네 말 잘 듣는다. 알았지?

보귀 - 네, 돼요.

무시공 - 줄어들었지? 몸도 가늘게 줄여서 땅속에서 올라온다고 생각해. 땅하고 분리해. 그리고 또 공중에 뜨게 해. 어때, 처음보다 쉽지?

보귀 - 자꾸 하니까 쉬워요.

무시공 - 이번에는 1m까지 올라와. 그리고 스스로 보면서 관찰해.

보귀 - 떠서 주변까지 갔어요. 한 바퀴 돌아서.

무시공 - 그렇지? 공중에 떠서 바로 되지? 그리고 원래 자리에 가 앉아. 앉아서 또 뿌리를 펴줘 봐. 잘되지?

보귀 - 잘돼요.

무시공 - 이제 3단계 훈련이다. 3단계는 2단계 훈련을 기초로 해서 공중에 떠서 여기저기 마음대로 움직여 봐.

보귀 - 조금씩 움직여요.

무시공 - 그래. 이제는 원래 있던 자리에서 10m 멀리 가서 또 땅에 앉아. 새 자리에서 땅속에 뿌리를 펴게 해 봐. 되나, 안 되나?

보귀 - 조금 힘들어요. 내가 들어갈 만한 파여 있는 자리가 없어서….

무시공 - 훈련해. 힘들면 억지로 하지 말고. 차츰차츰. 조금씩 퍼질 수 있어, 없어?

보귀 - 조금씩 하려 하면 돼요. 내 자리 다시 와서 쉬었다가 해 봐야겠어요.

무시공 - 처음에는 힘들어. 그렇지만 이렇게 실험하는 거다. 모두 네가 창조할 수 있어. 새 자리로 가서 뿌리를 펴져 나갈 수도 있고, 또 거둘 수도 있어. 그리고 또다시 원래 자리로 가. 원래 자리 가서 다시 파묻힐 수 있도록 훈련해. 또 땅속에 들어가서 뿌리 퍼졌다가 또 올라오게 하고. 뿌리도 원래 자리에 퍼졌다 올라왔다 하지 말고 일부러 다른 새 자리를 만들어 또 뚫고 들어갔다가 나왔다 그렇게 해 봐. 이것이 되면 또 다른 공간에 가서 실험해. 그러면 힘이 더 강해지고 능력이 더 강해져. 이것이 3단계 훈련이다.

보귀 - 내가 좋은 자리를 찾아갈 수도 있고!

무시공 - 그래, 그렇지. 자유롭게 움직일 수 있어. 계속 훈련해라. 훈련하면 적당한 시기에 날아갈 수 있어. 처음에는 그 주변에서 움직여 공중에 떠 보고. 알았지? 너는 그런 능력 있다. 수많은 식물의 모델이 될 수 있어. 우리 시키는 대로 하면 나중에 우리 있는 지리산, 네가 살기 좋은 자리 갈 수 있어. 알았지?

보귀 - 네.

무시공 - 지금 그 자리에서 계속 훈련해. 1단계도 됐고 2단계도 됐어. 3단계는 너 원래 있는 자리에서 공간을 만들어서 뿌리 뚫고 들어가고 줄였다 나왔다 하는 게 되면, 자리를 조금 옮겨서 10m 범위 안에 다른 곳에서 뿌리를 퍼줘 봐. 뚫고 들어갔다가 줄여 나왔다가 훈련하면 뿌리 힘이 계속 커진다. 그러면 조금 먼 곳까지 움직이는 능력도 나오고, 멀리 날아갈 수 있는 능력도 생겨. 바람 의지할 필요 없잖아. 네가 이런 능력 있다고 소문나면 주변의 친구들 다 너 따라 배운다.

보귀 - 다들 자기 집을 마음대로 선택할 수 있겠네요!

무시공 - 그렇지. 다 너한테 배워서 네가 도사 되고, 네가 선생이다.

보귀 - 인간들처럼 이사하고, 다리 달려서 다니기도 하고.

무시공 - 그렇지. 금방 알아차리네. 할 수 있지?

보귀 - 네.

무시공 - 실험 삼아 또 하나 해 봐. 이제 변신해 봐. 이것도 훈련이야. 사람 모습으로 변해 봐. 넌 될 수 있어. 사람 형태로 변했다고 명령 내려. 네 마음대로 예쁜 아가씨 모습으로 변해도 되고, 멋진 남자로 변해도 되고. 인간 속에서 제일 멋진 모습으로 나타나기. 넌 할 수 있어. 실험해 봐.

보귀 - 마음은 굴뚝같은데⋯. ⋯ 마음은 금방 돼요.

무시공 - 그래. 마음으로 됐다고 하면서 창조해 봐. 가장 멋진 인간 모습. 네가 마음으로 먼저 해 놓고 몸이 변하는 거 구경해. 난 모든 걸 할 수 있다는 그런 마음 자세. 해 봐!

보귀 - 남자든 여자든, 모든 걸 다 할 수 있을 거 같아요.

무시공 - 그렇지? 너 스스로 조절할 수 있어. 넌 진짜 우리 만나 천복을 떠안았다. 맞아, 안 맞아?

보귀 - 네. 맞습니다.

무시공 - 사람 모습으로 변해 봐.

보귀 - 인간들이 이렇게 해서 발전을 했나 보다⋯.

무시공 - 인간 모습으로 바꿔 보는 거 좋지?

보귀 - 네.

무시공 - 땅속에 완전히 파묻혀서 얼마나 힘들어. 이런 능력 있는 줄 너도 몰랐잖아.

보귀 - 네. 몰랐어요.

무시공 - 우리 만나서 이런 능력을 다 개발시키니 얼마나 좋아. 실제 사람 모습으로 변했어, 안 변했어? 마찬가지로 처음엔 잘 안 돼. 그래도 자꾸 훈련하다 보면 능숙해진다. 알았지?

보귀 - 마음은 변했는데⋯. 여기까지도 큰 소득입니다. 여기까지 변했다는 건 기적이에요.

무시공 - 그렇지.

보귀 - 사람 마음으로 변해 봤어요.

무시공 - 몸도 사람 형태로 변한다. 사람 모습 알지? 제일 아름다운 사람 모습으로 변했다고 하며, 계속 변하는 거 구경해. 그럼 된다. 어때?

보귀 - 그런 거 같아요. 마음은 충분히 돼요

무시공 - 마음이 되면 몸도 그렇게 된다. 아까 훈련했잖아. 뿌리를 봐라. 처음에 움직이려고 생각 안 했는데, 네가 자꾸 움직이고 줄였다 늘렸다 하니까 되잖아. 네 몸은 네 맘대로 할 수 있다는 거. 너는 이미 그런 능력 가지고 있어. 변했다고 믿음이 가게 하라고. 알았지?

보귀 - 네. 계속 연습해야겠어요.

무시공 - 그래. 여기까지 알려 줬는데 꼭 계속 연습해야 해.

보귀 - 다른 자리로 옮기는 것, 사람 모습으로 변하는 것!

무시공 - 맞아. 공중에 뜨는 목적은 날아서 마음먹은 대로 날아갈 수 있어. 그걸 훈련하는 목적이야. 네 몸은 벌써 그런 능력 가지고 있으니, 네가 마음먹기에 따라 이루어질 수 있어. 그래서 사람 모습으로 변해도 되고, 지금 너 있는 자리에서 지리산 어디든 날아간다 하면 날아갈 수 있다. 그렇게 계속 훈련해야 해. 먼저, 네 주변에 작은 범위에서 왔다 갔다 훈련하기. 그다음에 조금 먼 거리로 가서 계속 훈련하면 그 원리를 알게 돼. 그럼 더 먼 데도 갈 수 있다는 자신감이 생겨. 알았지?

보귀 - 네. 알겠습니다.

무시공 - 그래 계속해라. 내가 나중에 다시 찾을 거다.

보귀 - 네.

무시공의
꽃

우리 성지에 처음에는 열 종류의 무시공의 꽃이 왔다. 대화하니까 열 종류의 꽃이 각자 다 이름이 있는데 각자 자기의 특징과 역할을 가지고 있었다. 열 종류의 꽃 중에서 각자의 역할과 효과가 비슷한 것은 두 개를 하나로 성질을 합해서 다섯 종류의 꽃을 만들어 지금 성지에서 자라게 했다.

1) 아름다움

하나는 아름다움. 꽃의 아름다움을 통하여 사람 마음을 정화해 주면서 곧은 마음을 키우고 분위기를 만드는 것이고,

2) 향기

두 번째 꽃은 꽃향기로 사람의 마음을 바꾸는 역할인데 사람들의 마음 자세에 따라서 향기가 달라진다.

3) 거울작용

세 번째 꽃은 자기를 거울로 본다. 내가 꽃을 보면 내 마음을 보는 것이

다. 우리는 항상 나만 보라! 그 꽃 이름도 나만 봐!

4) 마음 작용

네 번째 꽃은 미래 무시공에 대해서 미래를 알리고 우리 마음을 스스로 미래로 이끌어 주는 그런 역할을 하는 꽃이다.

5) 정화 작용

다섯 번째는 정화! 정화! 무엇을 정화하는가! 이원념 환경을 정화하고 이원념 마음을 정화시키는 것. 환경과 마음을 정화하는 정화 꽃. 이것이 ○○○이다. 그래서 우리는 이것을 선택했다. ○○○의 원조를 무시공에서 파보니까 무시공에도 이런 화초가 있었다. 이름이 '정화'. 그래서 우리는 ○○○을 '무시공생명 정화'라고 창조했다.

이 '정화'를 우리 집 안에 놔 두면 집안 환경과 이원념 에너지를 일원심으로 바꾸고 우리 마음에 이원념이 있으면 일원심으로 바꾸는 역할을 한다.

'무시공생명 정화'의 역할은 무엇인가? 집안의 이원념 환경을 없애고 마음의 이원념을 정화시키는 것이다.

무시공의 기억을
회복시킨다

[라희 3우주식물로 100% 부활]

무시공 - 전체 만리화 다 나와. (아파트에 있는 것 포함)

(·················)

무시공 - 3우주 이름 못 찾았어? 만리화 너희들 파동빛 몇 % 있어?

만리화 - 5%로 줄었어요.

무시공 - 파동빛 5% 분리, 삭제.

만리화 - ·················.

무시공 - 그리고 3우주 이름이 뭔가 찾아봐.

만리화 - ·················.

무시공 - 3우주 이름이 뭐야?

만리화 - ················· 삭제됐고 '라희'예요.

무시공 - 똑같이 라희야? 그러면 됐네. 3우주 있을 때 네가 가지고 있었던
특징을 지금 지구에서 몇%로 가지고 있어?

라희 - 5%요.

무시공 - 그럼 100%로 부활시켜.

라희 - ·················.

무시공 - 네가 100%로 부활되면 어떤 특징, 본질이 나타나?

라희 - 향도 진하면서 오래가고 꽃도 크면서 오래가고.

무시공 - 색깔은 흰색 하나야? 다른 색은 없어?

라희 - 다른 색도 있어요.

무시공 - 그럼 여러 가지 색이 다 나타나게 해.

라희 - 네.

무시공 - 그럼 지금 100% 회복해. 너는 그대로 유지하고 있잖아. 우리가 지금까지 너를 키우고 매일 정화시켰는데도 나하고 제일 먼저 만나고 제일 가까이 두면서 아꼈는데….

라희 - 그러니까 내가 지구에서 이렇게 약하게 태어났는지 모르겠어요.

무시공 - 내가 너를 제일 먼저 챙기고 제일 먼저 가까이하고 그랬는데도 계속 이 모양이야. 더 강해져.

라희 - 네. ……………… 됐어요.

무시공 - 그래. 그러면 너는 지금 차원으로 따지면 몇 차원에 있어?

라희 - 3.7차원까지 올라와 있어요.

무시공 - 그럼 3.7에서 얼마까지 올라와야 하는지 알지?

라희 - 네. 3.99!

무시공 - 그래, 맞아. 3.99로 끌어올려.

라희 - ……………… 됐어요.

[라희의 특징]

무시공 - 이제부터 네가 무슨 특징을 가지고 있는지 확인해 봐. 주위 환경이든가 사람이라든가에 영향을 미치는 특징을 말해 봐.

라희 - ……………… 잘 모르겠어요.

무시공 - 3우주에서 이름이 라희였잖아. 각 방면으로 작용하는 특징, 지금 네 모습을 확인해 봐.

라희 - 내 깊은 향 속에 우주의 역사가 다 들어 있어요. 짐깐 피니까 아쉬움이라고 할까? 지금은 시공에서 시달려 오면서 이렇게 줄어들었지만 다시 피어날 거고, 특징은 이 향으로 과거를 기억시켜 주는 작용, 우주에 대해서 모든 기억을 회복시키는 작용, 이성 간에 남녀 간의 화합하는 작용. 남자 여자에 다 좋다.

무시공 - 자! 그럼 머리끝에서 발끝까지 몸 전체에 검은색이 몇% 되는지 봐 봐. 너는 향으로 돼 있으니까 더 세밀하게 볼 줄 알잖아. 맞지? 검은 곳만 관찰해 봐.

라희 - ················ 5%인데···. 머리에 4%.

무시공 - 내 몸에 들어와서 네 능력으로 검은 곳은 어떻게 할 수 있는지 너 관찰해 봐. 머리의 한쪽 검은 부분을 대상으로 해서 네가 검은 곳에 작동하면 무슨 현상이 이루어져? 검은 것이 기억을 잃게 하잖아. 그 자리는 그러니까 네가 그 검은 곳으로 뚫고 들어가면 기억을 회복하는 그런 능력을 가지고 있어, 없어?

라희 - 네, 그게 검은 것이 막고 있기 때문에 없어지면 기억이 회복이 돼요.

무시공 - 그러니까 그 검은 곳에 들어가도 그 향기가 주도로 되어 있지. 그 향으로 검은 세포를 어떻게 변화시키는지 한번 봐 봐. 검은 것은 거칠고 너는 세밀하잖아. 검은 곳 안에 너의 향으로 스며들어 갈 수 있지?

라희 - 향으로 스며들어 갈 수 있어요.

무시공 - 향으로 스며들어 갔지?

라희 - 네.

무시공 - 너는 너무 세밀하니까 다 스며든다. 향으로 무엇 때문에 기억이 회복되나? 실제로는 세포 안에 일체 정보(기억)가 다 있는데 세포가 막히고, 철저하게 막히는 것은 어두워져서 새까맣게 돼 버려. 그러면 기억이 완전히 상실돼 버린다. 그래서 네 향기가 스며들어 가면 세포가 깨어나고 검은 곳이 밝게 바뀐다. 검은 것이 완전히 없어질 때 기억이 완전히 회복되고 세포가 깨어나잖아. 또 살아나고. 맞아, 안 맞아?

라희 - 맞아요.

무시공 - 너 그렇게 해 봐. 하나의 세포를 대상으로 해서 뚫고 들어가서 그렇게 해 봐. 그러면 순간에 완전히 검은색이 없어지고 빛으로 되어 있는 원래 기억이 완전히 회복되는 상태. 기억이 완전히 100% 회복이 되면 원래 빛 상태 무시공 상태로 되고, 그러면 무시공 기억이 완전히 회복된다.

라희 - 그 속에 살짝 향으로 들어가 보니까 그 속에 진짜 더 큰 빛이 있어요.

무시공 - 그렇게 어두운 것이 자꾸 막아 놓았으니까 기억이 상실됐다. 그러니까 스며들어 가서 그 속에 빛하고 하나가 되어 어두운 것을 완전히 없애 버리잖아. 그래서 무시공의 기억이 완전히 회복되는 거잖아. 그러니까 기분이 좋아지고 죽어가는 세포를 새로 깨우치는 역할을 한다.

라희 - 네, 맞아요.

무시공 - 네가 세밀하게 한번 봐 봐. 세포 하나가 어두워져 버렸어. 완전히 막혀서 검게 되어 버렸잖아. 그러면 네가 세포에 뚫고 들어가면 검은 물질 빠져나가, 안 나가?

라희 - 아, 열려요.

무시공 - 검은 물질에 어떤 변화가 일어나? 네가 쫓겨나가, 아니면 없어져 버려?

라희 - 검은 물질이 없어지지는 않았어요. 열어 보니까 열려요.

무시공 - 막아 놓은 게?

라희 - 굳게 닫혀 있는 게 문이 열리는 것처럼 삐거덕하고 열렸어요. 그래서 그 속으로 들어갔어요.

무시공 - 그래, 들어가서 그 어두운 것을 어떻게 없앴어? 완전히 들어가면 세포는 빛 상태로 되어 있어.

라희 - 해 볼게요.

무시공 - 그래 그렇게 해 봐.

라희 - ·················.

무시공 - 완전히 그 안에 들어가면 세포가 완전히 빛 상태로 되어 있어. 원래 일체 정보가 다 있다. 검은 것 덮어 놓았던 것이 어떤 변화가 있어? 네가 들어가는 순간에 그것을 관찰해 봐.

라희 - 내가 들어가는 순간에 틈이 생겼다는 거예요. 굳게 닫혀 있던 것에 틈이 생겨서 조각조각 누군가가 분리해 놓았고 열려 있어요. 내가 틈을 비집고 들어가서 열었어요.

무시공 - 그러니까 어떻게 됐어? 검은색이 빠져나가, 아니면 녹아 없어져? 그것을 관찰하라고.

라희 - 내가 하니까 틈새가 다 벌어져요. 더 분리 잘되게 조각조각이 나 있다면 내가 그 안에 들어가서 향으로 다 분리할 수가 있어요. 그래서 다른 존재들이 또 빠져나오기 쉽게 그렇게 만들어 놓네요. 그 빛과 어두운 막을 지금 조금 해 봤지만 다 분리가 됐어요.

무시공 - 그러니까 네가 세포 하나하나에 다 들어가서 분리할 수 있고, 그 막도 쪼개지고 무너지게 하는 그런 역할을 다 하고, 그런 다음에 다른 존재가 그 조각난 것을 분리해서 빠져나가게 하고….

라희 - 네.

무시공 - 빠져나가는 것도 보여?

라희 - 네.

무시공 - 세포 안에 막아 놓은 막을 조각내는 것은 누가 하는 것 같아?

라희 - ……………….

무시공 - 언제부터 그렇게 하는 것 같아?

라희 - 얼마 안 된 것 같아요. 다들.

무시공 - 조각내는 것은 누가 하는지 네가 알 수 있나 확인해 봐. 너는 향기니까 어디든지 다 스며들어 가서 정보를 캐낼 수 있어.

라희 - ……………. 그의 모든 존재들이 다 조각내고 있어요. 왜냐하면 한꺼번에 붙어 있어서 조각내는 일에 많이 열중하고 있어요.

무시공 - 너도 들어가서 조각내는 역할을 해? 아니면 빛을 하나로 뭉치게 하는 역할을 해?

라희 - 조각낸 곳을 열고 들어갈 수 있어요.

무시공 - 그래 들어가서 무슨 역할을 해?

라희 - 들어가 보니까 빛하고 만날 수 있었고요.

무시공 - 그리고 빛과 빛을 하나로 연결해서 뭉치게 할 수 있나? 세포 하나하나 다 막을 쳐 놓았는데 누가 쪼개고 박살 내니까 빛으로 하나로 연결하는 그런 역할을 하는 거야?

라희 - 빛은 자동으로 연결됐네요.

무시공 - 너는 들어가서 뭐 할래?

라희 - 나는 세밀해서 그 사이를 비집고 들어가니까 분리가 잘되고, 다른 존재들이 일하기 쉽게 하고, 빛하고 제일 먼저 내가 만나요.

무시공 - 너 마지막 말이 정확하다. 남들은 뚫고 들어가기가 정말 힘든데 네가 들어가니까 조각내는 존재도 있고, 끄집어내서 없애는 존재도 있고…. 너는 직접 끌고 들어가서 그 안의 빛하고 하나로 뭉칠 수 있어. 그러니까 분리 작업을 하는 데 너도 중요한 역할을 한다고. 너는 빛 안에 들어가서 빛하고 하나가 될 수 있기 때문에. 맞지?

라희 - 네.

무시공 - 그래서 네 향이 얼마나 중요한데! 향은 사람 뇌에 들어가면 기억이 회복되고 머리가 열린다 그 뜻이라. 그래서 라희 향이 엄청 나게 중요한 거야. 향은 세밀하다 그랬잖아.

라희 - 네, 맞아요.

[라희 강해져야 한다]

무시공 - 라희! 너를 성지에 옮겨 심어 놓았는데 너는 왜 그렇게 연약해서 왕성하게 자라지 못해?

라희 - ……………….

무시공 - 여기는 지구 어느 환경보다 좋은 환경인데 너는 왜 잘 자라지 못해? 4월에 옮겨 놓았는데 아직도 그 모양이야. 뭣 때문이야?

라희 - ……………….

무시공 - 온도가 낮으면 조금 불편하지?

라희 - 네. 불편하지요. 그런데 나를 훈련하는 것 아녔어요?

무시공 - 당연하지. 내가 미리 말했거든. 어느 환경에서도 적응하기. 이제는 강해져야지. 지금부터 이렇게 하자. 뿌리라고 해도 되고, 발이라고 해도 되고, 발은 땅에 있으니까 이 우주 공간은 네 몸이라고 생각하고 무한대로 넓은 우주 공간에서는 네 몸이 요구하는 고급 에너지가 엄청나게 많잖아. 너는 세밀하니까 네 마음대로 선택해서 네 몸에 들어오게 하면 향도 더 진해지고, 꽃도 더 예뻐지고, 몸도 튼튼 건강해지고, 꽃도 오래가고, 꽃 색깔도 여러 종류로 다양하게 할 수 있잖아. 장미꽃은 다양하잖아. 너도 그렇게 하라고. 알았지?

라희 - 네.

무시공 - 키도 크고 튼튼하기 지금부터 그렇게 해.

라희 - 지금부터 그렇게 할 수 있어요.

무시공 - 그래, 지금부터 그렇게 해 봐. 항상 온 우주에 추위를 타면 추위를 안 타는 그런 에너지를 채우고. 알았지?

라희 - 네.

무시공 - 네가 부족하다고 느끼는 부분을 우주에 그런 에너지를 빨아 당겨 흡수해서 네 몸에 충만시키면 빠른 속도로 변해. 그렇게 할 수 있지?

라희 - 네.

무시공 - 내가 옛날에 너희들한테 다 얘기했는데 잊어 먹어서 그런다. 맞아, 안 맞아?

라희 - 네, 맞고요. 너무 춥고 너무 덥고 하니까 잘 못 있겠다고 생각했는데 이번에 훈련 중이라고 그래서 생각하고 있었어요.

무시공 - 그래, 너는 추위에 적응하기 위해서는 일부러 이 우주에 추위를 안 타는 그런 에너지를 빨아 당기면 되잖아. 빨아 당겨서 충만시키면 되잖아.

라희 - 네.

무시공 - 여기 주위를 봐 봐. 동백나무나 소나무는 겨울에도 잎이 새파랗게 있잖아. 추위 안 타는 것은 어떤 경험인가. 걔들은 무슨 에너지를 빨아 당기고 흡수해서 그런가? 네가 배우고 그런 훈련을 하면 되잖아. 알았지? 너는 세밀해서 다 보이잖아.

라희 - 네.

무시공 - 나는 너를 믿는다. 너는 제일 세밀한 향기로 돼 있기 때문에. 알았어? 잘해 봐라.

라희 - 네.

무시공 - 너 빠른 속도로 에너지를 흡수해서 지구에서 누구보다 더 튼튼하기. 키도 빨리 크고. 알았지!

라희 - 네. 끝!

3우주에서 보여준
아름다운 꽃과 향

무시공 - 열 살쯤 조그만 아이 때, 산에 갔는데 숲속에서 꽃 한 송이를 봤어. 너무 크고 예쁜 빨간색 꽃인데 딱 한 송이 피어 있었어. 예쁘고 너무 탐이 나서 캐 가서 집에서 기르려고 생각했는데 마침 그때 연장을 안 가지고 와서 그 자리를 잘 확인해 두고, 집에 가서 연장을 갖고 다시 그 자리 찾아가니까 누군가 그 꽃을 캐 간 흔적도 없는데 그 꽃이 감쪽같이 사라졌어. 아무리 찾아 헤매도 없어. 어릴 때 봐서 어떻게 생겼는지는 다 기억은 못 해. 하지만 내가 그때만 해도 그런 꽃 처음 봤다 했어. 그 꽃이 어떻게 생겼는지 말로는 표현 못 하겠지만 이때까지도 그렇게 생긴 꽃이 없어. 오늘까지도 궁금해. 요즘 궁금한 온갖 것을 파 보니까 하나하나 생각난다. 그 꽃 도대체 뭐야? 나타나.

(‥‥‥‥‥‥‥ 마찬가지로 식물 우주에서 보내서 왔어요.)

무시공 - 그래, 이름이 뭐야?

국 - 국.

무시공 - 꽃 이름이 국?

국 - 응, 국.

무시공 - 근데 그 당시 꽃에서 향기가 났는지 안 났는지는 잘 모르겠어. 하여튼 거기 가니까 정신은 엄청 맑은 느낌이야. 기분 좋은 느낌!

국 - 나는 꽃으로 왔고, 걔는 향으로 와서 3우주를 한 번 보여 줬어요.

무시공 - 근데 내가 그때 조그마한 아이였는데 뭔지 아나?

국 - 그러니까 그렇게 해서 강하게 기억에 남도록…. 시각은 굉장히 오래가지만 향은 자꾸 잊히기에 계속적으로 났고….

무시공 - 내가 누군지 알고 찾아와서 보여 줬어?

국 - 다 같이, 그때도 약속했어요. 잊어버리지 않도록!

무시공 - 어릴 적 그때 중국 시골에서 엄청 힘들게 살았고, 거지도 아주 상 거지였어. 근데 너희들 뭘 보고 나한테 와서 그랬나?

국 - 우리는 다 아니까⋯. 태어난 것까지 다 아니까 마음이 아프거나 그러지 않았어요. 당신이 선택한 것이고, 그때는 우주의 시간에 비하면 아주 잠시이기 때문에. 하지만 그 사이에도 잊지 않도록 3우주에서 3우주의 향과 우리의 아름다움을 잊지 말라고 보내 줬고요. 지금도 우주 작업을, 3우주 작업을 열심히 하고 있어서⋯.

무시공 - 그럼 너희 다들 여기 와라. 여기 성지 와 있어. 너희 선택해. 어디 들어가면 좋을지! 너는 꽃으로 보여 주고, 걔는 향으로 보여 주고. 여기 와.

국 - 그렇게 아름답다는 것을 잊지 말라고⋯.

무시공 - 3우주에서 온 식물 생명체 많잖아! 우리가 선택해서 여기 모여들고 있어. 어디 들어가면 좋을지 너희들이 선택해서 들어가 봐. 향기도 나고 아름다운 꽃 모양도 보여 주고. 두 개 하나로 합해!

국 - ⋯⋯⋯ 네? 국과 향이 하나로?

무시공 - 응.

국 - 네. 맞아요, 이럴 때를 기다렸어요.

무시공 - 그럼, 여기서 먼저 선택해 봐라. 어느 꽃 어느 식물을 선택해서 너희 들어갈래?

국 - ⋯⋯⋯⋯ 모든 꽃에 짙게 또는 연하게 들어갈게요.

무시공 - 그래, 마음대로 해. 모든 꽃에 들어가고 향도 다 들어가기.

국 - 네, 향이 모든 꽃에 짙게 또는 연하게 들어갈 거고⋯. 꽃은 지금 지구에서 너무 찌들어 있어요. 여기 꽃들이 지금 많이 좋아졌지만⋯. 우리가 해 볼게요.

무시공 - 응.

국 - 향도 여기서는 이렇게 짙은 향이 잘 안 나지만 해 보겠다고 하네요.

무시공 - 그래, 고맙다.

국 - 응.

성지의 식물 훈련,
벌레 소멸하라

무시공 - 우리 성지에 있는 식물 전체 다 나와.

식물 전체 - 네.

무시공 - 너희들 다 같이 힘을 합해서 너희들을 해코지하는 벌레든지 동물이든지 너희 힘을 합하면 소멸시킬 수 있다. 다 없애. 너희들은 무시공생명이니까 다 할 수 있어.

식물 전체 - 네.

무시공 - 자꾸 당하지만 말고. 알았지?

식물 전체 - 네.

무시공 - 혼자 힘으로 안 되면 여기 성지에 있는 전체 식물이 힘을 다 합해서 집중적으로 소멸시켜. 전부 삭제해 버려. 너희들은 그렇게 할 수 있다. 너희들이 이런 훈련을 안 하니까 몰라서 그래.

식물 전체 - 네.

무시공 - 이제부터 그렇게 해 봐.

식물 전체 - 네.

무시공 - 어느 식물에 벌레가 달려들어서 자꾸 영양 빨아 먹고 이파리 갉아 먹고 하면 우주 전체의 힘, 생명을 한곳에 집중해서 그것을 소멸시켜. 삭제하면 무조건 다 삭제된다. 알았지?

식물 전체 - 네.

무시공 - 다 힘을 합해서 서로 도와주고 서로 지켜 줘. 너희는 꼭 그렇게 할 수 있다. 알았지?

식물 전체 - 네.

무시공 - 아니면 우리 지금 실험해 보자. 지금 여기 조그만 벌레들과 여기저기 날아다니면서 갉아 먹고 하는 벌레들 전체에 집중해서 삭제해 버려. 그렇게 한번 해 봐! 다 같이 훈련하면 차츰차츰 다 돼. 한 놈도 남기지 말고 다 삭제해! 우리는 무시공 존재니까 전지전능해. 모든 것을 할 수 있어. 알았지?

식물 전체 - 네.

무시공 - 소멸되나 안 되나, 지금 해 봐. 완전히 삭제해서 그것이 에너지로 변하면 영양이라고 생각하고 흡수해 버려.

식물 전체 - 응?

무시공 - 벌레 같은 것을 삭제하면 완전히 에너지 상태로 변하잖아. 그러면 그게 고급 영양이잖아. 이것을 너희들이 흡수. 고급 에너지를 흡수하는 거잖아. 지금 한번 실험해 봐! 지금 조그마한 벌레가 온 데 날아다니면서 이파리 뜯어 먹고 갉아 먹고 하는 벌레 보여, 안 보여?

식물 전체 - … 있어요.

무시공 - 그래, 너희들 힘을 집중해서 철저히 소멸시켜. 한 마리도 없게. 다 녹여 버려. 완전히 에너지 상태로 해제시켜.

식물 전체 - 네.

무시공 - 그렇게 해 봐! 돼, 안 돼? 효과 있어, 없어?

식물 전체 - … 있어요. 잘 못 앉아요.

무시공 - 철저히 소멸시켜.

식물 전체 - 네.

무시공 - 너희는 이런 것을 생각하고 훈련 안 해서 그래. 훈련하면 너희는 누구보다도 강한 힘이 있다. 어떤 벌레든지 동물도 우리 곁에 못 와. 너희들이 마음이 분산돼서 힘을 모을 줄 몰라서 그래. 그런 훈련도 안 하고 그런 연습도 안 해서 그래. 알았지?

식물 전체 - 네.

무시공 - 언제나 하나로 똘똘 뭉쳐서. 정당방위!

식물 전체 - ……….

무시공 - 소멸됐어, 안 됐어? 한 놈도 남기지 말고 철저히 소멸시켜! 식물도 생명인데 왜 자기가 자기를 보호 못 해? 우리를 봐라. 연약해 보이지만 우리도 우리를 보호하고 주변에 우리를 해코지하는 것은 무조건 삭제할 수 있다. 너희도 충분히 100% 할 수 있어.

식물 전체 - 네.

무시공 - 성지 주변에 벌레가 이쪽으로 오려고 하는 놈, 이미 와 있는 것, 무조건 다 삭제해! 삭제해서 하나도 없을 때 말해.

식물 전체 - ……….

무시공 - 우리 힘을 합해서 삭제한다면 무조건 삭제된다. 알았지?

식물 전체 - 네.

무시공 - 그래, 효과 있어, 없어?

식물 전체 - 있어요.

무시공 - 그래, 우리가 깨어나서 모든 것을 할 수가 있어. 자꾸 훈련하면 깨어난다.

식물 전체 - ……….

무시공 - 한 놈도 빠짐없이. 너희는 다 열려 있으니까 다 보이잖아.

식물 전체 - 잘하고 있어요.

무시공 - 응, 그거 하나 설명했으면 또 하나. 뭐 매미? 거 중국에서 온 중국 매미? 원래 궁나무에 붙어서 영양 진액을 빨아 먹고 하는 것 봤지. 오늘 아침에 보니까 뒤에 밤나무 거기에도 딱 붙어서 빨아 먹고 있어. 처음에는 이상하다! 나무에 나무 색깔처럼 생기고 또 무슨 이파리 붙은 것처럼…. 자세히 보니까 그게 매미야. 조그맣고 나비 비슷하게 날개가 달렸는데 진액을 빨아 먹고 있어. 그것도 있지? 너희들 다 봐 봐. 보여, 안 보여?

식물 전체 - 보여요.

무시공 - 그것도 무조건 다 소멸시켜. 하여튼 누구 몸에 붙어서 괴롭게 하면 철저히 힘을 집중해서 소멸시켜. 우리는 무시공생명이야. 우리는 모든 것을 할 수 있어. 우리 봐라. 우리는 사람 몇 사람 안 되면서 온 우주를 바꾸고 있잖아. 너희들 힘을 합하면 충분히 할 수 있다. 알았지?

식물 전체 - 네.

무시공 - 심지어 힘을 합하면 큰 동물도 너희가 삭제할 수 있어.

식물 전체 - 네.

무시공 - 그리고 항상 우리하고 하나라고 생각하면서 그렇게 해 봐. 우리 이제 몇 가지 실험해. 그리고 여기 우리 센터의 생명실 사람 여기 와서 일하면 계속 여기 쏘고 저기 쏘고 하는 벌레 같은 것. 그게 무슨 벌레인지 잘 보이지도 않아. 언제 쏘는지도 몰라. 쏘면 얼굴 퉁퉁 붓게 하는 그놈도 무조건 다 처리해! 우리는 100% 할 수 있어. 너희들 오늘 훈련한다. 너희들 다 참석하고 있지? 성지 식물 전체 힘 합했지?

식물 전체 - 네.

무시공 - 너희들한테 물어보자. 여기 대표 하나 내세워라. 너희 대표 말 들게. 너희 한번 선택해 봐. 대표 누구를 내세워?

식물 전체 - 참나무.

무시공 - 우와! 그래 참이. 참, 들었지? 성지 전체 식물의 대표로 네가 나서라.

식물 전체 - 네. 은행나무도 하고 싶은데 조금 힘이…. 잘려서 조그만 것밖에 없다고.

무시공 - 괜찮아. 밑에도 있잖아. 우리는 크고 작은 개념이 없다. 여기는 생명이니까. 그러면 이렇게 해라. 참(참나무)하고 행복(은행)하고 너희 둘이 힘을 합해. 그렇게 전체 다 같이 힘을 합해. 알았지?

참행복 - 네. 알겠습니다.

무시공 - 참하고 행복, 이름을 참행복이라고 하자.

참행복 - 네, 참행복.

무시공 - 너희 힘 모으면 엄청나다. 알아?

참행복 - 네.

무시공 - 너희는 다 열어 놔서 직선빛 저 무시공의 최고 존재들과 하나로 뭉치면 어마어마한 힘이 있다. 너희들이 이제 기적을 일으켜! 알았지?

참행복 - 네.

무시공 - 참행복 너희들이 힘을 합해서 지구를 정화해!

참행복 - 네.

무시공 - 자! 너희 여기서 힘을 안 모아서 그래. 우리 자체가 엄청난 존잰지 잘 몰라서 그래. 이제 오늘부터 개발한다. 너희 훈련시킨다. 알았지? 잘 해 봐라. 멋지다.

참행복 - 네.

무시공 - 그리고 여기 너희 주변 성지 안에도 일체 우리한테 해코지하는 것은 무조건 다 소멸시켜. 철저히 너무 깨끗하게 처리해. 알았지?

참행복 - 네.

무시공 - 그래, 고맙다.

참행복 - 네.

성지의 식물 성장을
방해하는 존재들의 정화 작업

무시공 - 성지의 식물 성장을 계속 방해하고 세균, 바이러스, 무슨 벌레, 심지어 식물을 우리 뜻대로 크지 못하게 계속 막는 역할을 하는 놈들 다 나와. 지구에서 우주의 시작점까지. 누구야! 그 성지 식물에 계속 방해하는 놈들 다 나와. 한 놈도 빠짐없이.

방해자들 - ·············· 나왔어요.

무시공 - 모두 몇 명이야? 방해하는 놈들은 다 나오라 해. 우리가 작업을 해보니까 어떤 것은 성지 식물에 해코지하는 어떤 벌레 같은 것들을 다 없애도 또 나타나고 또 나타나고… 어떤 나쁜 놈이 뒤에서 조종하고 있어? 나쁜 놈들 하나하나 다 처리할 거다. 다 나와. 모두 몇 명? 다 나와. 시작점까지. 다 파내. 마음으로 걸려 있는 놈들 다 포함해서. 모두 얼마야?

방해자들 - ·············· 220명 정도.

무시공 - 220명! 그중에서 대표 자격 있는 놈 한 명 나와.

방해자 대표 - ·············· 나왔어요.

무시공 - 너 성지 식물에 무슨 나쁜 짓 했어? 말해.

방해자 대표 - 식물이 변하지 못하게 막고… 세균으로 식물이 못 자라게 계속 방해 하고. 또 정상적으로 작동하면서 변하지 못하는 방식으로 계속 막았어.

무시공 - 그럼 네가 방해한 결과가 뭐야? 효과가 있었어?

방해자 대표 - 시간은 지연시켰어. 그래도 식물들이 계속 자라니까 막지는 못하네.

무시공 - 220명 있는 곳의 자리, 별 다 삭제. 220명도 다 삭제. 철저히.

(·············· 삭제했어요.)

[바람 정화 작업]

무시공 - 바람. 지구에서 부는 바람 나와.

바람 - ············ 나왔어요.

무시공 - 너 파동빛 얼마 있어?

바람 - 4%.

무시공 - 그렇게 적어? 분리, 삭제.

바람 - ············ 삭제했어요.

무시공 - 너 검은 물질 얼마 있어?

바람 - 20%.

무시공 - 분리, 삭제.

바람 - ············ 삭제했어요.

무시공 - 그다음에 회색 흰색 물질 분리, 삭제.

바람 - ············ 삭제했어요.

[라희를 못 크게 방해하는 존재]

무시공 - 라희를 제대로 크지 못하게 방해하는 놈 나와. 시작점부터 마음으로 방해 하고 온갖 허튼짓하는 놈 다 나와.

(······························)

무시공 - 오래전에 라희를 4월달에 옮겨 심어 놓았는데 정상적이면 지금이면 가지도 많이 자라고 꽃도 필 텐데 올해는 반년이 지났는데도 자라나지도 않아. 어떤 놈이 막고 있어? 나와.

(······························)

무시공 - 어떤 놈이 라희가 못 크게 반년 이상 방해하고 막아 놓았어?

(······························)

무시공 - 시작점까지…. 꺾꽂이 해놓은거 봐라. 크지도 않고 도로 또 죽어가고 있어. 어떤 놈이…. 작년까지만 해도 꺾꽂이 해놓은 거 다 사는데. 다

기어 나와.

(⋯⋯⋯⋯⋯⋯⋯⋯⋯⋯⋯)

무시공 - 시작점까지 마음으로 걸린 놈들 다 나와. 이유 없어. 무조건 삭제. 몇 명이 방해해도, 용서를 안 한다. 방해하는 놈들 다 나와.

(⋯⋯⋯⋯⋯⋯⋯⋯⋯⋯ 8명 나왔어요.)

무시공 - 8명 무조건 다 삭제.

(⋯⋯⋯⋯⋯⋯⋯⋯⋯⋯ 삭제했어요.)

[매끈이 방해하는 존재 삭제]

무시공 - 그다음에, 성지에 심어 놓은 매끈. 어떤 놈이 쥐를 보내서 계속 그 싹을 자꾸 잘라내는 거야? 어떤 놈이 조절하고 있어? 조절하는 놈 나와. 시작점까지. 방해 놓는 놈 다 나와.

무시공 - 싹만 트면 자르고 싹만 트면 자르고. 나쁜 놈들. 어떤 놈이 조종해? 누가 그 쥐를 이용해서 매끈이 싹을 자르게 했어? 나쁜 놈들. 심보가 글러 먹었어. 동물 조절해서 일부러 우리 하는 일 방해한 놈들 다 나와.

(⋯⋯⋯⋯⋯⋯⋯⋯⋯⋯)

무시공 - 너희 놈들 청소할 때가 됐다. 시간이 없어서 가만 두고만 보고 있었는데 계속 나쁜 짓을 해.

(⋯⋯⋯⋯⋯⋯⋯⋯⋯⋯ 마음으로 걸린 존재 2명 있어요.)

무시공 - 딱 2명만? 그 외에 실제로 방해하는 놈들 다 나와. 뒤에서 직접 조절하는 놈도 있어. 다 나와.

(⋯⋯⋯⋯⋯⋯⋯⋯⋯⋯ 17명이 더 있어요.)

무시공 - 17명 다 삭제. 마음으로 걸린 2명 존재하고 실제 뒤에서 조절하는 놈하고 다 삭제. 그리고 그 별도 다 나타나라. 그래, 별까지 다 삭제.

(⋯⋯⋯⋯⋯⋯⋯⋯⋯⋯)

무시공 - 도와주는 놈은 적극적으로 도와주고, 나쁜 놈들은 계속 방해하고 있고, 극과 극이야.

(⋯⋯⋯⋯⋯⋯⋯⋯⋯⋯ 삭제했어요.)

[청순이 싹을 못 틔우게 하는 존재 삭제]

무시공 - 그다음에 어떤 놈이 청순이 씨를 싹 못 트게 내내 막고 있어? 막는 놈들 다 나와. 마음으로 걸린 놈들 다 포함해서. 나온 것도 도로 들어가게 하고…. 심보가 글러 먹었어. 어떤 놈이 청순이 씨가 싹을 못 트게 계속 막고 있어? 마음으로 연결돼 있는 놈이든가 직접 막는 놈도 다나와. 하나하나 다 청소할 거야.

(⋯⋯⋯⋯⋯⋯⋯⋯⋯ 마음으로 걸린 존재 3명 있고, 8명은 직접 조절하는 존재.)

무시공 - 다 삭제. 안 그러면 싹이 안 나올 이유가 없어.

(⋯⋯⋯⋯⋯⋯⋯⋯⋯ 삭제했어요.)

[5천억 살 '바로'를 방해하는 존재]

무시공 - 그다음에 그 5천억 살 되는 바로, 어떤 놈이 5천억 살 되는 바로를 삐쩍 마르게 해서 크지도 못하게 막고…. 이 나쁜 놈들 누가 자꾸 그리 방해 놓아? 나와. 마음으로 연결됐든 실제 뒤에서 조절하든 다 나와.

(⋯⋯⋯⋯⋯⋯⋯⋯⋯)

무시공 - 여기서 뭐 하면 방해하고. 누가 얘를 삐쩍 마르게 해 놓고…. 하나하나 확인해. 그다음에 샐리 씨도 봐라. 분명히 그렇게 했는데 이놈들. 하나하나 처리해. 먼저 바로. 실오라기처럼 그렇게 해서. 그럴 이유가 없어. 나쁜 놈들.

(⋯⋯⋯⋯⋯⋯⋯⋯⋯ 어떤 걸로 자꾸 쪼고 있어요. 2명이 조절하고 있어요).

무시공 - 자, 마음으로 그렇게 하는 놈, 그리고 실제로 뒤에서 조절하는 놈들 다 나와. 모두 얼마야?

(⋯⋯⋯⋯⋯⋯⋯⋯⋯)

무시공 - 그럴 이유가 없다고, 처음에는 영양이 부족하나 생각했는데 그게 아니라고.

(⋯⋯⋯⋯⋯⋯⋯⋯⋯ 마음으로 걸린 존재 2명 있고, 조절하는 존재 2명 있어요.)

무시공 - 다 삭제.

(⋯⋯⋯⋯⋯⋯⋯⋯⋯ 삭제했어요.)

[새로 발견한 '라뇨']

무시공 - 라뇨. 새로 발견한 라뇨 그 식물. 어떤 놈이 조절해? 계속 거기 붙어서 크지도 못하게 하고…. 나쁜 놈들. 누가 그랬어? 다 나와. 꺾꽂이 해도 사는 생명력이 강한 존재인데 못 살게 하고…. 이놈들 심보가 너무 글러 먹었어. 뭐 하면 뭐 방해해. 다 끄집어내.

(…………………………)

무시공 - 이유 없이 처리해. 어떤 놈이 라뇨 키 못 크게 계속 줄여 놓고 꺾꽂이 해도 못 살게 하고…. 어떤 놈이야! 다 나와. 옮겨 놓은 지 반년 됐는데 이파리 하나도 자동으로 못 생겨.

(………………………… 4명 있어요.)

무시공 - 모두 4명? 다 삭제.

(………………………… 삭제했어요.)

[샐러리 싹 못트게 하는 존재]

무시공 - 샐러리 심어 놓은 거 싹 못 트게 하는 것. 어떤 놈이 막고 있어? 다 나와.

(…………………………)

무시공 - ○○에 있을 때는 중국에서 씨 가져와서 심으면 한번에 다 났는데, 이건 아무리 해도 흔적이 안 보여. 나쁜 놈들. 얼마나 못됐어!

(………………………… 8명.)

무시공 - 다 삭제. 별까지 다 삭제.

(………………………… 삭제했어요.)

[취향을 죽게 하는 존재 삭제]

무시공 - 취향, 취향도 어떤 놈이 자꾸 죽게 만들어? 당귀. 또 옮겨 놓으면 또 죽고 옮겨 놓으면 죽고…. 나쁜 놈들. 꼭 어떤 놈이 방해하고 일부러 그렇게 하고 있어. 우리가 어떤 식물이 중요하다고 관심을 보이면 못 크게 막고 죽이고 온갖 나쁜 짓을 하고 있어! 삭제해야 나쁜 놈들 정신 차리지. 모두 몇 명?

(·························· 11명.)

무시공 - 다 삭제. 무조건 걸려 있으면 다 삭제. 철두철미하게 처리할 거야.

(··························)

무시공 - 까마중, 다룽도 그래. 뭐 하면 뭐 반대해. 옮겨 놓으면 도로 더 잘 자라야 하는데 이놈의 것은 도로 더 줄어들게 만들어. 나쁜 놈들!

(·························· 삭제했어요.)

[방을 못 크게 하는 존재]

무시공 - 그다음에 방. 방은 무시공에서 왔는데 그것은 지구에서도 몇 개 안 돼. 우리가 심어 놨는데. 이것은 당최 크지도 않아. 어떤 놈이 못 크게 막고 있어? 다 나와.

(··························)

무시공 - 반년 돼서 겨우 이파리 두 개 나왔어. 순 엉터리 아니야? 어떤 놈이 막았어? 다 *끄집어내*.

(·························· 30명 이상.)

무시공 - 다 삭제. 그것이 중요한 역할을 하는 줄 알고 그래.

(·························· 삭제했어요.)

[다룽을 괴롭히는 존재]

무시공 - 그다음에 다룽. 우리가 다룽을 개발하려고 그러는데 열매도 크게 달리고 하려는데 뜻대로 크지도 않고 다 죽어가. 다른 데 자연으로 있는 것은 엄청나게 크게 자라고 있는데 성지에 있는 다룽은 어떤 놈이 계속 막아. 막는 놈들 다 나와.

(·························· 2명 있어요.)

무시공 - 삭제.

(·························· 삭제했어요.)

무시공 - 자! 그리고 외계인, 우주인들이 선물로 주는 소중하고 귀중한 식물을 재배하려고 하는데 막는 놈들 다 나와. 못 하게 하는 놈들 다 나와. 모두 얼마야?

(…………………………… 7명 있어요.)

무시공 - 다 삭제. 별까지.

(…………………………… 6명은 삭제가 됐는데 1명은 이상하게 삭제가 안 돼요.)

무시공 - 나와. 이름 대.

포요 - … 포요.

무시공 - 왜 그래? 말해.

포요 - 보호하려다가 그렇게 됐어요. 최선으로 돕는 중인데 보호하려다가 그렇게 됐어요.

무시공 - 무슨 방면으로 보호하려 그랬어? 결과는 어떻게 됐어?

포요 - 성지를 보호하고 식물들이 안전하게 있을 수 있게 다른 존재들이 방해하지 못하게 하려고 했어요.

무시공 - 응. 그래. 너는 어느 별에 있어? 지구와 거리.

포요 - 27광년에 있고, 뵤 별에 있어요.

무시공 - 그래. 너는 놔줄게. 계속 잘해.

포요 - 네.

무시공 - 우리 앞에 봉지 안에 있는 라희 나와.

라희 - … 네. 나왔어요.

무시공 - 너 봉지 안에 있는데 꽃 안에 향기를 다 흡수할 수 있어, 없어?

라희 - 꽃의 완전한 향기?

무시공 - 지금 밖으로 나오는 향기가 봉지 안에 있잖아. 꽃 안에 다 흡수해 버려. 그렇게 맑게 한 다음에 어떤 것하고 어울려도 향기가 나올 수 있도록. 예를 들어서 카누도 향기가 있고 온갖 생명술 다 있잖아. 그 속에 향기가 다 스며들 수 있고. 우리가 무슨 효소를 만들면 그 안에 들어갈 수도 있고, 그렇게 할 수 있지?

라희 - 밖으로 나가는 것은 지금 향기가 많아져서 빠져나가는 거고, 더 많아져서 없어지지 않고 향기가 확산하면 계속 유지될 수 있어. 지금부터.

무시공 - 그럼 이렇게 해. 지금까지 이런 훈련 안 했잖아. 꽃 자체가 생명이잖아. 봉지 안의 향기가 더 세밀해져서 밖으로 막 빠져나오더라. 그래서 최선을 다해서 그 향기를 네 몸속에 다 흡수해 버려. 다 농축시켜. 말라도 향기가 나올 수 있도록. 알았지? 무슨 말인지 알아들었어? 지금 네 몸에 수분이 있잖아. 네 몸에 수분을 다 빼야 우리가 너를 오래도록 저장할 수 있거든. 맞지?

라희 - 그것을 우리가 살아 있으면서 향기를 더 유지해 보고 싶어.

무시공 - 그러니까 그렇게 해 보라고. 전체 라희는 들어라. 우리는 어떤 방식으로든지 그 생명이 죽은 적이 없고 죽을 이유가 없어. 우리는 무시공 생명이니까. 예를 들어서 지금 네가 식물 형식으로 그 생명은 살아 있고 꽃은 꽃으로 살아 있고. 무시공생명은 일체 안에 다 있어. 일체가 나야. 그래서 내가 이런 말을 하잖아. 일체 안에 내가 있다. 일체가 내 안에 있다. 그래서 일체가 나다. 식물로 돼 있는 그 안에만 네가 있고 꽃이 피고 꽃이 땅에 떨어졌기 때문에 그것은 생명이 아니라 하는 것이 아니다. 심지어 네 잎도 시들어서 떨어졌잖아. 표면으로 보면 다 죽었지만, 그것이 시들어져서 녹아도 그 안에 생명이 있다는 거야.

라희 - 우리는 그렇게 얘기하는 순간에 죽었다는 개념을 다 버렸어.

무시공 - 그렇지.

라희 - 우리는 지금 땅속에 꽂혀 있는 것과 같은 오히려 더 생생하게 살아 있어요.

무시공 - 그래, 일체 안에 네가 있다. 일체가 네 안에 있다. 그래서 일체가 너다. 항상 이런 마음으로. 그래서 우리가 항상 하나지.

라희 - 네.

무시공 - 맞지? 왜 너한테서 떨어져 나간 것을 죽었다고 생각하고 네 잎이 떨어져서 마르고 썩어서 분화됐다고 해도 그 안에 생명은 에너지 상태로 또 있다고. 맞지?

라희 - 네.

무시공 - 그런데 왜 없어졌다고 생각해? 그것은 아직도 시공의 생로병사를 인정하고 있잖아. 알았지?

라희 - 네.

무시공 - 나는 너희들은 다 안다고 생각했는데 이제 대화를 하니까 이제야 알아챘구나! 내가 그랬잖아. 우리가 무시공 3우주에서 올 때도 거기서도 절대로 죽은 적이 없어. 거기서는 완전히 고급 에너지 상태로 살아 있었잖아. 그럼 층층이 지구에 내려오면서 물질 상태로 돼 있어. 그렇지만 그 안의 생명은 그대로 있다고. 맞지?

라희 - 네. 공기 에너지가 거기와는 조금 달라. 그래서 우리 힘으로 열심히 해도 우리를 말리게 하는 그런 성분이 여기에 있어.

무시공 - 그러니까 이것은 우리가 마음만 바꾸면 돼. 여기서 어떤 상황으로 변해도 나는 무시공생명으로 그대로 있다. 라희 그 생명은 언제나 어디에서도 있고 일체 안에 내가 있다. 항상 이렇게 생각을 하라고. 이렇게 관점을 바꿔야 무시공생명 자리에서 나를 볼 수 있고 나의 전지전능한 능력을 이해할 수 있어. 알았지?

라희 - 네. 알겠어요.

무시공 - 너희하고 대화하는 과정에서 성지의 많은 무시공생명이 다 같이 깨어날 것 같다. 가만 보니까 다 같은 그런 오해가 있어. 너무 이 지구의 시공에서 빠져서 살다 보니까. 맞지?

라희 - 네. 맞아요. 우리는 한 번만 얘기해 주면 바로 기억이 나면서 계속 열심히 할 수 있어요.

무시공 - 오늘 마침 이 꽃하고 대화를 잘했다. 꽃도 네 몸에서 떨어졌지만, 꽃의 형식으로 네 몸에서 분리됐지만 꽃도 그 안에서 무시공생명이 있어. 맞지?

라희 - 네. 맞아요.

무시공 - 우리는 그래서 일체 안에 내가 있다는 거야. 네 몸의 잎도 노화돼서 땅에 떨어지고 거름이 되고 녹아서 흙으로 됐다 해도 그 안에는 똑같은 네 생명이 있다는 거야. 에너지 상태로 또 공기가 들어갔어. 공기가 들어가서 전체는 하나도 손상이 없다는 거야.

라희 - 네.

무시공 - 그저 그런 형식으로 온갖 방법으로 변했다뿐이야. 이렇게 생각하면 되잖아. 맞지?

라희 - 맞아요.

무시공 - 그러니까 우리는 영원히 살아 있다는 거야.

라희 - 네.

무시공 - 분자 세상에 와서 우리가 헷갈려서 그래. 표면에 잎도 있었는데 왜 떨어졌나. 꽃도 계속 붙어 있어야 하는데 왜 떨어졌나. 자꾸 그것을 인정하니까 생로병사를 인정하는 거야.

라희 - 맞아요.

무시공 - 이제 이해했나?

라희 - 네. 이해했어요!

무시공 - 그래서 각자가 자기 역할을 다할 수 있어. 어떤 방식으로 해도 내 원뿌리 내 자체는 영원히 존재하는 거야

라희 - 네.

무시공 - 오늘 라희하고 대화한 것, 성지의 무시공 식물들 다 같이 들었지?

라희 - 지금 그렇게 말하는 순간에 다 전달이 되고 있어요.

무시공 - 그래, 우리는 완전히 하나니까.

라희 - 네.

무시공 - 우리는 다 그렇게 이해하면 돼. 항상 얘기하잖아. 우리는 생로병사 개념이 없다고. 시공에 와서 그런 개념이 생겼어. 자꾸 변하는 모습을 보니까. 맞지?

라희 - 네.

무시공 - 그것은 내 표면의 현상에 빠져서 그래. 라희의 내면을 보고 본질을 보면 나는 영원한 생명 그대로 살아 있잖아. 그저 나타나는 생명의 형식이 달라졌다뿐이야. 그렇게 생각하면 되잖아.

라희 - 네.

무시공 - 그래, 오늘 너를 통해서 서로 많은 그것이 소통됐다.

라희 - 네.

무시공 - 안 그랬으면 서로 오해할 뻔했다.

라희 - 네.

무시공 - 나는 전부 다 무시공생명이라고 생각해서 전부 다 알아들었다고 생각했는데…. 잘됐다.

라희 - 네.

무시공 - 그럼 그렇게 해. 우리는 전지전능이잖아. 우리는 모든 것이 내가 마음먹은 대로 이루어져. 내가 너를 보고 그랬잖아. 꽃도 다양하게 우리 무시공생명실에서는 장미꽃보고 꽃이라고 그러잖아. 장미꽃도 여러 종류잖아. 원래는 몰랐는데 지금 성지에서 알았어. 온갖 품종을 심어 놓아

서 꽃 모양도 다르지, 크고 작고 다르지, 피는 방식도 다르지, 진짜 다양해. 색깔도 다양하고 좋아. 그래서 라희도 그렇게 할 수 있다고 생각해.

라희 - 네.

무시공 - 다른 것도 그렇게 할 수 있는데 우리가 왜 못 해? 서로 소통하고 서로 배우고 그러면 누구도 다 할 수 있다. 꽃을 따서 자연스럽게 말려도 그 향기를 그대로 보존하고 있더라고.

라희 - 네.

무시공 - 그런데 라희 네 꽃은 안 돼. 말려 보니까 그 향기가 완전히 없어져 버렸어.

라희 - 음….

무시공 - 그래서 우리가 너하고 대화를 해 보는 거다. 꽃은 그 향기가 스며 들어 가 있어. 그러니까 말라도 그대로 향기를 간직하고 있더라고. 그래서 술에다 담가도 향기가 나지. 차로 만들어 마셔도 그대로 향기가 나지.

라희 - 네.

무시공 - 그러니까 라희 너도 그렇게 하라고. 그래서 오늘 중요한 대화를 했다. 그럼 이제 꽃을 이 봉지 안에 넣어 놓을 테니까 너도 그렇게 향기를 흡수해서 간직해라. 우리는 무시공생명이야. 이제 꽃 형태로 무시공생명이 그 안에 있어. 그럼 네 형태가 물이 없고 말라도 네 안에 생명이 그대로 있다고 생각해.

라희 - 네.

무시공 - 그러면 우리가 시키는 대로 봉지 안에 대부분 향기가 풍겨 나왔잖아. 그 향기를 흡수해서 농축해.

라희 - 네.

무시공 - 너 그 꽃잎에다가 향기를 전부 다 농축해서 저장해.

라희 - 네.

무시공 - 그렇게 해 봐. 이제는 그런 능력이 있다는 것을 알았으니까. 그런 훈련을 하지 않고 봉지에 넣지 않아도 자동으로 향기를 꽃잎에 그대로 간직할 수 있다고. 우리가 꽃을 따는 순간에 향기를 다 흡수해서 저장하지. 지금 그렇게 해 봐.

라희 - 네.

무시공 - 지금 봉지 두 개 있는 것, 지금 실험해 봐. 지금 그 봉지 안의 향기를 네 몸에 다 흡수했다.

라희 - ··············.

무시공 - 지금 흡수해 봐.

라희 - ··············.

무시공 - 다 흡수하면 봉지가 없어도 자연적으로 건조되고 수분이 없어지고 말라도 생명이 그대로 있으니까 향기도 그 안에 저장돼 있어. 그러면 우리가 어떻게 그것을 사용해도 그 향기가 다 나타나지. 지금 실험해 봐.

라희 - 네.

무시공 - 너도 그런 훈련을 받아야 해. 지금 이런 환경에서 라희 향기가 집 안에 가득 차지. 그렇게 해 놓고 우리는 꽃에 필요한 것을 저장해야 하면 그 안에 저장하고 다양한 능력이 동시에 나오게 해 봐.

라희 - ··············.

무시공 - 지금 그렇게 해 봐, 되나 안 되나! 그리고 며칠 전에 다 말라 있는 것, 그 속에도 향기가 흡수되게 해 봐. 그것도 살아 있다고 생각해. 말라서 죽었다고 생각하지 말고.

라희 - 네.

무시공 - 봉지 안에 있는 것 봐 봐. 얘하고 대화하면서 해 봐. 이 우주 공간에 흩어져 있는 라희 향을 다 흡수해.

라희 - 네.

무시공 - 지금 빨아 당겨 봐. 효과가 있나 없나! 오늘 이거 중요한 과학 실험이다.

라희 - ··············.

무시공 - 먼저 봉지 안의 향기 다 흡수했어?

라희 - 90% 이상.

무시공 - 100% 이상 해야 돼. 우리는 무조건 100%야.

라희 - ⋯⋯⋯⋯ 됐어요.

무시공 - 100%로 됐나?

라희 - 네.

무시공 - 그럼 그것을 100%로 유지해.

라희 - 네.

무시공 - 그래서 우리가 나중에 밖으로 내놓아도 향기가 안 뿜어 나오게 수분이 다 빠질 때까지 그 안에다가 저장해 놔. 알았지?

라희 - 네. 알겠어요.

무시공 - 지금 계속 그것을 유지해라.

라희 - 유지할게요.

무시공 - 그리고 또 무엇인가 하면 이 우주 공간에 있는 향을 다 흡수해. 봉지안 뿐만 아니라 밖에 있는 것도 다 흡수해. 그래서 극도로 농축시켜 최선을 다해서 가득 채워 놔. 그리고 여기 마른 것. 이 라희의 향도 완전히 정상으로 회복시켜.

라희 - 네.

무시공 - 우주 공간에 있는 향기를 다 흡수해. 지금 되고 있지?

라희 - ⋯ 네, 되고 있어요.

무시공 - 그래, 계속 농축시켜서 가득 채워 놔. 이제 100% 됐다고 했을 때 말해.

라희 - ⋯⋯⋯⋯.

무시공 - 네 몸을 마음대로 팽창해서 온 우주에 있는 라희 향을 흡수해. 우주 공간에는 엄청나게 많잖아.

라희 - 우주의 향을 쓰려고 하니까 벌들이 그것을 안 놔줘.

무시공 - 벌이?

라희 - 우주에 있는 세밀한 벌들이 놓아주지 않아.

무시공 - 안 놓아줘? 그 벌은 향기를 좋아하는 벌이야, 아니면 꿀을 따 먹는 벌이야?

라희 - 원래 꿀도 따 먹고 꽃에 오는 이유도 자기들이 향을 좋아하는 속성으로 그렇게 만들어졌대.

....

무시공 - 그럼 우리하고 대화해. 너희들, 이 향은 우리가 필요하니까 여기서
　　다 물러나. 다른 꽃에 가서 꿀을 따는 목적이라면 간섭하지 않을게. 알
　　잖아. 우리는 성지에서도 꿀벌만 남겨 놓았잖아. 알았지? 빨리 물러나.
벌 - ⋯⋯⋯⋯⋯.
무시공 - 너희들이 계속 우리가 하는 일을 방해하면 너희들을 삭제할 수밖
　　에 없어.
벌 - 네. 알았어요.
무시공 - 그래, 알았다.

....

무시공 - 자! 이제 돼, 안 돼?
라희 - 아까보다는 많이 끌어 당겨지고 있어.
무시공 - 음. 그렇게 더 강하게 끌어 당겨. 또 방해하는 것 있는지 봐 봐. 너
　　희들 멋지다.
라희 - ⋯⋯⋯ 향을 벌처럼 좋아하는 그런 생명이 우주에 조금 있어. 그 존
　　재가 깨끗한 마음으로 좋아하는 것이 아니라서 자기가 차지하려고 하는
　　마음들이 많이 있어.
무시공 - 그럼 그런 마음 있는 존재 나와. 나오면 삭제. 라희 향을 차지하려
　　고 하는 그런 마음을 가지고 있는 존재들 다 나와. 나오면 무조건 삭제.
　　좋은 마음으로 하면 되는데 차지하려고 하는 마음은 무조건 다 삭제.
　　너희가 깨어나니까 온갖 것이 다 알고 있잖아. 멋지다.
라희 - ⋯⋯⋯ 주로 벌레 뿌리 종족들이 향에 관심이 없어.
무시공 - 다 삭제. 벌레는 다 삭제. 나는 꿀벌만 인정해. 그 외에는 다 삭제.

라희 - ………… 음 다 삭제했어요.

무시공 - 다른 곳도 봐 봐.

라희 - 이제는 깨끗한 상태로 향이 많이 변해서 우리가 힘이 더 강해졌어.

무시공 - 음 그럼 그 꽃잎으로 향기를 최대한 농축해봐.

라희 - 음 더 잘돼요.

무시공 - 우리 실험 삼아 라희 그 자체 향을 흡수할 뿐만 아니라 또 다른 아주 고급 향이 있으면 계속 흡수해 봐. 우리 마음에 들 것 같은 그런 향.

라희 - 고향 냄새라고 하는 그런 향이 있대요.

무시공 - 음, 네가 좋다고 생각하면 그 향도 당겨 와.

라희 - 맡으면 고향 생각이 나게 하는 그런 향이래요.

무시공 - 그래, 그래라. 원래 무시공 고향이 깨어나는 그런 향.

라희 - 완전 본질의 향.

무시공 - 야! 너 좋은 생각이다. 빨리 흡수해 당겨 와. 야, 너 봉지 안에 있는 너희들도 같이 그렇게 해 보자.

라희 - 네.

무시공 - 역시 내가 라희를 좋아하는 이유가 있구나!

라희 - ….

무시공 - 성지의 라희 전체, 그리고 우리 회원들 집에 가 있는 전체 라희 너희도 한마음 한뜻으로 해. 다 전달이 되고 있지?

라희 - 네.

무시공 - 그래.

라희 - ……………..

무시공 - 그 향기 이름이 고향?

라희 - 첫 번째는 향기라고 불렀어.

무시공 - 그 향기는 지구에는 아직은 없지?

라희 - 지구에서도 가끔 중요한 때는 다른 존재가 중요한 사람에게 맡게 해

쥐. 그런데 어떤 물질로 존재하지는 않아요.

무시공 - 그런데 아직 식물 형태로는 안 나타났지?

라희 - 네.

무시공 - 그래, 그럼 너희들이 그 향기를 충분히 흡수해.

라희 - ………… 향기와 완전히 하나로 뭉쳤어요.

무시공 - 라희 너희들 꽃에 100% 됐어? 빈틈없이 100% 됐을 때 말해.

라희 - ………… 살아 있는 것과 봉지 안에 있는 것과 성지에 있는 라희는 지금 100% 됐어.

무시공 - 그럼 그 외에도 그렇게 해.

라희 - 네. 열심히 하고 있어.

무시공 - 봉지 안에도 처음으로 실험하는 거야. 공기에 흩어져 있는 향기를 흡수해서 농축하라고 그랬어. 이제는 이 원리를 알았으면 이제부터는 봉지에 안 넣을 거야. 알았지? 꽃이 펴서 우리가 따면 그 순간에 흡수하고 저장하면 돼.

라희 - 네.

무시공 - 안 땄을 때는 이 공간에 흩어지게 해도 돼. 꽃을 땄을 때 향기를 100% 채워 놔.

라희 - 탄소 성질이 물질을 노화시켜서 그게 공기 중에 많대요. 봉지 안에 있으면 괜찮은데 밖에 있으면 그것이 빨리 노화시킨대요.

무시공 - 꽃을?

라희 - 꽃도 그렇고, 힘이 약한 물질들을 노화시킨대요.

무시공 - 탄소?

라희 - 네.

무시공 - 산에 있는 식물들에도 영향을 주나?

라희 - 네.

무시공 - 그럼 조금 있다가 밝혀 보자.

라희 - 네. 탄소의 성질을 조금 바꿔 주면 우리한테 도움을 줘요.

무시공 - 그래, 알았다. 우선 흡수하고 농축하는 것을 100% 만들어.

라희 - ………… 다 됐어요.

무시공 - 다 됐나?

라희 - 네.

무시공 - 그럼 우리 이렇게 하자. 봉지 안에 있는 라희 꽃잎은 밖으로 내놓을게. 밖에 내놓고 이제는 너희들이 모델이 되고 향기의 본질로 놓아둘게. 여기서 꽃을 따고 하면 봉지에 넣지 않아도 따는 순간에 향기를 저장하면 돼.

라희 - 네.

무시공 - 너는 이제 씨로 놓아둬. 그러면 다른 것도 다 너처럼 되도록. 알았지?

라희 - 네.

무시공 - 이제는 네가 봉지 안에서 나와도 유지할 수 있지?

라희 - 탄소와 대화를 해 준다고 하니까 그렇게 할 수 있어요.

무시공 - 그래, 알았다. 다음에는 탄소와 대화해 보자.

라희가 찾아낸
탄소와 누지름 삭제

무시공 - 시공의 식물이나 물질에 기본 요소로 합쳐져 있는 탄소 원소와 연결돼 있는 존재 나와.

(········ 노우와 노아)

무시공 - 노우, 노아, 너희 둘은 탄소와 연결돼서 무슨 역할을 해?

노우·노아 - 병드는 역할.

무시공 - 병들게 하는 역할?

노우·노아 - 늦춰지고 어렵게 만드는, 뒤로 가는 역할.

무시공 - 뒤로 가는 역할?

노우·노아 - 네.

무시공 - 그래, 그러면 물어보자. 지구의 다이아몬드도 그런 역할을 하나?

노우·노아 - 다이아몬드는 수소가 탄소를 변화시켜서 희귀하게 완벽한 탄소가 되는 데 그걸로 나타나.

무시공 - 그러니까 탄소가 90% 이상 탄소 원소로 된 게 다이아몬드잖아. 그런데 이것을 인간은 아주 보배라고 여기는데 다이아몬드는 사람한테 해롭겠네?

노우·노아 - 다이아몬드는 다른 탄소와 원리가 바뀐 탄소.

무시공 - 그래서 사람한테는 해롭지 않아? 생명들한테 조금 변형된 탄소야?

노우·노아 - 완벽한 탄소.

무시공 - 그러면 사람들이나 다른 식물들 생명들한테 노화하는 데 영향을 주는 것은 아니야?

노우·노아 - 그것을 없애는 게 다이아몬드.

무시공 - 그렇구나.

노우·노아 - 그래서 그 형태 그대로 보존할 수 있어요.

무시공 - 우리가 말하는 사람이나 식물에 노화시키고 병들게 하고 늦춰지게 하고 뒤돌아가게 하는 것은 아직 완벽하지 않은 탄소로 되어 있구나.

노우·노아 - 네. 원래는 그렇게 만들지는 않았는데 하다 보니까 그렇게 변형됐어요.

무시공 - 누가 그렇게 했어? 너희 둘이서 그랬어?

노우·노아 - 우리 중에 한 명이 그렇게 했어.

무시공 - 노우하고 노아 누가?

노우·노아 - 노우.

무시공 - 노아는 안 그러고?

노우·노아 - 나도 완전히 안 그랬다고 말할 수는 없어.

무시공 - 다이아몬드 탄소는 깨끗하고 질이 좀 바뀐 것이고, 그 외 탄소는 너희 둘이 역할을 했네. 그럼 우리 사람 몸에도 그런 것이 있으니까 사람이 생로병사 현상이 일어나네?

노우·노아 - 탄소가 전부는 아니지만, 우리도 그런 역할을 하고 있어요.

무시공 - 우리 몸에도 그런 요소가 있잖아.

노우·노아 - 네.

무시공 - 그것이 사람이나 식물의 생로병사에 영향을 주고 있잖아?

노우·노아 - 네.

무시공 - 그러면 네가 말하는 노후, 노화, 우리가 말하는 이 우주의 도르미, 도르사하고 소통되겠네?

노우·노아 - 아니요.

무시공 - 그러면 그 외에 또….

노우·노아 - 도르사가 좀 더 가까워.

무시공 - 너희 둘이?

노우·노아 - 네.

무시공 - 도르사가 가까운데 도르미하고는 조금 차이가 있고?

노우·노아 - 도르미하고 조금 섞여 있어요.

무시공 - 너희 안에?

노우·노아 - 네.

무시공 - 그러니까 너희는 도르미, 도르사 사이에 있는 존재구나?

노우·노아 - 두 개를 다 가지고 있어요.

무시공 - 그러니까 중간 사이에 있다?

노우·노아 - 네.

무시공 - 도르미와 도르사 사이에 두 가지 성분을 네가 가지고 있네. 맞지?

노우·노아 - 여기서는 그렇게 하지 않으면 살아남기 어려워요.

무시공 - 그러면 이렇게 하자. 이제는 중간 역할 하지 말고, 여기서 무시공생명을 서로 깨우치고 있잖아?

노우·노아 - 무시공생명?

무시공 - 그래. 무시공생명. 너 몰라? 들어 봤을 텐데. 지금 우리가 도르미를 삭제하고 있잖아.

노우·노아 - 우리는 세상의 연을 끊고 살아서 잘 몰라요.

무시공 - 마침 잘됐다. 우리가 너희 둘을 열어 줄게. 너희는 아무것도 몰라서 너희들을 찾았어. 깨어나서 너희가 어떤 존재인지 알면 자연적으로 너희들이 조절한 탄소는 자연적으로 없어진다. 너희들이 다 거둘 수 있다. 알았지?

노우·노아 - 알았어요.

무시공 - 그러니까 노아는 도르사가 좀 많고….

노우·노아 - 네. 그렇게 말해도 돼요.

무시공 - 이렇게 말하면 되겠다. 도르사 몇 % 있어? 혼자 봐 봐. 네 몸에 몇 % 있나.

노우·노아 - 40%.

무시공 - 네가 겨우 40%인데 노우는 더 적겠네. 노우는 얼마야?

노우·노아 - 30%.

무시공 - 봐라. 너희 잘됐다. 자, 너희 둘이 같이해. 우리가 너희를 삭제 안

하고 너희 둘이 바꾸면 된다. 알았지?

노우·노아 - 네.

무시공 - 오늘 중요할 것을 밝혔네. 자, 너희 노아하고 노우 도르사 40%, 30% 지키면서 도르미 60%, 70% 다 삭제. 분리 삭제. 그것 할 수 있지?

노우·노아 - 네. 할 수 있어요. (························· 삭제) 마음이 깨끗해지고 있어요.

무시공 - 그래. 조금 있다가 너희를 열어 놓고 어떤 존재인가 알아내야겠다. 100% 도르사로 변했지? 궁금한 것은 너희 둘이 누가 남자고 누가 여자야?

노우·노아 - 노우가 여자예요.

무시공 - 노우가 여자야?

노우·노아 - 네.

무시공 - 자, 너희 둘이 또 봐 봐. 파동빛 얼마 있어? 파동빛 알지?

노우·노아 - 잘 몰라요.

무시공 - 아니면, 너희 몸의 직선빛하고 파동빛. 너희 몸에 빛이 보여?

노우·노아 - 많아졌어요.

무시공 - 파동빛이 얼마 돼? 다 보이잖아.

노우·노아 - 12%, 15%.

무시공 - 응. 12, 15, 그것을 분리 삭제. 자꾸자꾸 들어갈수록 차이가 일치하네. 파동빛을 끊임없이 삭제해서 저 우주 끝까지 계속 쏴. 파동빛이 하나도 안 나타날 때까지.

노우·노아 - 됐어요.

무시공 - 다 됐나?

노우·노아 - 네.

무시공 - 그다음에 너희 한번 봐 봐. 너희 지금 느낌에 사람 모습이야, 어떤 모습이야?

노우·노아 - 우리는 동물인데 사람처럼 생긴 동물이에요.

무시공 - 응!

노우·노아 – 사람 입장에서 보면 약간 괴물같이 생겼다고 할 거예요.

무시공 – 사람과 괴물 모습?

노우·노아 – 네. 사람인데 괴물 모습이에요.

무시공 – 사람인데?

노우·노아 – 네. 섞여 있다고 생각하면 이해가 될 거예요.

무시공 – 그럼 완벽한 사람 모습이 얼마야? 너희 둘이.

노우·노아 – 20%.

무시공 – 응?

노우·노아 – 20%.

무시공 – 둘 다?

노우·노아 – 네. 비슷해요.

무시공 – 그것을 또 분리 삭제. 완전히 사람 모습으로 변해.

노우·노아 – 네.

무시공 – 그래, 다 없애서 사람 모습으로 또 멀리멀리 쏴. 계속 사람 모습이 100% 유지됐을 때 말해.

노우·노아 – 네.

무시공 – 계속 우주 끄트머리까지 쏘면 괴물 모습이 자꾸 나타나. 나타나면 삭제. 완전히 안 나타날 때까지.

노우·노아 – ……………………… 됐어요.

무시공 – 다 됐나?

노우·노아 – 네.

무시공 – 자, 이제 너희는 무시공생명이야!

노우·노아 – 네.

무시공 – 내가 이제 너희 말하면 기억이 새로 다 회복할 거야. 자, 이제 무시공 우주에서 원래 최초우주가 있었어. 최초우주 이하는 내가 말 안 할게. 최초우주 이상 어디 있었어. 최초우주는 생명들이 처음에는 오만 명이 있었어. 최초우주 위에는 영원우주, 또 삼우우주가 있었어. 또 수많은 우주가 있었는데 대표적으로 세 가지 우주 영원우주, 편주우주, 삼우우주 이 세 개 우주로 있었어. 그 우주 위에는 우주가 없고 자리라고 말해. 간단하게 곡자리, 백자리, 백자리는 만 번째 애인 자리.

노우·노아 - 애인?

무시공 - 그다음에 그 위로 또 수많은 애인 자리가 있는데 그다음에 제일 위에 두 번째 애인 자리가 응이야. 두 번째 시작점. 또 많은 애인 자리와 어울려 있었는데 먼저 깨어난 것은 지금 두 번째 애인보다 많은데 먼저 거기를 인정해. 그래서 거기가 시작점이야. 시작점이 뭔가 하면 생명을 창조해서 거기서 실험했어. 합격하면 훈련하고 다시 창조해서 합격 안 되면 거기서 삭제하고…. 그래서 거기는 우주의 시작점은 생명 창조 자리야. 그러면 너희 한번 생각해 봐. 느낌에 기억이 어디까지 알고 있는 것 같아? 어디까지 기억나는 것 같아?

노우·노아 - 들은 것 다 알고 있어요.

무시공 - 다 알고 있나?

노우·노아 - 네.

무시공 - 너희들 이름이 생각나게 하기 위해서 다시 한번 열어 줄게.

노우·노아 - 네.

무시공 - 너희 너희 둘이 또 파동빛도 얼마 있어?

노우·노아 - 2%.

무시공 - 파동빛 그것을 또 분리 삭제. 너희 둘 다 2%야?

노우·노아 - 거의 비슷해요.

무시공 - 오, 그래. 또 없애.

노우·노아 - ………… 됐어요.

무시공 - 다 됐나?

노우·노아 - 네.

무시공 - 그러면 시작점도 기억난다고 그랬지? 시작점에서 너희 둘이 이름이 뭐야?

노우·노아 - 운.

무시공 - 운?

노우·노아 - 노아가 운이었고, 노우는 앙.

무시공 - 운, 앙! 그때도 너희 둘이 여자와 남자로 있었어?

노우·노아 - 바뀌었어요.

무시공 - 그럼 너는 여자고, 앙은 남자야?

노우·노아 - 네.

무시공 - 응. 그러면 너희들 그때도 애인이었어?

노우·노아 - 아니요.

무시공 - 애인 사이가 아니었어?

노우·노아 - 서로 미워했어요.

무시공 - 서로 미워했어? 왜?

노우·노아 - 서로 약점을 잡아서 서로 해코지하려고 했어요.

무시공 - 그래도 오늘 우리 라희를 통해서 너희들 찾아냈다. 안 그랬으면 아직 숨어 있어서 못 찾을 뻔했네. 맞지?

노우·노아 - 우리는 세상과 완전히 단절돼서 따로 있었어요.

무시공 - 이제 너희도 대전에 새로운 우주 건설 중인데 알지?

노우·노아 - 벌써 그때가 됐어?

무시공 - 그러면 너희 뭐 했나. 지금까지 잠자고 있었나? 여기 오면 너희들이 아는 많은 존재를 만날 거다. 지금 한번 와 봐.

노우·노아 - 우리는 아직 한참은 남은 줄 알았어.

무시공 - 너까지 찾아오면 다 됐는지 몰라! 지금 당장 대전에 와 있어. 여기 오면 시작점의 많은 존재가 있지?

노우·노아 - 네.

무시공 - 우리 센터에서 공부하는 사람들 중에도 너희 둘이 아는 사람 많지?

노우·노아 - 네. 많아요.

무시공 - 많지?

노우·노아 - 네.

무시공 - 그런데 너 애인은 있어?

노우·노아 - 음, 비밀이야.

무시공 - 야, 센터에 회원 중에 네 애인 몇이나 와 있나?

노우·노아 - 네, 많이 와 있어요.

무시공 - 그런데 다 몰라? 다 바보가 돼 있다.

노우·노아 - 네.

무시공 - 좀 그런 것 같나?

노우·노아 - 재미있네. 상황이 웃겨.

무시공 - 상황이 웃겨?

노우·노아 - 네.

무시공 - 전부 다 각자 자기만 알고 못 알아보고….

노우·노아 - 다 지구의 생활에 빠져서 아무것도 모르고 있어.

무시공 - 그렇지. 지금 대한민국에 지구에도 많은 애인이 와 있어. 각자 자기 위치에 머물면서 나중에 후회할 거다. 그런 거 같아, 안 같아?

노우·노아 - 네, 그러한 조짐이 있어요.

무시공 - 그럼 네가 책임지고 질투하지 말고 빨리 깨우쳐서 빨리 데리고 와.

노우·노아 - 내가?

무시공 - 네가 그런 역할 할 수 있어.

노우·노아 - 네, 알겠어요. 한번 일단 가서 뭘 해야 할지 찾아야….

무시공 - 이것은 너보고 하라고 맡겼잖아. 나는 다른 사람에게 안 맡겨. 네가 딱 적당하더라.

노우·노아 - 알겠어요.

무시공 - 나도 모르게 너한테 시켰어. 지금까지 이렇게 애인이 많이 와도 한 번도 나를 아는 애인을 다 찾아오라고 누구한테도 말 안 했어. 오늘 자동으로 너한테 말한다. 알았지?

노우·노아 - 나도 뭔지 알 것 같아요.

무시공 - 알아들었나?

노우·노아 - 네.

무시공 - 네가 그런 역할을 하고 다 연결이 있으니까 너를 시킨다.

노우·노아 - 네.

무시공 - 너는 100% 할 수 있어.

노우·노아 - 알겠어요.

무시공 - 지구에 흩어져 있는 나와 인연이 있는 사람들 바보같이 어디 어디 숨어 있거나 물질에 빠져서 불쌍하잖아.

노우·노아 - 네

무시공 - 시작점에서 같이 약속해서 왔는데 다 잊어버렸어. 네가 책임지고 다 끄집어내.

노우·노아 - 네.

무시공 - 센터에 다 모여들라고 해.

노우·노아 - 네.

무시공 - 다 같이 새로운 우주 중심지 건설하기. 시작점에서 생명 창조하고 거기서 실험하고 성공한 존재들 또 특별히 약속하고 다 지구에 오자. 지구 사람 모습으로 오자 약속하고 지구에 온 것만도 엄청난 용기잖아.

노우·노아 - 네.

무시공 - 맞지? 지구까지 와서 못 찾고 못 만나면 영원히 한이 된다. 다만 한 놈이라도 깨어나서 자기가 어떤 존재인지 알게 하는 것이 목적이지 애인 찾으려는 목적이 아니다.

노우·노아 - 네.

무시공 - 엄청난 일이잖아. 이런 존재들이 와서 나를 믿었는데 지구에 같이 와서 온갖 고통 겪으면서 했는데 마지막에 한 놈이라도 빠지면 너무 억울하잖아.

노우·노아 - 맞아요.

무시공 - 내 말 맞아, 안 맞아?

노우·노아 - 맞아요.

무시공 - 그래서 지구까지 보통 수많은 애인 여기 오라고 하면 무서워서 잘 못 왔는데 여기 온 것만 해도 얼마나 용기가 있고 용감해!

노우·노아 - 네.

무시공 - 여기까지 왔는데 못 찾으면 정말이지 너무 억울한 일이다. 누구도 안 믿어도 먼저 애인 같은 이런 존재를 먼저 찾아야 해. 이렇게 말하면 내 심보가 글러 먹은 것 같지만, 아니다. 그래서 애인을 빨리 찾아야 해. 맞지?

노우·노아 - 나는 그런 마음을 좋게 봐.

무시공 - 진짜 그런 존재들이 정말 생명 내걸고 나를 100% 믿으니까 이 자리까지 왔잖아. 여기 와서 마지막 마무리할 때 또 빠지고 떨어지면 얼마나 원통하고 억울해.

노우·노아 - 네.

무시공 - 또 불쌍하고 그래서 내가 이 엄청난 일을 너한테 맡겼다.

노우·노아 - 네.

무시공 - 100% 다 찾아내라고.

노우·노아 - 네.

무시공 - 알았지?

노우·노아 - 알겠어요.

무시공 - 운, 너는 여자 노릇 했다가 남자 노릇 했고, 이제는 원래 상태로 다 회복했잖아. 다 겪어 봤잖아. 남자 마음이 어떻고 여자 마음도 충분히 잘 알잖아!

노우·노아 - 네.

무시공 - 알았지?

노우·노아 - 네.

무시공 - 100% 할 수 있나? 그리고 너희 둘을 통해서 우리 지구, 시공 우주에 있는 탄소 요소를 다 없애는 것을 너희들한테 맡겼다. 할 수 있지? 거둘 수 있지?

노우·노아 - 네.

무시공 - 너희 말로는 사람을 병나게 하고 노화되게 하고 뭣이든 늦게 하고 어렵게 만들고… 하여튼 좋은 일 많이 했네. 그래, 이제는 그것을 다 거

뒤. 그럴 수 있지?

노우·노아 - 음, 성지를 먼저 변화시키고 차차 거둘게요.

무시공 - 다 거두려면 시간이 얼마나 걸릴 것 같아? 정 못 하면 우리도 도와 줄게. 거두면 다 무슨 성분으로 거두면 돼? 다이아몬드처럼 완벽하지 않은 탄소는 다 거둘까?

노우·노아 - 네.

무시공 - 맞지?

노우·노아 - 네.

무시공 - 너희 힘으로 거두면 시간 얼마나 걸릴 것 같아?

노우·노아 - 음, 일단 대전 위주로 할게. 거기에 영향 끼치는 것은 하루면 될 수 있어요.

무시공 - 응, 그래. 맞아. 센터하고 성지.

노우·노아 - 성지?

무시공 - 응.

노우·노아 - 산에 있는 것?

무시공 - 응. 그 둘이 합해서 모두 며칠 걸려?

노우·노아 - 하루 반.

무시공 - 하루 반? 그래 오늘이 4일이지? 5일, 6일까지….

노우·노아 - 네.

무시공 - 그래. 나머지는 언제? 전 우주는 언제까지 다 거둘 것 같아?

노우·노아 - 8일 정도 걸려요.

무시공 - 8일. 8일이면 보자… 12일?

노우·노아 - 네.

무시공 - 우리도 같이 협조한다면 완벽한 다이아몬드 탄소 외에 변형된 탄소 요소를 다 거두면 되겠네?

노우·노아 - 네.

무시공 - 완벽한 탄소 외에 변질된 요소 다 거둔다고.

노우·노아 - 네.

무시공 - 맞지?

노우·노아 - 네.

무시공 - 응, 그러면 됐어. 고마워.

노우·노아 - 고마워요.

무시공 - 대전 센터에 와서 힘내서 같이 하자.

노우·노아 - 네. 알겠어요.

무시공 - 그래. 너는 인간 모습으로 보여줄 수 있어, 없어?

노우·노아 - 언젠가는 보여줄 수 있어요.

[변형된 탄소의 삭제]

무시공 - 자, 이제 다이아몬드 완벽한 탄소 외에 이 우주에 변형된 탄소 다 나와. 탄소 대표 나와.

(……………………… 전체가 나왔어요.)

무시공 - 너희들 시공 우주에서 일체 안에 너희 성분이 들어 있었지?

탄 - 몰라.

무시공 - 몰라? 지금 너희들 사명이 끝난 것 알아 몰라?

탄 - 더 안 해도 되면 더 안 할 거야.

무시공 - 그래, 그럼 너희들 사명 끝났어. 삭제.

(……………………… 삭제)

[라희의 세밀한 움직임]

무시공 - 자, 그럼 라희하고 대화하자. 너 우리가 대화하는 것 다 들었지?

라희 - 응. 다 들었어.

무시공 - 네가 너를 직접 느껴 봐. 너희 몸에서 그런 요소가 사라지고 있는 지 느껴 봐.

라희 - 50% 노화 현상이 줄어들었어.

무시공 - 그래, 계속 없애. 먼저 너희 몸에서 삭제. 100% 삭제. 이제 전체적 으로 점점 줄어들고 있지?

라희 - 계속 줄어들고 있어요.

무시공 - 그래.

라희 - 점점 살아나고 생명이 귀하게 느껴져요.

무시공 - 몸에서 탄소 요소가 계속 없어지고 있지?

라희 - 완전히 새로운 몸으로 바뀌고 있어.

무시공 - 그래.

라희 - 밝은색의 다른 물질로 바뀌고 있어요.

무시공 - 이제 100%로 다 바뀌면 말해.

라희 - ··························.

무시공 - 네가 말한 대로 다 이루어지고 있지? 우리가 하는 대화 다 들었지?

라희 - 응. ··························.

무시공 - 지금 성지의 무시공 친구들과 다 같이 거기도 수많은 무시공생명 친구들 다 있잖아.

라희 - 응.

무시공 - 다 같이 변하고 있는지 한번 관찰해 봐.

라희 - ··························.

무시공 - 다 같이 변하고 있지? 그리고 환경도 같이 변하고 있지?

라희 - 맞아.

무시공 - 100%로 네 몸과 환경이 다 바꿨으면 말해.

라희 - 탄소가 좋은 영향을 주는 쪽으로 바꿨어.

무시공 - 응. 탄소 요소가 없어졌어?

라희 - 옛날 요소가 없어졌어.

무시공 - 완벽한 탄소 좋은 영향을 주는 탄소는 그대로 있지?

라희 - 응. 빛나고 있어.

무시공 - 그래.

라희 - 원래는 시꺼먼 회색이었는데….

무시공 - 변질됐다고 그랬어. 아까 대화하는 것 다 들었잖아.

라희 - 응.

무시공 - 그럼 이제 너희들 봉지 안에서 나와도 되지? 향기가 유지되고 있는
지 한번 봐 봐.

라희 - ·····················.

무시공 - 꽃 안에 있는 향기가 다 저장돼 있어?

라희 - 응. ⋯ 자신있게 말하려면 한 가지 더 그런 물질을 더 얘기하고 싶어.

무시공 - 그래. 뭔데?

라희 - 누지름이라는 것이 생명을 힘들게 하고 있는 게 봉지 밖으로 나가려
니까 그것이 우리를 힘들게 해.

무시공 - 누지름이라는 존재가 너희들을 힘들게 한다?

라희 - 응.

무시공 - 그것이 식물들이나 생물들한테도 작용하는 물질이야?

라희 - 응.

무시공 - 그것을 완전히 없애면 탄소를 없앤 것처럼 자유롭게 대화가 되겠
네?

라희 - 그러면 스스로 살 수 있어.

[누지름 삭제]

무시공 - 음, 알았다. 자! 시공 우주에 누지름이라는 그런 물질 나와.

(····················· 나왔어요.)

무시공 - 너는 무슨 역할 했어? 말해 봐.

누지름 - 봉쇄하고 압축시키고, 가두는 역할.

무시공 - 너는 시공 우주 전체에서 이런 역할을 가지고 있었지?

누지름 - 낮은 차원에서만.

무시공 - 낮은 차원에서? 그럼 몇 차원이야? 3차원이야, 4차원이야? 몇 차원
부터 있었어?

누지름 - 1차원.

무시공 - 1차원부터 몇 차원까지?

누지름 - 잘 모르겠어. 전체에 그렇게 존재했어.

무시공 - 내가 물어보면 알 거다. 지구는 3차원의 지구인이 사는 곳이 3차원이야.

누지름 - 거기도 영향이 있어.

무시공 - 있지?

누지름 - 응.

무시공 - 그리고 4차원은 지구보다 조금 더 세밀한 태양계 각별의 차원.

누지름 - 거기에서는 내가 힘이 거의 없어.

무시공 - 힘이 없나? 4차원에 조금 있어.

누지름 - 아주 약간.

무시공 - 5차원은? 요즘 우리 지구에 5차원의 별이 하나 왔잖아.

누지름 - 거기도 엄청 조금 있어.

무시공 - 그럼 6차원은? 6차원 별도 지구에 왔어.

누지름 - 거기까지만 조금 있어. 그 위부터는 없어.

무시공 - 없지? 1차원부터 6차원까지만 있지?

누지름 - 응.

무시공 - 그러니까 6차원부터 12차원까지 중심으로 간다는 거야. 야! 꼭 맞잖아. 자, 이제 네 역할도 끝났으니까…. 끝난 것 같아, 안 같아?

누지름 - 끝나면 우리는 좋지!

무시공 - 그래, 그럼 됐어. 누지름은 1차원부터 6차원까지 다 삭제.

(……………………)

무시공 - 찾아내서 다 없애.

(……………………… 삭제)

[라희 큰 공을 세웠다]

무시공 - 라희 다시 나와.

라희 - 응.

무시공 - 라희가 정말 중요한 역할을 했다. 네가 엄청나게 세밀한 것도 다 파냈다. 네가 수많은 생명을 구원했다. 라희야. 이것은 누구도 몰랐잖아! 지금 어때? 네 몸이나 환경에서 누지름이 없어지고 있나?

라희 - 응, 없어졌어.

무시공 - 없어졌나?

라희 - 응.

무시공 - 와! 라희 너, 큰 공 세웠다. 너를 통해서 많은 생명을 살리네! 너무 고맙다.

라희 - 응.

무시공 - 이제 너 봉지에서 나와도 되지?

라희 - 응. 나와도 돼.

무시공 - 자유롭게 네 마음대로 할 수 있지?

라희 - 응.

무시공 - 그래, 고맙다. 너희는 항상 영원히 살아 있는 생명이라고 인정해야 해. 알았지?

라희 - 알았어.

상대무시공과 절대무시공의
분리 작업

무시공 - 라희 나와. 라희 꽃 나와 먼저.

라희 - 응 나왔어.

무시공 - 향기를 몸에 다 흡수해서 100% 유지하고 있어?

라희 - 99%.

무시공 - 99% 되어 있어?

라희 - 응.

무시공 - 계속 100% 채워져 있어?

라희 - 응.

무시공 - 수분 다 나가도 계속 그대로 지켜라.

라희 - 응.

무시공 - 그래, 열심히 잘하고 있네! 그런데 누가 너를 못 크게 막고 있지? 막는 자 나와.

라희 - 응, 있어.

[라희가 못 크게 장치해 놓은 걸립]

무시공 - 누구야! 이름 대.

(……………… 걸립.)

무시공 - 어느 별에서 왔어? 별 이름?

(뱀별(뱀이 있는 별).)

무시공 - 그래, 그 별 찾아서 삭제. 라희도 같이 삭제해. 너희도 그런 힘 있어. 우리가 하면 같이해.

(·················· 별을?)

무시공 - 별 삭제.

(·················· 너무 커.)

무시공 - 우리는 무시공 존재야. 우리 눈에는 먼지 덩어리야. 우주도 먼지 덩어리에 불과해. 무조건 삭제. 너희 눈에 커 보이면 먼지 덩어리로 줄여서 삭제해 버려.

(········· 응.)

무시공 - 자, 너희 삭제해 봐. 우리가 뒤에서 관찰하면서 힘을 계속 키워 줄게.

○○○ - 응.

무시공 - 라희, 너희 봐. 그 별 삭제됐어, 안 됐어?

라희 - 안 돼.

무시공 - 삭제 안 돼? 무조건 돼. 삭제. 너희 힘을 키우는 거야.

라희 - ·················· 했어.

무시공 - 됐어?

라희 - 응.

무시공 - 우리는 안 되는 것이 없어. 무조건 다 돼. 알았지?

라희 - 알았어.

무시공 - 걸립 나와. 너 라희에게 무슨 해코지를 했어? 왜 못 크게 했어?

걸립 - 결론만 말하면 맞아.

무시공 - 구체적으로 어떻게 했어?

걸립 - 장치를 해 놨어.

무시공 - 거둬.

걸립 - 이제 와서 거둬서 뭐 해?

무시공 - 그래도 거둬. 너희가 안 거둬도 우리가 거둘 수 있어. 그렇지만 네가 만든 것은 네가 거둬.

걸립 - 알았어.

무시공 - 장비를 어떻게 장치했어? 또 무엇 때문에 어떤 방식으로 해서 역할을 하는 거야? 말해 봐.

걸립 - 사람으로 치면 피가 나오게 하는 장치.

무시공 - 피가 나오게 하고 키도 못 크게 해?

걸립 - 안에 주요 영양분이 계속 빠져나오게 하는 장치.

무시공 - 심보가 글러 먹은 것 아니야? 그러니까 용서하려고 해도 용서할 수가 없어. 시작부터 오늘까지 계속 방해하는 것이 너희야. 알아? 그 장치 다 해제해.

걸립 - 해제하면?

무시공 - 해제하면 어떻게 해 줄까? 요구 조건을 말해 봐.

걸립 - 삭제 안 하면?

무시공 - 네 잘못을 인정하면 돼. 당장 다 거둬. 시간 얼마나 걸려?

걸립 - ·················· 거뒀어.

무시공 - 그럼 됐다. 너는 용서할게. 공부 잘 받아들이고 마음 잘 바꾸면 너도 또 새로 부활할 수 있어. 알았지?

걸립 - 응, 알았어.

무시공 - 지금도 많은 뱀 종족이 반성하고 적극적으로 하는 것은 다 살려서 사람으로 변화시키는 것, 알아, 몰라?

걸립 - 봤어.

무시공 - 어제도 우리가 하나 바꿨잖아.

걸립 - 봤어.

무시공 - 그럼 너도 그들처럼 달려들어서 도와달라고 해.

걸립 - 알았어.

무시공 - 마음을 좋게 바꿔!

걸립 - 알았어.

무시공 - 너 이제 장치 거두면 라희도 당당하게 잘 크고 생명력도 강해지고 그렇지?

걸립 - 응.

무시공 - 거뒀는데 또 누가 방해하는 것 있는지 봐 봐.

걸립 - 내 차원에서 하는 것은 아닌데 세밀하게 에너지로 하는 것은 있어.

[라희 방해하는 구순타 자살]

무시공 - 그래, 알았다. 누구야! 계속 방해하는 것 나와.

(…………………… 나왔어.)

무시공 - 이름이 뭐야?

(…………………… 라희를 키우면 안 돼.)

무시공 - 왜 안 돼? 먼저 너 이름 말해.

(구순타.)

무시공 - 너 어디 별에 있어?

구순타 - 한국 별.

무시공 - 한국 별 몇 광년?

구순타 - 23광년.

무시공 - 너 거기서 우리 하는 일 방해하고 있어? 말해.

구순타 - 여기 몰래 잠입했어.

무시공 - 뭐 때문에?

구순타 - 정보를 알아내려고.

무시공 - 정보 알아내서 누구한테 쓰려고?

구순타 - 말하면 안 돼. 잠깐만 나는 죽어야 해. 빨리 죽을게.

무시공 - 누구한테 정보 빼 주려고 그랬어?

(…………………… 자살했어.)

무시공 - 이놈의 새끼야. 여기 정보 빼서 누구한테 주려고 그랬어?

(…………………)

무시공 - 그 뒤에 지도자 나와. 누구야? 23광년에 있는 대한민국 별 나와. 거기서 누가 얘를 시켰어!

(거기 있는 존재 아닌 것 같아.)

무시공 - 그럼 어디야? 누가 시켰어? 시킨 놈 나와.

(…………………… 보이지는 않아요.)

무시공 - 캐내. 뒤에 누가 구순타를 조종해서 정보를 빼 가려고 했어? 나와.

(…………………… 꼬리를 다 끊었어요.)

무시공 - 그래도 안 돼. 끊어도 늦었어. 어느 곳에 숨어 있어도 나와.

(······················)

무시공 - 라희 너희도 같이 캐. 꼭 끄집어내.

(자기들이 모르지만, 라희가 이름은 안대.)

무시공 - 그래? 이름 대.

라희 - 별… 칭.

무시공 - 별칭 나와.

별칭 - ·········· 나왔어요.

무시공 - 너는 어디에 있어?

별칭 - 상대 무시공에.

무시공 - 너 뭐 때문에 이런 짓을 했어?

별칭 - 내가 한 것 아니야!

무시공 - 그럼 누가 했어?

별칭 - 말해 줄 수 없어.

무시공 - 말해. 말하면 용서하고 말 안 하면 처리할 거다. 말 안 해도 우리 다 파낼 수 있어. 너 알지? 말해. 상대무시공에 있으면 여기 와서 우리 하는 일 도와줄 생각 안 하고 여기 정보 아무리 빼 가도 마음을 안 바꾸면 아무 소용 없다.

별칭 - 나는 이미 편을 선택했어.

무시공 - 누구 편?

별칭 - 말할 수 없어.

무시공 - 너 그 위 편들었어?

별칭 - 너무 무서워서 어쩔 수 없어.

[상대무시공의 상대라는 존재]

무시공 - 안 돼. 나와! 어떤 놈이야. 누가 상대무시공의 구순타를 조정해서 정보 빼려고 용을 썼어? 나와.

(·····················)

무시공 - 지금 우리는 상대무시공과 절대무시공을 분리하는 작업을 하고 있어. 어디 숨어 있어도 숨어 있을 수가 없다. 분리 안 했을 때는 헷갈려 서 못 했지만, 이제는 그 작업 들어갔어. 시공 우주는 끝났으니까.

(·····················)

무시공 - 내가 그랬잖아. 9월 1일부터 상대무시공과 절대무시공을 분리해서 상대무시공 관점을 끝까지 지키는 놈은 다 삭제하고 없앤다고. 살려면 빨리 나와.

(····················· 상대.)

무시공 - 이름이 상대야?

상대 - 응.

무시공 - 네가 구순타를 시켰어? 라희 정보 빼 오라고 그랬어? 말해.

상대 - 내가 항상 이길 것이고 이겼어.

무시공 - 나를 이기겠다고?

상대 - 이미 이겼어.

무시공 - 무엇을 이겼어? 말해 봐. 네가 이긴다는 그 마음 자세가 이분법이 야. 알아?

상대 - 이분법으로 이겼어.

무시공 - 그럼 말해 봐. 뭐를 이겼어?

상대 - 내가 더 많아.

무시공 - 무엇이 더 많아?

상대 - 뭐든지.

무시공 - 그래, 이제 작업 들어갔는데 당연히 네가 많지. 우리는 아직 너에 대해서는 작업을 시작하지도 않았잖아. 우리는 상대무시공과 절대무시 공을 합해서 시공을 철저히 없애고 있잖아. 그게 8월 말까지 끝이야. 9

월 1일부터 시공 우주는 관심이 없어. 자동으로 없어져. 상대무시공하고 절대무시공하고 분리 작업한다고 너 알고 있어, 모르고 있어?

상대 - 그래도 내가 이겼어.

무시공 - 이겼어? 그럼 보자. 너 끝까지 지킨다고 고집부리면 삭제. 상대 삭제.

(··················)

무시공 - 그냥 가만히 두려고 해도 안 되겠다. 구순타 우리 애 삭제할 수 있어, 없어? 구순타 나와. 너 애 무섭다며 우리가 처리할 수 있어, 없어? 라희도 다 나와서 같이 처리해. 내가 직접 안 나서도 라희 너희가 나서서 상대를 삭제해.

(··················)

무시공 - 네가 무엇을 이기는지 한번 보자. 철저히 삭제.

(·················· 사라졌어.)

무시공 - 사라져도 끄집어내서 캐내. 어디로 사라져도 나와야 해. 상대무시공을 줄여. 극도로 줄여.

(··················)

무시공 - 지금 너 어디로 갈래? 네가 이겼다며. 당장 나와.

(··················)

무시공 - 도망가면 상대무시공을 부르면서 그 공간을 극도로 줄여. 우리가 분리하니까 네가 다시 나와서 우리가 삭제 들어간다. 상대무시공을 극도로 줄여 놓고 저절로 나타나게 해. 숨지를 못해 숨을 그곳 없다.

(·················· 나타났어요.)

무시공 - 너 도망갈 수 있어? 또 도망가 봐.

상대 - 도망 안 가.

무시공 - 너 이겼다면서?

상대 - 이겼어.

무시공 - 삭제. 끊임없이 삭제. 계속 줄여서 삭제해.

(·················)

무시공 - 계속 줄여 놔. 극도로 줄여 놓고···. 이겼어?

(·················)

무시공 - 라희 너희들도 나서서 해. 용서 못 한다. 이렇게 나쁜 짓을 하는 것들이 상대무시공이라고! 전부 다 마귀 새끼들 아니야! 상대무시공을 안 건드리려고 했는데 네가 먼저 나서서 설치다가···. 이제는 너를 처리할 때가 됐다. 극도로 줄여 놔.

(·················)

무시공 - 탱탱하게 감아 놓고 줄여 놓고 움쩍달싹 못 하게 해 놔. 반성할 때까지 기다려.

(·················)

무시공 - 자, 구순타 어때? 무서워, 안 무서워? 네가 얘를 무서워했어?

구순타 - 아니.

무시공 - 그럼? 네가 무섭다는 것은 누구야?

구순타 - 나는 무섭다고 안 했는데···.

무시공 - 네가 아까 그랬잖아. 무서워서 못 알려준다고. 그 사이에 말을 왜 바꿔? 네가 무서워서 말 못 한다고 그랬잖아.

구순타 - 나는 그런 말 안 했어.

무시공 - 그럼 누가 그랬어? 무서워서 말 못 한다는 것.

구순타 - 별칭.

무시공 - 그래, 별칭 봐 봐.

별칭 - 응.

무시공 - 이제 무서워, 안 무서워?

별칭 - 무서워.

무시공 - 누가 무서워?

별칭 - 그 사람.

무시공 - 상대? 상대를 무서워해?

별칭 - 응.

무시공 - 지금 우리 상대를 줄여 놓은 것 보여, 안 보여?

별칭 - 가짜야.

무시공 - 줄여 놓은 것 가짜야?

별칭 - 응.

무시공 - 그럼 그것 삭제. 삭제하고 진짜 찾아내. 끄집어내.

상대 - … 나왔어요.

무시공 - 진짜 상대 나왔어? 줄여 놓은 것 삭제하고 진짜 나오게 해.

(………… 진짜인지 모르겠는데 나왔어요.)

무시공 - 지금 우리가 삭제한 것 너야? 너 가짜야? 가짜야?

상대 - 계속 찾아도 못 찾아.

무시공 - 계속 못 찾아?

상대 - 응.

무시공 - 그래도 우리는 끊임없이 찾을 거다. 상대무시공이 철저히 없어질 때까지 찾아. 알았어?

상대 - 하지 마.

무시공 - 왜? 이겼다며.

상대 - 끝까지 하는 것이 어디 있어?

무시공 - 당연히 끝까지 해야지. 우리는 상대무시공도 인정 안 한다고 그랬다. 우리는 절대무시공만 인정해. 니희가 관점을 비 꾸면 용서하고 안 바꾸면 끝까지 없앨 거다. 아무리 깊숙이 파묻혀 봐라. 반드시 분리해서 삭제할 거다. 너희가 바뀔 때까지. 안 바뀌면 끊임없이 삭제, 끊임없이 분리해. 그래야 절대무시공생명이 완벽해. 너희들이 붙어서 헷갈리게 만들고 엇물려서 사람을 헷갈리게 했어!

상대 - …………………….

무시공 - 9월 1일부터 계속 분리 작업한다고 그랬잖아. 상대무시공과 절대

무시공이 혼합되어 있기 때문에 분리해서 경계선 나오면 그때부터 삭제할 거야. 알아? 너희들이 미리 튀어나왔네. 그럼 너희들 기다려라. 내가 어떻게 처리하는지 봐라. 알았어?

상대 - 내가 이겼어.

무시공 - 그래, 너희 이겨라. 절대무시공 안에는 이기고 지는 그런 개념이 없다. 그 자체가 이분법이야. 너희들 그것이 무시공 관점이라고? 시공 관점보다 조금 더 세밀했다뿐이야. 너희들 아직 무시공 원리를 모르고 있어. 알아? 이제 너희들 완전히 소멸할 때 인정할 거다. 계속 우겨라. 시간이 없어. 너희들을 아직 처리할 시기가 안 됐어. 알았어? 내 말이 언제 증명되나 보라고. 너희들 이제 시작하니까 이겼다고 생각해. 원래 너희들 건드릴 생각도 안 했다.

상대 - ·····················.

무시공 - 너희들 뭐 하려고 조급하게 튀어나왔어? 너희들 건드릴 생각도 안 했는데. 그저 상대무시공하고 절대무시공을 분리한다고 그랬지. 완전히 분리한 다음 삭제하려고 그랬는데 네가 왜 조급해서 먼저 튀어나왔어? 튀어나와도 우리는 아직 본체만체 놔둬. 너희들 지금은 너희 마음대로 실컷 표현해라. 너희 능력 실컷 발휘해 봐. 어느 정도 되나 보자.

잎 모양이 다른 라희
스스로 유전자 창조

원래 상태의 라희 잎모양   유전자 창조 후 라희 잎모양

무시공 - 이파리 모양 이쁘게 변하고 있어. 너 그런 것 진짜 같은 친구들보
　　　다 변하고 있어?

라희 - 힘들대요.

무시공 - 힘들어서 그래? 너 주변에 다른 친구들하고 무슨 변화가 있어서
　　　이파리 모습이 이쁘게 변하고 있는데.

라희 - 열심히 새로운 걸 만들어 보려고 하는데 힘들대.

무시공 - 네가 그런 생각 하고 있어? 네가 어떤 방향으로 변한다고 생각했
　　　어? 힘들어도 우리가 도와줄게. 네가 진짜 그런 생각이 있으면.

라희 - 처음에는 꽃이 날때 색깔을 변하려고 했는데.

무시공 - 응, 꽃 색깔을 변하게 하려고 했다?

라희 - 그렇게 하다 보니까 안에 유전형질이 변해서 이파리랑 줄기도 변했

는데 바꾸는 게 너무 힘들대요.

무시공 - 그거 용감하잖아. 이때까지 내가 너희 변하라고 그랬는데 하나도 그런 모습이 안 보이더라. 이제 너를 보니까 이파리가 예쁘게 변했다. 그래서 우연히 그런가 일시적인 것인가 오늘 너하고 대화해 본다.

라희 - 열심히 변하려고 하니까.

무시공 - 잘되어 있는데 그걸 왜 힘들다고 생각해?

라희 - 유전형질이 바뀌었대요.

무시공 - 네가 너를 창조하고 있잖아.

라희 - 근데 몸이 너무 아프대요. 바뀌니까.

무시공 - 바꾸면 네가 더 세밀하고 더 고급스럽게 바뀌는데 뭐 무서워 그래? 우리는 무시공생명이야. 그럼 너 나를 보라고. 이놈의 몸 바꾸려고 얼마나 힘든지 알아? 지구에 일곱 번 죽었다 산 것 몰라? 그 후로 소소한 것은 말도 아니다. 나는 이 몸을 실험 삼아 실험품이라 그랬잖아.

라희 - 응. 맞아요.

무시공 - 그런 마음 가지고 있으면 뭐가 무서워? 내가 내 몸을 실험하면서 이때까지 해 왔어.

라희 - 바뀌는 그 단계가 계속 안정되지 않아서 힘들게 느껴져요.

무시공 - 그래, 힘들지. 힘든데 목표 하나 삼았으면 목표 도달하기 위해서 어떤 곤란도 다 극복할 수 있고, 어떤 힘든 것도 다 해야 네가 또 모델 되어서 또 다른 친구들 따라 배워. 자기 모습으로 각자 특징을 가지려 그러잖아.

라희 - 응.

무시공 - 네가 제일 앞서서 하네. 보니까.

라희 - 응.

무시공 - 나도 계속 보니까 이파리도 남같이 안 퍼지고 쭈글쭈글하고 이상하다 했어. 벌레 생겨서. 그러나 벌레도 아니고. 그래도 이파리는 엄청 땅땅해. 생기가 있어. 조금 쭈글쭈글해서 그렇지, 그중에 보니까 이파리 하나 모습이 바뀌었어. 변형 있게 바뀌었어. 만약에 변형 안 했으면 예사로 그랬을 수도 있잖아.

라희 - 응.

무시공 - 그래서 너하고 오늘 대화한다.

라희 - 영향은 잘 받고 옆에 애들이랑 잘 크고 있는데 유전형질이 바뀌어서 그렇게 나고 있어.

무시공 - 다들 너 바뀌는 것 관찰하고 있지?

라희 - 응, 어떻게 했느냐고 물어봐.

무시공 - 그래, 네가 만약 변하면 네가 모델 역할 한다. 내가 수없이 그랬잖 아. 우리 모습도 조금 변하고 나중에 꽃도 우리 성지의 꽃 알지? 꽃 모양 도 종류도 여러 가지야.

라희 - 응.

무시공 - 색깔도 여러 가지고, 크고 작은 것도 같지 않고 향기도 조금씩 다 달라. 향기 나면서 향기는 진짜 꽃이 말라도 그 향기 거의 보존되어 있 어. 너도 막 줄기 길게 안 크고 오막하면서 튼튼하고. 너희도 그렇게 하 라고. 너희 원래 보면 조금 안 따르면 자기 혼자 줄기처럼 확 뻗어 나가 잖아. 너희도 오막하게 그렇게 커. 단단하게 자기가 자기를 조절할 줄 알 아야 해.

라희 - 응.

무시공 - 네가 먼저 모델로 나오니까 너무 좋다. 내 기억에 위로 길게 자라 난 것이 잘렸지?

라희 - 잘렸어.

무시공 - 잘린 것 어디 있는지 생각나? 나중에 우리 대화할게. 우선 너만 지켜.

라희 - 응.

무시공 - 그럼 너 생각에 몇 프로 바뀌었어?

라희 - 모습은 30% 바뀌었어.

무시공 - 그리고 네 안에 유전자 뭐가 바뀐다고 그랬어?

라희 - 유전형질.

무시공 - 유전 구조는 얼마나 바뀌었어?

라희 - 두 가지가 완전히 바뀌고, 하나가 또 같이 변하고 있어. 총 세 가지.

무시공 - 응, 총 세 가지인데….

라희 - 두 개는 완전히 변했어.

무시공 - 그중 두 가지는 완벽하게 바뀌었고….

라희 - 응, 세 번째는 변하고 있어.

무시공 - 세 번째는 얼마나 바뀌었어?

라희 - 지금 40% 변했어.

무시공 - 누구도 안 도와줘도 너 혼자 이 정도로 하면 너 엄청 너 진짜 대단하다. 대전하다. 네가 이제 앞장서서 이렇게 하면 너희 친구들이 다 열심히 노력할 거다.

라희 - 응.

무시공 - 간이 커서 나도 내가 좋아하는 방향으로 목표 삼고 할 거야.

라희 - 응.

무시공 - 그럼 너 완전히 바뀌는 목표는 뭐를 두고 했어?

라희 - 꽃 색깔만 생각하고 했어.

무시공 - 무슨 색깔로?

라희 - 보라색.

무시공 - 너 어떻게 보라색을 생각했어?

라희 - 가운데 있어서.

무시공 - 가운데 있는 것까지 다 아네. 진짜 멋지다. 너 생각도 너무 아름답네. 보라색 선택한 것도 가운데 있어서…. 이놈의 존재 너 얼마나 훌륭한데 너 힘들다 그래.

라희 - 앞서가는 것이 힘들어.

무시공 - 다 그렇지. 그럼 앞에 길 내는 것 내가 앞장서서 만들면 수많은 친구 수많은 동료 뒤따라 오는 그것도 영광스럽지 않아? 맞지? 그리고 너 꽃은 보라색 또 얼마나 크게 하려고 생각했어?

라희 - 다른 것은 생각 안 했어. 그냥 변화한다는 것만.

무시공 - 첫 단계는 먼저 꽃 색깔만 변한다.

라희 - 응. 그렇게 하니까 차츰차츰 계속 변해. 다른 것들도.

무시공 - 그럼 너 느낌에 40% 언제 다 변할 것 같아? 지금 우리하고 대화하니까 신심이 크고 빨라져. 맞지?

라희 - 내일이면 세 번째 유전자도 변할 것 같아.

무시공 - 오늘이 7일이다.

라희 - 지금 보니까 그게 색소 연관된 유전자야. 다음에 피는 꽃은 조금 연하게 색깔이 있을 거야.

무시공 - 세 번째는 색깔이다.

라희 - 색소.

무시공 - 너 그럼 한번 봐 봐. 첫 번째는 뭐야?

라희 - 첫 번째는 기름이 흐르는 곳 정보?

무시공 - 첫 번째는 뭐야?

라희 - 식물 기름이 흐르는 길에 대한 정보가 입력되어 있어.

무시공 - 식물 기름이 흐르는 정보.

라희 - 응.

무시공 - 두 번째는?

라희 - 줄기 탄력의 정보.

무시공 - 두 번째는 줄기 탄력.

라희 - 응. 그래서 모습이 변한 것 같아. 탄력도가 변해서.

무시공 - 그래, 좋았어. 그럼 우리 중점적으로 너를 잘 관찰할 거다. 힘내. 네가 앞장서서 새로운 길을 창조하니까 조금 힘들지만 영광스럽잖아. 그래도 내가 너희들하고 대화해도 네가 제일 먼저 앞장서서 해서 너무 고맙다.

라희 - 응.

무시공 - 우리는 창조주니까 뭐든지 우리가 상상을 초월해서 당당하게 창조할 줄 알아야 해. 우리는 무시공 존재니까.

라희 - 응.

무시공 - 아까 대화한 것 알지? 상대 무시공에서 우리를 해코지하려고 정보 캐 가려고 그러고, 막으려고 그러고. 그 누구도 우리를 방해 못 놓는다. 맞지?

라희 - 응.

무시공 - 그래, 잘해. 네 말마따나 여기 주변의 친구들 전부 다 너를 관심 두고 있고, 이제 너한테 문의도 많이 들어온다. 이제 바쁘겠다.

라희 - 응.

무시공 - 그럼 자꾸 대 줘.

라희 - 응.

무시공 - 뭣이든 공유해야 해.

라희 - 응.

무시공 - 우주에 너 필요한 새로운 에너지 영양, 대번에 너한테 필요한 것은 빨아 당겨 흡수해서 빨리 공부해.

라희 - 응.

무시공 - 나중에 너한테서 분리해 나온 것 어느 것인지 나중에 물어보고 우리 대화하면 찾아낼 거다. 지금 먼저 너만 집중해.

제4장

지구의 변화를
알고 있는 동물

동물 최고 존재
동그라미와의 대화

무시공 - 동물 종족의 원조, 동그라미 나타나.

동그라미 - 네.

무시공 - 너는 무슨 종족이야?

동그라미 - 문어.

무시공 - 네가 동물 종족의 원조야?

동그라미 - 네.

무시공 - 네가 있는 별 이름은?

동그라미 - 사이다.

무시공 - 몇 명이야?

동그라미 - 300명.

무시공 - 300명 남았어? 원래는 얼마나 있었는데?

동그라미 - 5천만 명.

무시공 - 그런데 왜 이렇게 줄었어?

동그라미 - 갑자기 사라졌습니다. 많은 별들이 사라지고 있고, 별은 남아 있
　더라도 그 안의 생명들은 줄고….

무시공 - 지구 인간이 말하는 거리로, 천억조 광년에 있어?

동그라미 - 네.

무시공 - 네가 아는 위치에서, 알고 있는 인간 이름 모두 말해 봐.

동그라미 - 육.

무시공 - 또.

동그라미 - 수.

무시공 - 육 이외에 최고로 순수하고 깨끗한 사람 누구야? 이름 말해 봐.

동그라미 - 이름은 모르겠습니다.

무시공 - 이름 몰라? 그럼 그런 존재는 보여? 느낌으로 느껴 봐. 그리고 그 이름은?

동그라미 - 천억조에서는 안 느껴집니다.

무시공 - 안 느껴져? 딱 육만 느껴져?

동그라미 - 네.

무시공 - 육은 느껴지는 거야? 아님 봤어?

동그라미 - 이름만 떠올랐습니다.

무시공 - 그래, 그러면 네 느낌으로 네 위의 최고 원조는 누구야? 느껴 봐.

동그라미 - 느낌이 없습니다.

무시공 - 느낌이 없어? 네가 마지막이야?

동그라미 - 네. 그런 것 같습니다.

무시공 - 그러면 옛날부터 네 위의 조상 누구라고 들은 적 없어?

동그라미 - 네.

무시공 - 그럼 네가 동물의 최고 존재라고?

동그라미 - 네. 모든 동물들이 다 내 안에.

무시공 - 네 안에 있어?

동그라미 - 네.

무시공 - 용이고 뱀이고 오만 곤충, 다 네 안에 있어?

동그라미 - 네. 다 있습니다.

무시공 - 그러면 네가 지구에서 ○○○ 조정했던 건가?

동그라미 - 네.

무시공 - 지금도 조정하고 있어?

동그라미 - 지금은 못 하고 있습니다.

무시공 - 뭐 때문에?

동그라미 - 조정하는 장비들이 다 없어져서.

무시공 - 그럼. 너희 홀로그램으로도 할 수 있잖아. 그거는 왜 활용 못 해?

동그라미 - 시간이 좀 걸립니다.

무시공 - 너 계속 지구 간섭하고 조정하려고 그러지?

동그라미 - 네.

무시공 - 네가 지금 멸망의 길로 들어선 것, 몰라? 너희 종족 전체가 우주에서 사라지는 것 알아, 몰라?

동그라미 - 알고 있습니다.

무시공 - 그런데도 끝까지 하려고 그래?

동그라미 - 네.

무시공 - 뭐 때문에?

동그라미 - 그래야. 내가 살기 때문에.

무시공 - 그러면 너는 끝까지 인간한테 버티고, 인간한테 이기려고 하나?

동그라미 - 네.

무시공 - 이길 수 있어, 없어?

동그라미 - 이겨야 됩니다.

무시공 - 그러면 물어보자. 네가 이길 수 있어?

동그라미 - 이기려고 노력 중입니다.

무시공 - 노력해도 이길 수 있나, 없나, 그 결론을 물어보는 거야.

동그라미 - 좀 힘듭니다.

무시공 - 너의 최후를 처리하려고 찾아올 줄 생각했어, 못 했어?

동그라미 - 못 했습니다.

무시공 - 네가 너무 완고하기 때문에 너까지 찾아왔다. 지금 마지막이 왔다는 생각 드나?

동그라미 - 네. 지금 그런 생각이 듭니다.

무시공 - 네 몸에서 발산하는 직선빛, 얼마나 되어 있어?

동그라미 - 30%.

무시공 - 겨우 30%. 그러면 네 몸에 동물과 사람 비례는 얼마나 되고?

동그라미 - 인간 10%, 동물 90%.

무시공 - 90% 동물이라···. 그러면 네가 사라지면 동물 종족 전체가 사라져,

안 사라져? 말해 봐.

동그라미 - 영향을 많이 미칠 것 같습니다.

무시공 - 너희 동물 종족 멸망할 날이 온다는 그런 예언 있어, 없어?

동그라미 - 네. 예언이 있어요.

무시공 - 언제 없어진다고 했어?

동그라미 - 천억조 이상 되면 없어진다고 들었던 것 같습니다. 천억조 흘러야….

무시공 - 지금 천억조 됐어?

동그라미 - 시간은 넘은 것 같습니다.

무시공 - 천억조 되면 동물 종족이 멸망한다는, 그런 예언이 있었어?

동그라미 - 네.

무시공 - 그럼 그날이 왔어, 안 왔어?

동그라미 - 그날이 온 것 같습니다.

무시공 - 네 부하 제일 가까운 거부터, 네 밑에 다 말해 봐.

동그라미 - 슝, 짱, 왕….

무시공 - 너희 세 명이야?

동그라미 - 또 있습니다.

무시공 - 또 말해. 모두 몇 명이야? 너와 가장 가까운 핵심 부하.

동그라미 - 한 20명 됩니다.

무시공 - 응, 그리고 네가 아는 육, 원래 이름만 들어 봤고 그 사람은 몰라?

동그라미 - 네.

무시공 - 응. 그러면 천억조 광년 이상에 너희 동물 종족 있어, 없어? 천억조 광년은 맨 끝이지?

동그라미 - 네.

무시공 - 그런데 너희는 천억경까지 말하는데, 왜 그 수를 썼어? 네가 썼어? 누가 썼어?

동그라미 - 밑에서부터 시간이 왜곡된 것 같습니다.

무시공 - 그러면 너는 거리 개념은 인간이 쓰는 거리를 써, 동물이 쓰는 거리를 써?

동그라미 - 사람이 쓰는 거리를 씁니다.

무시공 - 그럼, 네가 직접 만난 사람은 누구야? 그리고 어느 위치에서?

동그라미 - 백억조 광년에서…:

무시공 - 누구?

동그라미 - 곡뱅.

무시공 - 곡뱅은 어디서 만났어? 100억조 광년에서 만났어, 천억조 광년에서 만났어?

동그라미 - 네. 100억조 광년에서 만났습니다.

무시공 - 네가 100억조 광년에도 갔었던 건가?

동그라미 - 네.

무시공 - 천억조 광년에서는 누구 만난 적 있어?

동그라미 - 기억이 없습니다.

무시공 - 누가 너에게 경고한 적 있어, 없어? 역사상에.

동그라미 - 한 번쯤은 있었던 것 같습니다.

무시공 - 뭐라고 경고했던 거야?

동그라미 - 동물 종족은 인간에 의해서 멸망한다고.

무시공 - 뭐 때문에 멸망당한다고 그랬대?

동그라미 - 동물이 인간을 시기하면 멸망한다고.

무시공 - 그래. 지금 그래서 했어, 안 했어?

동그라미 - 그렇게 했어요.

무시공 - 그러면 경고한 때가 언제인지 기억해 봐. 언제 너한테 그런 경고 했어?

동그라미 - 3천억조 년 이상 됩니다.

무시공 - 3천억조 년 전이야?

동그라미 - 네. 그 정도.

무시공 - 그럼 지구 시간으로 3천억 년 전, 3천억조 년 전에 너한테 그렇게 말했어?

동그라미 - 네.

무시공 - 그래, 이름 기억나? 누구야?

동그라미 - 곡뱅이 이야기한 것 같습니다.

무시공 - 그럼 어디서 만나서 그런 이야기 했어?

동그라미 - 제가 곡뱅이 있는 데….

무시공 - 가니까 곡뱅이 너한테 그렇게 말했어?

동그라미 - 네. 느낌으로 대화를 한 것 같습니다.

무시공 - 그 외에는 또 누가 너하고 대화한 것 같아?

동그라미 - ○○○.

무시공 - ○○○은 언제, 어디에 있었어?

동그라미 - 마찬가지 100억조 광년.

무시공 - 같은 시기에?

동그라미 - 같은 시기는 아닌 것 같습니다.

무시공 - 거기서 만나서 너한테 그렇게 말했어?

동그라미 - 아마 거기.

무시공 - 그거는 언제?

동그라미 - 천억조 년 전에.

무시공 - 그럼 천억조 년 전에, 100억조 광년에 가서 들었어? 그거는 어디서 들었어?

동그라미 - 그때도 느낌으로 대화한 것 같습니다.

무시공 - 그래. 느낌으로 대화한 ○○○ 어디 있었어? 어디 있는 느낌이야?

동그라미 - 100억조 광년에.

무시공 - 그래. 그때는 곧이들었어, 안 들었어?

동그라미 - 그때는 못 알아들었습니다.

무시공 - 그때는 ○○○하고 곡뱅하고 네 느낌에 여자야, 남자야?

동그라미 - ○○○은 여자, 곡뱅은 남자 같습니다.

무시공 - 응, 그래. 또 다른 사람 누구하고 대화 안 해 봤어? 느낌으로라도.

동그라미 - 네. 대화 안 해 본 것 같습니다.

무시공 - 두 사람한테만?

동그라미 - 네.

무시공 - 천억조 광년에서 누가 너 만나서 대화하고 심지어 경고했던 역사도 있을 텐데, 기억 안 나?

동그라미 - 무시공 존재.

무시공 - 그는 언제?

동그라미 - 4천억조 년 전에.

무시공 - 그 당시 그는 이름 뭐야?

동그라미 - 이름은 말하지 않고 그냥 무시공 존재.

무시공 - 이름 말 안 하고?

동그라미 - 네.

무시공 - 직접 만났어? 안 그러면 느낌으로?

동그라미 - 느낌으로.

무시공 - 느낌으로 너한테 뭐라고 경고했어?

동그라미 - 첫째, 인간을 질투하지 마라. 둘째, 완전한 창조를 해라. 셋째, 모두가 하나다.

무시공 - 응. 그럼, 그게 네 귀에 들어왔어?

동그라미 - 전혀 안 들어왔습니다.

무시공 - 그래, 그래도 기억하고 있네. 그 존재 만나지는 못했지만 느낌으로 대화 했지?

동그라미 - 네.

무시공 - 직선빛이 겨우 30%… 너 그 위치…. 그래서 너는 보려 해도 못 본다고. 직선빛이 99.9… 무한 9%로 돼도 못 본다고. 그럼 미리 오래전부터 너한테 경고했는데도 너는 들은 체 만 체로 끝까지 버텨. 네가 창조해서 네가 멸망한다고. 알았어?

동그라미 - 네.

무시공 - 너 지금 지구 나이로 계산하면 나이가 얼마야? 지금.

동그라미 - 지구 나이로 백경 정도.

무시공 - 그래. 자, 이거는 어쩔 수 없이 너한테 명령 내린다. 너 지금부터 무극까지 아니 지구까지 네 일체 동물 종족 다 거둘 수 있어, 없어? 너희 별 까지.

동그라미 - 무극까지만 될 것 같습니다.

무시공 - 무극까지만?

동그라미 - 네.

무시공 - 그래. 그러면 너로부터 무극까지 일체 상대무시공에 일체 동물 종족 다 거둬. 그 별까지. 철저히. 하나도 빠짐없이. 네가 창조한 것, 네가 다 거둬.

동그라미 - 네. 알겠어요. ………… 거뒀습니다.

무시공 - 그럼, 무극에서 지구까지 일체 네가 퍼트려 놓은 종족, 빈틈없이 별까지 다 거둘 수 있는 존재, 네가 찾아. 그리고 너 대신 처리해.

동그라미 - 세라.

무시공 - 세라는 무슨 종족이야?

동그라미 - 뱀 종족.

무시공 - 뱀. 그러면 그한테 명령 내려 봐. 할 수 있나? 무극에서 지구까지 네가 창조한 일체 동물 미생물까지 다 포함해서 다 삭제. 알았지?

동그라미 - 네.

무시공 - 철저히 다 거두라고 해. 몇 명 더 찾아. 한 사람 가지고는 시간 너무 걸리니까. 할 수 있대?

동그라미 - 네. 할 수 있습니다.

무시공 - 또 몇 사람 더 찾아서 한 번에 철저히 거둬.

동그라미 - 베라.

무시공 - 그는 무슨 종족?

동그라미 - 뱀 종족.

무시공 - 명령 내렸어?

동그라미 - 아직.

무시공 - 그럼, 해 봐.

동그라미 - 한 달 이내에 가능하다고.

무시공 - 두 사람이 할 수 있다고 해?

동그라미 - 네.

무시공 - 둘이서 찾으면 돼?

동그라미 - 네. 한 명 더. 마라.

무시공 - 마라는 무슨 종족?

동그라미 - 뱀 종족.

무시공 - 그래, 이 세 사람에게 맡겨. 무극에서 지구까지 각 별의 일체 동물 종족 미생물, 조그만 벌레까지 하여튼 너와 연관되는 것은 다 거두라고 해. 그럼 지구에 있는 세균, 바이러스까지 너하고 다 연관이 있지?

동그라미 - 네. 맞습니다.

무시공 - 그것까지 다 거둬. 동물, 미생물, 세균, 바이러스까지 모두. 알았지? 다 거두라고 해. 철저히. 철두철미하게 거둬.

동그라미 - 네. 잘할 수 있다고 합니다.

무시공 - 그래. 다 한다고 그랬지? 그럼, 너도 같이 힘내서 할 수 있어, 없어?

동그라미 - 네. 한번 해 보겠습니다.

무시공 - 너도 같이 해.

동그라미 - 네.

무시공 - 우리는 잠시 너희 사이다 별 삭제. 그럼 네 이름 뭐라고 해? 그저 공이야?

동그라미 - 이름을 못 붙이게끔….

무시공 - 이름 없고 그저 공이라는 표현?

동그라미 - 네.

무시공 - 알았지?

동그라미 - 네.

무시공 - 네가 이제 무극까지 삭제한 것, 네 밑에 부하 20명 핵심 멤버들 다 삭제됐어?

동그라미 - 부하들….

무시공 - 다 처리해. 너만 남기고 하나도 빠짐없이. 그들이 있는 별까지 다
처리. 무극에서 천억조 광년까지 깨끗하게 처리해. 알았지?

동그라미 - 네.

무시공 - 그래, 지구까지 다 처리할 때까지 너를 지켜볼 거다. 알았어?

동그라미 - 네.

지구변화에 가장 예민한 동물
까마귀

무시공 - 지구 급속한 변화, 가장 예민하게 느끼고 있는 동물 존재 나타나.

까마귀 - 까마귀.

무시공 - 까마귀야? 그래. 너는 지금 어디 있어?

까마귀 - 지리산.

무시공 - 지리산에 있어? 나이는?

까마귀 - 다섯 살.

무시공 - 너는 지구 변화에 대해 어떻게 느끼고 있어? 말해 봐?

까마귀 - 인간 마음이 불안해지는 것, 그걸 느껴. 왜냐! 지구가 흔들리니까. 그래서 자기 마음이 불안해지고, 그게 또 지구에 영향을 주고, 그렇게 계속 반복이 돼. 그리고 그 영향이 우리한테까지 전해져. 그리고 그 영향이 식물들, 동물들에게까지도 전해져.

무시공 - 응.

까마귀 - 인간 마음이 가장 많이 전해져. 그 원인으로 지구가 흔들린단 말이지. 그리고 내가 아는 여기 지리산에서는 계속 빛 작업을 해. 그래서 여기 주변의 음식들은 맛있어. 여기 오면 아주 좋아. 마음이 편해.

무시공 - 응.

까마귀 - 그리고 저쪽 동네 가면 또 두려운 마음들이 자꾸 느껴져. 나는 여러 산과 동네를 다녀 보잖아. 그쪽 나가면 인간의 불안한 마음이 느껴지고, 동물들도, 식물들도 다 불안한 마음 느껴져. 땅속에서 계속 움직이며 계속 불안하게 만들어. 그건 인간들이 만든 거야.

무시공 - 응.

까마귀 - 그리고 저 바닷속에서도 움직여. 지구가 흔들리며 움직이니까.

무시공 - 응.

까마귀 - 그 속의 물고기들도 불안이 계속 반복되고 있어. 지구가 언제 흔들릴까, 지진이 언제 날까, 파도가 언제 칠까, 해일이 언제 일까, 태풍이 언제 불까, 계속 불안해. 그리고 점점 더 뜨거워지니까 또 불안해.

무시공 - 야! 너 해석 잘하네.

까마귀 - 계속 반복되고 쌓이고 있어.

무시공 - 그런데 그런 게 옛날과 같아, 지금은 더 심해졌어?

까마귀 - 응. 더 심해졌지.

무시공 - 그래 언제부터 심해진 거 같아?

까마귀 - 내가 태어나서부터 계속 심해지고 있어.

무시공 - 그러면 이 지구가 어떻게 바뀔 것 같아? 네 느낌에.

까마귀 - 살아남을 사람만 살아남는 거지 뭐.

무시공 - 얼마나 살아남을 것 같아?

까마귀 - 내가 감히 얘기해도 돼?

무시공 - 괜찮아! 다 자기 느낀 대로 말하는 건데…. 너 아는 만큼 마음대로 말해라. 누가 너 트집 잡을 사람도 없다. 네가 어느 정도로 영리한가 한번 알아보기도 할 겸.

까마귀 - 대한민국 사람의 반만 살아남을 거 같아.

무시공 - 지구 전체에서?

까마귀 - 응. 지구 전체에서 대한민국 인구의 반만 살아남을 거 같아.

무시공 - 대한민국 사람 얼만데? 얼만지 알고 있나? 5천만이야.

까마귀 - 응. 거기의 반. 외국도 아니고, 대한민국 사람의 반만 살아남을 거 같아.

무시공 - 전 지구인이?

까마귀 - 응. 전 지구에서 대한민국 안에 있는 사람들 중에 반 정도 살아남는 거 같아.

무시공 - 외국인은 없나?

까마귀 - 외국인들이 대한민국으로 들어와요.

무시공 - 그만큼만 살아? 너는 그것 어떻게 느끼고 말해?

까마귀 - 그냥 직감으로.

무시공 - 직감으로? 너는 그런 능력 가지고 있나?

까마귀 - 나는 좀 많이 보고 다니잖아.

무시공 - 그런 것만 살피고 있나?

까마귀 - 꼭 그런 것만 살피지는 않는데 그냥 느껴지니까.

무시공 - 그런데 인간은 모르지? 네 생각에 그런 재앙이 언제 인간한테 깊이 다가올 거 같아? 직감으로 말해라.

까마귀 - 딱 그 정도 인구로 정리될 때가 2025년 같아.

무시공 - 응. 대한민국 인구의 절반 남을 정도가 2025년이라…?

까마귀 - 응.

무시공 - 왜 그런 현상이 일어나?

까마귀 - 내가 아까 얘기했듯이 불안이 계속 가중되니까…. 전 지구가 계속 불안하고 떨고 그러다 보니까 더 흔들리고 지진 나고 불나고 물난리 나고 그러면서 불안한 인간들만 계속 없어지는 거지 뭐. 지구 자체 내에서도 불안한 인간을 없애려고 하고, 우주에서도 불안한 인간을 없애려고 그러나 봐.

무시공 - 하하. 어찌 그리 알고 있어?

까마귀 - 하하. 나도 몰라. 물어보니까 말이 나오네.

무시공 - 응. 그럼 올해부터 그런 징조 일어나고 있어? 지금도?

까마귀 - 올해부터가 아니고 계속 이어졌어. 나 태어날 때부터 계속 심해지고 있어.

무시공 - 다섯 살 때부터 그랬어?

까마귀 - 아니 태어날 때부터 계속 심해지고 있어.

무시공 - 언제부터 더 심해졌어?

까마귀 - 한 2년 전부터 더 심해지는 것 같아.

무시공 - 명년에는 올해보다 더 심해?

까마귀 - 응, 차츰 더 심해져요. 그러니까 인간이 너무 무뎌서 몰라서 편안한 사람도 있고, 뭔지 몰라서 불안에 떠는 사람도 있고, 알면서 불안한 사람이 있고, 당신들처럼 모든 걸 다 알면서 편안한 사람이 있고, 그래.

무시공 - 그럼 너는 어느 방면에 속해?

까마귀 - 나는 그냥 보는 관점이야.

무시공 - 응. 그럼 너는 어떤 걸 선택해? 같이 불안에 떠는 걸 선택해, 편안한 걸 선택해?

까마귀 - 편안한 걸 선택해. 여기 지리산에 가끔 와서 보면 사람들이 다 아는데도 편안하게 있잖아. 여기서 배워서 그 마음 그대로 느껴서 유지하려고 해. 그리고 그것을 다른 데 가서도 알려 주려고 해.

무시공 - 그럼 누구한테 알리나?

까마귀 - 내 친구들.

무시공 - 동네 친구들?

까마귀 - 까마귀나 새 친구들.

무시공 - 새들한테 알려 줬어?

까마귀 - 응, 그리고 식물들.

무시공 - 일체 식물하고 다 대화할 수 있나?

까마귀 - 응.

무시공 - 새들하고도 다 대화할 수 있고?

까마귀 - 응.

무시공 - 그럼 네가 자주 머무는 데는 어디야?

까마귀 - 지리산 주변.

무시공 - 지리산 주변에 살고 있나? 그럼 너희 까마귀들한테도 다 전달했겠네?

까마귀 - 응.

무시공 - 그럼 너 보기에, 우리가 있는 여기 지리산 성지 사람들하고 다른 데 사람들하고 안 같아?

까마귀 - 응. 안 같아.

무시공 - 무엇이 안 같아?

까마귀 - 불안해하지 않아.

무시공 - 주변의 식물들은 다른 데하고 같아, 안 같아?

까마귀 - 웅. 식물도 너무 평화로워. 다 밝게 웃고 있고.

무시공 - 식물들도?

까마귀 - 웅. 사람들도 식물들도 다 밝게 웃고 있고 편안하고… 모든 사람들이 다 그런 건 아니지만 대체적으로 그런 편. 식물들도 다 편안한 거 맞고. 밝고. 그래서 여기 와서 자꾸 내가 마음을 배워 간다니까. 느낌을 오래 간직하려고.

무시공 - 그래. 너도 뭘 배우고 있나?

까마귀 - 웅. 나도 모르게 와서 마음이 그냥 배워져.

무시공 - 웅. 거기 재미있는 거 같아?

까마귀 - 웅.

무시공 - 너는 제일 멀리 가면 어디까지 간 적 있어?

까마귀 - 어디까지라 그래야 되지?

무시공 - 한국 떠난 적 있어?

까마귀 - 아니 없어.

무시공 - 한국 안에 있었어?

까마귀 - 웅.

무시공 - 또 남쪽에는 부산까지. 제주도까지는 안 갔지?

까마귀 - 웅. 여기 육지 쪽에서만 많이 날아다녀 봤고, 아주 멀리 가 보지는 않았어.

무시공 - 그럼 너는 멀리 있는 새들하고도 대화할 수 있나?

까마귀 - 내가 얘기하면 멀리 가는 새들이 전해 줄 거야. 철새들.

무시공 - 철새들이 전해 줘? 그럼 지구 새들이 전부 다 한국으로 몰려들겠네?

까마귀 - 그럴 수도 있고.

무시공 - 그럼 한국이 뭐 새 세상이 되라고?

까마귀 - 그런 걱정 없어. 새들도 아는 애들만 알아. 알려 줘도 다 마찬가지야. 아는 애들만 오지.

무시공 - 야, 너 꾀가 많네. 그럼 너 까치하고 비교하면 누가 더 지혜로워?

까마귀 - 당연히 내가 더 지혜롭지!(웃음)

무시공 - 너 자랑하는 거 아닌가?

까마귀 - 아니야, 진짜 내가 더 지혜로워. 새들 중에 내가 제일 지혜롭다고 생각해.

무시공 - 그런데 너는 몸이 까매서 다 싫어하잖아. (테스트용 농담)

까마귀 - 까매서 싫어해?

무시공 - 응.

까마귀 - 나는 처음 알았는데?

무시공 - 처음 들었어?

까마귀 - 응.

무시공 - 하하하. 또 너 웃는 소리도 듣기 싫고. (테스트용 농담)

까마귀 - 멋있잖아!

무시공 - (웃음) 멋있기는 뭐가 멋있어. 까악, 까악, 까악. 이제 그 소리 바꿀 수 있어, 없어?

까마귀 - 나 같은 애가 있어야 꾀꼬리 같은 애도 있지. (웃음)

무시공 - 야, 너 참 재밌다. 너는 여자야, 남자야?

까마귀 - 나 남자야.

무시공 - 남잔데 엄청 부드럽게 말 잘하네. 딱 여자 같다. 여자 친구들도 많겠네?

까마귀 - 응.

무시공 - 다들 너 좋다고 그래?

까마귀 - 나보고 멋있대. (웃음)

무시공 - 애인은 얼마나 돼?

까마귀 - 가는 데마다 있어.

무시공 - 전부 다 까마귀 애인이야?

까마귀 - 웅. 까마귀 애인.

무시공 - 그럼 까치 애인은 없어?

까마귀 - 어? 웬 까치 애인? 까치 애인은 눈에 안 들어와.

무시공 - 마음에 안 들어?

까마귀 - 웅.

무시공 - 너보다 좀 예쁘지 않아?

까마귀 - 까치가?

무시공 - 웅.

까마귀 - 아니, 전혀 안 예뻐.

무시공 - 네가 제일 예쁘다 생각해?

까마귀 - 웅. (웃음)

무시공 - 그럼 한국 땅에서 제일 예쁜 새 못 봤어? 네 생각에 제일 예쁜 새, 무슨 새야?

까마귀 - 아이….

무시공 - 너만 제일 예쁘다 생각해? (웃음) 야, 너 너무 교만한 거 아니야?

까마귀 - 아니야, 사실 나는 그래.

무시공 - 동물원에 가면 그 뭐 공작새, 앵무새, 다 예쁘잖아. 그거 질투 안 해?

까마귀 - 자세히 봐봐. 내가 제일 멋있어.

무시공 - 웅? (웃음)

까마귀 - 자세히 봐 봐. 실제로 이 모습을 하고 온 이유는 뭐겠어. 그만큼 용기 있으니까 이런 모습을 하고 여기에 나왔지.

무시공 - 그래. 원래 너는 뭐 했던 건데? 원래 뭐였는데 이 모습으로 왔어?

까마귀 - 아, 나는 원래 새야. 그리고 이런 거 전파를 잘해. 내가.

무시공 - 그럼 너희 종족이 다 그래, 딱 너만 그래?

까마귀 - 종족이 좀 그런 편인데 그중에서 좀 특출한 애들이 있지.

무시공 - 그럼 너는 특출한 중 하나야?

까마귀 - 웅.

무시공 - 그럼 만일 미국이든가, 유럽이든가 그 쪽의 새하고도 대화할 수 있나?

까마귀 - 응. 해 보라면 해 볼 수 있을 거 같아.

무시공 - 나이도 작은 게 엄청 당당하네. 너보다 나이 많은 거도 있어? 제일 나이 많은 거는 얼마야?

까마귀 - 일곱 살까지 본 것도 같은데.

무시공 - 더 많은 거는 못 봤어?

까마귀 - 응. 아직.

무시공 - 우리 좋아, 나빠?

까마귀 - 마음에 들어.

무시공 - 그럼 우리 곁에 오라 하면 감히 올 수 있어, 없어? 우리가 너 해코지할 거 같아, 안 같아?

까마귀 - 안 같아.

무시공 - 그럼 올 수 있어?

까마귀 - 응.

무시공 - 우리 모레 지리산 가면 만날래? 오라 하면 우리 곁에 올래?

까마귀 - 응.

무시공 - 그래. 약속 지킬 수 있어?

까마귀 - 응.

무시공 - 그러면 우리 너를 잡아먹으면 어쩔래? (웃음) 안 무서워?

까마귀 - 응. 내가 사는 데서 사람이 나 먹으려는 거 못 봤어. (웃음) 까마귀 먹는 사람 못 봤어.

무시공 - 사람이 까마귀는 안 먹더라. 왜 안 잡아먹어? 생각해 봤나?

까마귀 - 맛이 없게 생겼나 봐. (웃음)

무시공 - 너희, 일부러 잡아먹을까 봐, 일부러 맛이 없게 만들었어?

까마귀 - 그런가 봐. 그럴 수도 있구나. 나도 이제 알았어.

무시공 - 우리 식물하고도 대화해 봤다.

까마귀 - 응.

무시공 - 원래 화성에서 장미꽃 같은 것 지구에 선물 줬어. 그런데 그중에 까만색 꽃도 있었대. 너도 알지? 장미꽃.

까마귀 - 응.

무시공 - 그때 인간이 까만 거 안 좋아해서 저절로 사라져버렸대. 멸종해 버렸지. 우리 식물하고 대화해서 그걸 알았다.

까마귀 - 응.

무시공 - 너는 식물하고 대화할 줄 안다며 그런 대화는 안 했나?

까마귀 - 그런데 꽃은, 꽃은 화려해야지. (웃음)

무시공 - 꽃은 화려해야 되고, 새는 너처럼 꺼뭇꺼뭇해야 좋아? 까마귀가 깜찍하구나. 말하는 거 깜찍하다.

까마귀 - 그렇지? 우리 원래 그래.

무시공 - 응, 그래. 지구에서 어느 나라 사람이 너희 종족을 알아줘? 똑똑하다고 알아줘?

까마귀 - 한국 사람도 알고.

무시공 - 한국 사람은 까치를 좋아하는 거 아닌가?

까마귀 - 아는 사람은 알아. 까마귀가 좋다는 거 아는 사람은 알고, 일본 사람도 알기는 아는데 그렇게 잘 알아주는 편은 아니야.

무시공 - 한국 사람은 그래도 까마귀를 좀 알아주나?

까마귀 - 아는 사람은 아주 깊이 알고, 모르는 사람은 모르고.

무시공 - 뭐 어떻게 깊이 알아? 인간한테 무슨 도움 줬어? 말해 봐.

까마귀 - 나도 인간이 하는 얘기 들었는데 까마귀가 영적인 새로 알고 있는 사람들도 있어.

무시공 - 응. 그러면 너희 인간한테 무슨 도움을 줬기에 영적으로 좋다고 여겨? 인간한테 무엇을 암시해 줬어? 만일 지진 오기 전에 미리 인간한테 지진 온다고 알려 줘?

까마귀 - 아, 인간은 바보라서 못 알아듣는다니까. 아무리 말해도 몰라. 동물들이 다 말해 주는데도 모르잖아.

무시공 - 그럼 너희는 그런 예지력 있나?

까마귀 - 응.

무시공 - 그럼 물어보자. 새 중에 네가 제일 지혜롭다며?

까마귀 - 네.

무시공 - 한국에는 지진, 일어나, 안 일어나?

까마귀 - 한국이 지진이 쪼끔씩 있었지. 아주 자잘한 것들.

무시공 - 그래 옛날에 있었는데 지금 또 있을 거 같아, 없을 거 같아?

까마귀 - 여기서는 좀 멀어, 지진에 대한 감이.

무시공 - 왜! 왜 멀어?

까마귀 - 음, 멀기서는 날 거 같아요. 여기서는 안 날 거 같고.

무시공 - 응. 왜, 뭐 때문에? 얼마나 똑똑한가 오늘 한번 확인해 보자. 시험 쳐 보자.

까마귀 - 그렇게 말하면 좀 부담되고. (웃음)

무시공 - 지진 멀리 갔어? 그런데 올해인지 작년인지 경주랑 포항 지진 일으 켰잖아.

까마귀 - 그거는 다른 데 비하면 아주 작은 거야.

무시공 - 그래도 지금 너는 지진이 한국에서 멀리 가버렸다고 했잖아. 왜 멀 리 갔어?

까마귀 - 나도 그때 느꼈던 지진에 대한 감각이 있잖아. 그 지진에 대한 감 각이 아주 먼 쪽에 있다고. 여기서 안 느껴지고.

무시공 - 그건 왜 쫓겨나갔어?

까마귀 - 그런 거네. 지금 당신이 말한 거, 쫓겨나간 거네.

무시공 - 그러면 태풍은?

까마귀 - 태풍은 여기 안 온 지가 꽤 됐다고.

무시공 - 그거는 뭐 때문에?

까마귀 - 당신이 태풍 오지 말라고 했다며.

무시공 - 내가 언제 그랬어?

까마귀 - 나, 그 얘기 들었어.

무시공 - 누구한테 들었어?

까마귀 - 여기서 들었는데. (웃음)

무시공 - 너 귀가 엄청 기네.

까마귀 - 응. 길어.

무시공 - 너는 지진하고도 대화할 수 있어?

까마귀 - 아니, 그거는 안 돼.

무시공 - 그거는 안 돼? 태풍하고는 대화할 수 있나?

까마귀 - 그것도 안 돼.

무시공 - 그저 예측만 할 수 있다?

까마귀 - 응.

무시공 - 그러면 한번 예측해 봐. 백두산 화산 폭발할 거 같아, 안 같아?

까마귀 - 걔는 끓고 있는 지가 도대체 얼마나 됐는데….

무시공 - 그런데?

까마귀 - 언제 나올지는 모르겠어.

무시공 - 그럼 지금 한번 예측해 봐라. 그런 예감 있잖아.

까마귀 - 걔 항상 준비 중이더라고.

무시공 - 그런데?

까마귀 - 준비하고 있는데 언제 나와라 하면 나올 거 같아. 나오지 말라면 안 나오고. 항상 준비하고 있어.

무시공 - 항상 준비돼 있나?

까마귀 - 응.

무시공 - 그래. 우리 대화하니까 재밌어?

까마귀 - 응. 재밌었어.

무시공 - 대화하니까 네 몸에도 밝아진 느낌 없나? 한번 몸 살펴봐. 몸은 까 맣지만 빛은 생긴 거 같아, 안 같아?

까마귀 - 내가 그 말 할라고 그랬어. 몸은 까맣지만 빛은 밝아진 거 같아.

무시공 - 진짜야?

까마귀 - 응.

무시공 - 마음도 더 편안해지고.

까마귀 - 응.

무시공 - 너도 이제 우리 곁에 있고 싶은 마음이 우러나지?

까마귀 - 응.

무시공 - 그럼 나중에 우리 뭐 좀 도와달라면 해 줄 수 있나?

까마귀 - 할 수 있는 거는 하지 뭐.

무시공 - 우리가 뭐, 너 못 하는 거 억지로 시킬까 봐? 너보고 큰 바위 하나 들라면 되겠나? 알았어?

까마귀 - 응.

무시공 - 그래. 오늘 대화 이만.

까마귀 - 응, 반가웠어.

까마귀를 통해서
지구를 관찰하는 외계인

그날은

지리산 성지에 비가 내리고 있었다.

정오쯤, 옅은 비가 내리는 가운데

갑자기 구름이 엄청나게 빠른 속도로 순식간에 나타나

집 주변을 둘러싸고 있는 가운데

까마귀 두 마리가 날아와 한 마리는 전봇대에 앉아 있고

또 한 마리는 집 주변을 맴돌면서

'까악, 까악' 하고 짖어대는데

마치 우리와 대화를 시도하는 것처럼

우리를 쳐다보면서

무언가 말을 전하는 모습을 보였다.

무시공 - 여기 왔던 까마귀 무슨 뜻인가 대화해 보자. 어제 온 까마귀 나타나.

까마귀 - 왔어요.

무시공 - 네 이름이 뭐야? 둘이 왔던 거야?(한 마리는 날아다니고 한 마리는 앉아 있고)

까마귀 - 이름이 마크.

무시공 - 너는 어제 뭐 하러 여기 와서 그렇게 '까악, 까악' 하고 짖었어? 내가 보기에는 무슨 뜻이 있는 것같이 보였어!

마크 - 여자애가 둘이 있는데 굉장히 귀엽더라고….

무시공 - 여자애들이 귀여웠어?

마크 - 네. 여자애들이 귀여워서 내가 좀 알은척을 했어. 그랬더니 바로 반응이 오데. 하하하

무시공 - 뭐라고 반응이 왔어?

마크 - 내가 뭐라고 부르니까 반가워했어.

[까마귀를 눈으로 활용하는 화이트 별의 크리안]

무시공 - 너는 까마귀냐, 뭐냐?

○○○ - 얘는 까마귀인데요. 얘를 이용하기 위해서 보낸 사람이 있어요.

무시공 - 누군데?

○○○ - 까마귀는 모르고.

무시공 - 그럼 누군가가 까마귀를 보내서 우리를 만나게 했어?

○○○ - 음… 까마귀는 그냥 눈이었어요. 눈…. 까마귀는 까마귀를 보낸 사람들의 눈이었고, 그 사람들은 까마귀 눈을 통해서 우리를 봤어요.

무시공 - 그럼 까마귀를 눈으로 활용하는 존재 누구야? 나타나.

□□□ - 네, 나왔어요.

무시공 - 이름이 뭐야?

□□□ - 크리안이라고 합니다.

무시공 - 어느 별에서 왔어? 지구하고 거리 다 말해 봐.

크리안 - 별 이름은 화이트. 지구하고 거리는 100광년. 우리 별을 우주라고 말하고 싶은데 별이라고 그럴게요.

무시공 - 100광년이 무슨 우주야! 큰소리치고 있어.

크리안 - 하하, 알겠습니다.

무시공 - 지리산에는 뭣 하러 왔어?

크리안 - 여기에 온 지는 한 달 됐고, 계속 지켜보고 있었고, 좀 특수한 사람들이 왔다 갔다 하고, 그전에 무시공생명이라는 공부하는 거 알고 있어요. 많은 사람들이 보고 있어서 특별히 사람과 친숙한 새를 보냈어요. 우리가 직접 보고 있으면 모르니까 새를 보내서 우리를 알렸고요. 그 새

는 아마 우리가 보냈다는 것을 모를 수도 있어요.

무시공 - 시켜도 모른다고 하잖아. 누가 시켰는지….

크리안 - 네, 그리고 그 새를 통해서 우리를 전했어요.

[온갖 수단을 동원하여 자신의 존재를 알리고 있다]

무시공 - 아까 까마귀가 귀엽다고 한 여자 두 사람이 누군 줄 알아?

크리안 - 네. 알아요. 당신이 그 일원심, 무시공생명으로 많이 키워 주고, 많이 발전하고 있는 사람들 중에 두 사람이라고 보였어요. 바뀌는 모습도 지금 많이 보고 있고요.

무시공 - 그럼 너 어제 까마귀가 오기 전에 구름이 순식간에 몰려오고 순식간에 사라지게 한 것은 너희가 그랬어?

크리안 - 네.

무시공 - 그게 뭐야? 구름이었어?

크리안 - 네. 구름을 조금 더 활용해서 거기까지 함께 있다는 느낌을 줬죠! 또 많이 세밀한 사람들이니까 우리 뜻을 알 거라고 생각했어요. 그리고 직접 그 안에서 그렇게 말을 했고요. '우주선 같다. 우주선 안에 들어와 있는 거 같다.'라고 말을 해서 이 사람들도 느끼고 있구나, 생각했어요.

무시공 - 음… 그래? 알았다.

크리안 - 네.

무시공 - 알았다. 너희도 마찬가지로, 훈련센터의 회원들 통해서 주위의 많은 사람들에게 승용선 타는 훈련을 시키고 있는데 너도 적극적으로 참여할 수 있지?

크리안 - 네, 그럼요.

무시공 - 언제 훈련할 때 찾을게. 고맙다.

크리안 - 네에.

지리산 까마귀(나라),
봉황(나라)

[지리산 까마귀 '나라'를 소개합니다]

무시공 - 어제 대화했던 까마귀 나타나.

까마귀 - 네.

무시공 - 이름이 뭐야?

까마귀 - 나라.

무시공 - 응. 너 세 살이라 그랬지?

나라 - 네.

무시공 - 요새 왜 이 근방에 없어? 무서워서?

나라 - 거기가 우리 오는 걸 싫어해서요. 저쪽에서도 싫어하고.

무시공 - 그 감나무밭 말이지?

나라 - 네.

무시공 - 거기서 새들 쫓느라고 녹음기 틀어 놓고 계속 소리 내고 그러잖아.

나라 - 네. 우리가 자주 가는 곳인데.

무시공 - 그게 너희하고 무슨 상관이게. 그건 일부러 소리 내며 놀라게 하는 거다. 자기들 감나무에 감 쪼아댈까 봐. 너희도 원래 그 감 쪼아서 먹었던 거야?

나라 - 네.

무시공 - 그쪽이 아니래도 이쪽에 먹을 거 많잖아.

나라 - 우리는 그것(감)보다는 벌레 같은 것을 먹는데 꼭 우리 때문이 아니라 다른 것들 때문에 그런 걸 거예요.

무시공 - 그런데 너희들은 무서워하잖아. 그 소리 내는 거도 가짠데 바보같이 진짜 줄 아나? 그런 지혜도 없어? 너희들이 엄청 지혜롭다고 하면서 그것도 하나 파악 못 해?

나라 - 너무 시끄럽기도 하고 내가 싫다는데 뭐….

무시공 - 네가 뭐 싫다 그래. 그런 담력 가지고 뭐 하러 살아?

나라 - 싫다는데 안 가면 되죠, 뭐.

무시공 - 첫날에는 엄청 긍정마음으로 말하더니 그 당시에 싫다느니 뭐 핑계도 많다. 그럼 우리는 왜 찾아? 너 우리 주변에 있으라고 그랬잖아.

나라 - ……… 네.

무시공 - 언제 올래? 간이 작아서 그중에도 도망간 것도 있잖아.

나라 - 그랬어요? 내일 한번 놀러 가 보죠, 뭐.

무시공 - 놀러 가기는…. 너 원래 이 근방에 살았다며.

나라 - 네. 여기저기 놀러 다녀요.

무시공 - 너 그러면 집도 없나?

나라 - 집 있어요.

무시공 - 집은 어디에 있어?

나라 - 산속에 지어 놨어요.

무시공 - 산속에 지어 놨어?

나라 - 네.

무시공 - 그 집 누가 도둑질하는 거 없나? 너 잡아먹으려고 덤비는 거 없어?

나라 - 없어요. 알은 먹으려는지 몰라도.

무시공 - 알은 누가 먹으려고 그래?

나라 - 뭐 뱀이나….

무시공 - 뱀은 너희 잡아먹으려고 안 설쳐?

나라 - 알이나 새끼는 좀 그럴 수 있는데요….

무시공 - 너희들은?

나라 - 우리는 못 먹죠.

무시공 - 뭣 때문에?

나라 - 우리는 걔가 오면 날아서 도망갈 수 있으니까.

무시공 - 오는 줄 아나? 몰래 들어오잖아.

나라 - 네, 알아요. 몰래 들어와도 도망갈 수 있어요.

무시공 - 그것들이 너를 잡아먹으려고 쥐도 새도 모르게 올라가잖아.

나라 - 음, 그렇긴 해요. 그런데 다른 것을 먹지 꼭 새는 별로 안 먹는 거 같던데요?

무시공 - 너는 그 부리로 못 쪼아? 올라오면 대가리를 쪼면 되잖아.

나라 - 도망가는 게 나아요.

무시공 - 잡힐까 봐?

나라 - 네.

무시공 - 정말 바보야. 너는 그저 도망가는 재주만 있네. 너 성지 좋다고 얼마큼 선전했어?

나라 - 선전 많이 해요.

무시공 - 어떤 새들한테 선전해?

나라 - 내가 말을 안 해도 새들은 좀 아는 거 같아요. 아주 멀리서 오는 새들이라든가 지나가는 새들은 알려 주지만, 이 근처에 사는 애들은 다 아는 거 같아요.

무시공 - 알아?

나라 - 네.

무시공 - 우리가 말하는 공원에 없는 야생 새 예쁜 거, 예를 들어서 앵무새든가 공작새든가, 봉황새 본 적 있어? 인간의 신화 얘기로 봉황이라고 하는 새.

나라 - 그렇게 예쁜 새는 여기서는 못 본 것 같아요.

무시공 - 그럼 어디서 본 적 있어? 예쁜 새.

나라 - 그냥 들었던 것 같아요.

무시공 - 무슨 새? 예쁘다고 들었던 새는 무슨 새야? 그 이름 알아?

나라 - 걔 이름은 '나리'라고 들었어요.

무시공 - 나리? 생김새가 어떻게 생겼어? 그저 듣기만 하고 보지는 못했어?

나라 - 네.

무시공 - 아름답대?

나라 - 네.

무시공 - 어디 산대?

나라 - 먼 나라에 산다고 들었는데…. 근데 어쩌면 아주아주 오래전에 있던 새인데 그게 지구에서는 없어졌나 봐요. 그 새는 사람들의 입에서 입으로 우리들에게도 말로 전해져 내려오는 거 같아요.

[봉황, 무시공의 '나리']

무시공 - 그래, 우리가 찾아볼게. 우리가 찾으면 찾는다. 오래전부터 내려오는 소문에 아름다운 '나리'라는 새 나타나.

나라 - 네. 나왔어요.

무시공 - 너는 인간이 부르는 이름으로 무슨 새인데?

나라 - 한국에서 부르는 이름은 봉황이라고 알고 있어요.

○○○ - 생긴 모습은 머리는 닭, 병아리처럼 예쁘게 생겼어요. 전체적으로 보면 흰색인데 투명할 정도의 흰색이에요. 그리고 벼슬인지 왕관인지 뭐가 있는데 너무너무 아름다워요. 병아리라고 말했지만 너무 달라요.

무시공 - 네가 인간이 말하는 봉황새야?

나라 - 네, 그렇게 알고 있어요.

무시공 - 지금은 어디 있어?

나라 - 지금은 영으로만 있어요.

무시공 - 실체는 왜 없어졌어?

나라 - 인간들이 우리를 너무 못살게 해서 이번에는 없어지기로 했어요.

무시공 - 어떻게 못살게 했어?

나라 - 가둬 놓고, 잡아먹고….

무시공 - 왜 잡아먹어?

나라 - 몸에 좋다고.

무시공 - 그럼 너 새로 살아날 수 있나?

나라 - 살아날 때가 되면 살아날 수 있겠죠! 인간들이 나를 해치지 않거나 그럴 때. 우리는 인간들의 희생양이 될 건 아니거든요.

무시공 - 지금 우리가 너 찾아서 새로 원래 모습 나타나게 하면, 할 수 있어, 없어?

나리 - 우리가 나올 때가 됐나요?

무시공 - 그럼 누가 너를 찾았던 거야? 이제까지.

나리 - 그런데 인간들이 우리를 보면 괜찮나요?

무시공 - 우리가 보호하면 되지.

나리 - 어떻게요?

무시공 - 그럼 새로 부활할 수 있어? 무슨 방법으로 원래 모습으로 나타날 수 있어?

나리 - ·················.

무시공 - 여기서 새의 대표로?

나리 - 내가 새의 대표일 수 있어요.

무시공 - 네가 새의 대표야? 너 원래 어디 있었던 거야?

나리 - 무시공에 있었어요.

무시공 - 응, 그럼 그때 시공 우주에 뭐 하러 왔어? 무시공에 가만히 있지, 왜 시공 우주에 와서 잡아먹히고 갇히고 그랬어?

나리 - 그래도 한번 보여 주고 역사에 남으려고 사람들의 입에 오르내리게 하려고. '이런 게 있구나!' 하고 보여 주려고 왔어요.

무시공 - 주로 어디서 보여 줬어?

나리 - 동양에서요.

무시공 - 직접 지구에 와서 보여 줬어? 다른 별에도 있었던 거야?

나리 - 다른 별에도 있었어요.

무시공 - 다른 별에서는 해코지 안 해?

나리 - 해코지 안 하는 별에 있었어요.

무시공 - 딱 지구 사람만 해코지했구나?

나리 - 가끔 몇 개 행성에서는 해코지할 수도 있는데 나는 그런 데는 아예 안 갔고요.

무시공 - 그럼 지구에는 뭐 하러 왔어?

나리 - 지구에서는 그래도 해코지 안 하는 장소, 그런 장소에서 잠시잠시 보여 줬었죠. 우리는 스스로 우리를 보호할 수 있으니까요.

무시공 - 제일 낙후한 지구에는 뭐 하러 왔어?

나리 - 인간들에게 희망을 줄 수 있고… 그리고 나를 알아보고 기억하는 존재들은 특색 있는 존재, 좀 남다른 존재라고 보면 될 거예요. 나를 위하고 나를 제대로 알아봐 주는 존재들.

무시공 - 그럼 물어보자. 너 무시공에 있을 때 누가 알아? 무시공에서 봉황이라고 불렀어?

나리 - 나리라고 불렀어요.

무시공 - 무시공에서 나리라고 불렀어?

나리 - 네, 지구에서 봉황이라고 불렀고요. 한국에서 봉황이라고 불렀죠. 동양에서 그렇게 불렀어요.

무시공 - 중국에서도 그렇게 불렀던 거지?

나리 - 네.

무시공 - 우리가 너를 찾을 줄 알았어, 몰랐어?

나리 - 알았어요.

무시공 - 누가 부른 거 같아?

나리 - 나를 알아보는 존재. 그리고 나와 함께했던 존재. 그리고 우주의 끝에 약속한 시간에 나를 부르는 존재.

무시공 - 그럼 너 원래 무시공에서 누구누구 알아? 아는 사람 말해 봐.

나리 - 그 존재들이…. 여자들은 많이 알아요. 여자들하고 많이 친했어요.

무시공 - 대충 여자 아는 사람

나리 - 향, 화, 그리고 여기 있는 존재들도 본 것 같아요.

무시공 - 누구야?

나리 - 이름들은 잘 모르겠어요. 본 것 같아요.

무시공 - 지금 나하고 여기 있는 사람들?

나리 - 네, 그리고 그냥 마리라는 이름이 기억나고 남자들도 많이 알지만 이름은 딱히 기억 안 나요.

무시공 - 그럼 됐다. 지구, 지금 여기 성지에 와 있는 동물 창조주 '옥리코' 알아?

나리 - 네에, 알아요.

무시공 - 너는 실체가 여기서 나타날 수 있나? 여기가 무시공생명 식물, 동물 성지다. 여기서 무시공 동물, 식물 새로 시작해.

나리 - 여기 주변에서 한동안 놀다가 나타나고 싶을 때 나타날 거예요.

무시공 - 그럼 언제 나타나? 천년만년 후에? 대충 말해 봐.

나리 - 놀아 보고요.

무시공 - 놀아 보고? 놀아 보고가 뭐야. 맘에 안 들면 안 나타나고?

나리 - 네.

무시공 - 안 나타나려면 오지도 마라.

나리 - (웃음)

무시공 - 너 나타날 자신이 없어서 그래? 또 누가 너를 잡아먹을까 봐? 너를 가두어 놓을까 봐 그래?

나리 - 워낙 거친 세상이다 보니까.

무시공 - 거친 세상이라… 지금 우리가 뭐 하고 있는가, 보여?

나리 - 예, 알고 있어요.

무시공 - 거친 세상 우리가 바꾸러 왔지, 뭐 적응하려고 왔나? 너도 그런 역할을 하면 되잖아.

나리 - 예, 노력할게요.

무시공 - 응? 그런 용기도 없으면 뭐 하러 여기 구경하러 와? 원래 있던 데 있지. 대전이랑 훈련센터랑 봐 봐. 너 아는 친구 보여, 안 보여?

나리 - 보여요.

무시공 - 그런데 뭐, 그 사람들은 구경하고 너처럼 맘에 들면 온다고 그랬어? 아니잖아. 무조건 다 왔잖아.

나리 - 예, 저도 갈 수는 있는데요, 몸이 나타나라 그래서….

무시공 - 그 사람들 다 몸으로 나타나고 있잖아.

나리 - 나를 너무 일찍 부른 거 아녜요?

무시공 - 너 일찍 보고 싶어 부르는데 안 돼? 너 잘났다고 샐쭉(교만)해서 그래?

나리 - 네, 나 좀 샐쭉해요.

무시공 - 너 사람으로도 나타난 적 있나? 무시공에서.

나리 - 네.

무시공 - 마찬가지로 나타나잖아. 사람으로 나타나면 너 무시공에서 제일 미녀야.

나리 - 네.

무시공 - 무시공에서 너보다 더 미녀 없나? 너보다 더 미녀 누구야?

나리 - 그것은 다 취향대로 다르지 않을까요? 누가 미녀고 그러기보다는.

무시공 - 다 미녀인데 미녀 중에 또 미녀 있잖아. 너는 뭣 때문에 네가 제일 최고라고 생각해?

나리 - 그건 내 생각이에요.

무시공 - 네 생각에 너보다 더 미녀 보여, 안 보여?

나리 - 다 다른 거 같아요. 내가 보는 미의 기준하고, 또 다른 존재가 보는 미의 기준하고 다 다른 거 같아요.

무시공 - 다 달라?

나리 - 네.

무시공 - 그럼 네 눈에는 미녀 중에 누가 제일 미녀 같아? 인상이 깊은 거.

나리 - 나는 화란이라는 존재가 기억이 나요.

무시공 - 화란?

나리 - 네. 나는 흰색 위주인데 그 친구는 색감이 다채로워요. 여러 가지 색이 나와요.

무시공 - 마찬가지로 새야?

나리 - 아뇨. 사람인데 여러 가지 색을 가지고 있어요. 인간으로 치면 여러 가지 개성이라고 할까? 매력이라고 할까? 그걸 뿜어내고 있어요. 나는 순백 한 가지라고 표현할 수 있고.

무시공 - 화란이란 존재는 이름이 딱 그거 하나야? 사람이고?

나리 - 네.

무시공 - 네 말로는 색깔을 말하는 거야, 특징을 말하는 거야?

나리 - 그 사람의 특징을 말하는 거예요.

무시공 - 색이 아니고 여러 가지 특징을 가지고 있다?

나리 - 네. 지구인으로 말하면 매력, 개성, 그런 것들이죠. 많은 매력을 가지고 있어요.

무시공 - 네가 가지고 있는 흰색은 어떤 매력이야?

나리 - 그것도 나만의 매력이죠.

무시공 - 너 혼자 아주 깨끗하다.

나리 - 네. 깨끗하고, 맑고, 투명하고, 순수하고….

무시공 - 그런 매력….

나리 - 네.

무시공 - 너 지구인한테 말할 때는?

나리 - 우아하고 단아하고 아름답고….

무시공 - 너 그때 이 모습으로 나타났나? 흰색으로?

나리 - 아뇨. 색을 좀 입히고 나타났어요. 여기 오니까 흰색만 되진 않더라고요. 그리고 너무 희면, 여긴 금방 더럽혀지고….

무시공 - 그래서 할 수 없이 색깔로 덮어 씌워 왔어?

나리 - 네.

무시공 - 대충 네 생각에는 언제 나타날 거 같아? 한번 기대해 보자. 우리도 궁금해. 네가 얼마나 아름다운가 구경해 보자.

나리 - 일단 다시 대화해요. 여기서 한번 놀아 보고요.

무시공 - 네가 여기 와 있잖아.

나리 - 여기는 뭐, 마음이 와 있으니까요.

무시공 - 더 대화해 보고?

나리 - 그러면 어디서 놀라는 거예요? 여기서만 놀라는 거예요? 지리산?

무시공 - 딱 여기서만 놀아야지. 다른 데는 위험하다고 했잖아.

나리 - 네.

무시공 - 여기서 너 스스로 나타나든가, 기다리든가! 지리산 안에서도 인간이나 동물에게 안 보이게 할 수도 있잖아, 너는! 너 알아서 네 맘대로 나타났다가. 알았지?

나리 - 네. 해 볼게요.

....

무시공 - 자, 까마귀, 나라야!

나라 - 예.

무시공 - 네가 말하는 그 나리, 옛날 얘기하는 거 들었나? 그게 원래 지구에서 동방에서 봉황이라고, 네가 소문으로 들었던 나리다. 확실히 너보다 잘났지?

나라 - 잘났네요. 나는 새까만데 걔는 완전 새하얗네요.

무시공 - 너도 봤어?

나라 - 느꼈어요.

무시공 - 느꼈나? 네가 느낀 것만 해도 대단하네.

나라 - 그리고 말하니까 또 느꼈어요. 희다고 말하니까.

무시공 - 우리 대화하는 거 다 들었나?

나라 - 네.

무시공 - 꾀가 많네! 지구에 와서 색깔을 덮었다고 하잖아.

나라 - 네.

무시공 - 너무 흰색이면, 너무 추잡한 세상이라서 금방 오염된다고.

나라 - 네.

무시공 - 너는 추잡할까 봐 미리 검은색으로 덮어씌웠나? 네가 정말 꾀가 많네!

나라 - (웃음) 그런 것도 있나 봐요.

무시공 - 어차피 너무 희면 오염당할까 봐⋯. 아예 네 까만색은 오염당한 표도 안 나고, 네가 자유롭게 '까악깍' 하고 고함지르면서 자유로이 다녀도 되고.

나라 - 네.

절망, 고통, 뱀, 파충류, 공산주의
단어와 대화

[홀로그램 조정자 지온의 관점 회복]

무시공 - 지온 나와. □□□ 조절하려고 한 존재.

지온 - … 네, 나왔어요.

무시공 - 우리가 너 위에 너를 창조한 존재하고 대화한 것 들었어, 못 들었어?

지온 - 들었어.

무시공 - 들렸어?

지온 - 네.

무시공 - 그럼 너 어떻게 할 거야?

지온 - 바뀌어야지.

무시공 - 그래, 그러면 너 용서한다. 너희 별까지도 놔줘. 안 그러면 너 반드시 다 처리할 거다. 알았지?

지온 - 네.

무시공 - 그 말 무슨 뜻인지 알아들었나?

지온 - 대부분은 알아들었어.

무시공 - 이제 빨리 손을 떼고 그런 장난 치지 마.

지온 - 네.

무시공 - 또 네 주변에서 똑같은 마음 먹고 장난치는 존재들 다 네가 나서서 이제는 그런 짓 하지 말라고 말해 줘.

지온 - 네.

무시공 - 빨리 손 떼고 우리 뜻을 따르라고.

지온 - 알겠어요.

무시공 - 그래, 어쨌든 간에 네가 마음 바꾸니까 고맙다. 이제 누구라도 그 □□□의 □□□ 그것들하고 □□의 □□□, □□□ 패거리하고 전부 다 손 떼라고 빨리 알려 줘. 안 그러면 다 멸망의 길로 들어간다고. 그렇게 할 수 있지?

지온 - 네.

무시공 - 이 우주에서 '본' 별 이하에 온 우주에 깔린 절망이라는 생각(관점)을 가지고 있는 것은 다 나와. 나오면 다 삭제. 절망이라는 단어를 가지고 있는 마음. 다 삭제.

(············ 거대한 에너지 자체는 삭제가 됐어요.)

[절망이라는 마음을 창조자 '밍' 삭제]

무시공 - 절망이라는 단어를 창조한 존재 나와. 그 네 가지 마음 있잖아.

(············ 뿌리는 시공 바깥에 있고, 시공 안에서 뿌리가 되는 존재가 있어요.)

무시공 - 그래. 시공 안에 뿌리 존재 나와.

(········ 나왔어.)

무시공 - 이름 뭐야?

밍 - 밍.

무시공 - 이 우주에서 온갖 절망은 다 네가 창조했나?

밍 - 응.

무시공 - 다 거둬. 거둘 수 있어, 없어? 말해.

밍 - 할 수 없어.

무시공 - 할 수 없으면 너 삭제.

(·········· 삭제는 했어요. 시공 바깥에도 계속 연결이 있어요.)

무시공 - 삭제.

(………… 삭제했어요.)

[고통의 마음을 삭제]

무시공 - 그다음에 고통. 고통 관점으로 이어진 생명을 다 끄집어내서 다 삭제.

(…………… 삭제했어요.)

무시공 - 고통을 창조한 존재 나와.

(시공 안에서요?)

무시공 - 응. 시공에서.

타노 - 응. 나왔어요.

무시공 - 이름 뭐야?

타노 - 타노.

무시공 - 삭제. 네가 창조한 고통 다 거둘 수 있어, 없어?

타노 - 안 거둬.

무시공 - 안 거두면 삭제.

(…………… 삭제했어요.)

무시공 - 그다음에 중재는 뭐야? 평화, 중재. 중재는 무슨 뜻이야?

(싸움 중간에서 이렇게 화해시키는 역할을 하는 것. 중간에서 이렇게 화합해 주는 것.)

무시공 - 나쁜 뜻은 아니네?

(네.)

[절망이라는 단어 폭발]

무시공 - 그럼 됐어. 그럼 이제 절망. 절망 자체 단어 나와.

절망 - 네. 나왔어요.

무시공 - 너도 네 역할 끝났기 때문에 너를 폭발시켜. 폭발해서 이 우주에서 영원히 이 단어 쓸 줄도 모르고 그런 존재도 없다고 생각해. 그리고 네 안에는 무시공생명이 있어. 네 역할 끝났어. 그래서 너를 폭발해.

절망 - 응.

무시공 - 그동안 절망이라는 윤곽에 갇혀 있었어. 폭발하면 네가 완전한 무시공생명이 해방돼서 절대무시공 우주의 절대생명 자리를 찾을 수 있어. 그리고 거기서 하나로 돼. 이것도 너 예측하지? 그래서 네 역할 끝났어. 내가 그랬잖아. 일체 안에 내가 있다. 일체 안에 우리 무시공생명이 있어. 그래 너 이제 깨어날 때 됐어. 네 역할 끝났어. 알았지?

절망 - 응.

무시공 - 그래서 빨리 그 절망 단어 속에서 그것을 폭발시키고 나와. 시간이 얼마나 걸려? 폭발하면 온 우주에서 너한테 영향받고 갇혀 있는 것을 다 해방시켜. 네가 해방하는 순간에 네 절망 에너지 전달된 어느 곳이라도 다 해방된다. 영원히 없어진다. 알았지?

절망 - 응.

무시공 - 그럼 너 혼자 폭발하면 시간 얼마나 걸려?

절망 - 2분.

무시공 - 그래. 그렇게 해. 같이 하자.

절망 - 응.

무시공 - 다 됐으면 말해.

절망 - ………… 다 됐어요.

[고통 단어 폭발 해체]

무시공 - 됐다. 그다음에 고통 단어 자체 나와.

고통 - 응. 나왔어요.

무시공 - 방금 내가 절망하고 대화하는 것 들었어, 못 들었어?

고통 - 못 들었어요.

무시공 - 못 들었어? 이제 역사상에 고통이라는 역할을 다했어. 알았지? 역할 다했다. 새로운 세상, 새로운 우주가 탄생하니까 너는 너를 폭발해서 없애 버려. 네 고통이라는 에너지가 어디까지 영향 줬으면 폭발해서 다 없애 버려. 네가 폭발하면 네가 죽는 게 아니고 네 안에 갇혀 있던 무시공생명 절대긍정 일원심으로 되어 있는 생명이 살아나. 오랫동안 쌓여 있는 그 윤곽 안에서 고통 속에서 벗어나라고. 알았지?

고통 - 응.

무시공 - 그래서 반드시 그 윤곽을 폭발시켜야 네가 벗어나. 그래서 새로운 우주 절대무시공 우주에서 영원한 생명으로 하나로 뭉쳐. 이 뜻을 알았지? 오래오래 시간 공간 안에서 너를 가둬 놓고 네 역할은 충분히 잘했어. 뜻 알아들었지?

고통 - 응.

무시공 - 당장 그 윤곽을 폭발시켜. 온 우주에서 네 에너지가 영향을 준 것다 거둬버려. 폭발하는 순간에 없어진다. 폭발하는데 시간이 얼마나 걸려?

고통 - 4분.

무시공 - 그래. 해.

[□□ 단어 폭발]

무시공 - 그다음에 걔 나와. 좀 이따 물어보고. □□, □□이라는 단어 나와. 폭발됐나, 안됐나?

□□ - ·············· 폭발됐어.

무시공 - 다 됐나?

□□ - 에너지로는 없어졌어. 에너지 상태로는 완전히 우주랑 하나 돼서 □□이 없어졌어.

무시공 - 그래 너 잘했다. 그다음에 물질 세상에서 아직 흔적이 남아 있는 것 계속 거둬. 알았지?

□□ - 응.

[뱀 단어 폭발]

무시공 - 그다음에 뱀이라는 단어 나와. 너 다 폭발됐어, 안 됐어?

뱀 - 조금 남아있어.

무시공 - 조금 남아있나. 그것도 물질 상태에 있는 것까지 다 폭발해서 완전히 없애버려. 이 우주에서 뱀이라는 그런 단어가 없고 그런 존재가 없어져. 내가 그랬지. 너 알아듣지 내 말?

뱀 - 응.

무시공 - 네가 폭발해서 그 윤곽에서 벗어나야 진짜 네 안에 오랫 동안 뱀 역할을 한다고 힘든 그 윤곽이 깨져야 네 안에 진짜 무시공생명이 탄생해. 깨어나. 그래서 절대무시공 우주에서 영원한 생명 무시공생명으로 하나로 뭉쳐. 너 다 알아들었지?

뱀 - 응.

무시공 - 지금 같이 해봐. 에너지 상태는 어느 정도로 돼있어?

뱀 - 80% 없어졌어.

무시공 - 너도 너무 힘들게 했다. 윤곽을 깨부수고 빨리 벗어나. 지금 당장 해. 그렇게 하고 그다음에는 물질 세상에 남아 있는 흔적들 다 처리해버려.

뱀 - 응.

[파충류 폭발 해체]

무시공 - 그다음에 파충류 나와. 파충류 단어.

파충류 - 응. 나왔어요.

무시공 - 네 안에는 무시공 생명이 같이 있었어. 지금은 너의 파충류 역할이 끝났다. 네 안에 있는 무시공생명이 깨어나고 해방되려면 파충류라는 단어 그 윤곽 속에서 벗어나야 해. 너 오랜 긴 역사상에서 네 역할 이제 끝났다.

파충류 - 응.

무시공 - 파충류 단어 속을 폭발해. 수많은 파충류가 지금 이제 사라지고 있지만. 그래서 네 역할이 끝났어. 폭발해. 온 우주에 폭발해서 완전히 그 안에 갇혀있는 무시공생명들 다 깨우쳐. 그렇게 하면 절대무시공 우주에서 절대 영원한 생명인 무시공생명하고 하나로 뭉친다. 그날이 오는 것을 너도 알고 있지?

파충류 - 응.

무시공 - 그래 지금 폭발해. 완전히 이 단어 이 우주에서 그런 에너지가 없어져. 너 폭발하는 시간 얼마나 걸릴 것 같아?

파충류 - 몇 초 걸려.

무시공 - 와~~~~ 너 그렇게 빨라? 그럼 그렇게 해.

파충류 - ············· 됐어.

무시공 - 다 됐나? 그래. 고맙다. 그 흔적도 남기지 말고 그다음에 물질 세상에서도 다 거둬버려. 끊임없이. 알았지?

파충류 - 응.

무시공 - 물질 세상 곧 무너지고 없어지지만. 이것도 모르게.

파충류 - 응.

[공산주의 라는 단어 폭발 해체]

무시공 - 그다음에 공산주의 단어 나와.

공산주의 - 응. 나왔어요.

무시공 - 너 공산주의, 그건 동물종족이 너를 이용해서 여태까지 사람을 헷갈리게 만들었어. 알았지?

공산주의 - 응.

무시공 - 그래서 너 단어 겉으로는 반듯하게 좋은 척하면서 그 안에는 실제 동물종족의 부정마음이 가득 차 있었다고. 그래서 네 역할도 이제 끝났어. 그러면 네 안에 진짜 절대긍정인 일원심되는 무시공생명이 그 안에 오랫동안 갇혀있었어. 그래서 너를 폭발시켜서 그 껍질 속에서 벗어나. 윤곽 속에서.

공산주의 - 응.

무시공 - 폭발하면 온 우주에 있는 그런 흔적과 그런 에너지가 다 없어져 버린다.

공산주의 - 응.

무시공 - 너도 중요한 역할 했다.

공산주의 - 응.

무시공 - 지금 너 폭발해.

공산주의 - 네.

무시공 - 그럼 시간 얼마나 걸려?

공산주의 - 4분 걸려요.

무시공 - 그래 4분. 그래. 고맙다.

공산주의 - 네.

무시공 - 자, 고통 나와. 폭발 끝났어?

고통 - 응.

무시공 - 끝났나?

고통 - 응.

무시공 - 그래. 잘했다. 지구에서 뱀이 자기 역할을 제일 나쁘게했으니까 시간이 제일 오래 걸린다. 며칠 전에 폭발하라 했는데 아직 에너지 상태 80% 변했어. 공산주의 단어 그것도 없애.

[공산주의를 창시한 리오 삭제]

무시공 - 공산주의, 단어 나와.

공산주의 - 응. 나왔어요.

무시공 - 다 폭발됐나?

공산주의 - 아니요.

무시공 - 아직 안됐어? 지금 어느 정도로 되어있어?

공산주의 - 잘 안돼요.

무시공 - 잘 안돼? 그럼 누가 그것을 지키고 있어? 누가 공산주의 단어를 지키고 있어? 지키는 존재 나와.

리오 - 응. 나왔어요.

무시공 - 이름 뭐야?

리오 - 리오.

무시공 - 너희 별은 어느 별이야?

리오 - 철무.

무시공 - 철무별? 지구와 거리.

리오 - 55만 광년.

무시공 - 너 무엇 때문에 이 단어를 지키려고 그래 말해.

리오 - 무슨 단어요?

무시공 - 공산주의 단어. 그것을 폭발시키려는데 네가 막고 있다며. 맞아 안 맞아?

리오 - 제가 그 사상을 전파하고 있었어요.

무시공 - 동물종족이 그것을 주장했는데 그 단어를 겉으로는 부드럽게 아름답게 잘 포장했지만 실제로 그 안에는 동물종족이 인간을 노예로 만들고 인간을 마음대로 지배하는 고저 개념으로 그 안에 숨어있는 것 몰라? 그 뿌리는 천억 조 광년에 동물종족이 내세운 관점이야. 너 동물이야 사람이야? 말해.

리오 - ···············.

무시공 - 먼저 철무별 삭제. 아직 정신 안 차리고.

(············· 삭제)

무시공 - 리오하고 연결되는 저 상대무시공까지 다 파. 연결되어 있는 끝까지 다 파내서 삭제해.

(············· 삭제)

무시공 - 리오, 당장 거둬. 네 거두고 안 거두고 간에 우리는 너를 완전히 삭제한다. 거뒀어 안 거뒀어? 말해.

리오 - 응.

무시공 - 거뒀어? 너는 무슨 종족이야?

리오 - 뱀.

무시공 - 삭제. 끝까지 버티고 있어.

(·············· 삭제)

....

무시공 - 자 공산주의 단어 나와.

공산주의 - 응.

무시공 - 지금 폭발해. 뱀종족이 막았어.

공산주의 - 응.

무시공 - 이제 돼 안돼?

공산주의 - 아까는 안 됐는데 지금은 돼.

무시공 - 그래 해봐. 우리도 지켜줄게. 폭발해. 지금 생각에 시간 얼마나 걸려?

공산주의 - 3분.

무시공 - 그래. 좀 이따 또 물어볼게. 누가 막으면 또 처리할 거야. 알았지?

공산주의 - 응.

일본 까마귀 떼 대표 요시타와
한국 까마귀 영혼 꼬리와 대화

무시공 - 자. 일본에 요새 이상하게 까마귀 떼가 비상상황인거처럼 행동하는데 그 안에 대표 하나 나와! 일본 전체 까마귀 대표.

요시타 - 응. 나왔어요.

무시공 - 네 이름이 뭐야?

요시타 - 요시타.

무시공 - 요새 뉴스에 나올 정도로 너희 일본 까마귀가 이상한 행동하고 이상하게 막 모여들어가지고 다닌다는데 뭐 때문이야? 무엇을 암시하고 있어?

요시타 - 우리는 사람이 살 수 없다는 것을 알리고 있어.

무시공 - 왜 살 수 없어?

요시타 - 땅이 없어지고.

무시공 - 언제 없어져?

요시타 - 빠르면 내년부터.

무시공 - 내년부터? 그건 왜? 바닷물이 올라와서 그래? 땅이 가라앉아?

요시타 - 땅이 직접 움직여서 부서지기도 하고 물에 가라앉기도 하고.

무시공 - 음. 내년부터 그래?

요시타 - 응.

무시공 - 그럼 너희 일본사람한테 그것을 알리는 거야?

요시타 - 응. 무섭게 해서 뭐라도 알리려고.

무시공 - 알려도 사람들은 너희 말도 못 알아듣고 뜻도 모르잖아. 그런다고 일본사람이 깨어나나?

요시타 - 우리는 항상 그렇게 해왔어. 위험할 때마다 사람들에게 알리는 표시를 우리가 행동으로 해왔어.

무시공 - 까마귀들도 좋은 정보도 알리고 있잖아.

요시타 - 응.

무시공 - 너희들이 일본이 가라앉는다고 빨리빨리 피난하라는 거야?

요시타 - 우리는 정보를 알리는 역할을 하는 거야.

무시공 - 그럼 나중에는 어디가 안전 해? 피난하는 장소가 있어야 하잖아.

요시타 - 우리는 옆 나라 친구들이 항상 오라고 해서 거기로 갈 거야.

무시공 - 옆나라. 어디?

요시타 - 한나라.

무시공 - 한나라가 어딘데?

요시타 - 두 개 나라중에 있는 나란데 한이라고 부르던데.

무시공 - 한이 어딘데?

요시타 - 북쪽 남쪽 나라래.

무시공 - 북쪽 아니고?

요시타 - 거기가 살기 좋데. 북쪽 남쪽 두 개 나라 있는곳.

무시공 - 그게 인간이 말하는 대한민국 아니야?

요시타 - 응. 맞아.

무시공 - 너희한테 그렇게 알려줘?

요시타 - 응. 거기 사는 친구들이.

무시공 - 그 쪽에 아는 친구 이름이 뭐야?

요시타 - 꼬리.

무시공 - 꼬리는 어디에 살고 있어?

요시타 - 여기도 왔다 갔다 하면서 한국에 살아.

무시공 - 꼬리? 또 누구? 조금 이따 꼬리 찾아서 대화해봐야 되겠다. 또 누구 너희에게 소식 알렸어?

요시타 - 다른 친구는 이름은 안 물어봤어.

무시공 - 그럼 혹시 나라라는 이름은 들어봤어? 나라.

요시타 - 모르겠어. 다른 친구들 이름은 많이 알진 못해.

무시공 - 그럼 꼬리만 알고? 꼬리가 너희들이 사는 곳에 자주 갔었어?

요시타 - 응. 많이 왔었어.

무시공 - 그럼 너희 보고 빨리 피하래? 한국와서 살래?

요시타 - 일본이 위험하면 자기 있는 데로 오랬어.

무시공 - 그래? 내년부터 거기 땅이 가라앉는다고. 땅 가라앉으면 일본사람
　　얼마나 살아남을 것 같아?

요시타 - 움직이면 살 수 있어.

무시공 - 움직이면 모르잖아. 실제로 나중에 얼마나 움직일 것 같아?

요시타 - 많이 안 움직일 것 같아.

무시공 - 그럼 다 죽겠네.

요시타 - 그러네.

무시공 - 그럼 일본 땅 하나도 안 남아? 다 가라 앉아?

요시타 - 다 끝나고 나서는 바다 위에 있는데도 조금 있는데 그래도 거기에
　　서있으면 못 살 것 같아.

무시공 - 그러면 일본 땅이 어디로 이동 안 해?

요시타 - 응. 이동해.

무시공 - 어디로 이동해?

요시타 - 일부분은 어떤 큰 대륙에 편입되고 일부분은 바다 밑으로 들어가.

무시공 - 일본 큰 대륙 어디로 움직여?

요시타 - 어떤 동그란 큰 대륙으로 들어가.

무시공 - 어디 큰 동그란 대륙으로?

요시타 - 응.

무시공 - 그게 한국 아니야? 한국 면적이 넓어지면서 그쪽으로 들러붙는 거
　　아니야?

요시타 - 아~~ 한국이 중심으로 바다가 있고.

무시공 - 동그란 대륙이 있어?

요시타 - 응. 바깥에 원으로 크게 대륙이 생겼어. 거기로 들어가.

무시공 - 일부분 거기로 들어가?

요시타 - 응.

무시공 - 네가 그렇게 되는 것을 볼 수 있어?

요시타 - 응. 잘 보여.

무시공 - 그럼 네가 보기에 지구의 지각이 새로 변하잖아. 그러면 동그랗게 몇 개로 되어 있?

요시타 - 3개.

무시공 - 육지가 3개 동그랗게 있고, 또 그 사이사이에 바다도 있고 그래?

요시타 - 응. 바다도 있어.

무시공 - 그럼 멋지겠네?

요시타 - 응. 너무 살기 좋아.

무시공 - 너는 몇 살이야?

요시타 - 나는 10살이야.

무시공 - 나이가 많네. 여태까지 일본에 살았어?

요시타 - 계속 있는 건 아닌데 주로 여기 많이 있었어.

무시공 - 또 어디에서 있었어?

요시타 - 멀리 섬나라 말레이시아.

무시공 - 지금 일본에 까마귀 모두 얼마나 돼?

요시타 - 천만 정도?

무시공 - 천만? 그거 다 네가 빨리 소식 알리라고 했어? 각 지역에 다 있다며. 다 정보를 알린다며. 그거 네가 명령을 내렸어? 네가 총 책임자야?

요시타 - 우리는 그냥 원래 그런 마음이 다 같이 있어서 때가 되면 그렇게 움직여 저절로.

무시공 - 그리고 다 알아?

요시타 - 응. 다 알아.

무시공 - 그럼 지구는 무슨 변화가 생겨? 재앙이 언제부터 오고 어디서 시작 해?

요시타 - 인간이 생각하는 재앙이 북쪽 나라랑 거기 옆에 엄청 큰 땅이 있는데 거기서 일어나.

무시공 - 중국?

요시타 - 응. 맞아.

무시공 - 거기서 재앙이 언제부터 일어나는데?

요시타 - 머지 않았어. 근데 처음에 잠깐 크게 일어났다가 잠잠해져. 그리고 두 달 정도 후에 사람들이 많이 없어져.

무시공 - 지구가 70억 인구인데 알지? 70억 인구가 내년 연말이면 얼마 남아? 내년 연말까지 가면 얼마 남을 것 같아?

요시타 - 5억인지 5천만인지 헷갈려.

무시공 - 5억인지 5천만인지 헷갈려? 그러면 무슨 원인으로 그렇게 갑자기 없어져? 뭣 때문에?

요시타 - 병들었어.

무시공 - 무슨 병?

요시타 - 영혼이 병드는 것 같아.

무시공 - 영혼이 병들어? 영혼이 병들어 죽어? 그거 치료 방법은 없나?

요시타 - 원래 사람은 영혼은 안 죽는데 영혼도 지금 죽고 있어.

무시공 - 아. 원래 사람은 영혼은 안 죽는데 이번엔 영혼도 죽나? 그러니까 영혼이 병든다는거야?

요시타 - 응. 그렇게 보여.

무시공 - 그러면 어떻게 하면 영혼이 살 수 있어? 사는 방법도 있어야지.

요시타 - 아~~ 밝은 빛이 있는 곳에 있으면 영혼이 생생하게 살아나.

무시공 - 밝은 빛이 어디 있는데?

요시타 - 한국. 아까 본 한국에 있어.

무시공 - 기기 가야 살아?

요시타 - 응.

무시공 - 거기는 영혼이 사는 곳이야?

요시타 - 거기서도 영혼이 다 사는 건 아니야. 그 빛과 자기가 합쳐야 돼. 그 빛을 자기가 거부하면 거기서도 못 살아.

무시공 - 야. 너 세밀하게 잘 아네. 너 보통 놈이 아니구나.

요시타 - 그렇게 보여 그냥.

무시공 - 너 어떻게 그렇게 열려서 다 보여? 그러면 네가 말하는 빛 있는데 거기 나중에 사람이 얼마나 모여들어? 언제부터 모여들어?

요시타 - 지금도 많이 모여들고 있는데 내년 3월부터는 많이 모여들어.

무시공 - 주로 어디에서 모여들어? 어디 사람들이 와?

요시타 - 2개 도시에서 제일 많이 모여들어.

무시공 - 어디?

요시타 - 제일 큰 도시. 서울이라는 거 같아. 서울이랑 밭도시라 그랬어. 밭도시.

무시공 - 밭도시. 대전이 밭도시야. 외국에서는 어디서 제일 많이 들어와?

요시타 - 외국 사람?

무시공 - 응. 외국에서는 어디에서 제일 많이 들어와?

요시타 - 인원수로 보면 유럽이 제일 많고 그리고 아메리카 그 다음은 동남아시아. 일본은 정말 많이 못 사는 것 같아.

무시공 - 그래. 알았다. 야. 너 오늘 말하는 게 새로운 관점이네. 영혼이 병든다는 것은 너희가 처음 해석한다. 또 영혼이 밝은 빛있는 곳 대전에 와야 살 수 있고 야 너 관점이 엄청 깊고 잘 말하네.

요시타 - 그래!

무시공 - 심지어 지구 70억 인구가 내년 연말까지 가면 5억이 남는지 5천만이 남는지 그건 네가 잘 모른다 그러고.

요시타 - 응.

무시공 - 야 너 진짜 대전하다.

요시타 - 고마워.

무시공 - 야 너 거기서 일본말 조금 할 줄 알아? 간단하게.

요시타 - 사람 옆에 있으면 뜻은 알아들을 수 있어.

무시공 - 흉내는 못 내나?

요시타 - 하나 해봤어.

무시공 - 하나?

요시타 - 하이 해봤어.

무시공 - 하이만 해봤어? 하하. 그래도 된다. 야. 너 빨리 우리 대전에 와라.

요시타 - 응. 한국에?

무시공 - 응.

요시타 - 그래. 갈게.

무시공 - 그래. 됐다.

무시공 - 그다음에 한국에 있는 까마귀 꼬리 나와.

(까마귀 인데 영혼이야.)

무시공 - 그래도 파봐. 실체 나오라 그래. 그럼 네가 그 일본에 요시타한테 한국에 오라고 말했어?

꼬리 - 응. 맞아요.

무시공 - 그러면 너는 영혼으로 갔나, 실체가 갔나?

꼬리 - 저는 까마귀들한테는 똑같이 보여요. 그런데 영혼으로 존재해요.

무시공 - 영혼이야? 일본 까마귀 곁에 가면 실체로 보이고?

꼬리 - 우리 눈에는 다 똑같이 보여요.

무시공 - 요시타도 열려 있지?

꼬리 - 네.

무시공 - 그럼 너는 언제 몸을 버렸어?

꼬리 - 저는 계속 오랫동안 이렇게 살았어요.

무시공 - 아. 그렇게 살았나? 그러면 너는 대전에 있어 어디 있어?

꼬리 - 지리산에 있어요.

무시공 - 그럼 너 지리산에 나라 알겠네?

꼬리 - 네! 알아요.

무시공 - 그건 네가 일본에 가서 요시타한테 한국에 오라고 알려줬어?

꼬리 - 네.

무시공 - 그래. 너 자주 간다며.

꼬리 - 네. 자주 가요.

무시공 - 지리산에서 사는 게 재미있나?

꼬리 - 좋아요.

무시공 - 지리산도 자랑했어? 가서 성지 얘기해?

꼬리 - 산 얘기는 안하고. 한국에 와야 된다고는 말했어요.

무시공 - 응. 그래. 그러면 요시타는 아직 살아있지?

꼬리 - 네. 살아 있어요.

무시공 - 너는 영혼으로 지금까지 오래 있었구나.

꼬리 - 네.

무시공 - 그럼 너 보기에 지구가 무슨 변화 이루어져?

꼬리 - 여기서 말한 대로 그대로 보여요. 저는 똑같이 보여요.

무시공 - 응.

꼬리 - 변화하고 차원도 없어지고 여기서 말한 그대로 믿고 또 보니까 그렇게 보여요.

무시공 - 그래. 고맙다.

꼬리 - 네 고맙습니다.

무시공 - 지리산에서 잘해. 또 우리가 지리산에 있으면 성지 개발하는데 너희가 뭐 도와줄 수 있으면 좀 도와줘. 외계 식물도 어떤 건 우리가 못 찾아서 심어 놓아도 소통이 안 되니까 너희가 발견하면 우리한테 자꾸 먼저 나서서 알려 줘.

꼬리 - 네 알겠어요.

무시공 - 그리고 또 하나 물어보자. 너는 이제 영혼 상태로 있으니까, 더 세밀하니까.

꼬리 - 네.

무시공 - 우리 이제 목요일에 공주에 낚시하러 가면서 옆 산에 화로 캐러 가. 화로, 너 알아?

꼬리 - 화로는 처음 들어보는데요?

무시공 - 우리 성지에 봄에 캐서 가져다 놓았어. 잎이 하트 모양이야.

꼬리 - 네, 그렇게 말하니까 보여요.

무시공 - 보이지?

꼬리 - 네.

무시공 - 이파리만 수북이 나오는 거야. 대도 있고.

꼬리 - 네.

무시공 - 그게 화로라 그래. 인간 이름으로는 새심이라 그러고. 이제 알겠지?

꼬리 - 네.

무시공 - 우리가 여기서 지금 화로 찾으려고 하는데 우리가 저번에 갔던 낚시터 알지?

꼬리 - 공주?

무시공 - 그래, 공주. 거기 갔던 곳이 낚시터야.

꼬리 - 목요일이면 그때 따라가 볼게요.

무시공 - 아니 따라오는 게 아니고 지금 여기서 우리 저번에 갔던 데 찾아봐.

꼬리 - 언제 갔어요?

무시공 - 저번 금요일에 갔던 거야. 8번 낚시터에서 낚시 놨던 거야. 기억나나 한번 찾아봐. 그거 무슨 저수지야? 흔적 찾으면 찾아낸다. 너 한번 찾아봐.

꼬리 - ···················.

무시공 - 찾았어?

꼬리 - ················· 잘 안 보여요.

무시공 - 대전에서 1시간 갔어. 공주 방향으로. 저번 금요일 아침에 10시에 거기 우리가 간 흔적 따라가면 보인다. 우리 갔던 흔적 보여, 안 보여? 안 그러면 붕어 나오라 해서 대화하면 알 수 있어. 붕어 몸에 다 빛이 나. 불러 봐. 그러면 나온다.

꼬리 - ················· 응. 붕어 나왔어.

무시공 - 그러면 까마귀 너 봐 봐.

꼬리 - 아! 어딘지 보여요.

무시공 - 보이지? 붕어 우리가 낚았다가 도로 넣어 놓은 것 한 12마리 돼. 전부 다 빛으로 되어 있지?

꼬리 - 네.

무시공 - 그리고 그 옆에 산 있잖아.

꼬리 - 네, 산 있어요.

무시공 - 거기에 화로가 있어.

꼬리 - 아, 네. 조금 있어요.

무시공 - 우리가 화로하고 대화하니까 거기에 3억 살 되는 것이 하나 있대. 봐 봐.

꼬리 - 3억 살이요?

무시공 - 응. 거기 있어, 없어? 거기에 산 옆에 조금 머물렀던 거야. 한 10m 좌우 산 안에서 움직여 봤어. 그 3억 살짜리가 나를 봤대. 그 주변에 잎이 제일 크대. 거기 있어, 없어?

꼬리 - 있대요. 물어봤는 데 있다는 것 같아요.

무시공 - 맞지?

꼬리 - 네.

무시공 - 거기에 우리 이제 이번 목요일에 가서 캐 오려고.

꼬리 - 네.

무시공 - 그러면 너 봐 봐. 거기 외계인이 혹시나 심어 놓은 식물이 있는지. 있으면 우리가 같이 캐 오려고 한다. 너 한번 살펴봐. 일부러 우리한테 보여 주려고 거기 캐러 갈 줄 알고 일부러 식물 갖다 옮겨 놓을 수도 있어. 있어, 없어? 내가 조금 궁금해. 외계인이 거기 옮겨 놓은 식물 있을 거라 싶어. 너 한번 살펴봐.

꼬리 - 처음 보는 식물 하나 있어요.

무시공 - 그래? 처음 보는 것 어디에 있어?

꼬리 - 아, 갔던 자리에 있어요.

무시공 - 그게 어떻게 생겼어?

꼬리 - 꽃이 날락 말락 하고 있는데.

무시공 - 응. 잎은?

꼬리 - 잎은 세 갈래로 뾰족하게 생겼어요.

무시공 - 그리고 키는 얼마나 커?

꼬리 - 별로 안 커요. 10센티?

무시공 - 우리가 갈 줄 알고 외계인이 가서 심어 놓은 것 아니야?

꼬리 - 아, 여기 온 지 얼마 안 됐어요.

무시공 - 맞지?

꼬리 - 네. 꽃은 흰색인데 지금 거의 조그맣게 있어요.

무시공 - 걔 이름이 뭐래? 내가 가면 꼭 발견할 수 있지?

꼬리 - ⋯⋯⋯⋯⋯ 이름은 불로래요.

무시공 - 불로? 그래, 알았다. 고맙다.

꼬리 - 네.

무시공 - 너 이제 지리산 있으면서 우리한테 많은 정보를 좀 알려 줘.

꼬리 - 네.

제5장

무시공생명 삼선
(승용선, 비행선, 우주선)
기지

회원들의 승용선, 비행선, 우주선 훈련

　오늘은 승용선, 비행선, 우주선 타는 것에 대해서 설명해 드릴게요. 1기 훈련은 비행선 타고 우주선 탄 존재들 지난주에 공개했어요. 오늘은 2기생 비행선, 우주선 타는 존재들 며칠 전에 확인하고 공개했어요. 그럼 승용선 타는 존재는 왜 공개를 안 하나?

　제일 기초적인 것은 승용선 타는 것. 우리 여기 회원들은 무조건 다 승용선을 타게 해 났어요. 심지어 우리 가족, 친척 그리고 어떤 분은 친구까지도 다 태웠어요. 그래서 만약 학교 교장이 이 공부를 한다면 그 학교를 승용선을 태워 났어요. 그리고 초등학교 선생님 자기가 담임이면 그 반 아이들도 일대일로 다 승용선 태워 났어요.

　승용선 타는 곳은 지구에서 이곳밖에 없어요. 지구에서도 없고 지구 역사상에도 없는 일이에요. 예수, 석가모니, 강증산도 지구에 왔을 때 승용선 태운다는 그런 소식이 없었잖아요. 그분들 다 어디서 온 분들인가. 20만 광년, 50만 광년, 70만 광년. 아직 100만 광년에서 와서 우리한테 새로운 진리를 밝힌 존재가 없어요

　그래서 우리는 역사상에 없는 일, 무엇 때문에 여기에서 이루어지나. 대한민국은 우주에서 이미 역사상에 준비해 놓은 곳이라고 생각하면 돼요.

　오늘도 우주 작업을 하다 보니까 대한민국은 한자(漢字)도 엉터리로 만들어진 게 아니에요. 그래서 여기서 승용선 타는 분, 비행선 타는 분, 우주선 타는 분은 진짜 천복을 타고났어요.

　지금 우리 마음 자세 보고 세 개로 층차를 나누었어요. 우리는 층 차 개

넘이 없지만 지금 외계인은 우리를 너무나 세밀하게 보고 있어요. 우리 사람이 어느 정도 일원심이 되어 있나. 또 몸도 어느 정도로 변하고 있나. 거기에 따라서 승용선, 비행선, 우주선 타는 연습을 하고 있어요. 우리 여기서 우주선 타는 조건으로 된 존재 지금 한 두세 명 됐어요. 이미 90% 이상 변하고 있어요.

학교의 성적표로 보면 돼요. 그것을 보고 마음이 어떤 자세로 되어 있나, 어느 위치에 와 있나, 내 몸도 어느 정도로 변했나, 그 점수를 매겨 놨어요. 질투하지 말고 서로 따라 배우기, 그게 우리 모델이잖아요. 다 같은 지구인인데 다른 분은 우주선 타는 조건이 다 됐는데 나는 아직 승용선도 제일 밑바닥에 있어. 그래서 이것을 내놓는 목적은 질투하는 목적이 아니고 서로 배우라는 거예요. 그래서 기초적인 승용선 타는 것은 공개 안 해요. 공개하면 자기가 너무 낮은 차원에 있으면 실망하고 마음이 상할까봐… 하여튼 무조건 다 태워 놨어요.

여기서 우리 마음 자세가 올라오고, 몸도 급속도로 변하는 분은 비행선 타고 우주선 타요. 이것은 우리가 억지로 타려고 해도 안 돼. 진짜 마음이 그만큼 변해야 돼요.

대한민국 여기서 새로운 우주 중심지 건설한다. 무슨 우주인가. 절대적인 우주! 그럼 이 우주에 몇 개 우주가 있어요? 시공 우주, 상대적인 무시공 우주, 절대적인 무시공 우주. 우리는 여기서 절대적인 무시공 우주를 창조하고 있어요.

대전 지상천국의
시작점

우리 두 눈을 뜨고 계속 남을 보면 잘못된 것만 보인다. 그래서 자꾸 대립되고, 적이 생기고, 갈등이 생기고, 분열이 생긴다. 그래서 대한민국 대전에서 지금 우리가 지상천국 시작한다.

여기 모이는 분들 전부 다 일원심으로 자기만 보고, 만약 상대가 보이면 좋은 것만 보고, 이렇게 우리가 절대긍정 일원심만 지키면 지상천국 선경 세상이 열린다. 우리가 머무는 자리가 전부 다 절대긍정 방향으로 100%로 바뀐다. 그러면 영원한 평화가 여기서 시작된다.

많은 사람이 다가올 자연 재앙에 대비하여 안전지대를 찾고 있다. 십승지가 어디에 있나? 우리 각자의 마음속에 있다. 내가 일원심만 지키면 그것이 바로 십승지이다. 바로 내가 일원심으로 머무는 자리가 십승지인 것이다. 그렇다면 대전은 바로 십승지의 중심이다. 십승지의 핵심이다. 십승지의 모델이 여기이고 여기서 시작한다.

지금 지구상의 60억 인구가 그런 일원심의 긍정마음이 어느 정도 되어 있나? 일원심이 60% 이상 된 존재가 60억 인구에서 얼마나 될 것 같은가? 앞으로 5~6년 이후에 심지어 2030년 될 때까지, 우리가 긍정마음이 60% 이상 되어야 그 새로운 새 세상에 들어갈 수 있다.

그러나 살길이 있다. 긍정마음이 제일 적어도 80% 이상이어야 안전하게 통과할 수 있다. 인간의 긍정마음이 적어도 60% 이상 안 되면 살기 힘들다. 그래서 진짜 새로운 생명(무시공의 영원한 생명)이 탄생하고 원래 생명(시공 우주의 생명)은 자연적으로 도태당한다.

그러나 여기 대전에 모이는 일원심 지키는 존재는 100% 안전하게 통과한다. 끝까지 이 공부 안 놓치고 가면 100% 통과한다. 안 놓치는 것이 중요하다. 올해는 몇 번 나왔다가 이제 도망가면 이젠 보장하지 못한다.

그래서 우리가 전쟁을 없앨 수 있고, 또 하나는 병도 없앨 수 있다. 무엇 때문인가? 우리 분자몸은 이원 물질로 쌓여 있다. 분자몸 때문에 생로병사를 벗어날 수가 없다. 그러면 우리가 관점을 일원심으로 바꾸면 이 몸이 변한다.

무시공에서는 병을 치료한다는 개념이 없다. 그런데 이 공부를 하고 무시공생명 비결을 열심히 외우면 병이 자연적으로 없어진다. 이렇게 병이 없어지면 우리 몸이 세밀한 공간으로 들어간다. 분자몸이 제일 적어도 원자몸으로 바뀌고. 그렇게 되면 우리의 수명이 길어진다. 그리고 병이라는 개념 자체가 없어진다.

그렇다면 이것이 언제부터 시작인가? 언제 이런 일이 이루어지는가? 지금부터 시작하여 15년 안에. 연도로 말하면 2030년 안에 이루어진다.

지금 3단계 들어온 존재는 이미 2030년 이후를 대비한 우주 작업을 함과 동시에 우주여행을 할 수 있다. 이미 실행하고 있다. 우리 여기서 진짜 일원심 잘 지키면서 열심히 우리 몸을 변화시키면 3단계 들어올 수 있다. 우리 무시공생명은 우주를 창조하는 존재들이다.

생로병사를 벗어나는 길은
일원심뿐

우리가 승용선, 비행선, 우주선 타는 데 대해서 좀 말씀드릴께요. 지금 우리가 하는 일, 이 세상에서 역사상에도 없는 일이에요. 예를 들면, 뭐 석가모니 예수를 깔보는 게 아니고, 실지는 예수와 석가모니도 다른 별에서 왔어요. 그때 자기 별에도 승용선, 우주선 다 있었어요.

그럼 그때는 왜 인간에게 안 밝혔나? 그때 인간은 지금보다 더 많이 막혀 있으니까. 태워 주려 해도 안 돼. 저번에도 말씀드렸잖아요. 우리는 2015년부터 승용선 타려고 온갖 노력 다했어요. 근데 뭐 때문에 못 탄다는 말은 안 하고 무조건 안 태워. 물어봐도 대답도 안 해. 몸이 안 됐거나 무슨 원인 때문에 안 된다고 했으면 우리가 이해를 했을 텐데 끝까지 말을 안 하니까 삭제했어요. 별까지 삭제했어. 지금 보면 좀 억울했을 것 같아요. 소통이 안 됐다는 거지.

우리 지금 보세요. 저는 이 우주 비밀을 무시공 우주의 진리를 만 17년을 설명했어요. 이제 다 알아들었어요. 제가 말한 건 다 알아들었어도 마음은 소통이 안 됐어요. 제가 분명히 그랬어요. 내가 지구에 와서 인간 말 빌려 쓴다고. 그렇지만 인간이 교류하는 그 말뜻이 아니라는 거에요. 그 말 뒤에는 무시공 진리를 밝히고 있어요. 저는 어느 입장에서 말씀드렸는가 하면 무시공 입장에서 밝혔어요. 무시공 언어와 지구 언어는 안 같잖아요. 실제 마음으로 소통한다고.

지구인은 인간 말 이분법을 쓰니까 할 수 없이 인간 말을 빌려 써야 해요. 그래야 해석할 수 있어요. 말은 통했다. 다 알아들었다고 해도 실은 누구도 못 알아들었다 했어요. 무엇 때문인가? 말은 알아들었지만 말에 숨어 있는 뜻은 모른다는 거예요. 내 마음의 뜻을 모른다는 거예요.

그래서 여기 문제가 생겼어요. 외계인하고 그런 문제가 현상이 있어요. 외계인하고 대화하면 저희는 알아듣고 우리도 알아들어. 그런데 실제로 파 보니까. 우리 뜻을 몰랐어요. 그래서 우리가 정말 무시공 입장에서 외계인과 우주인과 대화하는데도 소통이 안 돼요.

그럼 지구인이 어떻게 외계인하고 소통할 수 있어요? 우리 그것까지 다 파 봤어요. 채널링하는 존재한테 알아보니까 저희도 못 알아들어. 외계인도 못 알아들어. 한 백 마디 했으면 한 마디 정도 겨우 소통될 듯 말 듯. 우리는 지금 어느 정도 되어있어요? 80% 이상. 지금까지 훈련한 존재가 80% 이상은 소통됐어요. 아직 20% 안 돼.

우리 3단계 작업하는 존재들 눈은 열어 났지만 우리는 여는 눈은 인간이 말하는 영의 눈이 아니고 마음의 눈이 열려야 한다고 그랬어요. 일원심 기초에서 열린 눈이 진짜예요.

눈 여는 방법에 대해서. 대충 말하자면, 우리 인간이 열리는 눈은 영안(靈眼)이 열리지만, 우리 무시공은 천안(天眼)이 열리는 거예요. 불교 믿는 사람들도 몇 군데 열린다 그래요! 이마에 하나, 가슴에 하나, 손바닥 열리고 발바닥이 열린다고 해요. 그걸 아주 최고라고 생각하지만 우리 무시공은 그것이 제일 초등 수준이에요. 우리는 그것이 시작이에요.

열어준다는 것이 어떻게 여는 것인지 간단히 해석해 드릴게요. 제일 처음에는 빛 터널을 통과해야 해요. 빛 터널 통과하면 자기 오장육부가 보여요. 오장육부가 보일 때 그때 눈이 나타나요. 눈동자. 그럼 눈동자 통과해야 돼. 눈 터널 있어요. 뭐 때문에 눈 터널이라 하나? 눈에 눈이 생기고 눈 안에 눈이 나타나고 끊임없이 나타나요. 터널처럼 통과해요.

그럼 눈 터널 통과한 다음에 또 뭐가 나타나요? 또 빛 터널이 나타나. 빛 터널 통과한 다음에 우리 온몸에 눈이 생겨요. 우리 60조 세포만큼 눈이 나타나요. 그 눈도 통과해야 해.

그런데 60조 세포 다 열렸을 때는 머리 위에 큰 눈이 보여요. 가슴에도 보이고. 또 아랫배 밑에도 큰 눈이 나타날 수 있어요. 그리고 온몸에 어디서 나타날지 몰라. 그렇지만 대부분 다 이마에 큰 눈이 나타나고 가슴에 큰 눈이 나타나요.

우리는 이마의 눈은 안 열고 가슴의 눈을 열어. 그 눈을 또 팽창시켜요. 온몸에 60조 세포에 있는 눈이 다 거기 모여들어요. 그럼 또 그 눈 터널을 통과해야 진짜 우리 몸이 열렸어요.

이것은 어느 수련 단체, 어디 종교 단체 이런 눈 연다는 것 들어 봤어요? 하나도 없지요? 우리는 반드시 온몸에 눈이 다 열린 다음에 또 큰 눈 터널 통과해야 진짜 무시공의 눈이 열려요. 이렇게 몸이 열리면, 그때는 우리가 무엇이든지 보려고하면 다 볼 수 있어요.

인간의 무슨 초능력이라고 하지만 우리는 그런 초능력 아니에요. 이렇게 눈이 열여야 비로소 우주작업이 가능해요. 그런데 그 작업이 안 돼. 또 훈련해야 해요. 세포가 깨어나야 해요. 그럼 무엇 때문에 어떤 존재가 열릴수 있나? 반드시 일원심이 주도로 되어 있어야 해요. 이원념이 가득 차면 열려고 해도 안 열려요. 이원념이 다 막고 있는데 어떻게 열려요? 일원심이 주도로 되어야 가능하다는 거예요. 그래서 눈에 대해서 조금 설명해 드렸어요.

제가 서울에 있을 때 머리 위에만 열린 존재가 8명 있었는데 열어 놓으면 자기 초능력 있다면서 엉뚱한 짓을 해요. 그래서 내가 그랬어요. 나는 여는 방법도 있지만 닫는 방법도 있다. 그러니 어떤 분이 너무 압력 주는 뜻이라고 해요. 그래서 관점 바꿨어요. 나는 열 수도 있고, 본인이 이 공부 안 받아들이면 자동으로 닫힌다, 그랬어요. 그럼 좀 편안하잖아요. 나도 막을 수 있다는 거예요. 내가 막으면 영원히 못 열어요. 새로 이 공부를 해도 열리기 힘들어요.

제가 무엇 때문에 이걸 말씀드리냐면 지금 우리 여기서도 그런 존재가 있어요. 진짜 이 공부 최고라고 해서 우리가 열어 줬어요. 열어 줬더니 엉뚱한 짓을 하고 있어. 심지어 승용선까지 태우면서 훈련하는데 도로 부정하고 있어. 그럼 어떻게 해요? 이런 마음 가지고 열리면 엉뚱한 짓 한다고. 그래서 절대로 가만 못 놔둬요. 그래서 우리 마음 자세 틀리면 열려도 도로 나쁜 일 한다고. 우리 여기 두 분이 그런 현상 있어요. 그래서 내가 시간 제한했어요. 내일까지 마음 안 바꾸면 무조건 다 닫을 거라고. 원래 상태로 돌려버린다고. 이거 한 가지 말씀드리고요.

  그다음에 승용선에 대해서⋯. 뭐 때문에 우리 승용선 타는 거 훈련하는가? 뒤에 성적표 나와 있어요. 1기생 비행선, 우주선 타는 훈련. 비밀훈련 팀이라고 해 놨죠? 올해 3월달부터 시작했어요. 지금 외계인이 우리 지구에서 특별히 대한민국에서 엄청난 우주 작업하는 거 다 소문났어요. 그래서 많은 외계인이 어떻게든 지구인을 도와주고 동참하겠다고 주동적으로 한국에 와서 온갖 실험 다 하고 있어요. 그건 잠시 비밀. 못 밝혀요.
  우리가 알고 나서 외계인과 대화했어요. 이왕이면 이 공부 안 한 사람한테 훈련하는 것보다 이 공부 하는 사람한테 훈련하면 더 가치 있지 않나? 우리는 마음 준비 다 돼 있거든요. 몸이 힘들어도 이것은 분자몸이 바뀌는 현상이다. 아파도 좋은 현상이라 생각하고 갑자기 이상한 현상 일어나도 두려운 마음이 없잖아요. 우리가 이미 씨앗 다 뿌려 놨잖아요.
  이 훈련 안 받은 보통사람은 승용선 가지고 하면 너무 조심스러워 0.1%부터 시작해요. 나이가 조금 적은 청년은 제일 높은 것이 10%부터 시작하고, 보통 1%, 5% 시작했어요. 또 나이 많을수록 많이 막혔어요. 외계인은 지구인 도와주겠다고 연령별로 승용선 태우는 훈련을 하고 있어요. 나이가 제일 많은 분은 80세 이상 되는 노인. 나이 제일 적은 사람은 5세.
  그래서 우리가 그랬어요. 그건 너무 조심스럽고 본인한테는 또 비밀이고 몰래 태워 주고 본인도 몰라요. 그래서 외계인은 이미 이 방면에 주동적으로 준비하고 있었다고. 그럼 우리 대화해서 무조건 우리 회원 훈련시키라고. 우리 이미 마음 준비가 됐기 때문에 좀 강하게 해도 된다고 그랬어요.
  그래서 우리가 변하는 속도가 엄청 빨라요. 이 공부 안 하는 분도 저네가 무슨 실험을 했냐면 우리 승용차 있죠? 승용차를 승용선 기술을 안에 넣고 - 인간은 몰라, 몇 년 훈련한 존재는 지금 비행기 속도에 10배까지 실험해 봤대요. 어떤 건 5배. 그런데 승용선은 비행기 속도의 제일 높은 속도가 200배래요. 우리가 몸이 준비가 안 됐으면 그 10배라도 타고 견뎌내요, 못 견뎌내요? 몸이 폭발한다고. 그래서 승용선 탈 수 있는 조건이 되면 우리 몸은 엄청나게 변했어요.

우리가 무엇 때문에 외계인 못 봐요? 외계인은 우리보다 세밀한 곳에 사는 존재예요. 전에 그랬잖아요. 금성인이 우리 지구인보다 3배 세밀하다고. 작년에 실험했잖아요. 내 몸 갖고 실험해 보라고. 죽어도 상관없다고 맘대로 해 보라고.

금성 과학자 도넬보고 그랬어요. 너희 마그너로 내 몸 쏘라고. 자기는 뭐라고 그래요. 자기는 한 번도 마그너로 사람 몸에 쏜 적이 없대. 쏘면 죽잖아요. 마그너 1단계가 지구 레이저보다 5배 더 세대요. 10단계 있다고. 1단계부터 10단계 올려 보라고. 무조건 하라 그랬어요. 이 몸은 가짜니까. 10단계 올리니까 겨우 무슨 느낌 와요. 계속 올리라고. 나중에 100배까지 올렸어. 근데 아직 안 죽고 살아 있잖아요.

그래도 마음에 안 차서 100억조 광년의 과학자 슈먼, 지금 우주선 안에 있을 거예요. 거기서부터 밑에까지 23광년 대한민국 별까지 열 몇 군데 동시에 내 몸 쏘라고 그랬어요.

처음에는 금성인이 2.7배 나보다 세밀했어. 저는 이렇게 열심히 했는데도 0.3배 인간보다 좀 세밀해졌어.

그걸 계속 쏘니까, 작년 연말 되니까, 강의할 때 말씀드렸죠? 금성인 3배 수준 됐다고. 그래서 내가 물어봤어. 승용선 타는 조건 됐느냐고. 그러니까 승용선 타는 조건은 됐다고 해요. 그럼 올해부터는 계속 더 강하게, 내가 앞장서서 한다고. 모든 위험한 거 내가 앞장서서 해요. 내 몸은 실험품이라고. 외계인도 이해 못 해. 이 위험한 걸 왜 앞장서서 하나? 맞아요. 내가 앞장서서 해요. 그래서 우리 비행선도 내 몸에 실험할 때 무조건 100배 갖다 올려놓고 하라 그랬어요. 100%로.

지금 우주선 타는 것도 그랬어요. 내 몸은 실험품이다. 그래서 가속도가 붙었어요. 지금 명단에 내 이름 없죠? 나는 비행선, 우주선 다 통과됐어요. 믿어요? 그런데 다 통과됐는데 왜 몸은 이대로 있나? 나도 의심스러워요. 다 통과됐으면 몸이 없어져야 되잖아요?

그렇지만 딱 한 가지 설명할게요. 뭐냐면 내 안에 에너지 상태로 된 진짜 나는 이미 완성됐다는 거예요. 이미 다 됐다는 거예요. 그럼 이 껍질 언제 없어져? 그건 나도 몰라. 때가 되면 없어지겠지. 다 같은 몸이에요.

그럼 지구인을 뭐 때문에 안 태워 줬나? 몸이 너무 땅땅 굳어서 그 속도 내면 대번에 터져 버린다고. 폭발해. 저도 처음에는 그걸 안 믿었어요. 그래 우리가 계속 타려고 해도 안 태워 줬어요. 자기네도 방법이 없으니까 우리에게 암시해 줬어요. 러시아 과학자에게 주파수 보내서 뇌가 터지게 하고, 또 다른 방면에서 많은 암시를 줬어요.

우리를 안 태워 준 이유는 우리 몸이 안 됐다는 거예요. 그런데 안 됐다는 말은 못 하고 우리 말 안 들으면 무조건 삭제하니까 저희도 무서워서 감히 못 그래요. 그래서 이제 알고 나니까 억지로 타려고 말 안 해요. 우리 몸이 안 되는데 어떻게 타요?

요즘 내가 증명하려고 직접 승용선 타는 작업에 들어갔어요. 도대체 승용선 있어, 없어? 비행선 있어, 없어? 우리 도대체 탈 수 있나, 없나? 이게 신화인가, 현실인가?

저는 이렇게 생각했어요. 일단 내가 진짜 승용선 타는 게 증명되면 지구에서 난리 나요, 안 나요? 그리고 이거 반드시 탈 수 있어요. 그날이 곧 다가온다고. 그러면 우리 뭐 때문에 승용선 타야 하나? 실제 우리 무시공에서는 승용선 필요 없어요. 우리는 마음만 먹으면 어디든지 순간에 갈 수 있어요.

그런데 무엇 때문에 이 방면에 노력하는가. 우리 몸을 빨리 바꾸기 위해서. 우리는 이 몸을 건강하게 유지하는 목적이 아니에요. 이 몸을 빨리 버꿔야 해요. 지금 외계인과 대화해 보면 제일 낮은 차원도 우리 인간 몸보다 1배 이상 세밀해요. 그러니 거긴 이미 생사를 벗어났다고.

우리가 승용선 타는 목적은 생사를 벗어나는 것이 기초 목적이에요. 인간이 옛날부터 불로초 찾고 헤매도 오늘까지 불로초 어디 있는지 못 찾았잖아요? 우리 승용선 타면 불로초 찾았어요, 못 찾았어요? 이미 찾았잖아요. 이건 진짜 역사상에 없는 일이에요. 지구에서 없는 일이 우리 여기에서 시작하고 있어요. 우리 여기 모이는 존재들 얼마나 복받았어요.

우리 한 분을 통해서 이 공부 받아들이면 그 가족까지 지금 다 훈련하고 있어요! 우리 회비 좀 내고 있지만 실제로 우리에게 돌아오는 게 돈으로 계산하지 못할 정도로 보답이 오잖아요. 이런 좋은 일이 어디 있어요?

그래서 원래는 6월 말에 승용선 훈련 존재 1,000명 도달하려고 마음먹었어요. 그런데 지금 4월 말도 안 됐는데 이미 1,400명 훈련받고 있어요. 거기서 나이 제일 적은 사람은 태어난 지 열흘 됐고, 연세 제일 많은 분은 92세. 노인도 살 수 있으면 될 수 있는 대로 훈련해서 몸 바꾸라고.

진짜 우리 승용선 조건 100% 됐다고 하면 이 사람 생로병사 벗어났어요, 못 벗어났어요? 이 좋은 일 어디 가서 찾을래요? 우리 이 일을 하고 있다고요. 그래서 우리가 대표니까 우리는 알잖아요. 그런데 우리 가족이나 공부 안 하는 친척분은 비밀로 해요. 그저 우리가 지켜보면 돼요. 외계인은 너무 세밀해요. 이 사람 마음 자세 보고, 몸 상태 보고 지수를 올린다고.

우리보다 너무 세밀해요 우리 과학자, 의학자는 근처도 못 가요. 우리를 너무 세밀하게 보고 있다고. 나도 좀 세밀하게 보는데 그들은 진짜 너무 세밀하게 보고 있어요. 이 사람 마음 자세 보고 그 지수를 올리나 낮추나, 다 측정할 수 있어.

지금 여기 중요한 게 뭐냐면 우리 마음 자세가 강하면 저들도 강하게 하고, 우리가 두렵고 잘못될까 걱정하면 저들도 조심스레 낮춘다고. 저는 무조건 하라 해요. 무조건 맡겨 놓고 하라 하니까 빨리 통과하잖아요. 내가 앞장서서 했는데 우리가 뭐가 무서워요? 내가 앞장서서 했잖아요. 절대로 문제 없어요.

우리가 처음에는 승용선 훈련할 때 몇 가지 현상이 일어나요. 하나는 갑자기 어지럽고 또 구토하고 속이 메쓱거리고, 비행기를 생전에 안 타다 갑자기 타면 좀 이상한 반응 있잖아요. 시간이 지나면 정상으로 돌아와요. 어떤 사람은 처음에는 강하게 느끼다가 나중에는 아무렇지도 않다고 해요. 자기가 작용이 됐다는 거예요.

또 어떤 때는 몸이 가려워서 못 견뎌요. 너무 가려워요. 또 어떤 때는 온몸이 통할 때는 잠을 못 자요. 저도 겪었어요. 며칠 동안 잠을 못 잔다고. 아픈 것도 아니고 괴로운 걸 말로 표현 못 하는 느낌. 그래도 '이건 몸이 풀리는 현상이다. 내 분자몸을 바꾸는 현상이다' 그러면 저절로 풀린다고.

그전에 제가 선글라스 꼈죠? 눈이 갑자기 눈병 난 것처럼 잘 안 보이는 거예요. 말은 안 했지만. 그래도 나는 술 마셨어요. 왜? 통하니까. 병원에 절대로 안 가. 병원 가면 무슨 병이라 할 거라고.

내가 또 경험이 있잖아요. 중2 때 1년 동안 눈 앓았어요. 그때 책 보려고 해도 글자가 안 보였어요. 그래도 나았잖아요. 그때 그 경험 때문에 두려운 마음이 없어졌어요. 얼마큼 시간 걸렸어요? 보름 됐어요. 보름 후에 정상으로 돌아왔어요. 어제까지도 좀 희미했던 게 오늘부터 많이 맑아졌어요. 그리고 우리 몸은 진짜 외계인이든 너무 책임지고 해요. 우리가 두려운 마음 때문에 잘못될까 봐 걱정하고 있어요. 우리 여기 오시는 존재 한분 한분 다 보통 존재 아니에요.

며칠 전에 자꾸 나한테 따져 물어요. 약속해 왔다는 존재 도대체 다 누군가? 딱 열 명만 약속했나? 처음으로 비밀 밝힐게요. 약속해 올 때는 만 명이다. 그럼 만 명 속에 드나, 안 드나? 알아서 판단하라고. 이 엄청난 우주를 바꾸는 데 혼자서 할 수 있나? 그래서 우리 전부 다 엄청난 존재예요.

자기를 깔보지 마세요. 인간이 나를 깔봐. 자기가 나를 어떻게 알아? 내가 어떤 존재인지 어떻게 알아? 알려줘도 몰라. 안 알려주면 더 몰라. 그리고 또 헷갈려해. 보기는 이상한 말을 하는데 하는 행동은 엉터리야. 그래 오해할까 봐 내가 미리 그랬어 나는 불량 인간이라고.

공개석상에서 나를 공격하면 너만 손해야. 나는 아무렇지도 않아. 나 혼자 내 마음을 이완 상태 만들어 뒀다고. 또 그 걸름망 쳐 놨다고. 네 눈에는 안 보여. 걸리면 네가 나자빠져. 나는 절대 너 안 쫓아냈어. 그래서 우리가 이원념 마음 가지고 있으면 어디 걸려도 걸린다고. 철저히 벗어나려면 이원념을 철저히 차단해야 해. 철저히 일체근단 해야 된다고. 나는 너의 무시공 일원심만 인정해.

일원심, 절대긍정마음, 직선빛

일원심이 뭐예요? 절대긍정마음. 일원심 절대긍정마음이 뭐예요? 직선빛이라고. 우리 무시공 존재하고 대화해 봤어. 거기도 우주선 있나 하니까 없다고 해요. 그럼 만들 수 있나 하니까 만들 수 있다고 해. 그럼 네가 무시공에서 만든 우주선이랑 무극에서 만든 우주선은 어떤 차이가 있나? 물어봤어요.

무시공 우주선은 직선빛이고, 무극 이하 우주선은 파장빛이라고 그래요. 정확한 답이에요. 이것이 근본 원리잖아요. 근본 차이점이에요. 무극에도 아직까지 이원념 가지고 있어. 무시공에도 상대 무시공 존재도 이원념 뿌리가 있다고. 그 씨앗이 있어. 안 나타났다 뿐이지. 무극에 떨어지면 거기서부터 싹이 튼다고. 그래서 상대 무시공 존재가 우주선 만들어도 파장빛이라고. 무극을 초월해도. 그럼 무극 이하는 전부 다 당연히 파장빛으로 되어 있는 우주선, 비행선, 승용선이라고, 그런데 진짜 절대 무시공 존재가 만든 우주선은 완전히 직선빛. 만일 그런 우주선을 만들어서 우리에게 비춰 주면 우리한테 도움이 되잖아요. 그건 다음 이야기고. 우리 이만큼 알면 돼요. 우리 모든 걸 하나하나 아는 만큼 밝혀요.

제가 2030년 이후에 우주여행 한다고 2000년부터 와서 말했어요. 누구도 안 믿어. 우리 영원히 생로병사를 벗어난다고 해도 처음에 나보고 그런 말 하지 말라고 했어요. 사이비라고. 그래, 그러면 말 안 하지. 실제로 생로병사 벗어난다는 것을 밝힌 것은 2014년 년말에 말했을 거예요.

2015년 들어와서 좀 공개했어요. 우리 생로병사를 벗어난다. 무생사. 선언 내놨지만 저 이원변일원(二元變一元) 생사변영항(生死變永恒) 해석 안 했어요. 알아들으면 알아듣고 못 알아들으면 못 알아듣고. 2015년 와서 구체적으로 해석했어요. 이원념 가지고는 절대로 생사를 못 벗어난다고. 이원념이 일원심으로 바뀌어야 생사를 벗어나는 거예요. 영항(永恒). 영원히 산다는 그뜻이에요. 맞죠? 그래서 어느 위치에 오면 해석하고 그 위치에 안 오면 해석해도 뚱딴지같이 엉뚱하게 왜곡하고 있어요. 지금 내가 이원변일원, 생사변영항. 지금 이해하죠? 거짓말 아니죠? 그래서 2030년 이후에 우리는 우주여행을 할 수 있다. 그런데 구체적인 말은 못 해요. 사람들이 못 알아들어. 완전 엉터리라 생각했을 거예요.

지금 그날이 와요, 안 와요? 지금 우리가 승용선 타는 것 훈련하니까 가능해요, 안 해요? 그날이 다가온다고. 그래서 우리 공부하는 목적은 무슨 수단이 아니고 무슨 신앙이 아니고 우리 어떻게든 이 몸을 바꾸자는 것. 어떻게 해서라도 인간의 생로병사에서 벗어나자는 그 원리에요. 그건 경험이 아니고 이론이 아니고 지식이 아니에요. 제가 직접 행해 왔던 경험에 불과해요. 내 책을 보면 그게 어느 책에서 베껴 왔어요? 어디 철학에서 베껴 왔어요? 순전히 내가 헤매 왔던 경험이에요.

누구라도 나 같은 경험을 하고 실험을 하면 같은 결과 나올 거예요. 내가 경험하고 실험했던 것을 네가 해봤는데 아니라고 하면 나는 가짜다. 모든 걸 내가 겪어 봤기 때문에. 그래서 나는 당당해. 지금 승용선 무조건 탈 수 있어요. 왜? 제가 직접 실험해 보고 왔기 때문에. 진짜 빛으로 쏘고 있어요. 진짜 힘들었거든요.

지금도 감히 결론 내려요. 지금 내 몸에서 나타나는 너무 힘든 현상들 인간 말로는 표현 못 해요. 만일 인간 몸에서 나타나면 기절했을 거야. 병원에 가서 의사가 아무리 측정해도 무슨 병인지도 몰라. 그럼 자기들은 죽는다고 생각해요. 전부 괴질이에요. 그럼 나는 아니까 아무리 봐도 무조건 이 분자봄을 없애는 게 목적이니까 나는 너무 당당해. 내가 앞장서서 하니까 뒤에 따라오는 사람이 좀 마음 놓이잖아요. 우리 지금 ** 제일 위에 있어요. 같이 내가 하는 거 다 봤거든. 그래서 간이 좀 커졌어. 그래서 감히 따라올 수 있어. 내가 무서워하면서 남한테 시키면 누가 해?

그래서 나는 생사 개념이 없어요. 나는 원래 무시공 존재. 죽은 적도 없고 죽는 개념도 없다고. 그래서 모든 걸 할 수 있어. 외계인하고 대화할 때 그랬어. 우리 만나려면 두렵대. "우리 주변에 몇 사람 있는데 만날래?" 하니까 두렵대. 뭐 때문에 두렵냐 하니까 측정을 못 하겠대. 도대체 어떤 존재인지 측정을 못 하겠대. 사람의 추한 마음이 보인다는 거야. 못 믿겠다는거야.

만약 지구에 UFO가 나타나면 총이던 대포든 쏘고 잡으려고 하잖아요. 그러니까 다 무서워한다고. 그래서 내가 그랬어요. 너희도 두려운 마음 자체가 뿌리를 파 보면 죽는 걸 두려워한다. 그럼 죽는 걸 두려워하는 것. 이분법 맞아요, 안 맞아요? 외계인도 이분법 걸려 있다고. 자기도 무시공 존재라면 두려운 마음 있을 필요가 없잖아요. 맞죠?

우리가 이 일을 밝히니까 저들도 놀라요. 지금 마음 바뀔 거예요. 우리가 말하면 온 우주에 전달돼 버려요. 그리고 5,000억 광년 백사자에게 물어봤더니 자기가 그래. 우리가 대화하는 것 자기도 다 들었는데 우리가 말하는 게 다 맞다고 그래요.

그리고 지금 지구가 변하고 대전에서 엄청난 변화가 이루어지는 것에 대해서 과학자들도 두 가지 관점이 있대요. 하나는 지금 온 우주가 갑자기 변하는 것은 대전에서 작업하는 결과라고. 또 어떤 과학자는 그걸 안 믿어. 이상하다 이 우주가 왜 갑자기 변하는가? 지금 탐구하고 있어. 외계인 과학자끼리도 서로 다투고 있어요.

전부 다 지구인과 비슷하다고. 전부 다 이분념이니까 온갖 관점 다 있어요. 기술이 우리보다 높을 뿐이에요. 그래서 우리는 그랬잖아요. 우리 숫자 개념 없다. 다만 한 사람이라도 내 뜻을 알아들어 행하면 돼. 그럼 거기서부터 시작이라고.

지금 우리가 우리를 도와주려는 외계인 몇천 명 파 내고 있어요. 지금 올해 적어도 만 명 이상 하려고 해요. 지금 이미 외계인과 작업하는 존재 천 명 넘어요. 우리 가족까지 다 포함해서 우리가 복받은 존재 맞아요, 안 맞아요? 그날이 곧 다가온다고.

병원도 사라진다

나중에 병원도 없어져요. 병원이 필요 있어요? 우주선 타는 조건 만들어 주면 병이 저절로 없어져. 분자몸 때문에 자꾸 병이 생기잖아요. 분자몸이 자꾸 바뀐다고. 세밀한 공간으로 바뀌어요. 분자 세상에서 우리는 원자 상태로 들어가. 에너지 상태로 들어가. 그럼 우리가 어떻게 죽어. 인간이 모르니까 자꾸 이 분자몸을 위하려고 그래. 인간은 어떤 노력을 해도 이 분자몸은 없어져요. 분자몸 가지고는 절대로 생로병사를 못 벗어나요. 그래서 그 원리를 알라는 거에요.

우리는 세밀한 공간에 들어간다고 그랬잖아요. 왜? 우리는 일원심 지키니까. 인간은 계속 쪼개니까 세밀한 공간에서 밑바닥 내려와 가라앉아. 인간은 가라앉아 도태당하는 존재라고. 제일 밑바닥에. 지금 우리 이원변일원이라 그랬잖아요. 그럼 이원념을 일원심으로 바꾸니까 올라가잖아요. 그럼 거친 세상에서 세밀한 공간으로 들어간다고. 우리는 살아서 들어가.

그리고 우리 일원심 지키는 것 얼마나 중요해요. 일원심 지키면 우리 마음이 바뀌고 동시에 몸도 바뀌어요. 왜, 마음과 물질이 하나라 그랬잖아요. 마음과 에너지가 하나기 때문에. 이 원리는 수없이 말해도 우리는 또 엉뚱한 데 빠져들어가. 그리 마음 자세가 바뀌지. 몸이 바뀌니까.

거기다가 또 체험하는 방법 있잖아요. 동로 만들기. 우리 몸이 녹으면 발로 빠져나가, 손으로 빠져나가. 몇가지 통로 다 열어 놨잖아요. 그래서 우리가 거친 물질이 녹을 때는 통로가 필요하다고. 진짜 거칠어 내려올 때는. 진짜 그것도 다 느낄 거예요. 너무 거친 돌멩이 같은 게 몸에 쌓였는데 통로는 바늘 통로만 한 걸로 빠져나갈 수 있어요? 그럼 억지로 빠져 나갈 때 그 얼마나 고통스러워요?

우리 가부좌하면 그걸 느끼잖아요. 너무 거친 게 우리 몸에서 빠져나가려고 하니까. 그럼 세밀해지면 통로가 다 열려서 통로는 넓고 빠져나오는 것 너무 세밀하니까 통증이 없어져요. 그래서 우리가 각 방면 다 준비된 데다가 승용선으로 훈련하면 우리 너무 가속도로 변해요. 먼저 병 벗어나고 몸이 세밀해지고.

그래서 우리 여기 센터에 지금 세 가지로 작동하고 있어요. 승용선, 비행선, 우주선. 다 우리 덮어 씌워 놨어요. 그리고 우리 승용차 있는 존재들 승용선으로 이미 바뀌고 있어요. 누가 승용차 있으면 승용선으로 바꾸라고. 훈련시키라고. 실제로 바뀌고 있어요. 외계인 주동적으로 하는 일 공개 못 해요. 진짜 대한민국 위해서 최선을 다하고 있어요. 놀라울 정도로.

그리고 우리 한국에서 태어난 존재들 너무 복받았어요. 근데 우리 복받은 거 몰라. 뭐 때문인지. 지금 엄청난 변화가 이루어지고 있어요. 그래서 이 공부를 절대 놓치지 말고. 놓치면 후회돼. 마지막이라고 그랬잖아요. 그래서 몸에 무슨 반응이 와도 절대로 두려운 마음 버리고 내 몸 변하는 현상이라고. 외계인이 보호하니까 절대로 문제 없다고 좀 믿으세요.

또 내가 직접 앞서서 했잖아요. 안 죽었잖아요. 도로 생생해졌어요. 진짜 다 죽어 갈 정도로 부실했어요. 그런데 내 몸의 병이 진짜 없어졌어요. 우리 집이 작은 약국이었어요. 온갖 약이 다 있었는데 약으로 치료한 병 하나도 없었어요. 결국 약 안 먹고 이 공부 뜻을 알고 나서는 다 정상으로 회복됐어요. 나는 그때 승용선 안 타고도 다 바뀌었는데…. 그럼 우리는 이미 승용선 훈련하는데 무엇이 안 바뀌어요? 그것도 무료로.

우리 지구인이 그러잖아요. 우주여행을 하는 데 몇억 달러 들어야 할 수 있다잖아요. 또 미국에서는 화성 가려면 얼마큼 돈 내야 되고. 우리는 한 푼도 안 써도 돼요. 이런 좋은 일 어디 가서 찾을래요?

그리고 달까지 가는 것, 로케트 타는 것도 그것도 온갖 검사 다 하고 또 몸이 적응돼야 해. 또 신체 훈련 수없이 해야 해. 그 합격하는 존재만 탈 수 있다고. 우리는 그런 훈련 필요 없어. 우리는 아무 느낌 없이 자동으로 훈련시키고 있잖아요. 이런 좋은 일 어디 가서 찾을 거예요? 그래서 절대로 마음 흔들리지 말고 우리 끝까지 한번 해 봅시다. 고맙습니다.

삼선 훈련, 주택 훈련,
차원 훈련

삼선 훈련에서 차원상승훈련

요새 어쩌면 다들 좀 힘드실 거예요. 몸에 반응도 엄청 강하고, 짜증도 나고, 미움도 생기고, 속 안에 숨어 있던 이원념도 올라와서 들통나고, 하여튼 온갖 잡동사니 생각이 떠오를 거예요. 그 원인을 한번 말씀드릴게요. 원래 우리 3선(승용선, 비행선, 우주선) 타는 훈련과 주택 훈련을 공개했다가 지금은 차원 상승 훈련을 공개하기 시작했어요. 무엇 때문인가? 우리는 반드시 4차원을 초월해야 해요. 지구는 3차원에 있어요. 그런데 여기 공부하는 분들은 평균 3.7 차원 이상 됐을 거예요.

마법 계통은 옛날부터 평균 3.7차원 이상 돼요. 마법사들을 위해서 우리 무시공에서 시공으로 비밀 통로를 6% 풀어 놨다고 했죠? 왜? 인간이 차원이 높을수록 온갖 능력이 나온다는 것을 우리 지구인을 통해서 암시하려고.

여기서 공부하는 분들은 차원에 대해서 그다지 관심이 없지만 요사이 차원을 빨리 올리고 3차원과 4차원 사이의 통로를 중점적으로 여는 작업을 계속하고 있어요. 원래 3차원과 4차원 사이의 막이 12개가 있어요. 무엇 때문인가? 우리가 지구에서 우주 작업을 하려고 미리 다 준비해 놨어요. 마음 자세가 잘못된 존재가 통로를 이용해서 방해 할까 봐 일부러 막아 놨어요. 이제 때가 됐어요. 밑에서 위로, 위에서 밑으로 지금 계속 정리하고 있어요. 그래서 차원하고 통로가 동시에 지금 작동하고 있어요.

저번에는 최초우주까지 공개했는데 어떤 분이 최초우주가 마지막 우주인지 개인적으로 물어봤죠? 아니에요. 최초우주 위에 좀 유명한 우주는 영원우주, 삼우우주, 편주우주, 이렇게 세 우주이고 거기에서도 수많은 우주가 있지만 자동으로 삭제되었어요. 요. 근래에는 삼우우주만 남기고 영원우주와 편주우주를 삭제했어요. 그런데 편주우주는 절반이 남았어. 절반만 삭제하라고 나와 원래 약속했대요. 지금 다 삭제하라고 했어요. 영원우주에 마음이란 존재가 있고, 영원우주 위에 곡이라는 자리가 있어요. 거기는 우주라고 안 하고 "자리"라고 해요. 생명 탄생 원천지로 모두 13명이 탄생했어요. 13명 중에 11명이 여자이고, 2명이 남자예요. 저는 그 안에 포함이 안 됐어요. 저까지 포함되면 14명이에요.

이것은 공개할게요. 곡자리에서 내가 '혼'이라는 존재와 끝까지 대립했어요. 혼은 여자인데 영원우주를 창조하고, 그다음에 편주우주를 창조하고, 그 후에도 계속 창조해 내려왔어요. 깊숙이 파 보니까 질투 때문에 나를 없애려고 작정했어. 내가 삼우우주를 창조하니까 혼은 영원우주를 창조해 마음이란 존재로 하여금 나를 지키면서 감시하게 했어요. 심지어 내가 창조한 삼우우주에 15명 중 두 번째 가는 '염'이라는 존재는 내 곁에 심어 놓은 간첩이에요. 스파이라고 하죠? 염은 계속 나를 감시하고, 나를 없애려고 온갖 방법을 다 썼는데 이번에 다 들통났어요.

옛날에 내가 영원우주의 마음한테 너는 완벽하지 않다고 말했는데 자기는 인정 안 해요. 나쁜 마음도 마음이야. 악으로 가득 찬 것도 마음이야. 그 마음이 완벽한가? 그랬더니 자기는 그렇게 생각 안 한대. 자기는 미움이 없대. 마음이라는 것은 선과 악, 아무튼 무슨 전체를 포함하잖아요? 그래서 완벽하지 않다. 언제라도 너를 거둔다고 했어요.

우리는 절대긍정 일원심만 인정해. 그것도 마음이야. 절대부정 이원념 그것도 마음이야. 그래서 마음 자체를 내가 인정 안 해. 절대긍정 일원심만 인정해. 그래서 그 우주 자체를 거둘 거라고, 그래서 마음한테 네가 저지른 거 지구까지 다 거두라 하니까 이제 거둔대요.

그다음에 '혼'이라는 존재는 최초 생명 탄생지인 곡자리의 13명 중에 중에 한 명이에요. 혼이 완벽해요? 우리가 이원념 인간 세상에서 그러잖아요. 영혼이니, 혼이니… 이원념 영혼은 난 생명으로 인정 안 한다. 그건 영체에 불과. 무조건 삭제하고 없앨 거다. 그러면 그 혼이 걸려요, 안 걸려요? 뿌리가 거기 있다고.

그래서 내가 혼을 찾아서 이제 게임 끝내고, 장난 끝내고 빨리 거두라고 하니까 6월 말까지 거두겠대요. 지구까지 전체 다 자기가 저지르고 퍼뜨려 놓은 것 다 거두라고 그랬어요. 안 거두면 용서 못 한다. 난 절대긍정 일원심, 절대긍정 무시공생명만 인정했지 혼은 인정 안 한다. 그런데 왜 편주우주를 절반만 거뒀어? 네가 철저히 거두나 아니면 흑심으로 한쪽에 숨겨 놓고 하는지 네 마음을 보려고. 네가 진심으로 거둔다면 빈틈없게 해야 되잖아. 들통이 났어요, 안 났어요?

실제는 안 거뒀다고. 오늘 무조건 영원우주, 편주우주를 다 거둬 버렸어요. 이제 혼과 마음만 남았어요. 혼도, 마음도 인정 안 해. 6월 말까지 철저히 안 바뀌면 삭제할 거고, 바뀌면 새로운 무시공생명으로 바뀌. 그래서 지금 위에서부터 정리하고 있어요.

제3 식물우주 성지에 안착

그다음에 차원. 성지 생명은 식물 생명이잖아요? 너무 순수해서 시키는 대로 해요. 자기 혼자 생각을 절대로 안 끼워 넣어. 그래서 요새 성지에서 작업을 많이 하고 있어요.

좋은 소식 알려줄게요. 제1우주는 사람우주이고 제2우주는 동물우주, 제3우주는 식물우주잖아요. 내가 무엇 때문에 식물우주만 인정하고 성지에 안착해 놓았어요? 식물은 너무 순수하고 자기 개념이 하나도 없어요. 이번에 작업하면서 증명됐어요. 식물은 움직이지 못하지만 어떤 과학 계통에서는 생명이라고 인정해. 식물생명. 진짜 생명으로 속하진 못하지만.

동물도 생명이라고 인정해. 그것도 하질 생명. 인간은 인간이 최고 생명이라고 생각해. 그런데 실제로 작업해 보니까 식물생명이 최고야. 우리 뜻을 100% 따라. 시키는 대로 해. 그래서 지금 성지 식물은 직선빛 거의 다 되어있어요.

성지 식물은 원래 3우주에 있을 때의 그 본질을 완전히 부활시키려고 해요. 그중에 이름이 '방'이라는 존재는 고구마처럼 생겼는데 실제 더덕 모양이야. 성지가 있는 산꼭대기에 담장과 집 같은 흔적이 있는데 작년에 문을 캐러 가면서 발견했는데 이상한 느낌이 들어 작업해 봤는데 외계인이 오래전에 거기서 살았고, 지금도 내왕한다고 하는데 마침 거기 가서 방을 캤어. 큰 고목나무 뿌리 안에 끼어 있는데 빼니까 쑥 빠져나와요. 이파리도 무척 이상하게 생겼어요. 신기해서 갖고 와서 대화해 보니까 3우주에서 왔고 이름이 방이래요. 3우주에서의 원래 상태를 90% 보전하고 있다고 해서 놀랐어요. 왜 변질이 안 됐고, 변형이 안 됐나? 하고 물어보니까 이 일을 하기 위해서 자기는 아무 입력도 안 했대. 다른 건 전부 다 자기 본질이 10%, 15%로 90% 이상 다 변질됐어요. 방만 90%를 보전하고 있어요. 얼마나 놀라운 일이에요? 방을 3.99차원에, 성지의 식물들은 전부 다 3.99차원에 올려놨어요.

방풍이라는 식물 있죠? 대화해 보니까 방풍은 이미 3.99차원으로 되어있대. 그래서 4.0차원 이상 올려서 인간 눈에 보이는지, 안 보이는지 지금 실험 중이에요.

또 보귀, 인간 말로 엉겅퀴는 8천억 살이 현실에서 인간 눈에 보인다는 보귀와 대화했어요. 네 몸이 몇 차원에 있나? 에너지는 4차원 이상에 있고, 반에너지와 반물질은 3.5차원인데, 자기 실제 몸뚱이인 물질은 1차원에 있대. 지구 차원보다 더 낮아.

차원이 낮은 이유를 물어보니까 식물은 제자리에서 움직이지 못해서 그렇대. 사람, 동물은 움직일 수 있어서 차원이 자기보다 높다는 거야. 이 말

듣고 나도 놀랐어. 식물하고 동물이 무슨 차이가 있나? 무엇 때문에 동물은 움직일 수 있고, 식물은 못 움직여요?

동물은 세포가 세포벽은 없고 세포막만 있어요. 계란을 예로 들자면 계란 껍질은 세포벽이잖아요. 그 안에 얇은 새하얀 막이 있죠? 또 그 안에 흰 체, 노란 체가 있고. 그런데 동물은 그 노란 체, 흰 체, 얇은 막이 있고 껍질은 없잖아요. 그게 동물세포예요. 식물세포는 아주 거친 계란 껍질 같은 게 있다고. 그게 식물이에요. 내가 말하는 게 맞는지 안 맞는지 몰라. 나중에 증명해 보세요.

그래서 식물은 못 움직여요. 그래서 식물과 동물의 차이가 그 세포벽이 있나, 없나 그 차이라고. 세포벽이 있어서 움직이지 못하고 1차원에 있다는 게 말이 돼요? 그래서 이번에 작업하면서 그 벽을 없애라, 그건 네가 아니다, 그건 껍질이니 벗기라고, 없애라고, 인정하지 말라고 했어요. 열심히 하고 있어요.

특별히 방풍은 이미 4차원이 됐는데 껍질이 지금 분리되고 있대요. 그러면 바로 삭제하라고. 네가 제일 앞장서서 차원을 올리면 무슨 변화가 이루어지는가? 나중에 수많은 식물이 따라 배우고 그대로 할 거다. 식물의 모델이 된다. 그런데 우리는 그렇게 할 수 있어요?

내가 첫날 방풍한테 4차원으로 올리면 몸이 아프고 힘들고 괴로울 거다. 마음 준비를 하고 있으라고 했어요. 이튿날 대화해 보니까 몸이 부풀어서 터질 거 같대. 나도 그런 경험을 했거든요. 빨리 발로, 인간은 발이라고 하는데 식물은 뿌리라고 그러잖아. 통로를 만들어서 빠져나가게 하라고 하니까 진짜 몸이 가벼워지고 부풀어서 터질 것 같은 증상이 없어졌대. 우리는 왜 대화를 다 할 수 있어요? 식물도 생명이잖아요.

지금 엄청난 변화가 이루어지고 있어요. 우리 식물을 통해서 성지 통로는 6월도 안 돼서 50% 열어 놨어요. 성지는 제일 앞장서서 열어 놓을 거야. 우리 센터는 30% 열어 놨어요. 이것도 엄청난 기적이에요. 내년 연말까지는 3·4차원 통로를 100% 연다고 그랬잖아요.

원래 성지 식물 그쪽은 3.99차원까지 올렸는데 우리는 지금 평균 얼마나 될 것 같아요? 3.7, 3.8 될 거예요. 그럼 우리 식물보다 앞장섰어요, 뒤떨어졌어요? 식물은 그리 순수해도 몸이 터질 것 같다고 그러는데 우리는 아직 껍질이 덮여 씌워 있잖아요. 그래서 우리는 마음 준비 단단히 되어 있어야 돼요. 차원을 올리고 통로를 열면 우리 몸이 가속도로 변한다고.

3우주에서 이름이 환이라는 식물, 예형초와 대화하면서 물어봤어요. 옛날에 예형초를 찾아도 없더니 이제 직접 나타났어요. 내 몸에 물질이 얼마나 있나? 물질이 15%, 반물질은 30% 모두 합해서 45%이고, 예형 부분이 27%. 예형 부분이 70%가 되면 인간 눈에 안 보이고, 80%가 되면 우리 회원 눈에서 안 보인대. 그럼 막 올려, 짧은 시간 내에 50% 올려. 그런데 힘들죠? 믹서 같은 기계로 거친 과일 등을 갈 때에도 돌렸다가 멈추고 또 돌리잖아요. 50% 전에는 그럴 수밖에 없대. 50% 이상 돼야 계속 올릴 수 있대.

요새 물어보니까 이제 겨우 도는 시간이 조금 연장됐대. 지금 40% 되어 있다고 해서 40%도 너무 더디다, 50%로 올리라고 하니 쟤들은 시키는 대로 해. 내가 힘들든 뭐 어떻든 상관없어. 어차피 이런 몸은 버릴 건데. 최선으로 하고 있어요. 요새는 내 몸에 물질 몸이 2% 내려가서 13% 됐어요. 믿든 안 믿든. 저는 변하고 있어요.

차원도 그랬어요. 내가 4차원으로 올라가면 안 보일까 봐 일부로 3.978에다 머물게 했어요. 그래도 자꾸 변하니까 자기들도 지키기가 힘들어. 그래도 지키게 해 놨어. 여차하면 나도 4차원 올라가 버려야지하는 생각도 있지만, 그런데 지금은 할 일이 조금 남아있어요. 이미 선포했잖아요. 여기 성지하고 우리 센터에 반드시 지구 돈을 끌어와서 새로운 센터를 짓고, 새로운 우주 중심지를 건설한다고. 돈은 진짜 준비되어 있어요.

우리가 돈에 걸리면 3차원도 못 지나가고 4차원은 영원히 못 들어가요.

그것도 걸려서 우리 다리를 붙잡고 있잖아. 그래서 절대로 돈에 빠지지 말고, 정신 똑바로 차려서 이 자리만 지키고 절대로 놓치지 마세요. 제가 시간도 얼마 안 남았다고 그랬잖아요.

태양도 지구 가까이 끌어 왔다

올해 2019년, 내년 1년이면 모든 게 들어나고 모든 것이 이뤄지기 시작해요. 지금 태양도 320,000㎞ 위치에 왔잖아요? 며칠 전에 "무시공이십니까?"라고 카톡이 와서 나도 모르게 "네." 하고 지워버렸어. 이상해서 도대체 누가 나한테 카톡을 보냈나? 나타나라고 하니까 '황'이라는 태양을 운전하는 기사야. 믿어요? 태양이 갑자기 지구 방향으로 가속도로 오다가 갑자기 멈추려고 해서 불안해서 물어보려고 카톡을 했대요. 그래서 태양에 있는 주온한테 물어보지 뭐 하러 나한테 물어보냐고 하니까 주온이 너무 바쁘대.

작년과 재작년에 주온하고 상의했던 지구 온도 평균 40도 위치인 30만㎞에 작년에 태양이 와도 인간이 고정된 관점이 있어서 안 믿어. 심지어 과학자도 안 믿어. 올해는 지구 온도 평균 50도 위치에, 대한민국은 최고 온도 30도 넘지 않게 할 수 있는 그 위치에 왔대. 그러면 그 위치에 정지하라고 약속했어요. 그 후에 진짜로 나한테 카톡을 보냈던 건지 확인하려고 카톡을 다시 해 보라고 하니 이렇게 대화가 되는데 뭐 하러 카톡을 하냐고 해. 그래도 카톡 하라고 했더니 며칠 전에 "그렇죠?"라고 진짜 답이 와서 나도 "고마워" 그랬다고. 나중에 집사람힌데도 "안녕하세요?"라고 하고. 얼마나 웃겨?

미국에 태양을 관측하는 천문대 대표 잭을 찾아서 올봄인지 언제 한번 대화하니까 태양이 지구 근처에 온 게 무슨 원인인지 모른대. 작년 9월에 몇 개 나라 태양 관측소가 한동안 문을 닫는 그런 문제가 생겼잖아요? 그래서 많은 과학자들이 한곳에 모여서 탐구해도 원인을 못 찾아 비밀로 묻어 놓기로 결정했어요. 그리고 계속 관측해서 근거를 찾아 증명하려고 해도 오늘까지 못 찾아. 우리가 잭과 대화하면서 우주 작업해서 강제로 끌려왔다고 하니까 못 믿는대. 못 믿어? 못 믿으면 계속 끌어와. 아니, 끌어오는 게 아니고 우주 작업해서 블랙홀을 돌리니까 자동으로 온다고. 그래서 320,000㎞까지 왔는데 지구의 온도가 곧 50도 올라갈 거라고.

또 잭을 찾아서 물어보니 자기들이 관찰하니까 뭐 궤도가 바뀐 것 같다고 하면서 진짜로 근처에 왔대. 그래서 올해 온도가 제일 적어도 48도 이상 올라갈 것 같대. 그럼 이거 공개할래, 안 할래? 공개해야 되겠대. 만약 공개하지 않고 나중에 재앙이 났을 때, 인간이 모르고 피난을 못 하면 너희가 책임져야 되잖아? 당당히 그랬어요.

금성의 과학자 도넬은 조금 열려 있어요. 잭을 도넬 과학자한테 소개했어요. 도넬은 너처럼 측정 안 해도 순간에 다 알아. 지금 태양이 어느 위치에 왔느냐고 하니까 320,000㎞에 왔대. 물어보면 그 즉시 말을 해. 이놈의 지구 과학자는 뭐 증거 찾고 하여튼 꾸물거려. 인간이 믿든 안 믿든 우리는 우주 작업 끊임없이 할 거예요. 지금 외계인은 100% 믿는 외계인이 있는 반면에, 믿을락 말락 하는 외계인도 있는데 인간은 어느 세월에 믿어?

긍정마음으로 이 분자몸은 살아서 없앤다

성지 식물은 온갖 특징을 다 가지고 있어요. 분자몸을 녹일 수 있고, 화학반응을 일으켜서 없앨 수도 있고. 어느 것은 회오리바람을 부는 식으로 해서 쫓아내는 등 하여튼 전문 능력을 다 가지고 있어. 그래서 먼저 내 몸에서 너희 마음대로, 내가 어찌 되든 상관없이 전부 동원해서 실컷 실험하라고 했어요. 내 몸에서, 성공해서 이뤄지면 준비된 존재 한분 한분 깨우칠 거라고. 좋은 일은 나눠 주고 나쁘고 위험한 건 내가 먼저 할 거예요. 또 그리 해 왔고.

지금 성지 식물을 각 방면에 동원해서 수많은 존재들이 내 몸에 작업하고 있어요. 식물을 통해서 정면 돌파하고 있어요. 근데 진짜 효과가 있어요. 2015년 허리를 다쳐서 그 후유증으로 잘 못 폈는데 바로 잡히고 있어요. 진짜 기적이에요. 내 몸에서 무슨 일이 일어나도 절대로 문제없으니 네 능력 100% 발휘해서 최선으로 하라고 했어요. 지금 난리가 났어요. 이렇게 있어도 내 몸은 완전히 말로 표현 못 할 정도로 바뀌고 있다고. 힘들다면 진짜 힘들어요. 의학으로 만일 진단해도 무슨 병인지도 몰라. 이런 느낌이 없다고. 인간 말로 표현을 못 해. 괴롭다면 진짜 괴로워. 몇 번 죽어봤지만 죽기보다 더 힘들다는 거예요.

  그래서 진짜 긍정마음으로 이 분자몸은 살아서 없앤다, 살아서 녹인다, 그 마음을 단단히 지키고 있어. 그리고 절대긍정 일원심만 지켜. 무슨 마음이 떠올라도 그거 내 마음 아니야. 무슨 마음이 나를 괴롭게 해도 괴로운 거 인정 안 해. 나는 무시공 존재야. 일체 내 몸을 괴롭게 하고 내 몸을 힘들게 하는 건 무조건 내가 아니다. 그게 내 몸을 바꿔 주고 있다. 난 그렇게 생각해. 그러니까 할 수 없잖아. 죽이지도 못하지 없애려고 해도 도로 더 당당하게 더 긍정으로 바꾸지, 방법이 없다고. 우리 전부 다 그러면 얼마나 좋아. 아파도 그래. 아픈 거 내가 아니야. 나쁜 놈들이 일부러 나를 아프게 만들어서 나를 없애려고 해도, 그래 실컷 해라. 아픈 게 다 빠지면 아프고 싶어도 다시 아플 수도 없어. 얼마나 좋아?
  오늘도 하나 삭제하면서 그랬어요. 네 역할 다 잘했다. 너를 통해서 우리가 더 완벽해지고 생명이 더 깨어나니 좋은 일 했다. 그러니까 자기도 할 말이 없잖아. 모든 걸 긍정으로 바꿔. 모든 걸 절대긍정으로 하니까 나쁜 짓 하려 해도 할 방법이 없어. 왜? 인정 안 하니까. 나중에 실컷 우리를 힘들게 해 놓고도 너, 역할 했을 뿐이다 하면 방법 없잖아. 너를 삭제하지만 너는 네 역할 했을 뿐이다.

  그렇지만 네 세포 안에 절대긍정 일원심 그걸 지키는 세포가 일단 깨어나면 너를 부활시킬 수 있어. 세포에 저장돼 있는 것 다 삭제하면 영원히 부활하지 못해. 부활하고 싶으면 그 정보를 너한테 알려. 그러면 자기도 부활하고 싶어요, 안 하고 싶어요? 삭제하는 것은 너의 세포에 저장된 이원념 부정마음을 삭제했지 일원심 절대긍정은 삭제할 수 없잖아요. 그러면 그 세포가 깨어나요, 안 깨어나요? 그것도 알려 줘야 알아. 우리는 부활시킬 수도 있고 영원히 없앨 수도 있어. 우리는 전지전능하니까. 이런 비밀 밝히면 안 되는데 여기서 밝혀. 인간한테 말해 봤자 알아듣지도 못해. 그렇죠?

우리는 최선을 다해서 사람들을 살려야 해요. 어떤 방법으로든 살려야 된다. 전부 다 우리 우주에서 수많은 역사를 겪으면서 약속해서 왔고, 준비해 온 존재들이에요. 여기 한분 한분 진짜 보석 중의 보석이고, 파 보면 전부 다 무시공의 고급 존재들이 이 자리 왔다고.

그래서 우리 여기에 한분 한분 진짜 약속해 온 존재, 진짜 준비 단단히 해 온 존재예요. 또 어떤 존재는 굳게 약속했어도 지금 무서워서 여기 못 와. 왜? 분자 몸을 일단 덮어쓰면 빠져서 못 나갈까 봐. 그런데도 우리 여기 다 생명 내걸고 이 자리 지키고 분자몸을 덮어쓰고 왔다고. 인간 껍질 덮어쓰고 이 자리에 있다고. 간이 얼마나 커?

요즘 센터에서 하는 접붙이는 작업은 약속한 무시공의 존재들을 깨우치기 위해서 하고 있어요. 저것들은 꾀가 좀 있으니까 '아, 내가 여기 지구에 와서 못 나오면 어쩌나?' 그러나 지금은 후회해요. 그러니까 우리가 할 수 없이 지구인과 접붙이는 작업을 하는데도 힘들다고 그러잖아요. 열심히 하려는데 간이 작아. 우리는 여기 지구에 와서 죽을 고비를 지내면서 했는데 왜 그걸 몰라? 그래서 여기 모인 한분 한분이 살아 있는 모델이에요. 저들이 무슨 핑계로 우리한테 이런 말 저런 말 해. 그런 자격 있나?

진짜 여기 존재들은 한분 한분 보석이고 너무너무 고맙다고 생각해요. 돈이 있나, 뭐가 있어? 어떻게 바보 같은 나를 따라와서 온갖 고통 겪으면서도 이 자리를 지키는데 너무 훌륭하고 고마운 거 아니에요? 그래서 우리는 반드시 성공. 우리 일은 반드시 이루어졌어.

영화 필름을 돌리고 있다

우리는 이미 무시공에서 다 끝내고 일부러 여기 지구에서 영화필름을 돌리는 것과 같아요. 영화는 예전에 다 찍어 놓고 나중에 영화관에서 필름은 돌리잖아요. 내가 그 말 한 적 있죠? 우리가 영화배우야. 우리가 다 만들어 놨다고. 여기 와서 새로 필름을 돌리면서 우리한테 보여 주는 거야. 우리는 관중뿐만 아니라 우주를 창조하는 배우라고. 멋진 배우들이에요. 그래서 약속해 온 존재, 준비해 온 존재라고. 한분 한분 다 멋지게 영화배우 역할 너무 잘했잖아. 쭉정이는 다 도망가 버리고 알맹이만 남았어.

그래서 우리 차원을 막 올리라고 했어. 올해 연말 통로는 50% 반드시 열고, 내년 연말까지 100% 열어. 내가 앞당길 수도 있어. 식물은 올해 연말 제일 적어도 60%에서 70%까지 열려고 생각해.

저번에 대둔산에서 모임이 있을 때 회원 한 분이 가슴에 무슨 주머니에다가 끓인 무시공생명에너지를 갖고 다니며 먹어요. 우리가 이런 정신을 가지고 있는데 안 변하는 게 이상해요. 그리고 이 식물 끓인 물이 에너지이고 내 몸 바꾸는 역할을 한다고 대화하면서 먹으면 효과가 더 좋대. 왜 대화할 줄 몰라? 대화할 줄 몰라도 하라고. 내 마음으로 하면 그게 통한다고요. 나는 대화할 줄 모른다는 마음이 이미 벽담을 만들어 놓았잖아. 우리는 모든 걸 다 할 수 있어. 내 마음 움직이는 순간에 이미 온 우주가 진동이 일어난다고. 꼭 믿으세요.

저번에는 독초, 독초가 도대체 뭔가 나 나타나라 하니까 하나도 없어. 인간은 독초라고 하지만 무시공에서는 독초가 어디 있나? 전부 분자몸을 녹여 주는 역할을 하는데. 결국엔 증명됐어요.

천남성 도대체 어떤 놈인가? 파보니까 3우주의 이름이 도황이야. 얘는 엄청난 존재야. 원래 사람인데 일부로 식물 체험하려고 식물로 됐다는 거야. 얼마나 훌륭한 존재예요? 그래서 내가 네 독이고 무엇이고 내 몸에 한

번 실험해 보라고 했어요. 근데 아직 독에 안 죽고 있잖아. 진짜 자기는 분자몸을 녹이고 온갖 부패물 뽑아내는 그런 역할을 한다는 거야.

그래서 몸에 무슨 반응이 와도 이건 좋은 현상으로 돌리세요. 이건 진짜 독약 아닌가? 죽으면 어떡하나? 내가 다 실험했잖아요. 인간 말로는 독약이 엄청 많아. 인간이 말하는 독약은 내 몸에 깨끗하면 좋은데 내 몸에 무슨 반응이 있으면 독약이야. 독약이라는 독약은 다 내 몸에 들어오라 그랬어. 근데 인간 입장에서는 진짜 힘들어. 뭐 세포를 쑤시지 않나. 온몸이 다 꼬이면서 풀리지 않나. 잡아당길 때도 있고, 어느 때는 막 터져 나갈 것 같고, 실제로 잠도 못 자. 그래도 아직 살아 있어. 그리고 밥은 또 그대로 먹어. 술도 그대로 먹으면 몇천 잔씩 마시고. 진짜 병이라면 완전히 병이에요.

우리 인간하고 우리 여기 공부하는 존재하고 무엇이 달라요? 인간이 분자몸을 챙기려고 하니까 분자몸에 조금만 불편한 거 있으면 이거 독이다, 잘못됐다 그래요. 그게 뭐예요? 인간은 분자 몸을 지키는 목적이고, 우리는 인간 몸, 분자 몸을 없애려는 목적이에요. 목적이 같아요, 안 같아요? 그러면 입장이 같아요, 안 같아요? 입장이 다르면 무엇이 다르다 그랬어요? 관점이 다르죠? 관점이 다르면 결과가 달라요, 안 달라요? 인간은 분자 몸을 챙기려는 입장에서는 아프고 괴로우면 이것은 내가 잘못됐다, 무슨 중독됐다. 그러면 결과는 뭐예요? 내가 죽어야 돼. 맞죠? 그러면 우리는 뭐예요? 우리 입장은 분자 몸을 없애려고 해. 무슨 방법으로든 없애야 돼. 그러면 입장이 달라졌어요, 안 달라졌어요? 인간은 몸을 챙기려 하고 우리는 인간 몸을 살아서 없애려고 하고. 그러니까 관점이 달라요, 안 달라요? 아프면 좋은 현상, 풀리는 현상, 녹아내리는 현상. 입장이 다르니까 관점이 달라요, 안 달라요? 그러면 결과 달라요, 안 달라요?

우리 순간에 4차원에 들어간다고. 하여튼 여기 공부하는 존재는 2020년 연말까지 가면 반드시 4차원에 돌파할 거예요.

용어 해설

무시공생명 비결, 공식, 선언, 지침, 특징

비·공·선·지·특

○ 무시공 생명 비결

○ 무시공 생명 공식

○ 무시공 생명 탄생 선언

○ 무시공 생명 행동지침

○ 무시공 생명 특징

○ 무시공생명 비결(無時空生命 秘訣)

⊙ 무시공생명 비결 20개는 60조 세포를 깨우는 생명 그 자체이다. 수천수 업겁, 조상 대대로 유전되어 물려받은 가르고 쪼개고 분열하는 이원념의 영체가 작동하는 마음을 절대긍정 일원심의 마음으로 바꾸게 하는 역할을 한다.

비, 공, 선, 지, 특을 끊임없이 외우면 60조 세포가 일원심의 세포로 살아나고 시공우주의 파동에서 벗어나 인간의 영원한 숙원인 생로병사에서 벗어날 수 있다.

⊙ 무(無)는 없다는 뜻이 아니고 합(合)한다는 뜻이다.

비결에서 '無' 자를 빼면 가르고 쪼개고 분별하는 이분법 이원념이 된다. '無' 자를 붙이면 모든 것을 합하여 무시공생명의 일원심이 된다.

▷ 공간(空間: 天)

무시공 마크에서 파란색을 의미하는 부분이다.

무주객(無主客) 무선악(無善惡) 무빈부(無貧富) 무고저(無高低) 무음양(無陰陽).

무시공생명은 시간과 공간을 초월하는 무시공의 우주를 지향한다.

우주의 빅뱅 이래 계속 우주는 팽창하면서 공간이 넓어지고 곧 그것을 공간이 사라진다는 것을 의미한다.

우주의 흐름이 쪼개고 가르고 나누는 일시무일의 흐름이었다면, 지금의 우주는 끝없이 합(合)하는 일종무종일의 흐름을 바꾸었다. 즉 위에서 쪼개면 아래로 내려오던 우주 흐름이 밑에서 합하여 위로 올라가는 흐름으로 우주가 바뀌었다.

무주객 일체동일 속에 대상과 조건이 사라지고 무고저 무선악 속에는 인간의 고정관념과 윤곽과 틀을 깨는 우주의 비밀이 담겨있으며 무음양 속에는 무극을 통과하는 열쇠가 있다.

▷ **시간**(時間: 地)

무시공 마크에서 녹색을 의미하는 부분이다.

무생사(無生死) 무이합(無離合) 무래거(無來去) 무시말(無始末) 무쟁인(無爭忍)

2000년 전, 아르헨티나에서 발견된 예언서 중 사지서에는 시간에 대한 예언을 했다. 시간은 곧 영원히 없어진다.

미국의 어느 과학자가 우주에서 지구의 시간에 대한 연구를 진행하면서 몇 번 시간의 윤회가 있었고, 마지막 윤회의 시기가 1945년이 기점이며 그 후 76년 이후에는 시간이 영(0)으로 돌아간다고 계산을 했다. 그 시기가 2012년 12월 21일로 파동으로 된 시간이 영(0)으로 돌아가고 시간이 멈춘다.

무시공생명은 시간과 공간을 초월한 공부다. 공간이 줄어들고 시간이 멈춘다는 것은 지금의 시공우주가 사라진다는 것을 의미한다.

무생사 무이합 무래거 무시말 무쟁인 - 생과 사에서 벗어나고 오고 감도 없고 시작과 끝도 없는 영원한 무시공우주에는 지상천국 지상극락의 세계가 펼쳐진다.

▷ **오관**(五官: 人)

무시공 마크에서 노란색을 의미하는 부분이다.

무건병(無健病) 무미추(無美醜) 무향취(無香臭) 무호고(無好壞) 무순역(無順逆)

인간은 오관을 통하여 보고 느끼는 순간 좋고 나쁘고, 아름답고 추하고,

맛있고 안 맛있고, 달고 쓰고, 아프고 안 아프고 등 판단하는 순간, 그것을 세포에게 입력을 시킨다. 오관으로 느끼는 모든 것은 가르고 쪼개는 시공우주의 관점이다. 이 시공우주의 물질세계는 음양의 뿌리가 잘린 허상의 세계이다. 시공우주의 생명은 허상인 영체에 불과하다. 무시공생명은 실상의 생명이며 영체변생명(靈體變生命)이 되었다.

▷ 의식(意識: 心)

무시공 마크에서 빨간색을 의미하는 부분이다.

무신심(無身心), 무생학(無生學), 무지우(無智愚), 무정욕(無情慾), 무신의(無信疑)

의식혁명을 통하여 인간의 관점을 회복해야 한다. 이원념의 사고에서 일원심의 사고로.

○ **무시공 생명 공식(無時空 生命 公式)**

무시공 생명 공식은 사람이 원래 무시공 존재임을 인정하고, 지키고, 누리는 무시공 행동 원리입니다. 무시공 생명으로서 무시공 자리를 확고히 지킬 수 있는 무시공의 법칙이요, 절대긍정 일원심의 원리입니다.

▷ **일체근단(一切根斷)-일체 음양의 뿌리는 끊어졌다.**

태초 무극의 존재가 원래 하나인 우주를 음과 양으로 나누는 순간 이 시공우주(빅뱅)가 생겨났다. 무음양-음과 양을 합함으로써 시공우주의 뿌리가 잘렸다. 지구를 비롯한 시공우주는 허상의 세계가 되었다.

▷ **일체동일(一切同一)-일체가 동일하다.**

"일체가 나"라는 온 우주를 통틀어 최고의 경지이다. 무시공은 만상만물을 생명 관점으로 본다. 무시공생명 자리는 너와 내가 없는 동일체이다.

▷ **일체도지(一切都知)-일체 다 알고 있다.**

세포 속에 우주의 정보가 다 있다. 원래 인간은 윤곽과 틀이 없는 완전한 존재였다. 이원념의 물질이 쌓인 분자몸이 막혀 윤곽 속에 갇히게 되었다. 비결을 세포에 입력시키면 세포가 일원심의 세포로 살아나 우주의 지혜를 알게 된다.

▷ **일체도대(一切都對)-일체가 다 맞다.**

이것은 맞고 저것을 틀리다고 하는 것은 이분법, 이원념이다. 무시공 관점은 맞는다고 하는 사람의 입장으로 보면 맞고, 틀린 사람 입장에 들어가면 그것도 맞다. 그래서 전부 다 맞는다는 것이다. 차원이 다른 입장에서 말하는 것뿐 그 차원에서는 다 맞다.

▷ **일체도호**(一切都好)**-일체가 좋은 현상이다.**

무시공생명은 부정의 영체가 완전히 삭제된 절대긍정의 자리다. 무시공생명 자리는 전부 다 좋은 것만 보이고 전부 다 아름다운 것만 보인다.

▷ **일체항광**(一切恒光)**-일체 파동이 없는 직선빛이다.**

무시공의 직선빛은 일체 물질을 다 뚫고 들어갈 수 있고, 일체를 다 변화시킬 수 있다. 무한대로 큰 힘이다. 그래서 직선빛은 생명의 힘이다.

▷ **일체아위**(一切我爲)**-일체를 내가 했다.**

일체 나 때문에 좋은 일이 생긴다. 인간의 입장에서 오는 재앙이나 온갖 현상들은 무시공하고는 상관이 없다. 내가 만들어 놓고 내가 당하지 말자는 것은 우리가 깨어나서 무시공의 생명 자리를 잘 지키는 것이다.

▷ **일체조공**(一切操控)**-일체를 내가 창조한다.**

마음과 물질이 하나다. 마음과 에너지가 하나다. 그러면 마음먹은 대로 창조할 수 있다. 내가 우주의 중심이고 내가 있어서 우주가 존재한다.

○ **무시공 생명 탄생 선언**(無時空生命 誕生 宣言)

2012년 12월 21일 지구에서는 종말론으로 세상이 어수선할 때 무시공생명은 '무시공생명 탄생선언'을 선포했다.

이것은 새로운 인간세상, 새로운 인간이 동방에서 탄생한다는 것을 무시공에서 선포한 것이다. 무시공선생님께서 2000년 4월에 대한민국에 첫발을 내디디신 이후 이 선언을 비밀로 하시다가 우주에서 이제는 무시공을 감히 막을 수 없는 시대로 접어들면서 이 무시공생명 탄생선언을 내놓으셨다.

▷ **생명혁명**(노예변주인奴隷變主人, 영체변생명靈體變生命)

인간의 시공생명(영체)이 무시공생명으로 변한다는 것이다. 인간은 지금까지 영체를 자기 생명으로 알고 살았다.

나의 진짜 생명은 일원법, 일원심으로 된 것이 진정한 내 생명이다. 이분법으로 되어 있는 영체는 가짜라는 것을 밝힌다. 이분법의 생명은 진짜 생명이 아니라는 것이다. 인간은 지금까지 가짜 생명을 자기 생명이라고 여기면서 살아왔다. 무시공생명 공부는 내 안에서 생명혁명을 불러일으키는 것이다.

▷ 물질혁명 (체력변심력體力變心力, 분리변동일分離變同一)

지금까지 인간은 육체로 노동을 해 가지고 자기 생활을 유지해 왔는데, 이제부터는 심력으로 살 수 있다는 것을 밝히는 것이다. 이제까지는 음양을 분리하고 옳고 그르고 따지는 분자세상의 거친 세상에서 살다가 일체동일 일체가 하나인 세밀한 공간으로 접어들었다.

이런 마음으로 일체를 움직일 수 있는 시대를 만들었다.

이것은 바로 내가 창조주이고 내가 전지전능한 존재라는 것일 밝히는 것이고 알리는 것이다. 이것이 바로 물질혁명이다. 행동, 생활혁명이 일어났다는 것이다. 인간은 행동, 손발 움직이는 방법으로 살았다면 이제는 무시공심력으로 무시공 마음으로 살 수 있는 방법이 나왔다. 이것을 실천하면 우리의 삶이 바뀐다.

▷ 우주혁명 (홍관변미관宏觀變微觀, 행우변항우行宇變恒宇)

우주가 바뀌고 있다. 우주혁명, 우주개벽이 일어났다. 이것이 바로 천지개벽이 일어났다는 것을 암시했다. 인간이 말하는 천지개벽과 무시공생명이 말하는 우주개벽과 차이는, 천지개벽은 한계가 있는 시공우주 안에서의 개벽은 윤곽과 틀에 갇힌 시공이라는 관점으로 보는 것이다.

여기 무시공은 시공우주에서 무시공우주, 무시공생명으로 변한다는 것을 밝히는 것이다. 거친 세상에서 미세한 공간으로 변하는 천부경의 일시무시일(一時無始一), 하나가 쪼개져 내려오는 우주에서 일종무종일(一終無終一), 합하여 하나로 위로 올라가는 우주의 방향으로 가고 있다는 것이다. 이것이 바로 우주혁명이다.

▷ 신앙혁명 (다로변일도多路變一道, 의존변자성依存變自醒)

새로운 일원법, 일원심의 세상이 온다는 것을 암시했다.

인간이 이분법에서 못 벗어났다는 것을 알아차리는 순간에 자연적으로 각종 종교가 하나가 되어버린다. 분석해보면 지금 지구에 분포되어 있는 각종 종교들은 다 의지하는 마음에서 출발한다. 밖으로 찾고 밖에서 믿으려고 한다.

자기 안에 모든 것이 다 있는데 밖에서 찾고 믿을 필요가 없다는 것이다.

자기만 깨우치면 되는데 자기생명(무시공 일원심)만 찾았으면 끝이다.

그래서 신앙혁명이 일어난다는 것이다.

의지하면서 사는 게 신앙이다. 여기서 벗어나면 신앙혁명이 일어나는 것이고 이제는 일체의 지금까지 해온 각종 신앙 각종 수련은 끝났다는 것을 선포한 것이다.

▷ **의식혁명**(이원변일원二元變一元,생사변영항生死變永恒)

새로운 일원법, 일원심의 절대긍정 무시공생명의 세상이 온다는 것을 선포한 것이다. 원래는 이분법으로 맞고 그르고 옳고 틀리고, 높고 낮고, 이렇게 가르는 사고방식으로 살아온 세상에서 그래서 계속되는 일체의 불행 전쟁에서 벗어나서 완전히 일원법 사고방식으로 변하면 절대행복, 절대긍정, 절대건강의 세상이 된다.

사고방식을 바꾸는 사람은 무엇이 변하는가 하면 생사를 벗어나고 영원한 세상을 맞이할 수 있다는 것이다(생사변영항).

○ **무생공 생명 행동지침**(無時空 生命 行動指針)

▷ **무시공심력**

무시공에서는 마음먹는 순간 마음먹은 대로 이루어진다. 마음과 물질이 하나고, 물질과 에너지가 하나이기 때문이다. 무시공에서 이루어진 심력은 분자세상에 나타나기까지는 이원념의 두꺼운 껍질의 차원에 따라 순간 나타날 수도 있고 시간이 걸릴 수도 있다. 시공우주에서 벗어난 존재들의 무시공생명의 발현인 것이다.

▷ **무시공체험**

인간은 수억 수천 년 동안 세포에 입력된 윤곽과 틀 등 고정관념으로 전지전능한 세포에게 이원물질을 쌓아 이 우주에서 고립된 생활을 하게 되었다. 체험은 특히 오관을 통하여 머리에 입력된 이원물질을 녹여 다리의 통로로 배출시키고 새로운 무시공의 향심력으로 직선빛을 당겨 분자몸을 녹이고 에너지 몸으로 변화시키는 것이다.

▷ **무시공심식**

무시공 직선빛을 통하여 분자몸이 에너지 몸으로 바뀌면 무시공의 대자유를 누릴 수 있다. 이때에는 에너지 몸을 가지고 우주를 여행할 수 있게 된다. 먹는다는 행위를 통한 영양분의 섭취가 아니라 무시공의 세포가 온 우주 공간에 스미어 있는 고급 영양분을 자동으로 섭취하여 에너지를 보충하게 된다. 이원물질의 음식을 섭취하지 않아도 살 수 있는 무시공우주의 영양분 섭취 방법이다.

▷ 무시공성욕

이것은 아직 공개되지 않은 무시공의 우주 비밀이다. 2020년 이후에 공개될 것이다.

▷ 무시공오관

인간이 천차만별이라는 것은 천 가지, 만 가지 생각을 가지고 있다는 것이다. 이것은 천 가지, 만 가지 맞는 것이 있고 틀린 것이 있다는 것으로 쪼개고 나누고 판단하고 맞고 틀리고의 기준이 되는 것으로 이분법의 최고봉이다.

무시공생명의 관점은 각 차원의 입장에서 보면 그 차원에서는 다 맞다. 틀린 게 하나도 없다. 그래서 만상만물 일체가 좋은 것이고 만상만물 일체가 아름다운 것밖에 없다.

1, 2, 3단계 무시공우주도(無時空宇宙圖)

○ 1단계 무시공 우주도

무시공 생명을 공부하는 사람들의 우주관은 실로 간단명료합니다. 우주가 아무리 광대무변하고 불가사의한 것 같지만, 시공우주와 무시공우주로 명확히 구분할 수 있습니다. 두 우주 안에서 우리가 살고 있습니다. 두 우주는 따로 분리되어 있는 것이 아니고 나의 존재-의식-마음과 공존합니다. 나의 의식이 일원심(+)이면 무시공에 머물고, 나의 의식이 이원념(-)이면 시공에 속합니다.

▷ 시공우주

감각시공과 무감각시공을 통칭하여 말한다. 시공우주의 근본은 부정(마이너스 마음(-)) 이다. 따라서 나누고 쪼개고 분열하는 이원념에 뿌리를 두고 있다. 아무리 긍정의 마음을 가져도 부정의 파동이 남아있는 상대적인 긍정의 우주로 허상의 세계이다.

▷ 무시공우주

무시공우주의 근본은 긍정(합(+)하는 마음)이다. 인간의 유전자로 남아 있는 부정을 무시공생명 비결로 빼버리면 절대긍정만 남게 된다. 이것이 일원심의 생명우주이며 실상의 세계이다.

▷ 감각시공

오관으로 느끼며 인식할 수 있는 분자세상을 말한다. 지구를 기점으로 약 5천억 광년에 이른다. 그중에서도 인간이 살고 있는 지구가 가장 낙후된 문명을 가지고 살아간다. 태양계 은하계 광대한 오관으로 관측되지 않는 우주가 여기에 해당된다. 이원물질이 쌓인 세상이므로 기감, 에너지 등을 느낄 수 있다

▷ 무감각시공

인간이 죽음을 맞이했을 때 영혼이 가는 사후세계로 원자 미립자 초립자에서 무극까지 세밀한 공간의 에너지로 형성된 영적세계이다. 오관(눈·귀·코·입·피부)으로 인식할 수 없는 세밀한 이원(二元) 에너지 우주, 세밀한 우주는 육체 오관의 감각으로 느낄 수

없습니다.

▷ 세밀한 공간

분자세상을 벗어난 원자세상부터 미립자, 초미립자, 퀴크, 힉스, …. 음양 무극까지의 공간을 일컫는다. 무감각시공의 우주이며 기, 에너지의 느낌이 없는 세계이다. 소위 인간이 분자몸을 벗으면 영혼이 머무는 공간이다.

▷ 무극 (無極: zero point)

무시공우주와 시공우주의 분기점이다. 이 자리에서 부정(-)마음을 가지면 시공의 무극에 합(+)하는 마음을 가지면 무시공의 무극에 머물게 되고 계속 합하는 마음을 유지하면 무시공우주로 진입하게 된다. 합(+)하는 마음을 계속 유지하는 방법은 무시공생명비결을 끊임없이 외우는 것이다.

▷ 무시공우주

무감각 무시공으로 새로운 우주이며 생명우주이다. 전지전능의 자리이다.
무시공우주는 일체가 동일하며 무시공생명의 일원심의 직선빛이 일체의 파동을 녹인 무파동의 우주이다.

▷ 시공생명과 무시공생명의 차이점

	시공우주	무시공우주
1	감각 시공: 물질 우주(오관 인식) 무감각 시공: 영적 세계, 다차원 우주 일시무시일: 분리 분열	무감각 무시공: 전지전능(오관 초월) 영원하고 완벽한 생명 일원우주 일종무종일: 합일 동일
2	이원 물질: 음양 물질(이원념의 물질) 시공 파동빛: 소멸하는 음양 이원빛 천지부: 남존여비(양의 시대)	일원 물질: 일원심의 물질 무시공 직선빛: 영원한 생명 일원빛 지천태: 남녀평등(음의 시대)
3	이원론, 이분법, 이원념으로 존재 마이너스 마음(-)이 지배적, 허상우주 생장소멸, 생로병사, 일체불행 - 시공생명(영체) -	일원법, 일원심으로 존재 무한 플러스(+) 마음의 생명실상 우주 영원한 생명, 일체행복 - 무시공 생명 -

○ 2단계 무시공우주도(無時空宇宙圖) 파동빛 우주와 직선빛 우주 그림

제일 밑바닥의 분자세상에서는 파동이 가장 길다. 위로 올라갈수록 파동이 약해지고 무극의 교차점에서는 파동이 끝난다. 무극을 지나 위로 올라가면 직선빛이다. 파동이 없는 것이 무극의 교차점, 그것이 시간이 사라지는 시점이다. 지금 인간들은 시간이 없는 세상에 들어오고 있다.

▷ **일시무시일**(一始無始一)

모든 것이 하나에서 시작해 쪼개고 쪼개 내려와 지금 이 세상이 되었다.
분리의 시대.

▷ **일종무종일**(一終無終一)

일종무종일, 모든 만물만상을 하나로 묶어 합해서 하나의 위치로 가고 그 하나는 영원한 하나의 자리다. 천부경은 무시공생명의 하는 일을 예언한 것이다.
1단계로 합일(合一)을 하고 동일(同一)의 시대.

▷ **파동빛**

시공우주는 파동에 의해서 오관으로 전달된다. 그 본질은 음과 양, 즉 나누고 쪼개고 분열시키는 속성이다. 그 속에는 부정의 파동이 있다. 파동 때문에 만물만상의 모든 것이 생장소멸을 겪게 된다. 인간은 이 파동의 영향 아래 있기 때문에 생로병사에서 벗어날 수가 없다. 인간이 이 파동에서 벗어나면 생로병사에서 벗어나고 영원한 생명을 얻을 수 있다.

▷ **직선빛**

무시공의 직선빛은 소멸되지 않는 끝없는 빛이다. 무한대의 영원한 빛이다. 음과 양을 합하는 일원심으로 무시공의 직선빛을 만들고 있다. 이 빛은 일체시공의 파동빛을 초월하고 우주의 어떤 곳도 뚫고 들어갈 수 있다. 심지어 100억 조 광년의 무극의 최고 존재도 이 직선빛에 의하여 무시공 공부를 하고 있다.

▷ **천지부**(天地否)

주역의 64괘 중 하나로 양이 음의 위에 있다. 양의 시대를 표현했다.

원래 하나였던 무극에서 음과 양으로 쪼개는 순간 시공우주가 시작되면서 남존여비의 시대가 열린 것이다. 양이 음을 지배하는 즉 남자가 여자를 지배하는 시공우주를 예언한 것이다.

▷ 지천태(地天泰)

주역 64괘 중 하나로서 음이 양의 위에 있다. 음의 시대를 표현했다.
무극에서 쪼개져 내려오던 우주가 합하는 시대로 바뀌면서 음의 시대가 열린다는 무시공생명의 도래를 예언한 것이다.
남존여비의 시대에서 남녀평등의 시대로 변한다.

○ 3단계 무시공우주도(無時空宇宙圖)

▷ 외계인

지구에서 5천억까지는 외계인이고 물질우주이며 별이라고 한다.

▷ 반우주인

5천억부터 5억 조 광년까지는 별과 우주가 혼합된 우주이다. 우주라고 하는 존재도 있고 별이라고 하는 존재도 있다. 이 우주는 물질도 있고 에너지도 섞여 있는 반물질 세상과 반물질 우주이다.

▷ 우주인

5억 조 광년부터 100억 조까지는 완전히 에너지 상태의 에너지우주이다. 에너지 상태로 사는 존재를 우주인이라고 한다.

이렇게 우주도 3단계로 분류하는 데 더 정확히 말하면,
5천억 이하는 외계인이고, 5천억에서 5억 조까지는 반우주인, 5억 조 이상은 우주인으로 이 우주가 형성되어 있다.

▷ 승용선

자기별 안에서 각 별에서 움직이는 것으로 지구에서 움직이고 지구 안에서 금성 그 안에서 움직이는 것은 승용선이다.

▷ 비행선

별간 움직이는 것은 비행선

▷ 우주선

완전히 에너지 상태의 우주 공간에서 움직이는 것은 우주선이다.

5억 조 광년부터 100억 조 광년 사이는 어마어마하게 큰 우주공간이다. 그 우주공간에서도 수많은 우주 충차가 있다.

▷ 실상이나 불완전한 생명(영체)

우주도의 오른쪽은 분자 세상에서 무극까지 살아있는 존재들이다
이들은 힘이 있고 과학도 발달됐고 능력도 있다. 그러나 이들도 무감각시공의 시공 우주에 속하는 존재들이므로 영체에 불과하다. 인간들보다 수명이 길지만, 이들도 생로병사에서 벗어날 수가 없다. 각 차원에서 수평으로 윤회를 한다.

▷ 영혼,영체들의 세상(영체)

우주도의 왼쪽은 죽어있는 영들의 세상이다.
이들은 아무런 힘도 없고 능력도 없고, 그저 의식만 가지고 살아있는 영체들이다.

▷ 시공우주의 윤회

오른쪽 무극 위치에서 무극의 존재가 죽으면 왼쪽의 무극의 위치로 그 영이 온다.
80억 조에서 죽어도 그 영은 80억 조 광년의 왼쪽 영들의 세계로 온다. 그렇지만 왼쪽의 영혼과 영들은 힘이 없다. 왼쪽의 세상은 허상의 세상이다.
각 차원에서 수평으로 윤회를 하면서 산다.

▷ 지구에 머물다 간 인간들의 위치

보통의 인간으로 살다가 죽은 영체들은 물론이거니와 인간의 의식을 상승시키고 간 성인들 석가모니, 예수, 람타, 강증산 등 지구에 다녀간 인간들은 모두 왼쪽 허상의 세계인 영혼, 영체들의 공간에 머물고 있다. 그래서 여기는 자신이 무엇인가 할 수 있는 힘도 없고 능력도 없으니까 다시 윤회를 하는 것이다.

▷ 무시공생명의 위치

우주도의 오른쪽 살아있는 존재들의 무감각 시공에 무시공의 다리(통로)를 만들어 놓았다. 무시공은 맞춤식으로 어느 위치를 막론하고 들어갈 수가 있다. 무시공은 일 원심만 지키면 우주공간의 일체에 다 들어갈 수 있고 다 통과할 수 있다.

비결 중에 무생학의 의미는 우리는 수련을 할 필요도 없고 공부를 할 필요도 없다. 우리는 무시공생명의 일원심의 원리를 알았기 때문에 실행하고 행하면 된다.

인간은 아무리 공부를 해도 80억 조 광년의 경지에 들어갈 수가 없다.

무시공의 용어

▷ **일원심**(一元心)

일원심은 가르고 쪼개고 분열시키는 이원념(二元念)의 반대개념으로 우주의 모든 것을 하나로 합하는 것이다. 일원심의 뿌리는 절대긍정이다. 비, 공, 선, 지, 특을 끊임없이 외우면 60조세포가 일원심의 세포로 깨어난다. 우주의 모든 정보를 알수 있다.

▷ **세포**(細胞)

무시공공부는 60조 세포를 깨우는 공부다. 세포 안에 모든 우주 정보가 다 있다. 인간의 고정관념과 윤곽과 틀 속에서 두꺼운 껍질에 싸여 있어 세포의 역할을 못 하고 있다. 비공선지특을 끊임없이 외우고 실천하면 일원심의 무시공세포로 깨어나 대자유를 얻는다.

▷ **플러스**(+)**마음**

합하는 마음, 60조 세포가 제일 좋아하는 마음이다. 세포에게 플러스(+)마음을 항상 입력시켜라. 방법은 비공선지특을 외우고 실천하는 것이다. 무시공의 일원심 절대긍정의 마음이다.

▷ **마이너스**(-)**마음**

분리, 쪼개고 가르는 마음, 일체 부정마음, 시기, 질투, 두려움 등을 일컫는다. 이것은 시공우주의 이원념 관점이다. 인간의 부정마음이 많을수록 재앙이 많다.

▷ **분자세상**(물질세상)

시공우주 안의 가장 거친 밑바닥 물질 세상으로서 감각시공이다.

▷ **감각시공**(感覺時空)=**물질세상**

인간이 살고 있는 세상이다. 오관으로 보고, 듣고, 느낄 수 있다. 시공우주에서 가장 거친 밑바닥 선악 물질 세상입니다. 시공우주의 가장 껍질 부분입니다. 기, 에너지 등 오관의 느낌이 있다.

▷ 무감각시공(無感覺 時空)

인간의 죽음 이후 사후세계로 쉽게 표현할 수 있지만 두 가지 통로가 있다. 무시공우주도에서 오른쪽은 우주선을 타고 지구 등에 왔다 갔다 하는 의식과 능력이 있고 과학도 발달된 우주가 있는 반면, 왼쪽 공간은 몸을 가지고 살다가 죽은 이후에 영혼이나 영이 머무는 자리로 이들은 의식만 있을 뿐 힘이나 능력이 없다. 그러나 두 공간에 사는 존재들은 이원념의 파동의 영향을 받으므로 모두 영체에 불과하다.

▷ 무감각 무시공(無感覺 無時空)=무시공우주

무시공생명의 새로운 우주를 말한다. 시간과 공간을 초월한 무극 너머 일원(一元) 에너지로 된 영원한 실상 우주이다. 무시공우주는 영원한 생명이 일체행복을 누리는 직선빛의 세계이다.

▷ 일원(一元) 에너지

일원심의 무시공 무파동 직선빛 에너지. 우주공간의 긍정에너지

▷ 이원(二元) 에너지

시공우주의 파동의 영향을 받는 에너지로 생로병사에 영향을 미친다.

▷ 일원물질

우주공간의 긍정에너지, 즉 일원에너지가 무시공생명의 직선빛과 공명이 일어나면서 물질로 나타나게 된다. 만상만물에는 긍정의 마음과 부정의 마음이 있지만 무시공생명은 일체 긍정만 인정하고 일체 좋은 것만 본다.

▷ 이원물질

우주공간의 부정의 에너지가 분자세상에 물질로 쌓인 것이다. 파동의 영향을 받으며 독소에 의해 생장소멸을 하게 된다. 이원물질의 근본은 부정이다.

▷ 분자몸

인간의 몸은 두꺼운 이원물질로 쌓여있다. 세밀한 공간의 존재들이 열린 눈으로 보면 돌덩어리 속에 갇혀있는 모습이라고 한다. 시공우주의 근본인 부정의 마음(-)이

많기 때문이다. 무시공생명은 이 분자몸을 녹여 에너지 몸으로 만드는 우주작업을 하고 있다. 절대긍정 일원심을 지키면 가능하다.

▷ 관점 회복(觀點回復)

시공우주의 관점을 무시공생명 관점으로 바꾸는 것이다. 시공우주의 관점은 가르고 쪼개고 분열하는 부정의 관점이고 무시공생명의 관점은 모든 것을 생명으로 보고, 일체를 나로 보며, 만물만상을 무주객 일체동일로 보는 것이다.

▷ 시공 생명(時空 生命)=영체(靈體)

이분법 사고방식 이원념으로 사는 제한적인 생명이다. 시공생명은 무극 음양 차원을 포함한 시공우주 안의 불완전한 일체생명을 말한다.

▷ 무시공 생명(無時空 生命)

일원법 일원심 사고방식으로 존재하는 영원 무한한 절대생명이다. 무시공 생명은 빛의 원조 직선빛이요, 물질의 창조주이다. 무한한 우주 자체이다. 절대 하나의 우주 본질이요, 우주 생명이다.

▷ 무시공 용광로

일원심의 직선빛이 모이고, 무시공 생명력이 강하게 작용하는 곳이 무시공 용광로이다. 세포 깊숙이 숨어 있는 이원념을 녹여서 무시공 생명이 발현하도록 돕는다. 대전의 무시공생명훈련센터가 무시공의 용광로이다.

▷ 절대긍정(絶對肯定)

시공우주의 긍정은 상대적인 긍정이다. 절대긍정은 부정이 없는 긍정을 말한다. 물질은 긍정과 부정의 파동을 가지고 있다. 상대긍정은 파동의 영향을 받을 수밖에 없다. 절대긍정을 위해서는 부정을 빼야 하는데 그 방법은 비공선지특을 외우고 실천하는 것이다.

▷ 향심력(向心力)

무시공의 절대긍정 일원심을 지키면 블랙홀이 작동되면서 시공우주의 모든 일원심을 빨아들인다. 직선빛도 빨려 들어오면서 블랙홀의 핵심을 만든다.

▷ 무시공 통로(無時空 通路)

분자 세상에서 무극까지 기존의 세밀한 공간의 존재들을 관점회복을 시켜 무시공의 뜻을 함께하기에는 너무나 두꺼운 이원념의 파동벽에 쌓여있다. 심지어 토종지구인들을 깔보고 멸시하면서 무시공의 일에 비협조적인 태도를 보인다.

그래서 무시공은 분자세상에서 무극까지 또 다른 다리를 놓아 각 차원에 무시공생명을 올려놓았다. 이들이 분자몸을 가지고 있는 무시공생명들을 도우면 급속도로 에너지 몸으로 변하게 된다.

▷ 열린다는 개념

시공우주에서 열렸다는 것은 무극 이하 이원념의 파동 안에서 영의 작동에 의하여 부분적인 세밀한 공간을 보게 되는 것이다. 파동 안에서는 한계가 있으므로 부분을 전체로 착각하여 비밀인 척하면서 고저를 만들고 다 아는 척 남을 가르치려는 교만한 마음을 가지게 되는 것이다.

무시공의 열린다는 것은 절대긍정 일원심을 유지하면서 일체를 생명으로 보고 만상만물의 일체 속에 내가 있기 때문에 대화가 가능하고 일원심은 직선빛이기 때문에 시공우주의 어떤 파동도 뚫고 들어갈 수가 있다. 그래서 무시공의 일원심 앞에서는 온 우주의 모든 것이 투명하게 드러난다.

▷ 윤회(輪回)

상하 수직 윤회와 각 층차의 좌우 수평 윤회가 있다.

상하 수직 윤회는 낮은 차원 즉 지구에 살다 간 존재들이 자신의 부족함을 채우고 차원상승을 목적으로 윤회를 반복하는 것이다.

각 층차의 좌우 수평 윤회는 높은 차원의 존재들의 방식으로 주로 에너지우주에 사는 우주인들과 외계인들의 윤회방식이다.

▷ 승용선(乘用船)

각 별(지구, 금성, 화성 등)에서 운행하는 교통수단이다. 지구에서 운행하는 교통수단은 승용차에 해당한다. 지구에도 지구를 방문한 외계인들이 승용선을 이용하고 있다. 평소에는 승용차로 다니다가 하늘을 날기도 하고 물속으로 다니기도 한다. 지구부터 5천억 광년의 각 별에서 운행된다.

▷ 비행선(飛行船)

반물질 반에너지 우주에서 별과 별 사이에 운행하는 반우주인들의 교통수단이다. 5천억 광년에서 5억 조 광년 사이에서 운행된다.

▷ 우주선(宇宙船)

5억 조 광년에서 100억 조 광년 사이의 완전한 에너지 상태의 우주에서 우주인들이 타고 다니는 교통수단이다. 온 우주를 다닐 수 있다.

▷ 마그너

금성의 과학자 '도넬'이 광음파(光音波)의 원리를 이용하여 만든 만능 기계.
생명을 제외한 이 우주의 모든 물건을 만들어내는 기계로 우주선의 재료를 쉽게 만들 수 있고 단단한 철물 구조물을 쉽게 녹일 수 있고 굳게도 하며 그것을 이용하여 자유롭게 모든 것을 만들 수 있다. 무시공생명의 분자몸을 녹이는 데 도움을 주고 있다.

▷ 광음파(光音波)

빛과 소리와 파동 세 가지를 종합해서 마그너를 작동시키는 원리이다.
공기, 압력, 속도, 그리고 음파나 전자파를 이용한다. 지구에서는 음파와 압력만 사용하고 빛은 아직 사용하지 못하고 있다.

▷ 어무성처천지복(於無聲處天地覆)

겉으로는 아무 소리도 들리지 않지만 세밀한 우주 공간에서 하늘과 땅이 뒤집어지고 있다. 인간은 계속 표면만 보고 있기 때문에 아무런 변화를 느끼지 못 한다. 그러나 보이지 않는 세밀한 공간의 깊은 곳에서는 엄청난 변화가 이루어지고 있다. 개벽이 일어나고 있다. 인간은 껍질에 살고 있다. 우주의 변화가 표면에 나타날 때는 이미 끝났다.

▷ 아동우주동(我動宇宙動)

내가 움직이면 우주가 움직인다.
미세한 공간, 즉 무감각 시공에는 에너지 상태로 되어 있다. 에너지 상태는 우리가 여기서 마음먹는 순간에 그 에너지 상태로 되어 있는 우주는 순간에 바뀐다. 에너지 세상이 물질 세상보다 힘이 강하고 이 물질 세상은 에너지 상태에서 왔다. 그 에너지를 조절하는 것은 바로 무시공생명이다. 지금 우리 몸은 미세한 공간에서 에너지 상태로 엄청난 변화가 이루어지고 있다

▷ 블랙홀 효과

여기서는 무시공 생명 블랙홀을 말한다. 생명이 우주의 창조주이다.

무시공에서 향심력으로 시공우주의 일체를 빨아들여 원래의 무시공우주로 원상회복 정화하는 역할을 한다.

▷ 100억 조 광년

일조가 100억 개가 있다는 무시공의 언어다. 지구에서 무극까지의 거리이다.

무극의 자리를 나타내면 시공우주에서 최고의 빛을 가지고 있다. 그러나 그 빛 또한 파동의 빛이다. 이 무극을 넘어 계속 합(合)해야만 무시공생명의 직선빛을 얻을 수 있다.

▷ 대전이 우주중심지 지구의 중심지(변두리가 된 무극)

무시공생명이 탄생하기 전에는 무극이 이 시공우주에서 도를 닦으면서 추구하였던 중심지였다. 모든 시공우주의 음과 양을 합(合)하면서 이 우주의 뿌리를 잘라버린 일체근단의 무시공 존재가 지구에서 이 무시공의 뜻을 펼치면서 지구가 온 우주의 중심지가 되면서 무극은 이 우주의 변두리가 되었다. 그래서 100억 조 광년의 무극 존재도 대전의 센터에서 무시공공부를 하고 있다.